문예신서
171

미친 진실

정신병적인 텍스트 속의 진실과 진실임직함

줄리아 크리스테바
니케 다스토르그-미셸 드 세르토
앙투안 콩파뇽-실라 콩솔리-피에르 마리
지슬렌 메프르-장 프티토 코코르다
베아트리스 폴라티니-장 마리 프리외르
장 미셸 리베트

서민원 옮김

東文選

미친 진실

Folle vérité

Vérité et vraisemblance du texte psychotique

Julia Kristeva
Niké d'Astorg / Michel de Certeau
Antoine Compagnon / Silla Consoli / Pierre Marie
Gislhaine Meffre / Jean Petitot-Cocorda
Béatrice Polattini / Jean-Marie Prieur
Jean-Michel Ribettes

차 례

솔직히 말해서… ─────────────────────────── 9

줄리아 크리스테바 ─────────────────────── 13
현실적 진실

실라 콩솔리 ───────────────────────────── 49
정신병적인 서사

피에르 마리 / 장 마리 프리외르 ─────────── 109
작은 프로이트 이야기들

베아트리스 폴라티니 / 니케 다스토르그 ───── 131
그림으로부터 글자까지: 기호, 육체의 진실

장 미셸 리베트 ───────────────────────── 163
거짓 남근성

앙투안 콩파뇽 ────────────────────────── 235
신경증과 궤변론

줄리아 크리스테바 ─────────────────────── 277
문학의 악마

지슬렌 메프르 ────────────────────────── 283
셀린의 진실임직한 파시즘

장 프티토 코코르다 ────────────────────── 305
정신병으로 회귀하는 것에 대해

미셸 드 세르토 ───────────────────────── 371
이름의 광기와 주체의 비의성: 수랭

부록 I ─────────────────────────────────── 405

부록 II ────────────────────────────────── 408

주 / 저자 소개 / 역자 후기 / 색 인 ──────── 415

다음의 텍스트는 1977년부터 1978년까지 파리7대
학의 UER '텍스트와 다큐멘터리 과학'의 학생들을 위
해 대학병원에서의 줄리아 크리스테바의 세미나에 있
었던 발표들이다. 이 발표들은 환자들과 의사들 사이
의 대담 분석 치료를 위해 텍스트들 같은 자료체로서
환자들의 '말들의 모임'을 동반한다.

솔직히 말해서…

　병원의 벽을 마주하고 말한다는 것은 항상 죽음과 소외 속에서 말해야 할 수밖에 없는 필연성을 내포하고 있는 것이 아닐까? 그리고 만약 사실이 그렇다면 그것이야말로 모든 말이 겪어야 할 필연적인 거북함을 그대로 드러내는 것이 아닐까? 그러니까 그 말이란 최초의 발견에 대한 약속이라기보다는 그 진실조차 숨겨져 있거나 부활 사이에서 억눌리는 주체 내에서 도망하는 도깨비불 같은 어떤 것이 아닐까?

　피할 수 없는 사실로써 끊임없는 고통과 덫의 감내라는 정신병 환자와 정신병 환자와의 대화의 시도인 정신병에 대해 말한다는 것, 그리고 **정신병으로부터 말문을 연다는 것**은 그 부피 속에서, 또 의사 소통들의 한계를 표시하는 두 축 사이에서 이 말 자체를 혼동시키는 것이다.

　그러므로 이 두 극이란 한편으로는 고통받는 주체에 나타나는 언어의 붕괴 앞에서 치명적으로 공포를 감내하는 동시에 그 자체에 매혹된 방어의 몸짓이라고 할 수 있다. 또 그것에 동화하거나, 혹은 치료하려는 몸짓이다. 그러니까 적어도 주체로 하여금 신기루가 사는, 또 말하는 상황 속에라도 존재하도록 귀기울이는 '미치지 않은' 존재 속의 한 부분이 명령하는 다소간 도착적이고도 절망적인 시도라고 할 수 있다.

　다른 한편으로는 권력이나 지식 담론을 발화할 때의 적극적인 윤리로부터, 그 윤리를 유지하기 때문에 나타나는 번민으로 손쉽게 미끄러져 가면서 거리감과 동시에 이타성을 재현시키기 위해서 경청된 환자와 의사의 공통된 호소이다.

　이 책의 텍스트를 구성하고 있는 이 양극과 또 텍스트들 그 자체로, 즉 아무도——어떤 분석가도——재현하지 못하는 그러나 정신병 환자는 그 상흔들을 지니고 있는 **담론의 힘**이 존재하는 전이 과정 속에 파묻힌 환자들의 텍스트로 나타나게 한다. 또한 정신분석 자체도 말의 재앙을 상징하는 정신병 앞에서 그것을 다른 어떤 주체로 추측하거나, 아니면 아예 무지한 채로 시니피앙의 행진을 감수하도록 내버려둘 수밖에 없게 된다. 그렇지 않으면 동시에 뭐라 정의할 수 없는 시니피앙 스스로의 '헛되이 울려 퍼지는 허무'를 발견할 수 있을 만한 어떠한 청력도 가지지 못한 것처럼, 정신분석 또한 정신병 앞에서 동일한 실패를 맛본다고 할 수 있다. 만약 그같은 실패가 신경증 환자나 정신병 환자의 분석 과정 자체라고 한다면, 그것은 어쩌면 당연한 듯 여겨져 왔던 것이 사실이다. 그러니까 정상적인 사람에게도 그만큼의 진실, 말하자면 그에게는 부족한 저항을 그만큼 지니는 것이 요구된다고 할까. 아니면 논리를 전개시키면서 다시 말해 가능한 수사학을 펼치면서 자기 이성의 정원을 일구어 나가는 것이다.

사실상 의사와 언어학자는 (그들의) 죽음에 관한 충동의 부인과 상반된 양극만을 다루어 왔다. 즉 그 하나는 환자들의 육체 또는 정신을 그것으로부터 해방시키려는 것이고, 다른 하나는 욕망과 그것의 도정들이 펼쳐내는 의미 작용을 배제시킨다는 조건하에서만 끊임없이 의사 소통하는 상상적인 대상, 즉 말을 구축시키는 것이다. 만약 정신분석가와 언어학자가 서로 만난다면, 그 만남의 장소는 바로 필연적으로 정신분석이 이루어지는 장소이다. 따라서 이 두 가지 담론의 동일성이 공명하는 것이다. 그리고 이 자리에서 문제가 되는 것은 언어의 주체도 욕망의 주체도 아니다. 중요한 것은 상징적이고 사회적인 언어와 욕망의 분절 속에 새겨진 **살해의 메커니즘과 그에 따른 단계들**을 폭로하는 정신분석의 영역 속에서 이루어진다.

그러므로 고통에 마주한 이상 교육론이나 최신 정보 통신 시대의 어떤 첨단 매체도 더 이상은 설자리가 없다. 기억이 금융 기관이나 교차하는 인

공 위성의 기억 상자 속에 저장될 때, 그리고 모든 기호들이 현격하게 그 성적 특성이 배제된 재생산이라는 독창적인 원칙의 지배를 받게 될 때, 시간뿐 아니라 모든 것을 빠져 나가리라 믿었던 예술에 그 발걸음을 맞추면서 비로소 우리는 선(禪)과 우리 저편 불교의 침묵이 의미하는 것에 자문하고, 아마도 이때부터 우리를 둘러싼 울타리를 뛰어넘을 수 있을지도 모른다.

반복될 수 없는 것, 유일한 것, 그 차이점들? 그런데 그것이 도대체 어디에 있단 말인가? 분석의 섬광이란 드문 순간들 속에? 아니면 기호학자가 긍정론에서 벗어난 채 방황하다가 기호 속에 새겨진 한 주체의 영향을 발견하면서 비로소 표현할 수 있게 된 기묘적절한 표현 속에 있는 것인가? 언어로 모든 종류의 정보를 다루는 한 텍스트 안에서, 혹은 번뜩이는 환희로 그 모든 정보와 언어를 넘어서고 거부하는 무를 끌어내는 하나의 텍스트 속에서? 결국 그곳, 바로 진실이 스스로를 구조의 불가능으로써 인정하고 마는 그 지점에서? 마치 재생산과 반복으로 넘쳐나는 과잉 효과처럼?

결국 여기 제안된 텍스트가 우리를 이끌어 나가는 듯 보이는 장소는 바로 이와 같은 장면들의 증언인 것이다.

줄리아 크리스테바

현실적 진실

　　동시대인들로서 우리에게 말하는 담론들과 또 기원과 진보를 말하려 하는 데 필요한 여러 접근 방법에 접한 채, 그러니까 우리가 오늘날 말하는 존재들의 심각한 전복 상태는 그들이 찾는(그들이 말하려 하는) '현진실'(Vréel)[1]로 요약될 수 있으리라고 짐작해 본다. 지금껏 그 망령에 사로잡힌 채 감내하는 이같은 경험은, 결국 오늘날 그 어디에도 그것을 정당화시키는 동시에 중성화시키기 위한 공통의 약호가 존재하지 않는 만큼 대중적이거나 아니면 적어도 집단적이고 부담스러운 경험이 되었다.

　　프로이트 무의식의 발견은 아마도 고전주의 이래 고전철학에 의해 서구 사회 속에 깊이 자리잡은 모든 이성주의를 깨뜨리는 인식론적이고도 존재론적인 혁명을 향한 조심스러운 첫발에 불과했을 뿐이다. 조금 후에 간략하게 그 문제에 대해 다시 상기시킬 테지만, 우리는 어떤 식으로 논리학과 존재론이 그들의 영역 밖으로 쫓겨나면서 마치 **광기—신비론—시**처럼 판단(또는 문장)과 존재 속에서 진실의 문제를 새겨넣는가를 알고 있다. 이 불가능을 이야기하려는 모든 시도는 라캉의 **현실계**의 범주에서만 설명되어질 수 있다. 신비교의 탄생 이후로 고전주의 이성론은 먼저 에라스무스[2]와 함께 꽃피웠고, 광기를 거두면서 현실을 곧 진실로 간주하려는 데카르트에 의해 추방되었다. 반대로 현대성은 이 폐쇄성을 극복하고 진실의 또 다른 위상들로 변모시킬 수 있는, 또는 재구축할 수 있는 서로 다른 방식들을 모색한다.

형언하지 못할 것에 '언어'를 부여하는 정신병에 대한 분석적 문제 제기나 연극·회화·문학 같은 현대적인 예술들에 대한 새로운 경험들, 그것들을 공포에 질린 군중들과 테러리즘이 야기하는 효과 속에 다져넣자. 이 경험은 진실만큼이나 우리가 그 속에서 오랫동안 유치할 수 있었던, 마치 현진실처럼 분절될 수 있는 논리학적이고 존재론적인 안정감의 지대를 광범위한 영역에 걸쳐 터나가고 있다는 징조이다.

어쨌든 곧 이 난입은 그 자체만으로 한 개인의 바람직한 사회화 과정에 대한 염려를 낳는다. 어떻게 이 현진실에 대한 강박관념을 의미 있는 것으로 만들까? 어떤 방법으로 (사회) 계약 속에 그것을 삽입시킬까? 그것은 조정될 수 있을까? 이제 해묵은 질문으로 되돌아간다. 어떻게 현진실을 진실임직함으로 회귀시킬 수 있을까?

말들은 우리를 속이지 않는다. 내가 이제 막 언급했던 전망 속에서 과거의 수사학적 문제 제기가 광범위하게 넘쳐나올 것이다. 우리의 성찰이 마주치게 될 진실과 진실임직함에다가 그것을 추월하는(말하는 존재에게는 위험이자 동시에 안녕의 영역) 현진실과 그것을 속이고 사회적인 의미에서 그것을 전환시키는 진실임직함을 덧붙일 것이다. 그같은 것들은 언술적으로 아주 다른 위상의, 그러니까 존재론적인 것과는 다른 이질적인 영역으로 이루어진 것이다.

어쨌든 이렇게 해서 나는 올해의 '정신병적인 텍스트 속의 진실과 진실임직함'에 대한 우리 세미나의 초석을 이룬 콩솔리 박사의 제안에 찬성했다. 그 제안은 대학병원에서의 그의 연구로부터 시작된 것으로, 그는 이같은 정신병 연구에 그것을 활성화시키기 위해 기호학적 인기제의 도움을 요청할 것을 제안함으로써 우리의 연구를 명확히 하려고 시도하였다. 그 제안은 당연히 나를 사로잡았는데, 왜냐하면 이 연구가 몇 년 전부터 이곳과 라 보르드에서의 우리 연구 방향에 대해 최대한 명료함을 부여할 수 있을 것이라는 확신과 동시에 최소의 어려움으로 그 초안을 잡을 수 있으리라는 생각 때문이었다. 당시 우리의 연구 목표는 정신병이라는 경계 선상으로부터 출발하여 모든 말하는 존재를 포괄하는 특이성들을 밝히기 위해 정신분석 텍스트에 마주한 기호론과 정신분석학의 대질이었다.

이렇게 해서 우리는 아버지의 이름을 파멸시키는 동시에 현실 속에 아버지의 이름을 정착시키는 배제[3]가 어떠한 방법으로 여러 **유형**의 담론들이 그들의 **현진실**을 말하는 장소 속에 **등록되는가**를 개진시키기에 이를 것이다. 정신병이란 언어의 진실에 대한 위기라는 것이 자명한 사실이라면, 그것은 아마도 여러 배제들의 유형(각각의 담론들 한계의 특성)들에 마주한 결과로써 일어나는 것일 터이다.

이같은 배제들의 유형 저편에 아직 보다 예민하고 주체로 하여금 현실—상상계—상징계[4] 사이의 가파른 통로들을 분절시킬 수 있도록 하면서 마치 **'담론들의 전략들'**로만 간주될 수 있는, 언어학적이고 수사학적인 **범주들**에 마주할 수 있을 또 다른 작업이 위치한다. 그러니까 현실계는 진실·거짓 그리고 진실임직함 사이의 선택 가능성을 열기 위해 언어와 문체의 범주들을 가로질러 어떠한 방법으로 스스로를 표현할 것인가? 이 순간 고고학, 다시 말해 언술화 과정의 고고학이 그 요소들과 작용들의 주관적인 생산화 과정의 조건들을 향해 열릴 것이다.

그러나 만약 범주들의 기호론적인 동시에 언어학적인 기술(과 비평)이 현진실의 문제가 문제시되지 않는 범위 내에서 해결 가능하고도 용이한 것이라고 한다면, 그것은 바로 분석적인 귀기울임을 통해 이 기술을 담론의 전략으로 이끌기 때문이다. 그러니까 그것들을 '담론의 전략들'의 커다란 단위들의 구성(이야기·줄거리·서사)이나 담론들 속의 상호 주관적인 관계들(전제·질문 등)을 통해 열어 놓는 동시에 형태학적인 또는 통사론적인 것(대명사·지시소[5]·보어·양태소 등)으로 이해하면서 말이다. 분석적인 귀기울임을 한 텍스트 특히 정신병적인 텍스트를 이용하여 이 담론들의 전략들에 열어 놓는 것이다. 왜냐하면 이 정신분석 텍스트는 아직까지 상징성의 과학 범주 내에서 해결되지 못한 문제를 심화시키는 장소에 머무르고 있기 때문이다. 해결되지 못한 문제란 어떠한 영역이 언술화 과정의 주체로 하여금 한편으로는 말을 통해, 다른 한편으로는 수사학을 통해 그것을 가능케 하느냐는 것이다.

이번 세미나에서 나는 여러분들에게 몇 가지 주목해야 할 점들을 제안코자 한다. 즉 (담론들의 전략들과 그것들의 진실과 맺는) 관계에 대해 15일 만에 한 번씩 열리는 여러분의 발표가 다음과 같은 문제들을 규명하는 데 도움을 줄 것이라는 점과, 우리들 편의 환자들에 대한 관찰들이 우리로 하여금 다음과 같은 문제들을 규명하거나 동시에 기존 이론의 위치를 전환시키도록 할 것이라는 사실들을 미리 언급하고자 한다. 즉

——진실이 거친 역사적 도정과 그것에 대한 간략한 논리학적 개념들.

——진실에 대한 프로이트식의 개념.

——일반 증례: 히스테리적 환각.

——언술화 과정 주체의 진정한 위치를 밝혀내기 위한 언어학적인 두 예: 지시소들과 고유 명사들.

——주체에 따른 예: 살해나 거세 같은 진실(슈레베 · 아르토[6]).

서구 논리의 위장적 진실

따라서 앞으로 전진하기 위해 언술화 과정에 대한 분석적인 개념의 분리성을 규명하고, 그것을 재빨리 기억 속으로부터 끌어내야 할 것으로 보인다.

이미 플라톤 시대로부터 존재(Être)는 참존재(Être vrai)이다. 이후 스콜라학파는 다음과 같이 명명할 것이다. 'Esse Verum,' 이 명제가 제안하는 구조 작용은 다음과 같이 설명될 수 있다. 즉 언술화 과정의 주체는 대타

자[7]에 대한 그의 상징적인 부재를 배제하는 만큼 그의 '타고난' 현실 속에서의 의존 또한 배제했다. 자신의 부피와 역동 속에서 거절당한 존재를 위해 때마침 제시된 정확하고도 미세한 이 주체는(몇몇의 부가적인 제약을 덧붙이면 아마도 과학의 주체라고 할 수 있을), 그로 하여금 정신병과 계속해 이웃하기 위해 그 속에 보충시켜야 할 견자론적 **재현**의 영역 내에 위치한다. 가시적인 이미지들로 전향된 그 질서 밖에 있는 모든 것은 일단 불편한 위상을 취하는 헤라클레이토스의 **논리**인 것이다. 그러니까 **대상**이라고 가정하기보다는 언술 속에서 말하고 재현하는 대상, 다시 말해서 **서술적 위장**인 것이다. 주체와 언술화 과정을 추락으로 이끄는 현실과 대타자의 배제, 그로부터 기인된 이 벌린 틈은, 그러니까 다음과 같은 이질적인 질서들 사이의 **섬세한 봉합** 작용으로 치료된다. 즉 존재가 **대상**이 되는 것은 마치 담론 속의 **서술어** 작용과 마찬가지이므로, 이같은 조건 속에서의 서술어 작용은 하나의 **진실**로 간주될 수 있다. 이 때문에 우리는 왜 현실 존재의 진실임직함에 전혀 부합되지 않는 대신 **서술어적 일관성**의 동의어라고 볼 수 있는 진실이 이 거절된 주체로부터 나오는 언술인지를 이해할 수 있다. 때문에 통사론적인 질서('서술어'는 곧 '통사'), 다시 말해 그와 같은 언어학적이고 논리적인 질서로부터 나오는 진실은 언술화 과정의 주체[8] 속의 생산화 과정이 품는 조건들, 즉 수많은 잠재력의 망각을 통해 작동한다.

문법·논리·존재론 —— 문장·판단·존재 —— 통사·삼단논법·지시, 이같은 진실에 대한 철학——논리적인 논쟁은 사상의 경향들과 그 서로 다른 사상들에 장소를 제공하는 위의 세 축 사이에서 갈피를 잡지 못한다. 증명 가능한 것으로서의 진실, 그것은 요소들과 **문장** 법칙의 구성을 밝혀낼 수 있을지도 모른다. 그렇지 않다면 명명화 과정과 판단을 구성하는 심리적인 행위 안에 주둔하고 있을지도 모른다. 그것도 아니라면 마지막으로 진실은 하나의 지시 대상에 대한, 아니면 보다 일반적으로는 존재에 대한 심리적인 행위의 합당성 속에 위치할 수 있을지도 모른다. 크라테스의 **논법**은 틀림없이 그 풍부함과 플라톤적 담론의 신성성, 그리고 그 허구의 범접할 수 없는 존재 자체를 통해서 주체——주인이라는 원형이다.

왜냐하면 내가 지금 막 상기시킨 모든 개념들을 구별하는 것은 문장의 진실과 판단의 진실, 그리고 담론의 각 부분들과 사상 사이에서 사물도 사상도 아닌 그러나 '세상의' 질서를 이루는 형식들(eidè)인 것이다. 이것은 소위 하나의 '필수적인 연관성'을 지니는 명제와 함께 플라톤에게서 나타난다. 만약 이 부분들의 구성이 형태의 정수(精髓)들 사이에서 하나의 연관성에 부합하도록 잘 배치된다면, 그 논리에 따른 하나의 문장은 진실로 나타날 것이다. 즉 그 장소로부터 진실은 마치 하나의 계시나 **형태**의 폭로인 진실(alétheia, 하이데거의 주석에 따른 le Théétète와 비교)로서 드러나는 것이다. 형식론자에 보다 가까운 아리스토텔레스는 아마도 참이나 거짓이라 할 수 있는 유일 **논리**들에서 그 각자의 층위를 구분한다. 그러니까 지도나 주문이 수사학적 가치만을 지니는 것에 반해 선언은 그 이외의 가치를 가지는 것을 그 예로 들 수 있다. 그러나 《해석론》은 그의 책 《형이상학》보다 훨씬 플라톤적이다. 그러니까 말하는 것이 즉각적인 존재함은 참이다. 이렇듯 존재는 현상학이 막 폭로할 존재와 말(Logos) 사이의 내적인 의존 관계(공명, 서로 말하기, 상호 의사 소통)와는 다르게 '말하는 주체'와의 명백한 관계 없이 제시된다. 이때 만약 어떠한 체계나 언술화 과정이 주체를 고려하지 않는다고 해서 그 문장이 진실이 아니라는 것을 의미하지 않는다. 그것은 그 문장이 하나의 **명제**를 설명하고 있다는 바를 의미한다. (이 명제로부터 중세 철학이 출발하는 것이다.)

그러나 진실로 가는 도정의 주관화 과정, **논법**에 대한 언술의 의존 관계는 그것을 알기 원하는 사람들이 강조했음에도 불구하고, 뭐라 결정짓기 불가능한 그 실행 과정 장에서의 깊이를 헤아릴 수 없는 유령 같은 또 다른 진실 앞에서의 수많은 거북스러움을 끌어낸다. 그같은 것이 바로 예술 담론 속에서 나타나는 진실에 대한 **진실임직함**의 관계인 것이다. 그 속에서 진실임직함의 영역은 더 이상 논법이 아닌 게임 법칙의 공범이다. 예술의 주체와 수사학의 대상 같은 또 다른 말하는 대상의 언술을 진실에 동질화시키면서 모순 없는 영역, 그러나 불확실한 영역으로 펼쳐진다.[9]

중세기의 아벨라르뿐 아니라 피에르 아이와 그레고리 드 레미니는 **명제에 고유한**(그러나 문장에 고유한 것은 아닌), 그러니까 필연적으로 진실의 이론을 판단에 고유한 것으로 취한다. 이렇듯 중세 철학은 그들의 주요 관심사의 심장부에서 말하는 주체와 사물들이 세상과 맺는 관계들이 **신성한 것**(Una res)에 돌려진다는 조건하에서만 그것들을 신성하고 진실인 법칙 속에 받아들인다. 그 결과 중세 철학은 **의미 작용**의 법칙으로 요약될 수 있는 우리의 지식 한도 내에서 가장 주관적인 의미론을 개진하였던 것이다.

주요 철학 조류 속에서 볼 때, 현대성은 그 모든 것이 지금으로서는 빈번히 또 극도로 현혹적인 방법으로 이미 우리에게는 공식화된 진실의 개념에 관한 절대적인 가치를 부인한다. 라이프니츠는 더 이상 진실이 **효력 있는** 명제의 대상이 될 수 없다고 못박고 있다. 또한 그는 진실을 공식화되지 않은 이전의 명제로서 인정하고 있다. 그에게 있어서 진실은 **존재하지 않는**, 그러나 **가능한** 명제에 불과한 것이다. (인간적인 것이 아닌 세상을 포함한 세상들의 복수성에 직면하여) 우리는 '사실과 관념과 진정한 현실 사이의 관계'(《새로운 수상록》 4권, 5장)에서 암시한 바의 이 유일한 시니피앙의 진실 앞에서 놀랄 수밖에 없다. 진실은 인상이 주는 잉크 빛깔에 따라 색인될 수 있는 기호들의 망이다. (그러나 라이프니츠는 어쨌든 진실은 **어떤 특정한** 종류의 기호들에만 속한다는 사실을 인정한다.) 보다 암울한 전망으로 헤겔은 먼저 정신 운동 속에서 절대적인 전체성으로써 참과 거짓의 분리 불가능성을 강조한다. 동시에 윤리학적 진실의 현실화 과정을 위한 확신의 한 곁에 자리잡는 '이상한 불안감'을 표현할 다음의 정의를 덧붙인다. "이렇듯 참은 그 속에서 취하지 않을 사람을 단 한 명도 발견할 수 없을 디오니소스적 착란이다. 왜냐하면 이 착란이 또한 반투명하고 단순한 휴식인 만큼 그 속에서 분리되는 경향이 있는 각각의 순간을 즉각적으로 용해시켜 버리기 때문이다."[10]

이렇듯 현실의 한 부분을 이루고 있는 소위 이론적인 진실의 개념과 언어논리학적 진실의 개념 사이의 단절은 거의 피할 수 없는 것으로 보인다. 논리-실증주의는 고전철학과의 단절 속에서 모든 결정론들을 끌어낼 것이다. 프레게에게 있어서 진실 자체가 지시 대상과 혼동되는 것처럼 말이다. 의미와 의미 작용[11]의 과정에 대해 《의미와 의의에 대하여》는 참/거짓의 구별 자체가 허구 속에서는 그 효력이 없다는 사실을 증명하고 있다. 왜냐하면 허구의 문장들은 지시 대상을 지니지 않기 때문이다.[12] 그러나 이야기식 담론은 지시 대상을 가지기 때문에 그 효력이 적용된다. 그러니까 참과 거짓은 문장에는 적용되지만, 명제에는 적용되지 않는다(공리화된 언어 속에서의 진실의 개념). 왜냐하면 명제란 진실의 척도로서 존재하는 대상의 명명화 과정을 통한 문장의 사용이기 때문이다. 또한 자연 언어 속에서 그 사용은 상황들에 달려 있기 때문에 강한 의미에서의, 다시 말해 형식 언어에서의 영원성에 대한 진실의 개념은 문제가 되지 않는다.

이렇듯 우리는 진실이 '자연' 담론에 기초하고 있는 까닭에 진실의 문제를 배제하려는 철학-논리적인 개념을 살펴보았다. 논리적인 말과 그 참 언표가 기교의 질서를 폭로하는 동안 사상은 양자택일을 해야 할 처지에 이른다. 형식화된 언어를 위해 말하자면 강한 종교 담론 속의 유물론적인 사용을 위해 이 개념을 보존하던가 아니면 자연 담론, 다시 말해서 차별화된 주관적인 구조들을 위한 진실의 또 다른 개념을 향해 나아가든지 말이다. 거기가 바로 우리가 프로이트의 개입을 허용하는 곳이다.

분리 과정으로서의 진실

프로이트는 진실의 개념을 드물게 사용한다. 《새로운 학회》(1932)에서 진실은 종교 아니면 세계관(Weltanschauung)에 속한 개념으로 나타난다. 그리고 정신분석학이 그것에 개입할 여지가 없다는 것은 숙명 같은 것이다. 프로이트가 소위 '허무주의'라 부른 과학적 상대주의(하이젠베르크의 암시)에도 불구하고 진실은 어딘가에 존재한다. 그러한 맥락에서 우리는 프로이트의 저작 중 가장 '진실'의 문제에 집착했던 작품이 1938년 런던에서 탈고된 《모세와 유일 신앙》이라는 종교에 관한 저서임을 이해하게 될 것이다. 끊임없는 논쟁의 여지가 되어 온, 그러나 주지하다시피 프로이트 이해에 있어 핵심적인 유일 신앙 자체와, 오늘날 정신분석학의 진정한 내기라고 할 수 있는 이 책의 몇몇 명제들을 다시 읽어보자.

"지금까지 인간의 지성은 진실을 구분할 만한 특수한 적성을 지니지 못했다고 할 수 있다. 그렇다고 특별히 인간의 정신이 진실을 용인하는 데 이르렀다고도 할 수 없다. 반대로 인간의 지성은 우리도 모르는 사이에 매우 쉽게 방황한다는 것을 주지하는 바이다. 때문에 특별히 진실 문제 때문에 고민하지 않으면서 쉽게 신앙에다가 우리의 욕망과 착각들을 만족시키는 모든 것들을 갖다붙인다."[13]

이 회의주의는 우리를 '역사적인 진실'과 '물질적인 진실'[14] 사이의 구분으로 이끈다. 역사적인 진실은 '진실의 단편'이고 '핵'이지만 언제나 억압되어 있다. 그리고 주체가 '물질적인' 완전한 진실이라고 믿는 것은 신경증적 증상이나 종교의 형식하에 진리로의 회귀이다. ('역사적인') 진실은 따라서 (전체가 아닌) 한 부분에 불과하다. ('물질적인') 진실은 변형된 것에 불과하다. "우리는 오래 전부터 모든 착란적인 사고 속에, 돌아와서 모종의 평형들을 감내했던 때부터 잘못 이해되어진 망각된 존재의 밑바닥이 있음을 알고 있다. 우선 환자는 자신의 착란적인 사고, 치명적이고 충동적인 확신을 진실이라고 간주한다. 그리고 자기가 믿고 있는 진실을 감싸고 있는 실수들을 포용하기 위해 이 진실의 핵 저 너머에까지 손을 뻗친다. 우리가 역사적인 진실이라 부른, 여기서 문제가 되는 진실의 핵을 다양한 종교들의 독단론 속에서 발견할 수 있다."[15] "그것(아버지 살해에 대한 기억)이 왜곡되는 한도 내에서 우리는 그것을 광기라 명명하고, 그것이 과거에 몇몇 섬광을 비춰 줄 때 그것을 진실이라 부른다. 정신병자들의 방어 그 자체는 진실의 한 부분을 감금한다. 그리고 환자의 확신은 모든 착란의 구조로 펼쳐지는 저 너머의 현실을 위해 이 한 부분 위에 세워진다."[16]

이같은 관찰들이 그저 허상에 불과한 것만은 아니다. 반대로 어떤 종교는 실제로 **존재하는** 그것들의 예를 보여 준다. 지식사상 '역사적인' 사건이라 할 수 있는 프로이트의 모세와 유일 신앙에 있어서 역사적인 어떤 자료도 이루어 놓은 것 없이 셀랭이 집대성한 텍스트로 입증 가능한 듯한 이집트인 모세의 '존재'는 단지 서사적인 구조, 즉 이야기와 프로이트 자신의 허구로 이루어진 것이다.

반대로 있었을 법한 허구가 '역사적인 진실,' 즉 물질적인 진실로 변형하는 것으로써 이같은 사회적인 허구가 구축하는 것은 **진실임직한 변천**이다. 그러니까 역사적으로 실제 존재했던 **사건**이 아니라 논리적(원한다면 '역사적인') 사건을 구축하는 하나의 **작용**이다. 다시 말해서 분리화 과정의 작용이다. 사실 프로이트식 서사(프로이트에 의하면 진실임직한 구조들로 분석할 수 있는)는 의미를 부여할 수 있고 동기가 부여되는 바로 그 자리인 **이타성, 이질성, 동일성의 부인, 분리**와 **살해** 같은 서사체를 따라 결국 돌아오는 몇몇의 '우주적인' 세상을 진실임직하게 만드는 그곳이다. 모세는 유대인이 아니다. 유대인들은 이집트를 떠나고 모세를 죽인다. 우리는 이 프로이트식의 이야기가 자기 합리화 과정을 위한 강박적인 방법일지도 모른다는 데까지 감히 해석을 몰고 가 볼 터이다. 그것은 프로이트의 또 다른 발견인 부정성[17]으로서의 상징 기능을 포함하는 보다 '정신병적인 것'의 발견 속에서 드러난다. 분리, 파기, 이동, 벌린 틈, 그것은 언어가 프로이트의 발견의 급진성 속에서 스스로 분절되고 작용하는 데 동인이 되지 않을까? 이런 의미에서 우리는 다음과 같이 말할 수 있다. 일단 우리가 아버지 살해를 인류의 주요한 '역사적'인 사건(또는 진실)으로 간주하는 프로이트의 학설에 동의한다고 가정해 보자. 사실 이 학설은 실증되었다. 어떻게 보면——각각의 말하는 주체의 내부로까지 연장함으로써——상징성의 갈증을 자아내고 자리를 바꾸며 부정적인 기능을 밝혀내었기 때문에 그 사실은 정신분석학에 의해 증명되었다. 이렇듯 아버지 살해는 언어학적인 기호 속에 등록되었다. 그러나 그 사실이 아버지 살해가 실제로 일어났다는 것을 그다지 강하게 의미하지는 않는다. 《모세와 유일 신앙》은 프로이트의 저작들 중에서 가장 그리스도교적일 뿐 아니라(왜냐하면 프로이트는 그리스도교인들은 살해의 진실, 혹은 살해로서의 진실을 알지도 못하고 떠든다고 단언하기 때문이다. 그러니까 이같은 고백에 스스로 죄책감을 느끼면서, 죄책감을 필요로 하면서 유대인들로 하여금 그들의 죄책감의 값어치를 측정할 수 있도록 하기 위해 유일 신앙의 고유한 유대인과 그리스도의 한 쌍을 구축한다), 정신분석학이 주체를 언어의 부정적이고 부인적인 기재 속으로 끌어들이는 한 **정신분석적인 장치**는 그리스도교를 후기 **가톨릭적인** 의미에서 **초기 가톨릭적인** 발견으로 거슬러 올라가게 한다. 살해라는 것은 진실뿐 아니라(유대인 골렘이 'emeth -meth'라고 말했듯이) 아버지를 죽였다(가톨릭에서 등장하는 것처럼). 하지만 진실은 이동과 부정·부인의 기재에 불과할 뿐이다……. 프로이트의 저서는 위치와 증언·진실의 과정을 지시한다. 또한 통로들과 주름·문턱들·재앙——부인들의 기재를 작동시키기 위해서만 진실을 자기 철학의 가장 잘 보호된 장소인 종교 속에 위치시켜 그것이 마치 동일성(존재, 존재에 합당한 것 등)처럼 나타나게 한다.

프로이트의 사상 속에서 가장 명확한 작용들은 그 작용들을 통해 진실이 언제나 이미 '허위의 것'일 수밖에 없는 변질이라는 사실에 대한 양상들을 구성한다. 상징을 구성하는 **부정성**(Verdrangung), 영향을 주는 내용에 대한 **억압**(Verwerfung), 배제(scotomisation), 눈앞이 캄캄해지는 상태 지각과 망막점의 상실.

부인(Verleugnung)은 우선 그 특수한 위상으로 우리의 주의를 끌 것이다. 즉 **특이한**(도착적인 어긋남) 동시에 모든 신경증 구조에 공통된 **일반적인** 성격 말이다. 그러나 역시 정신병을 기술하기 위해서도 사용되는(또 다른 지형학에서의 역학은 배제한다고 할지라도) 것으로, 따라서 구두적인 상징주의에 공존하는 듯 보이는 것이 바로 이 유형의 부인이다. (덧붙여 특히 사건과 말[言]의 연습을 다루는 부정성[18]에 대한 항목에서 사용되는.) 즉 그것이 모든 말의 사용에 있어, 그리고 보다 강한 의미에서 말 속에서 유희하고 그 효과들을 강조하는 예술에 부인적인 그렇지 않으면 도착적인 영역을 부여한다.

그것이 바로 거세의 재인식 및 양가적인 과정과 관련된 부분인 것이다. 소년은 어머니에게 남근이 결여된 사실을 깨닫지만 계속해서 그녀가 그것을 지니고 있다고 믿는다. 최초의 태도는 공포를 낳지만 두번째는 불신들을 창조한다. 그곳에서부터 그들의 공존이 시작된다. 그러니까 부인, '하나의 앎으로부터 현실의 요구로 이끄는 인식'[19]에 근거한다. 그러나 적어도 그것은 앎을 동반한 현실로부터 '반발자국' 떨어진 것이다. 그러므로 그 자체에 '본능의 요구와 현실의 금지 사이의 충돌'을 재현하면서 자아의 (도표를 삭제하는) 분열 과정을 형상화하는 것은 이 지형도 자체 내에서 이다.[20] 우리는 이 상징화와 우리 앞에 마주한 앎의 과정 속에서 진실이 문제가 된다는 것과 현실·금지·충동·요구 그리고 어긋남에 의해 굳혀진 그것들 사이의 충돌 자체의 문제가 된다는 사실을 증명한다. 그러니까 결과는 이중적이다. 즉 환각(그곳에는 없는 페니스)과 이동(또 다른 육체의 부분과 대상이 똑같은 충동적인 요구로 투자되는 것) 말이다.

만약 이 기재가 사실이라면, 그 단계가 모든 상징적이고 언어적인 기능에 공존하는 결정적인 단계라고 감히 가정해 볼 수 있다. 사실 언어의 습득은 이미 선천적인 프로그램에 의해 현실화된다고들 말한다. 그처럼 언어 습득의 신비로운 과정은 만약 어린아이가 적어도 그의 표본들, 아니면 그보다 모든 표본, 즉 그에게 시니피앙의 고리들과 또한 단지 그 자체로만 인식되는 현실에 대한 인식의 문을 열어 주는 모든 표본에 동일한 가치를 지닌 강도로 집중하기 위해 그에게 있어서 모성적인 남성의 상상적인 재현에 집중하지 않을 수 있을 때에는 이 신비로운 언어 습득이 효력을 발휘하지 않게 되는 것일까?

이제 이 결과들의 극단에까지 밀고 나가야 할 일이 남아 있다. 즉 상징적인 기능에 대한 부인의 내재성은 말하는 존재에 있어 현실의 상실이라는 형상들의 영속성을 조건짓는다. "모든 방어는 주체를 위협하는(내재적이거나 외재적인 요인으로) 것을 주체 밖에서 포착하려는 목적을 가지고 현실이나 비개성화 과정의 상실로 귀납된다."[21] 억압과 용인 · 숙고 · 판단 등을 통해 실망스럽거나 견디낼 수 없는 것으로부터 스스로를 방어하려는 '정상적인 방법' 사이에서 그 병인적인 성격이 다소 나타나는 일련의 긴 연속상의 자아 행동 양식이 펼쳐진다.

부인의 영역, 이 '당연한 사실이지만 어쨌든'의 영역, 이 언어 기재는 대자아의 희망과 최후의 방어들 도처에서 제시할 수 있다. 그것이 바로 프로이트에게서 나타나는 것으로, 그가 이 개념을 이용하기 시작할 때는 마치 그것을 상징 기능에 고유한 부정성의 동의어로서 사용하기 때문이다.[22] 용어학상의 비적합성 작용인가, 작용의 일반성에 대한 증명인가? 그러나 서로 다른 주관적인('진실들')은 **부인**이 기인하는 심리적 지형학의 용어에 따라 차별화된다.[23] 친언니의 죽음에 직면하여 신경증에 걸린 여인은 자기 형부에 대한 욕망의 엄습을 느낀다. 그러나 이 **욕망**을 비켜 나면서 그녀는 히스테리 증상을 만들어 낸다. **정신병 환자**는 죽음에 대한 **현실** 자체를 비켜 나갈지도 모른다.

　이렇듯 우리는 우리로 하여금 유일한 시니피앙의 연속(편집증적 착란이나 그 봉합-과학)에 위치시키는 '역사적인' **현실**(그 유일한 급진성인 죽음)을 비켜 나가거나, 우리의 육체를 증상이나/또는 싸움의 장이 되도록 하는 **욕망**(말하자면 타자로의 시니피앙의 전이)을 비켜 나가든가 하는 선택에 마주하게 된다. 첫번째 경우 우리는 간혹 증명 가능한(과학), 그러나 현실과의 어긋남을 대가로 치르는 시니피앙의 진실을 얻을 수 있을 것이다. 이를테면 정신병 환자와 학자는 불가능한 현실에 대한 증명(한쪽은 비관적이고 다른 한쪽은 희망적인)을 가질 것이다. 따라서 그들은 현실을 말하는 데 똑같이 실패할 것이다. 두번째 경우 우리는 고통받는 육체나 정신 증상의 진실과 만나게 된다. 그곳에서 언어는 항상 그럼직함처럼 진실임직하면서도 전혀 진실은 아닌, 오직 돌발적인 경우(즉 말실수와 추리력의 실수 등)만, 다시 말해 불가능함으로써만 첫번째의 경우인 '진실'에 접근할 수 있을 터이다.

　신경증은 욕망 또는 시니피앙의 어긋남을 통해서만 작동된다. 그것은 진실임직함의 수사학적 전략들(통사론적으로 규범적인 언어, 고전 이야기 등)을 통하여 현실을 향해 나아간다. 즉 **가장**의 전략들과 그 전략들을 통해 또 오이디푸스로 인해 고립화되고 규범화된 투사[24] 과정과 동일화 과정에 대한 주관적인 체제가 구성된다. 이 체계 속의 구멍이 육체적인 증상을 발현시킨다. 동시에 '정신병적인' 작용들로 귀결되는 것이다.

　정신병[25]은 부인을 통해 현실에 앞서고, 시니피앙으로 하여금 진실할 것을 요구한다. 기호들의 정의내릴 수 없는 결합 관계는 과학을 통해 특수성이 부여된 진실의 조건들과 동떨어진 결과를 보여 준다. 즉 자아의, 그러니까 인식의 경계 확장을 그곳에서 스스로 판독하는 것이다. 지금 이

자리에서 또 라 보르드에서 그로모은 텍스트와 담론을 분석하면서, 우리가 그 작용들을 밝혀내기 시작한 어휘적이고 통사론적이며 서술체적인 변용들이 그것이다. 정신병적인 부인에 대한 실라 콩솔리 박사의 연구는 이러한 견지에서 볼 때 매우 의미심장하다. 과학적 담론을 봉합하는 유일한 길은, 이 주관적인 체계 속에서 존재를 보증하는 논리적 진실의 조건(명제나 문장에 합당한)을 명확히 정의하는 동시에 현실을 위해 한 영역을 정비하는 것이다.

이제 점점 더 예술적 담론으로 넘어가야 할 필연성이 시작된다. 때문에 예술을 말하는 담론의 장소를 따로 인정해야 할 것이다. 만약 어긋남이 있다면, 그 어긋남은 이 실천들의 최소 단위들(각각의 단어·소리·색깔·리듬 속에서……) 내에 도입된 것이다. 그 결과로서 각각의 최소 단위들은 결국 '순수한 시니피앙'이 아닌 언제나 '동사'나 '육체'가 된다. 이른바 자신의 부활 같은 살해의 미시적인 연구로서 이 경계들의 동일성이나 구별의 중심부에 놓이는 것이다.

이제 우리는 교차 반복법을 앞에 두고 있다. 현실로의 접근은 진실임직함의 기록 속에 있다. 즉 진실로의 접근은 유일한 시니피앙에서 기인하지만 현실의 이지러짐을 그 대가로 치른다.

$$\text{정신병} : \frac{\text{시니피앙 V 현실계}}{\varnothing \text{ 현 실}} \quad \text{vs} \quad \frac{\text{시니피앙 } \varnothing \text{ 현실}}{\text{현실; 현실임직함; (참, 거짓)}} : \text{신경증}$$

$\varnothing$ — 배제; V — 진실; 현실임직함 — 진실임직함; v, f — 참, 거짓; vs — …에 대비하여

종교 담론은 '시니피앙·진실·현실계＝현실: 진실임직함; (참, 진)'의 대각선적인 통로 안에서 구축된다. 즉 종교 담론은 믿음이라는 불가능에 대한 최초의 가정을 통해 현실로서의 시니피앙의 존재를 지탱한다. 다시 말해서 스스로에게 교리상의 조건들이나 진실임직함으로 만드는 수사

학, 또는 진실의 예증을 부여하는 것이다.

과학적인 담론 또한 같은 선상에 놓여진다. 그러나 그것은 언술화 과정의 주체를 배제시키면서 기호들 자체의 법칙들 속에서 그 체계를 구축할 뿐이다. 그것은 위 도식의 왼편에 도전한다.

같은 통로에서 예술적인 담론은 조작자(참·진)를 제거한다. 그러나 현실과 각각의 단위 속에서, 그리고 예술적인 장의 조작 속에서 현실계와 시니피앙의 진실임직함의 과정을 실현한다. 즉 현진실의 미시적인 팽창인 것이다.

히스테리적인 목소리, 또는 음모가 벌어지는 것을 보는 환상

히스테리 담론 속에서 진실이 증상의 무게를 지니지 않을 때는 빈번히 가시적인 신경증 재현의 풀리지 않는 정서가 실린 강박적인 음모를 차용한다. 이 광경은 가능한 줄거리 없이 고립된 채 부유하는, 모든 종류의 명명화 과정이 지나가는 이름 붙일 수 없는 현실의 한 조각이다. 이 현실의 한 광경은 언어의 영역을 황폐화시키고, 그것을 한낱 감히 건드릴 수 없는 환각적인 희열 위에 고정시키면서 언어 영역 자체를 차가운 재와 수수께끼적인 찌꺼기로 축소시킨다. 히스테리적인 정신병(이 용어가 어떤 모종의 의미를 취한다는 조건하에)에 관해 말한다는 것이 불가능한 사실은 정신병의 구조 속에 범속한 히스테리 담론이 침입하기 때문인 듯하다. 이 범속함은 히스테릭한 도전을 구실로 육체의 진실을 불가능하게 만드는, 다시 말해서 남근적인 또 너무나 추상적이라고 평가받는 언어에 대항한 현행 여성론자의 불만족을 드러낸다. 그러므로 우리는 이 담론의 너무나 일상적이고도 히스테릭한 환각 속에서 현실과의 경계선상에 자리잡고 있다. 이 현실은 진실처럼 난입하고 주체의 담론에 구멍을 뚫는다. 그렇지만 그 현실은 의미 작용을 하지 않으면서(그리고 그것을 위해 증상에 너무나 허약한 조울증의 상태로 인도한다) 의미를 만들어 내는(그 자체를 위해 살고 즐기는 것을 허용한다) 반복적인 재현화 과정 속에서 드러난다.

　나의 최초의 제안은 다음과 같다. 이 환각들이 재현으로 나타나기 위해서는 먼저 이 환각들이 은유(항상 언어학적 조작인)의 가치를 지니지 않아야만 한다는 것이다. 또 이 환각들이 성적인 차이, 항문적 충동의 재인식 속으로, 그리고 고유의 육체에 대한 차별화 과정 속으로 추락하는 **경상적 충동**과 보다 오래 된 기록인 **언어**로 이루어진 생산물이 되어야 한다는 것이다. 다음으로 나는 이 환각의 유형을 가정하는 배제의 특이한 상태를 추적해 보도록 하겠다. 틀림없이 아버지 이름의 배제인 그러나 구조의 총체와 매우 특별한 관계에 있는 그 상태를 말이다.[26]

　주어진 예로, 하나의 이야기 속으로 들어가 보자. 한 젊은 여성인 J는 분명히 일정 한도 내에서는 신기하리만큼 손쉽게 자신의 모든 개인적인 또는 직업적인 활동을 조직화하고 합리화한다. 그리 대수롭지 않은 몇몇 신체 증상화 과정이나 우울증에 근접하는 경우를 제외하고는 말이다. 다시 말해서 하나의 이미지——하나의 단어——하나의 느낌들이 신비하게 연달아 되돌아오는 것, 즉 언제나 매우 강렬한 한 순간, 언제나 단 하나의 색깔인 초록색으로 도달한다는 것만을 제외하곤 말이다. 사실 그것을 제외하고 그녀가 굳이 알아내야 하거나, 또 알 수 없을 비밀은 그 어디에도 없었다. 점차로 분석은 이 대상 없는 사로잡힘에 초점이 맞추어진다. 그러나 이 사로잡힘 속에서 초록색이라는 단어는 전이의 연결고리가 그 해석을 가능케 할 연속 내에서 도무지 갈피를 잡을 수가 없었다. "그건 너무 단순해요. 너무 약하다고요. 그렇게 단순한 문제가 아니에요." 우선 분석가의 이름(베로니크)은 부계 쪽 여동생의 이름(베라)을 상기시킨다. 그녀는 꿈속에서 **초록색의 물뿌리개**와 함께 어머니가 나타나는 것을 본다. 그 속에서 그녀는 아버지에 대한 욕망이 자신에게 생기는 것을 느낀다. 아기의 변기(초록색의) 주위를 떠도는 가정의 근심을 상기시키기 위해, 또 여동생의 출생으로 교란된 그녀의 정신 상태를 해결할 겨를도 없이 벌써 새로 태어난 아기에게 빼앗긴 모성과 벌써 아버지에게로 밀려난 그녀의 ('언어적이고 지성적인 관심사들') 가족 이야기가 망각으로부터 밀려나온다. 이것은 그 단순함에 있어 그런 종류의 도식을 보여 주는 매우 적절한 예라고 볼 수 있다. 그런데 이 증례에서 분석가인 여성이 한 일이라곤 분석 과정중 단어와 연관지어 가며 스스로 즐겼던 이 '초록색'에 J가 삼켜지지 않도록, 그녀 자신의 성(性)을 포기하지 않는 한에서 대타자 속에 잘 안주할 수 있도록 그녀를 도와 준 것뿐이었다.

두 살에서 세 살 사이의 소녀는 자신의 항문에 우월감을 느낀다. 벌써 배변에 주의하고, 자기 자신의 육체와 배설물을 구별하면서 그녀는 배변 기능과 아이를 분만하는 모성적인 기능을 동일시한다. 이같은 항문기의 우월함은 최초의 나르시시즘,[27] 다시 말해 자기 어머니와의 상상적인 동일화로 종결지어진다. 또한 동시에 아버지의 배제와 남근의 결핍에 대한 방어를 의미한다. 자신 속의 자신을 보는 듯한 이미지의 정점은, 그러니까 그녀에게 있어서 성적인 차이의 부인 같은 강한 항문기적인 집중(투자)에 부합한다. 항문은 눈에 세들어 있는 것이다. 그것이 바로 아버지가 대타자로서 존재한다는 사실을 알리지 않기 위해 정신병과 공유하는 히스테리가 세운 만리장성이다. 이 울타리 속에는 항상 손쉽게 '엄마'로 축소되는 '아빠'가 있을 것이다.

그러나 그와 나란히 상상계 내에서 상징계로의 계승이 시작된다. 즉 연결된 대상들이 의미화되기 시작한다. 그리고 언어가 작용하는 부계적인 은유로 모성적인 자리가 계승됨으로써 상상계는 대타자의 기능 속에 등록된다. 절정에 달한 기호——이미지·형태·색깔——에 대한 관심은 추상화 작용의 방법을 거쳐 언어를 이루는 그 자체의 시니피앙 속에 축적된다. 그러나 라캉이 이상적인 오이디푸스 삼각형 속에서 다시 그 흔적을 회상시킨 상상계에 마주한 상징계의 고립은 히스테릭한 환각 속에서는 결코 완벽해지지 않는다. 아빠와 아버지의 분리 같은 근본적인 문제 제기가 남아 있는 것이다. 아빠(여성화, 사회적인 평가 절하, 부재 등)의 '대상으로'의 파산은 구조를 가동시키는 이 물레방아에 물을 대줄 뿐이다.

그러니까 시니피앙은 지표 φ와 다른 한편 A와 결합하면서 현실계의 규범을 확신시키는 상징 상상계라는 두 축의 **차이**를 벌려 놓는 것이 아니라, 상징계와 상상계의 **만남** 자체이다. 즉 모성적인(경상적인-항문의) 시간 밖에서 한순간 부성적인 것(목소리의, 남근적인)에 접근하는 교착점인 것이다. 언어의 소여인 시니피앙은 이 양쪽의 과녁이 된다. 결과적으로 환각적인 시니피앙, 초록색, 대변의 초록색, 초원의 초록색, 어머니의 손길에의 접근, 아버지와의 산책, 즉 항문기적인 뱀의 초록색, 그리고 부계적인 자기 여동생의 이름 **베라**, 비대상과 승화 과정이 있다. 이 음성적인 시니피앙은 빈번히 소년에게서처럼 소녀에게서도 연장된, 경상화 과정[28] 속에서 그들의 어머니에게 바쳐진 가시적 세계를 지시한다. 부성적인 목소리는 명명하지만 기호로 변화하지 않은 채 있다. 목소리는 그것에 예견 가능한 희열이 아직 고정된 채로 있는 전(前)대상이 존재토록 하는, 또 다른 기호계적 질료를 향한 심연 속으로 열리면서 명명하기 시작한다.

뒤엉킨 기호들의 교차(소리/시각, 전(前)대상/기호), 이 환각은 **현진실**의 강조이다. 동시에 히스테릭한 담론의 상징적인 씨실에 구멍을 뚫으면서 현실의 난입을 작용시키는 오래 되고 유익한 시도이다. 그러니까 이 환각은 주기적으로 도상(圖像)[29]과 같은 말로 표현할 수 없는 희열, 즉 말하는 존재의 상징적인 원천들을 위험으로 몰고 가는 것을 지시하러 돌아온다. 그 반복에 강박적으로 사로잡힌 이 환각적인 도상은 마치 언어처럼 구조화되어질 것에 도전한다. 그것은 현실을 마모시키고 마치 기뻐 날뛰는 수수께끼처럼 드러나도록 한다. 그러나 그 속에서 주체가 소실되는 (정신병적인) 심연도 아니고, 이 기쁨에 필연적인 만큼 치명적인 번민을 주체에 제공할 공포의 대상도 아닌 이 환각적인 도상은 이중적인 기능을 지닌다.

1. 그것은 히스테리가 작용하는 곳이 이 불분명의 장이라는 것을 강조하기 위해 아버지/어머니의 구분 불가능이라는 문제가 제기될 때 나타난다. 다시 말해 성별의 혼돈 속에서 나타난다. 왜냐하면 이곳이 바로 히스테리 환자에게서 주체의 효과가 생성되는 장이기 때문이며, 또 히스테리가 주기적일 뿐이고 환각 상태가 그것을 해명해 주기 때문이다. 그러므로 상상계의 정현 곡선이 있는 점들은 상상계-상징계-현실의 '정상적인' 삼각 관계를 재주조하면서 상징계의 직선을 다시 자르고 현진실적인 회귀를 재현할 것이다.

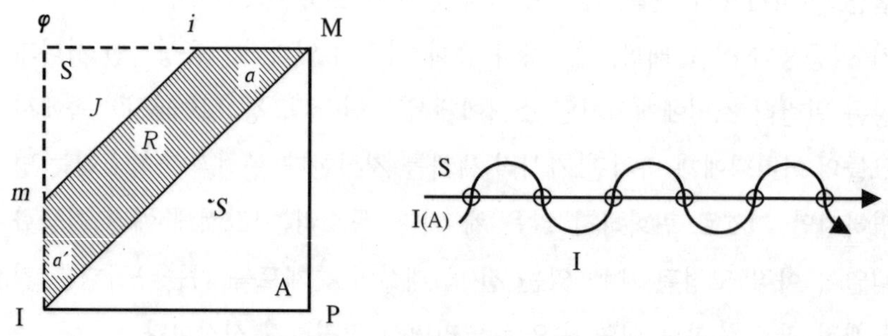

왼쪽의 도표는 자크 라캉의 《에크리》에서 인용.

2. 이 환각적인 도상은 또한 주관적 구조의 3차적인 개념으로서 대타자(남근으로서의)가 히스테리 환자 속에 존재하는 세계이기는 하지만, 특수화 과정을 거쳐 그의 '나' 속에는 편입될 수 없다는 사실을 가리킨다. 즉 그곳에서 내가 아버지/어머니, 수컷/암컷, 목소리/시각을 통합시키는 특별한 하나의 점으로 귀착된다는 조건하에서만 이 대타자는 고착되는 것이다. 따라서 히스테릭한 환각 속에서 대타자는 순수한 시니피앙의 장소로 나타난다. 만약 유일하게 그것이 전(前)대상을 가로질러 내게 말한

다면 말이다. 히스테리 환자는 대타자, 다시 말해 그의 아버지가 어머니의 역할을 하는 것으로 인식할 뿐이다. 그러면 악습은 전복될 것이다. 대타자가 환각적인 도상에 드러내는 조건이 바로 그것이다. 이같은 조건이 아니고서는 어떤 대타자도 히스테리 환자에게 자명하지 않다. 또한 상징적인 부인화 과정은 정신·신체의 증상 속에서 그 최고 극점을 발견할 것이다. 이런 의미에서 환각은 그것을 통해 기호계적인 집중이 질병에 걸린 육체를 보호하는 예술적인 가공이다.

반대로 시그마(Σ) 증상은 두 축 사이에서(상상계/상징계, 모성적/부성적) 그들의 교차(환각적인 도상에서처럼)나 삼각형 구도(오이디푸스의 고전적인 해결 속에서)를 기능시킬 모든 시니피앙의 부재에 의해 서로 멀어질 때 이 두 축 사이의 틈을 살집으로 메우려고 한다.

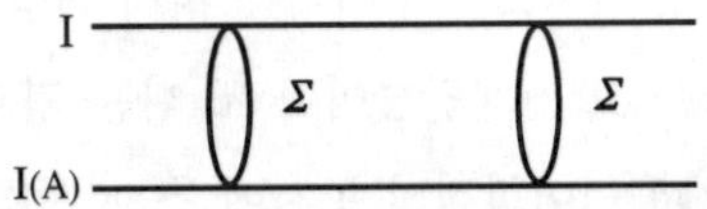

밝혀지기(하나의 전(前)대상적이고 오래 된 희열에 상징적인 존재를 부여하는 하나의 시니피앙), 경상적인 것과는 반대로 회화적 승화 과정의 방법으로서의 시각에 대한 기호는 히스테릭한 구조 속에서 대타자의 주장을 확신한다. 히스테리 환자는 만일 신이 회화 속에서 보여지기만 한다면 광신도가 될 수도 있다. 그러나 이 시각적인 요소의 첨가는 그 속에서 이성의 시선에 대한 욕망이 자리잡는 역경의 표시일 뿐이다.

시각/목소리의 도상은 '광기,' 즉 결벽증·정돈벽·쇼핑벽, 지나친 정확성의 형태로 되돌아온다. 더 이상 해석 불가능한 모든 항문기적인 성격의 '점묘법'적 가공은 강박적 성격으로 넘어가게 하지 않고 광적인 증후군으로 넘어가도록 한다. 그러므로 한계에서의 도상성에 대한 그의 욕망, '순수한' 시니피앙에 마주한 이같은 주체의 파산이야말로 대상 없는 시각 속에서 또 색상과 빛의 황홀경 속에서 소멸된다.

이제 히스테릭한 도상에 대한 우리의 시각으로 되돌아가자, 그리고 주체에 있어 가능한 현실을 제시하는 상징계 속의 현실의 등록에 대한 조작화 과정의 흔적을 언어학적 범주 가운데서 생각해 보도록 하자.

언술 공간들 사이로 난 통로의 두 가지 예

지시소들

지시소들(déictiques, 그것 · 이것 · 저것)은 언어 체계 속에서 담론들의 통로를 가리킨다. 즉 그것들은 필수적으로 그것을 사용하는 언술화 과정의 주체에 의해서 정의된다. 지시소들이 하나의 지시 대상으로 보내진다는 것이 사실이라면, 그것들은 그 자체만큼이나 또 다른 기호를 지시한다. 다시 말해서 지시소들은 초(超)언어학적인 동시에 초-지시 대상적인 것이다. 이 언어학적 범주를 소유하는 언술화 과정의 주름의 다변성에 의해 그것을 사용하는 주체는 다양한 언술적 공간들에 끼어들 수 있다. 이렇듯 우리는 그 안에서 말하는 주체의 동일성이 다시 한 번 재고될 필요가 있는 담론 속에서 지시소들의 충돌을 설명할 것이다.

어린아이들의 담론 속에서 우리는 인칭 대명사들이 그 최초의 자리를 차지하기 전에 지시소들의 통계학적인 점유('그것은 X다')뿐만 아니라, 지시소들과 어머니나 그의 고유 명사의 환기 사이의 인접성(공간적이고 연대기적인)을 확인할 수 있다. 지시소들의 유아기적인 언술화 과정을 암시하는 주관적인 체계는 위니코트가 말한 바 있는 '잠재적인 공간'의 체계를 상기시킨다.

우리가 그들에게 이미지들을 제시하면서 귀기울였던 정신병 환자들의 담론 속에서 하나의 동일한 재현에 대한 '그'의 지시화 과정의 특징은 심각한 일관성 결여에 있다. '그는 나예요' '그는 바이올리니스트예요' '그는 한 남자예요' 등. 그러므로 이미지 내의 '같은' 지시 대상은 '같은' 그에 의한 담론 속에서 도입되고, 언술화 과정의 주체에 다양한 위상을 제공하며 다양한 이야기들로 이끈다. 그러나 이 '착란'은 지시소의 의미론적인 잠복기의 현실화 과정 이상의 것은 아니다. 사실 여기서의 잠복기란 정상적/신경증적인 담론이 현실화되지는 않는 단계이다. 왜냐하면 이 착란은 시니피앙의 잠복기를 부인하면서 진실임직함 같은 하나의 현실(지시 대상)을 가리키기 때문이다. 반면에 정신병 환자는 현실을 배제하면서 시니피앙의('역사적인,' 그러나 우리는 또한 '언어학적인' '과학적인'이라고 할 수 있다) 진실을 탐구한다. 특히 언술화의 다양한 공간 속, 언술화 과정 안에서의 주체의 자리매김에 시동을 거는 지시소의 잠재성인 것이다.

　이처럼 다양한 언술화의 공간으로 이끄는 지시소의 능력은 아르노와 니콜을 통해 이미 익히 알려진 바 하나의 특정한 용도로 강조되었다. 왜냐하면 이것은 지시소의 비규범적인 사용에 있어 그리스도교적인 용어에서 빵과 동시에 그리스도의 육체를 의미하기[30] 때문이다. ('그것은 내 몸이요.') 데카르트적인 주체의 추종자들, 그러니까 포르 루아얄의 논리학자들은 오로지 이중적인 정당화 과정을 통해서만 하나의 같은 이것 속에서 서로의 동일성(빵과 육체)의 이동을 합리화시킬 수 있을 것이다. 그들은 a) 지시소가 '제시하는 것과 혼동되는 사상'을 가리키거나, b) 그렇지만 정신이 '상황들에 의해 자극된' 사상들을 덧붙이도록 한다는 것을 의미한다[31]고 설명한다. 그것은 동시에 지시소의 언술적인 공간을 이분시킨다. 그렇지만 언술화 과정 주체의 복수성이나 적어도 역동성의 개념을 포함하지 않는 포르 루아얄의 논리는, '같은' 것이 한 번은 '빵'이고, 또 다른 한 번은 '나의 몸'을 지시하는 부분에서 '상황에 의한' 매우 다양한 '자극들'을 책임지는 주체가 무엇인지를 설명하는 데까지 이르지는 못한다. 바야흐로 포르 루아얄은 시간에 도움을 구한다. 지금 그것은 빵이고, 그 다음에 이르러서야 나의 몸이라고 말이다. 이성은 시간과 말소, 화체[化體, 성찬의 포도주와 빵의 실체가 그리스도의 피와 살의 실체로 변화하기]의 신비에 강박적으로 사로잡히면서 시동을 대가로 살아남는다. 그러니까 화체는 두 공간(요구의 현실적인 공간——영양의·생존의——빵 그리고 지시화 과정의 상징적인 공간——시니피앙인 고유한 몸) 사이의 이 주름의 뗄려야 뗄 수 없는 주체화 과정인 것인가? 육체적인 동일성, 다시 말해서 그것이 의미와 현존의 동일한 한계에 존재하는 모든 경험 속에 있는 만큼 지시소적인 고고학(어머니의 고고학적인 지시화 과정, 그녀와 연결된 욕구 관계와의 분리 과정) 속에서 산출되는 것일까?

어떤 종류의 종교적인 주제들은(마치 화체처럼) 틀림없이 언어의 언술적인 **현진실**(이 현진실 속에서 정신병이 그 고유의 방법으로 증언한다)이 그 역할을 하게 만드는 사회화된 방법이었다. 이 종교적인 주제의 분쇄가 언어에 적합한 언술화의 **현진실**을 밝히도록 하는 책임을(이번에는 매우 공동체적이지 않은 방법으로) 문학에 이양시켰다. 베케트의 '**어떻게 그것은**'은 역의 화체이다. 그러니까 고유 육체에 대한 영양이 아닌 찌꺼기에 대한 고유 육체, 그것은 항상 이같은 수수께끼로 가득 찬 문장의 형태나 토막 이야기(서너 줄의 한 단락의 형태로 된 담론)를 시발시킨다. 그러니까 항상 같은 모습으로 '현존하는 사물' 주위에서 나-주체, 나-대상/쓰레기, 대상, 즉 나와 말[言] 사이에서 영원히 존재하는 동요인 것이다……

고유 명사들

우리는 고유 명사와 지시소를 비교해 볼 수 있었다. 스튜어트 밀에게 있어 고유 명사들은 '의미 없음'(그에게 있어 의미 있음은 하나의 속사를 내포하는 내연)이다. 고유 명사는 또한 하나의 **시니피앙**에 의한 하나의 **지시 대상**인 동시에 시니피에가 아니다. 그러니까 그저 의미화 과정이라고 할 수 있을까? 아니면 의미화 과정의 잠재적인 공간이라고 할 수 있을까? 어쨌든 우리는 지성으로서가 아닌 의미로서의 고유 명사를 동일화시킬 것이다.[32] 러셀[33]에게 있어 고유 명사들은 **묘사의 약어**이다. 이를테면 이것들은 특별한 것들의 **체계·계층·시리즈**를 기술하는 것이다. 결국 명사의 가장 덜 '고유한' 가장 덜 '개별화된 것들'이 그것이 아닐까? 러셀 또한 고유 명사를 지시소와 비교한 사람들 가운데 하나이다. **이것**을 예로 들어 보면 그것은 고유 명사로 대화를 나누는 두 사람에게 있어 동일한 것을 지칭하지도 않고, 두 개의 서로 다른 순간을 지칭하지도 않는다. 따라서 러셀은 고유 명사의 의미 구축을 위해 언술화 과정의 주체에 도움을 청한다. 이같은 논리학자들의 곤경은 가디너에게서 확인된다. 이를테면 "고유 명사들의 조작적인 힘은 이러한 고유 명사들에 대한 **우리의 재인식**을 통해 반영되기도 하고 용이해지기도 하는 것이다." "따라서 이 영역은 논리를 빠져 나가는 어떤 것이다." 비트겐슈타인[34]은 그 입장에 있어 보다 암시적이다. "다음의 예를 한 번 주의 깊게 관찰해 보자. 만약 우리가 '모세는 존재하지 않았다'라고 말할 때, 그것은 또 다른 사실을 의미할 수 있다. 그것은 다음과 같이 해석될 수도 있다. 이스라엘인들이 이집트에서 탈출할 때는 지도자가 없었다——그렇지 않으면 그들의 지도자는 모세라고 불리지 않았던 것이다——혹은 《성서》의 인물인 모세와 관련된 모든 것을 실제로 해낸 사람은 존재하지 않았다——아니면 등등[…]. 그러나 만일 내가 지금 모세에 대해 하나의 언술을 말한다면, 그것은 곧 내가 **모세**에 대한 위의 여러 기술들 중의 하나를 인정할 준비가 되었다는 것일까? 예를 한 번 들어 보자. '모세를 통해서 나는 《성서》에서 모세와 관련된 모든 것 아니면 적어도 《성서》에서 언급한 것들을 성취한 사람의 이야기를 듣는다. 그런데 얼마만큼의 일들을? 그렇다면 이제 나는 나의 고유 명제를 거짓이라 판명하기 위해 몇몇의 사실들을 거짓이라고 인정키로 결정하는 것인가? 그러니까 모세의 이름은 내게 있어서 모든 가능한 경우에 있어 모호하지 않은, 즉 결정된 굳건한 하나의 시금석인 것인가?'" 여기서 제기된 고유 명사의 진실과 거짓의 문제를 통해 우리는 그것들의 필연성을 강조할 것이다. 그러나 무엇을 위해?

어떻게 보면 순진한 관점으로 기술된 듯한 모세에 대한 프로이트의 저서는 고유 명사들에 대한 논리적인 진실이 가지는 이와 같은 걱정에 대한 해답을 보여 줄 수 있다. 그 책은 논리학자들에게 있어 하나의 이름을 둘러싼 모든 허구(그리고 굵직한 종교들의 경우)가 뭐라 결정지을 수 없는 '역사적인 진실'과 그것을 확인시켜 줄 하나의 이름 주위에서 분절되는 것을 보여 준다. 그것은 모든 고유 명사의 특이성이 '역사적인 진실'을 지니지 않는다는 사실만을 밝히려 한다. 또한 이 책에서는 고유 명사가 언어가 그 자신과 가지는 항구적인 분리 과정으로서의 허구를 유발시킨다고 한다. 그러니까 만약 말하는 존재가 급작스러운 분리 과정을 정면에서 바라보았다면, 명사의 유일하고도 근본적인 진실이야말로 우리가 가까이 찾아야 할 진실일지도 모른다. 즉 상징 기능의 조건이 되는 아버지 살해 말이다. 유대인들에게 있어 세례란 하나의 단절이 아닐까? 반면에 그리스도교인들은 보다 조심스럽게 그것을 언어(기호 그 자체의)로 행하지만.

따라서 고유 명사는 총체적 관점에서 기호들과 하나의 특정 기호의 분리에 대한 결정지을 수 없는 가공 과정일 뿐 아니라 시니피앙의 시니피에와 지시 대상과의 분리 과정이다. 논리학은 여러 정의들(모세에게 있어 모든 담론의 상황들과 담론의 선전들이 형성할 모든 가능한 정의들)과 한 맥으로서의 고유 명사의 의미를 제시하면서 이 불가해성을 봉합한다. 그 자체로부터 이야기를 열어 가면서 그것을 진실임직하게 만들어 가는 것이다.

정신병 환자는 진실임직함의 약호(종교적이거나 예술적인)의 결핍으로 인한 고유 명사의 언술선상에서 잠재적인 진실을 유희하도록 한다. 영혼이 그의 육체를 침범한 황홀경의 가장자리에서, 그의 육체를 여성적인 어떤 쾌감에 찬 상태로 만들 때 슈레버[35]는 스스로 '개인적인 특수한 것으로 운명지어진 또 다른 신경'[36)]들로 채워짐을 보게 된다. 우리는 그것에 고유 명사로서 다른 '죽은 사람들'의 '검게 된 신경들'을 투사시킨다. 베르나르 아스, 못된 소년, 살해. 그러니까 방탕한 여행자, R. 즉 줄리우스 에밀 아스, 현학적이고 존경할 만한 인물. 이 슈레버에게 각인된 수많은 R을 증명하기 위해, 또 수많은 아스들의 처녀적 이름이 폴린 아스였던 슈레버의 친어머니를 암시한다는 사실을 발견하기 위해 그다지 길게 추론할 필요도 없다.

결국 이 동일성의 시니피에에 대한 고착에 있어서 고유 명사의 결핍은 우선 고유 명사들의 증식으로 표현된다. 즉 그것은 고대의 어머니 자리 —— 지시소가 그 가장자리를 스치는, 내가 기호계라 명명한 이름 붙일 수 없는 필요의 공간에 다가서기 전 동일성의 폭발이라 할 수 있다. 슈레버 이야기의 진실임직함 속에는 진실의 '씨앗'이 숨겨져 있다. 즉 담론의 전략인 고유 명사의 언술적인 고대성 말이다. 그 구조의 명목하에(불가능한 현실의 추도로 시니피앙의 진실을 말하면서) 정신병 환자는 언어적인 의사 소통의 사용이 억압되도록 하는 필연성을 확연히 드러낸다. 벤베니스트는 아르토야말로 프랑스의 가장 위대한 언어학자라고 말했었다.

우리는 이같은 진실의 실천이 그 실행에 있어 문제를 야기시킬 수 있으리라는 사실을 의심해 볼 수밖에 없다. 왜냐하면 시니피앙은 (유일한) 진실이자 동시에 육체이고 그 반대도 성립하기 때문이다. 시니피앙의 체제에 있어서는 이미지도 닮은꼴(성찬식[37])에서 나타나는 것 이상은 아닌)도 없다. 그러니까 각 요소는(현실적이지도 상징적이지도 상상적이지도 않은) 나름대로 진실의 조각을 지닌다. 이와 동시에 우리는 시니피앙의 진실, 다시 말해서 말에서처럼 육체에도 똑같이 실행된 분리성·이타성 그리고 죽음에 처한 진실을 볼 것이다. 그림을 그리는 한 여인의 절단된 손은 아마도 그녀가 쓰고 그리는 언어의 이동보다 더욱 아니면 덜 고통스러울 것이다. 한 남자 아르토에게서 언술적인 진실의 근본적인 기호/육체는 아마도 거세 이상은 아닐 것이다. 아르토 텍스트의 아벨라르와 엘라가발루스는 아마도 환상보다도 글쓰기라는 진실의 과정에 다다르는 필연성에 보다 가까운 듯하다. 그것이 무엇이건 육체를, 아니 이 거세의 순간을 기술하는 텍스트의 희열로 살찌어지는 한 말이다.

누가 이성적인 담론의 진실임직함으로 대치하기 위해 이 희열을, 이 진실을 막을 수 있을 것인가? 의사와 함께 정신분석가는 이런 종류의 상처에 대해 사용되어 온 위안으로 오랜 무기인 종교와 만난다. 허구라는 방법(투사, 내부 투사, 등장 인물들 등)을 통해 진실임직하게 만드는 담론은 진실이나/또는 죽음처럼——거세·파기——폐기로써 시니피앙을 체계화한다. 그렇지 않으면 그곳에서 진실은 아름다운 언어의 실천으로 남는다. 하지만 우리가 글쓰기를 배울 수 있을까? 그렇지 않으면 누가 혼자서 글을 쓸 수 있을 것인가? 그러나 신비는 오늘날 텅 빈 하늘의 밑바닥 위로 열려진 채 남아 있다.

토 론

줄리아 크리스테바——물론 이 현진실 속에서 **그녀의 존재감은 주목**할 만한 것입니다. 소위 고대적·전(前)오이디푸스적인, 그러니까 부성적인 은유가 동요할 때 표면으로 떠오르는 어머니 말입니다. 헤겔은 시민적 도시(시테)의 남성적인 권리와 그에 대치하는 종교적(가족적)·여성적 권리에 대해 말했습니다. 이 여성적인 권리는 언어의 구조에 대한 변증법적 모델과는 거리가 먼 것입니다. 그런데 이 언어는 항상 뭐라 결정지을 수 없는 욕망(경상적인 것 이전 단계, 대상에 대한 욕망이 지배하는)에 대해 요지 부동한 주체가 나타나도록 하는 담론의, 또한 의사 소통 가능한 의미의 한계에까지, 다시 말해 불가능에까지 동요하는 언어입니다.

우리는 또한 분열증 환자에게서 나타나는 어머니를 분석할 것입니다. 그녀는 마치 언어의 도둑처럼, 혹은 시인에게는 뮤즈의 행렬에까지 승진한 순화된 디오니소스 여신처럼 나타납니다.

현진실이 그녀의 주변에서 떠도는 것, 그것이 바로 분석적 귀기울임에서 포착되어지지 않는 어떤 것이자 우리가 환자들에게 무엇보다도 보충적으로 보완하기를 원했던 바입니다. 다른 것들 사이에서 결국 페미니즘은 자백인 것입니다. 동시에 그것은 우리가 이런 맥락에서 볼 때, 활동중인 현진실 작용의 여러 증상들에서 일단 관찰할 때 틀림없이 명백한 것으로 드러납니다.

장 미셸 리베트——당신의 연구 발표는 우선 현진실이라는 방법을 통해 현실적인 관점에서 담론의 서로 다른 유형들과 언술화 과정의 다양한 양태에 관한 진실의 징후에 의문을 제기했습니다. 그것은 한편으로 한계를 지닌 담론의 상태(예술적인 실천뿐 아니라 정치적인, 다시 말해 종교적인)와 다른 한편으로 담론들의 제한된 지역들(임상에서 볼 때 심리적——담론적·언술적——인 구조의 비순수성)에 대해 고려 가능한 이중의 현실적인 요구를 제기합니다. 담론 구조들의 관찰 과정의 이와 같은 방향 제기는 정신분석과 더불어 기호론에 직면함으로써 재정비가 가능한 재조정을 의미합니다.

지금 대체로 정신분석의 관심이 배제들의 유형학을 이해(개념화)해야 하는 데 반해, 현대 기호론은 언술화 과정의 유형학을 생산하려는(아니면 언술화 과정의 유형학을 기술하려는) 경향을 띠고 있습니다. 이같은 것은 나에게 현행의 계획적인 노력으로 보입니다. 정신병을 '언어 진리의 위기'라고 부르면서 제기하는 위와 같은 현진실에 대한 문제가 새로이 갱신된 개념들로 보이는 것도 사실입니다. 그같은 전망은 바로 위의 작업 전망 속에서입니다.

사실 프로이트가 정신병을 세 가지 주요 구조(편집증·분열증·조울증)로 분리한 이후, 자크 라캉은 편집증의 구성 요소인 아버지의 이름을 배제의 계열체적 항렬로 승격시키면서 다음과 같은 이중적인 문제에 대한 이론을(임상을 위해) 연구합니다. 즉

1. 서로 다른 정신병은 같은 유형의 배제 속에서 그 기원을 취하지 않는다는 것. 배제의 경우 비록 그 기원이 결국 아버지의 이름이라는 기능에 있다 하더라도 편집증적이거나 분열증적인 언어 속에서 동일한 체제로 작용하지도 않고, 동일한 심리적인 영역을 통과하지도 않습니다. 편집증 환자의 경우 배제는 우울증의 상태를 결정짓습니다. 동일한 것이 아니라, 예를 들어 편집증과 조울증은 동일한 **현진실**의 효과를 지니지 않는 것입니다. 직접적으로 그 의미를 상기시키는 일은 명백히 **참-그녀**인 것입니다. 그리고 결국에 가서는 항상 성적인 차이의 고리를 끊는 것이라고 할지라도 만약 주위를 맴돌고 말하는 것이 그녀라면 말입니다. 다시 말해서 분열증적이거나 우울증적인 의미와 의사 소통하지 않는 것은 비동일적인 배제이거나——분석 이론은 지금까지 편집증의 구조를 '생산할' 뿐인 것입니다.

2. 일상적인 방법의 임상례에서 밝혀진 프로이트식 구조의 한계 영역들은(공포증·히스테리 속에서 나타나는 우울증적 영역, 신경증의 환각적인 예 등) 아직도 이론적으로 밝혀내기 어려운 채로 남아 있습니다. 이런 관점에서 드러나는 현상들을 기술적인 방식으로 그려 나가면서 이론적으로 증명 불가능한(분절되지 않는, 다시 말해 일관성 없는, 즉 **모순적 대립**) 것으로서의 '히스테리적 정신병'이라는 용어는 임상례 속에서 관찰되는 어려움에 대한 한 예를 제공합니다. 그런데 히스테리적 환각에 대한 당신의 분석은 이 독특한 배제들의 영역이 개념적으로 받아들여질 수 있음을 우선 보여 주고, 부유하는 구조를 지닌 정신병 속에 '담긴' 이 **경계-례**[38]의 상태라는 것이 내가 새로운 것이라 부른 방법으로 이론화가 가능하다는

바를 **확신시켜** 주는 듯합니다. (그것은 항상 비정상적인 증상을 보여 주는 공포증에 대해 거의 이론화되지 않은 한계의 위상에 대한 또 다른 예가 될 지도 모른다.)

더구나 이런 의미에서 정신분석학은 예술에 문제를 제기함에 있어 예술 가를 훈련시키는 목적을 띠지 않습니다. ('예술 비평'의 실어증을 드러내기 위해서가 아닙니다. 그러니까 학술적인 아니면 '철학적인' '정신분석학적인' 것에 고유한 사용으로 정의되는 바도 아닙니다. 그것은 프로이트의 세 가 지 V(억압·부인·파기)를 좌절시키면서, 또 배치를 바꾸면서 당신이 암 시한 창조적인 과정에 접근하기 위해 예술가의 실천에 접하는 데(말하자 면 우리의 희열에 접하면서) 있습니다. 예술은 서로 다른 상징적 과정들의 총체(충동·충돌·전이·부인·환각·파기·살해·사랑……)를 접습니다. 따라서 예술은 신경증이나 도착성 혹은 극복한 정신병 같은 것입니다. 결 국은 이도저도 아닌 것입니다. 그러나 반대로 예술의 실패는 히스테리의 소산과 같습니다. 예술은 재현화 과정 원칙들의 재조정·수정·재정비 작 업으로서 종교나 과학 같은 명목을 지닙니다. 그것은 또한 죽음·분리·부 정성 또는 (사랑의) 요구와 같은 것입니다. 그것은 마치 죽음·분리·음성 같은 또한 (사랑에 대해) 요구하는 시니피앙에 의해 유희되는 진실(시니피 앙의 근간을 이루는 것과 시니피앙이 억압하는 것)을 서술화하고, 재-현하 며 사실-임직화하면서 진실을 **넘쳐나는** 즐거움과 더불어 현실로 귀환시 키고 재유희하게 합니다(수리·재조정한다). 마치 예술이 정신을 빼앗긴 사람으로 하여금 시니피앙을 (재)소유하게 만드는 것처럼 말입니다.

앙투안 콩파뇽——당신의 **현진실** 개념은 진실과 현실을 섞어 놓은 것 입니다. 그것은 우리가 다른 것과의 관계에 의해 압축되어지는 두 가지 개념 중 한 가지 개념의 선재를 의미하지 않는다고 가정할 때 상당히 만 족스럽습니다. 그러니까 현진실은 서로 이질적인 두 가지 개념인 진실과 현실 사이에서 현실을 위해 진실을 취하지도, 진실을 위해 현실을 취하지도 않습니다. 이를테면 현진실은 내가 정신병적인 담론에 필연적이라 기술한 바에 부합하는 개념인 것입니다. 필연적이라거나 현진실이라는 사실은 그것과 대비되는 것은 생각할 수 없고, 대립되지 않는다는 것은 모든 반론의 시도를 피할 수 있다는 의미입니다. 필연적이라는 것은 죽음입니다.

《신학 사전》에 보면 하나의 용어는 특징을 정의하고, 필수적이거나 현진실적 담론은 당연히 방황과는 거리가 먼 담론입니다. 이때 방황하지 않는다는 것은 실착의 면제일 뿐입니다. 왜냐하면 그것은 하나의 귀결이기 때문입니다. 또 열광이나 영감, 다시 말해 그 속에서 대타자가 내 입을 통해 말하고 내가 그의 이름으로 말하며, 즉 나는 이름을 지니지 않는 담론상 전략의 중요한 효과이기 때문입니다.

이 방황의 주위에서 당신이 접근해 나간 문제들의 대부분, 그 중에서도 환각의 문제가 얽힙니다. 필수성이나 현진실은 언어와 말·청각의 매개와는 잘 어울리지가 않습니다. 이곳에서는 시각적 참고가 말하려는 의지와 말하기 사이의 분리를 무화시키러 등장합니다. 요한이 그리스도에게 부여한 하나의 문장은 현진실의 기본적인 정의의 경우에 사용될 것입니다. "내가 곧 길이요 진리요 생명이니."(〈요한복음〉 14장 6절) 토마스 아퀴나스가 진실과 존재의 동일성에 대해 의문을 제기한 《신학 대전》의 까다로운 문제가 바로 그것입니다. 그에 관한 대답은 그것이 명확히 아리스토텔레스의 《형이상학》에 돌려지는 한 당연히 현진실의 편으로 향하게 됩니다. 그러나 어쨌든 그리스도의 문장은 우리에게 있어 지시사들과 고유명사와 함께 당신이 환기시킨 지시소들 중의 하나인 나(Je)와 관련된 문제를 환기시킵니다. 현진실의 나는 하나이고 동시에 나누어질 수 없는 어떤 것입니다. (아르노와 니콜의 술수에도 불구하고) 에피메니데스의 모순을 미친 것으로 만드는 게 바로 이 나입니다. 왜냐하면 나는 언술화 과정의 다양한 가정들로 분배되지 않기 때문입니다. 그러니까 그것은 퍼스에 대한 당신의 참고를 다시 취하기 위한 약호화된 '나'인 것입니다.

마지막 주목 사항으로 나는 당신이 이미 암시했음에도 불구하고, 프로이트식 진실의 개념이 오래 전부터 필연성이나 현진실에 대한 모든 담론의 형식들을 추방하고 가두었던, 소위 아리스토텔레스식의 범주론이나 존재론에서 완전히 해방되었다고는 생각지 않습니다. 그것이 바로 〈부인〉이라는 그의 소논문을 연구하면서 얻어진 해석을 통해서 내가 보여 주려 애쓴 부분이었습니다. 향수를 위해서는 잃어버린 아리스토텔레스를 꿈꾸는 일이 남아 있겠죠.

줄리아 크리스테바——그것이 바로 프로이트가 밝히려 한, 이러한 의미에서 정의내리려 한 고대 그리스 철학의 전통과 그것의 발전인 18세기와 19세기 인본주의 철학인 것은 명백한 일입니다. 그러나 흥미로운 것은 그의 합리주의의 특수성입니다. 또한 프로이트 철학은 **대타자**와 **죽음**의 근본성에 자리를 부여함과 더불어 의미와 의미화 과정의 위상을 변모시키면서 새로이 이론화한 것, 그러니까 존재에 대한 하나의 새로운 승인을 밝히는 이점을 가지는 데 있습니다. 이러한 선구성이야말로 바로 그것이 일원론적인 영감으로부터 나왔다 할지라도 해체된 것, 다시 말해서 '다시 가는 것'이 되는 것이죠.

장 프티토——나는 우선 그것에 따라 언어가 분리 과정 속에(살해에서 허구화된 상징계의 부정화된 기능) 작용하는(이동·부정·부인을 통해) 이론에 대해 두 가지 강조를 하려고 합니다.

1. 지시연동소(shifters-déictiques) 형태의 언어학적 범주에 프로이트의 가설, a)즉 통사의 순수한 효과로서 인식되는 상징적인 동일성(비의미론적인)에 내재할 부정성의 비논리성에 '논리적인' 현실의 위상을 부여하

는 것을 적용시키거나, b) '표준적인 의미'로, 다시 말해서 이 논리-현실의 그럼직함과 상징적으로 잔류하는 유생물의 고대적인(육체적 현실의 계통발생학적·고대론적인 의미에서) 것으로서 살해의 의미를 간주하는 프로이트의 가정을 적용시키는 일이다.

2. 과학이 진실의 논리라는 조건하에 시니피앙의 유희를 제압하는 한에서 정신병의 치료이기를 멈추면서, 그보다는 과학과 정신병을 동일시하면서 현진실/진실임직함의 비대화론적인 대립은 현실의(죽음의) 부인을 순수한 시니피앙의 자유로운 유희의 진실로 변모시키도록 이끈다. 그러나 그것은 언제나 과학이 시니피앙과 시공(時空)의 혼합, 추상 대수학과 기하학의 혼합이라는 사실을 잊고 있다.

내가 보기에 이 책의 텍스트들 속에서 과학은 일반적으로 형식 논리로 전환되는 듯합니다. 그런데 그 자체로서 이 형식 논리는 과학에 의해 생산된 진리의 역사적인 효과와는 이질적인 채로 남아 있습니다. 마지막 심급에서는 시공과 그 파생의 과학만이 남아 있습니다. 그럼으로써 우리는 분석적인 담론의 체제 속에서 과연 어떠한 주요 기능이 효과적인 현실의 단단한 부인을 담당하는가를 자문해 보지 않을 수 없습니다.

그 질문은 우리로 하여금 또 다른 사항으로 이끕니다. 정신병과 현실의 관계를 고려함에 있어 드러나는 광대한 영역에서의 어려움은 다음과 같은 삼단논법으로부터 파생됩니다.

1. '현진실'은 비상식적인 특이성 속에서만 일어나거나 매혹에 의해서만 그 대중을 소유한다.

2. 진실임직함의 과정(표면(가장)의 의미론적인 안정화 과정)에 의한 그것의 사회화 과정은 만일 그것이, 특히 논리적 행위에 근거할 때는 반역일 뿐이다.

3. 특히 논리적 행위(그것의 특이성이 어떠하건)는 개념의 분석적 '귀기울임'을 요구한다.

4. 이 '귀기울임'은 라캉식 범주의 사용을 의미한다.

5. 이 라캉식 범주는 특히나 그것이 현실에서의 특징을 지니기 때문에 약호 속을 지나면서 스스로 소멸한다.

내 입장에서 우선 이 모순(그것에서 정치적인 효과가 특히 효과적인)에 대해 가능한 해답은 도표화 과정의 구속으로 라캉의 범주를 종속시키는 데 있습니다. 또한 그럼으로써 스스로 제약하는 것(수학적인 문제)에 있다고 봅니다. 또 다른 어떤 방법이 있을까요? 그것은 아마도 글쓰기의 궤변법일까요? 그렇다면 무엇을 대가로 치러야 할까요?

줄리아 크리스테바──궤변법에 대한 앙투안 콩파뇽의 작업으로 돌아가 보지요. 그러니까 당신이 '도표화 과정의 구속'이라 부른 것을 인정하는 동시에 한편으로는 이 언어적인 문제를 해결하고, 다른 한편으로는 '자연 언어'에서 그 해석을 적용해 보는 것입니다. 정신분석가에게는 걱정스러운 이 두 난해한 축은 **수학적 논리** 속에서 개진될 터입니다.

정신병적인 서사

우리를 정신병리학적인 활동으로 이끄는 정신병의 언어에 직면해서 우리는 고전적인 기호론의 기술을 가로질러 그것을 특징지으려 노력한다. 또한 분석적인 귀기울임의 힘을 빌려 그 특수성을 포착하려 애쓰기도 한다. 그런데 이 정신병적인 언어에의 직면은 끊임없이 그와 관련된 우리의 이론적 모델들의 불충분함과 언어학적 명증들의 나약함을 상기시킨다. 또한 이 언어학적인 명증은 그것 자체에 문제 제기를 하는 문학을 불가능케 하는 엄정함과 안정성으로 언어의 순환을 습관적으로 정규화시킨다. 예를 들면 상징계와 기호 영역의 위상, 기호와 지시 대상, 말과 사물과의 관계, 기호의 자의성, 전제의 유지, 언술화의 거리, 대화 상황의 극들 등.

정신병에 대한, 그리고 정신병으로부터의 질문은 우리로 하여금 점차적으로 언어에 대해 질문하도록 이끈다. 즉 그 기초가 실험적인 방법에 근거한 연구 작업인 언어학 말이다. 언어학이 모든 말의 주관적인 영역에 부과하는 희생에도 불구하고, 명확히 이 실험적인 방법은 신경증의 영역에서 우리가 보기에 언어학적인 모든 장을 무엇보다 정확히 정의하는 이점을 지닌다. 반면 신경증의 장은 독특한 말과 말의 경청이 우리에게 무어라 정의내릴 수 없는 직감을 주는 장소이다. 그 때문에 이 개인적인 도정에 대한 줄리아 크리스테바의 독창적인 방법, 수 년 동안 한결같은 정열로 말의 습득 과정의 특이성에 대해 연구하면서 정신병의 일탈된 시적 생산 과정을 연구한 절차에 우리가 그처럼 민감한 것이다. 그녀는 의미 생산 과정과 생산 성과 작업으로서의 텍스트를 문제삼아 왔다.

그것이 **언술화** 과정의 독자적인 조건과 그것이 속한 대화 상황에 관한 **소여 발화 상황** 및 **발화 매개적 효과**가 실행되고 그것이 실행되는 위치에 대한 순간 속에서 생산되어지는 상황 자체에 대해 충분히 구애받지 않고서 그 의미론적·서술적·문체적인, 말하자면 통사론적이나 음성론적인 특이성에 바쳐진 연구에만 제한된다면, 이 정신병 환자의 말에 대한 관찰 속에서 그것의 가장 중요한 구성 요소를 절단하는 것에 다름 아니다. 사실 **실용주의** 언어학적 관점, 이를테면 뷜러·야콥슨·오스틴[1]과 옥스퍼드학파 또한 설[2]과 뒤크로[3]가 완성한 관점에 주목하는 것은 단번에 필요 불가결한 사항으로 나타난다.

때문에 우리는 모든 말이 대화 상대자 사이의, 또 제삼자 개념과의 계약자적인 관계 속에 위치한 언어 행위라는 가정에 대한 주목으로부터 시작할 것이다. 이 **제삼자적 개념**은 그 변화 과정이야 어떻든간에 발화 상황 속에 존재할 수 있는 다음과 같은 이론적인 모델 속에서 발견할 수 있다. 제삼의 증언, 공공 의견, 집합 담론, 사회 문제, 언어, 대타자 또는 상징 질서(중첩되지 않는 개념이지만 공통의 장을 감싸안는 개념). 비록 말이 그것들을 무시하거나 부정하는 데 이용될 때조차도 발화되자마자 그 대화 상대자나 이같은 제삼자적 참조 사항과 연결지어지는, 복잡한 관계 속에 진술되는 것 어딘가에 참여하지 않는 말이란 존재할 수 없다. 그것이 바로 적어도 정신병의 영역에 제삼자의 개념을 적용함으로써 생기는 일반성을 문제삼기 전 우리의 출발점이 될 것이다.

모든 언어 행위, 하물며 모든 대화는 외연적으로나 또는 내연적으로 하나의 **내기**를 품고 있다. 다시 말해서 그것은 필연적으로 **위험**을 안고 있는 것이다. 아무도 언어 행위의 상해를 피할 수는 없다. 그러니까 말은 그 상황에 따라서 서비스를 할 수도 기쁨을 가져올 수도 시간을 낭비하게 할 수도 있다. 그러나 동시에 언어는 상처를 입힐 수도 굴복하거나 숨기거나 우스꽝스럽게 만들 수도, 즉 미치게도 할 수 있다. 그러므로 그 속에서 차례로 확신하고 이해하거나 그렇지 않으면 이해하지 못한 채 납득하거나, 그것도 아니면 몰이해한 상태에서 진정성을 인정하거나 깎아내릴 수도 있다. 새로운 의미화 과정을 완전히 습득했거나 그 자체 의미의 한 부분이 절단되어도 그것이 말 그대로 텅 비었거나 무화될 때, 이해하든지 못하든지 알려지든지 인식되든지 무시되든지 어쨌든 우리는 차례로 안심하여 그 속으로부터 빠져 나온다.

그것이 대화의 규칙들, 논리의 제약들, 진실임직함의 기능에 필수적인 기본 요소들을 가능케 하는 듯 보이는 그런 담론인 만큼, 더욱더 강요한다고 할지라도 정신병은 우리에게 설명을 요구하는 한 담론에 대해 그 아무리 가벼운 내기라도 걸지 않도록 우리를 부추긴다. 독백이나 상상의 대화 상대자를 향한 담론, 비논리적인 담론, 환각의 담론은 정신병 환자에게 있어 그의 충동적인 삶과 그것들의 환몽적인 재현들, 그의 대타자와의 관계가 가능한 모든 것에도 불구하고 어떠한 귀기울임도 이같은 교환의 기회를 포착하지 못한다는 것은 제쳐두고라도 언어로써 구성 가능한, 그러니까 말의 사용이 부여된 사회 속에서 **화폐처럼 주조될 수 있기** 위해서 정신병 환자가 치르는 값어치를 충분히 말해 준다. 한 단체의 어떠한 권리를 동반하는 해체가 그 속에서 하나의 신조어인 방언이 총체성의 언어와의 단절을 의미할 정신분열증적인 연금술 속에 고정된다고 할지라도, 그곳에서 담론을 지속시킬 것은 아직도 교환의 순환 속에서 포착되어질 말의 무기력화된 현기증을 내포할 것이다. 즉 모든 잠재적인 수신자가 사라질 시기에 사용 외의 고고학적 가치를 구축할 가능성은 그것을 채집할 수 있는 대화 상대자에게 언제나 남아 있을 터이다.

교환으로서의 서사

　우리는 서사로서 재현되는 담론의 영역에 대한 오늘날의 연구에 초점을 맞출 것이다. 우선 **이야기**를 정의해 보자. 이야기란 사건들(현실이나 허구)의 연속에 대한 연대기적인 전개에 의해 암시되는 하나의 생산화 과정과 관련되어 있음을 상기하자. 서술은 서술적 단위의 독창적인 조직화 과정에 따라, 그리고 그것에 고유한 관점에서 하나의 거리와 중재를 가로지르는 위와 같은 이야기를 의미한다. 따라서 우리는 도식적으로 볼 때 이러한 담론 속에서 현실이나 상상적인 것에 그것이 어느 만큼 충실한가는 제쳐두고라도 그것을 함에 있어서 분명한 대답으로 두 가지의 서사를 구별할 것이다. 하나는 그것에 대해 이야기하는 정신병적인 서사들이다. 다른 하나는 여기서도 역시 분명한 방법으로 그 속에서 정신병 환자가 다음과 같은 위치, 즉 심리 텍스트(TAT, 과제 통각 검사)에서 (다시 허구에서 현실까지의 관계가 어떠하든간에) 추출된 인성들의 전형적인 모델로 제시된 자료체로부터 하나의 이야기를 창조하는 서술자의 위치를 차지한다고 여겨지는 서사들이다.

　그러므로 모든 서사는 단숨에 그 안에서 이 서사라는 용어 자체를 명확히 해야 할 **교환 체계** 속으로 들어간다. 즉 하나의 서사는 하나의 소여이다. 사실상 전혀 자발적이지도 우발적이지도 않은, 왜냐하면 대화 상대자의 위치 속에는 그 자체를 수신자로 미리 예정하고 있는 무언가가 항상 존재하기 때문이다. 수신자가 우선은 아무것도 요구하지 않는다고 할지라도 그의 상징적이거나 상상적인 위상은 미리 그에게 펼쳐질 모든 잠재적인 이야기와 참여, 동시에 그가 스스로 정의 내릴 관점에 대한 담론적인 계약의 교환적인 가치 한 부분을 고정시키기에 충분하다. 그렇다면 서사는 무엇과 교환되는가? 하나의 서사는 무엇을 주장하고 요구하며 희망하는가? 무엇이 서사를 정당화하는가?

하나의 서사는 말을 가로지르거나 몸짓 또는 행동을 가로질러 수신자에게, 또 서술자와 의사 소통 가능한 그 자신에게서 촉발된 정서로 인해 교환된다. 서사 속의 어떤 것은 그 정서들을 증언하면서 발신자로 되돌아가게끔 할 수도 있다. 즉 듣고 이해하고 발견하는 즐거움과 불쾌감·칭찬·공감·비난들. 그러니까 수신자의 정서적인 참여가 어떠하든간에 서사는 모든 경우에 있어 그가 받는 이야기에 대한 **관심**을 의미한다. 이 서사가 계속하여 경청되기 위해, 즉 자기의 말을 거는 기능을 유지시키기 위해, 비록 하나의 이야기가 방해하고 번민하며 상처를 입힌다고 할지라도 그 수신자는 모든 것에도 불구하고 **기쁨의 극치**를 기대해 볼 수 있어야만 한다. 따라서 극치는 수신자가 좀더 잘 이해할 수 있는 이점을 지닐 것이라는 희망 속에서, 또 지나간 실망을 보상해 줄 다음의 이야기에 대한 희망 속에서, 결국 기대가 충족되고 다시 말해 이미 겪는 기쁨이 다시 발견될 것이라는 희망 속에서 부득이한 경우에는 요약될 수도 있다. 모든 서사는 **지속성**의 문제이다. 즉 관련된 역사의 문제와 뗄려야 뗄 수 없는 시간이 그 속에서 문제가 되는 지속성이다. 그러므로 이 지속성은 서술(과 귀기울임)의 지속, 또한 서술자와 수신자 사이에서 엮어지는 주관적인 관계의 지속인 것이다. 이때 서사 텍스트가 지속선상의 관계를 제공한다는 사실은 말할 것도 없다. 주관적인 시간성의 배열, 그것이 모든 언술화 과정과 관련된 기대에 부응하는 방법이다. 또한 담론의 생산화 과정을 따라서 생기가 불어넣어지고 팽창되는 대타자 욕망의 공간이 자동적으로 구성된다. 결국 서사에 고유한 존재를 정의하는 것은 매순간마다 수신자에게 계속해서 생산하는 관심의 **잔존**이 역할을 하는 순간이다. 이렇게 해서 어떤 때는 매혹하는 서사, 어떤 때는 계략을 짜고 마지막으로는 눈에 띄지 않는 관심을 자아내기만 한다. 하나의 서사에 있어 최악의 것은 상대방의 무흥미에 맞닥뜨려지는 것이다. 노여움이나 산만함은 그것에 비하면 아무것도 아닌 것이다.

만약 서사가 언제나 흥미에의 요구라면, 무엇보다도 그것이 우선 사랑에의 요구이기 때문이다. 즉 발자크의 《사라진》 화자와 그 여성 수신자 사이의 육체적인 소여에 대한 폭로의 교환을 조정할 유혹의 시도[4]나 셰에라자드로 하여금 치명적 최후의 날의 도래를 늦추도록 한 술책처럼 말이다. 화자가 자신의 서사를 유혹의 방법이나 귀기울임이란 기쁨의 제공으로 집중할 수 있도록 하기 위해서는 이미 어린 시절부터 자기의 말을 타자——어머니나 어머니의 대리인 유모——에 의해 효과적인 만족의 원인으로 현실적으로 투자해야만 한다. 다시 말해서 어머니가 자기 아이가 말하는 것을 듣는 일이 행복이라는 사실을 느낄 수 있고, 또 그것을 보여주어야만 한다. 비록 그것이 그녀가 먼저 직감적으로 느끼지 않은 것을 표현할 때라도 자기 아이의 말에 의해 자기 자신이 스스로 **놀라도록** 놓아두어야 하며, 동시에 자기 것과는 다른 생각의 활동임과 진행중인 자발성의 과정을 증언하는 독창적인 창조 행위임을 알아차려야만 한다.

또한 어린아이 측에서는 적어도 어떤 특정 단계부터 자기의 말이 정확히 어머니의 기대와 부합하지 않는다는 것을 알아차려야만 하고, 그에게 있어 하루를 채우는 광적인 희망과 실망 이외에는 그 무엇도 느낄 수 없는 환멸 사이를 정리할 수 있는 어떠한 **공간**이 있어야만 한다. 만약 담론의 교환에 암시적으로 내포되어 있는 하나의 규칙으로서 모든 언술화 과정이 기쁨의 탐색이나 수신자의 관심을 전제한다면, 모든 언술화 과정은 동시에 미리 획득되지 않은 부분과 덧붙여 가치와 가격을 이루는 하나의 **비확실성**에 종속되는 대화의 결과를 포함한다. 매순간마다 대타자의 욕망과 그 판단의 예측 불허성에 유예된 채 말이다. 자 그것이 담론을 살아 숨쉬도록 하고, 서사가 대타자의 견지에서 이미 하나의 명증일 단순한 낭송으로 정의되지 않을 때부터 서사에 육체를 부여하는 원동력인 것이다. 나로 하여금 항상 대타자로 하여금 그가 모르는 그 자신에 대해, 나에 대해 혹은 세계에 대한 어떤 것에 대해 배우게 하는 것, 그것이 바로 말을 하게끔 나 자신을 부추기는 원동력이 되는 희망이다. 동시에 나로 하여금 그것을 말하는 방법에 정성을 기울이도록 하고, 내 어휘를 늘리며 내가 생각하는 기능에서 질문하는 욕망의 존재를 다루도록 하는 최종 결과로서 나를 존재케 하는 것은 의심이다.

그런데 어린아이의 말이 리비도적인 교환으로 특권지어진 원천이 되기보다는 받아들일 준비가 되지 않은 자유와 자발성의 시도에 대한 놀라움의 신호를 어머니가 겪는 때가 있다. 여기서 놀라움은 기쁨의 분배자가 아니라 어머니가 놀랄 준비가 되어 있다고 가정하는 것이다. 즉 자기 아이에게서 **차이**를 이해하기 시작하는 과정을 가정한다면, 그것은 차라리 초조함이나 분개함 쪽에 가깝다. 가장 극단적인 경우 어떠한 자리도 의심으로 이루어지지 않는다. 즉 말은 타자를 기쁘게 할, 또는 그의 기대에 부응하려는 확신으로 지탱된다. 하나의 시도가 생생한 어떤 것이 되고, 시간성 속에 새겨져 있으면 있을수록 이미 존재하는 사고의 내용에 충실한 재구축이나 **기념**과 관계가 있다. 어린이가 자기 어머니에게 보내는 말은 그녀의 전능함에 존경을 표하는 것임과 동시에 그의 전지를 축하하기 위한 일이다. 한계에서 말할 필요가 점점 더해지는 까닭은 타자가 이미 알고 있기 때문이거나 명백한 흉내내기에 지겨워질 것이기 때문이다. 분열증 환자의 묵설법(할 말을 일부러 안 하기)이나 암시적인 담론은 이같은 증례에 원천을 제공한다. 한 번의 미소는 가끔 대화 상대자의 정보에의 요구에 답한다. 왜냐하면 대화 상대자의 질문이 마치 조롱이나 위장, 다시 말해서 시험하기로 나타나는 경우일 때는 말이다. 만약 사고의 개념화가 타자의 개입을 피해 간다면, (마치 그것이 사고의 예측에 대한 확신 속에서 조작되듯이) 또 만약 하나의 말이 공들여 작업되어질 만한 가치가 있을 수 있다면, 타자 속에서 분열증 환자가 지닐 수 있는 유일한 기대는 이 타자가 마음에 품을 예견되는 사고의 견지에서의 일치에 대한 재인식

일 터이다. 즉 상상할 수 있는 즐거움은 주인과 노예를 묶는 관계와 같이 인형극 조정자와 꼭두각시를 묶는 기쁨일 것이다. 또한 분열 없는 종속화에 대한 기쁨이자 거울의 매혹을 허용하는 기쁨, 스스로를 잃지 않고서 그것을 울린 사람에게로 돌아갈 수 있는 메아리가 제공하는 착각에 내재하는 기쁨일 것이다. 우리는 **심리 자동 현상** 리스트의 특유한 사고에 대한 반향의 형태하에서 이와 같은 착각의 임상적인 현상을 알고 있다. 즉 각각의 말과 각각의 몸짓이 품고 있는 것으로부터 나오는 끊임없는 경탄인 동시에 혼자 생각할 수 없는 바에 대한 견딜 수 없는 제공이다.

이같은 담론과 타자의 욕망 사이의 일치는, 비록 그것이 단단히 구성되지 않았다고 할지라도 수많은 경우 언어의 모험이란 여러 단계로 안내한다. 모든 말, 모든 어린이의 서사는 그러니까 삶과 죽음의 시도이다. 마치 우리가 이편에서 무기를 장전하는 동안 저편에서는 방만히 스스로를 그대로 내버려두는 것같이 개인적인 창조의 도구를 취하기 위해 어린이는 말을 포착하며, 비로소 그는 그의 **담론의 주체**로서 상징적 질서 속에서 태어날 것이다. 그러나 그것은 어머니의 살해인 동시에 그가 복종할 언어적 틀의 쇠약을 내포한다.[5] 그를 그곳으로 보낸 모성적인 말과 그가 참여하는 모성적인 말에 계속해서 **종속되어** 있는 상태, 타자-어머니나 그의 유모의 생각을 재생산하는 것, 이처럼 그가 상징적인 그의 위상에 대가를 치르는 과정 속에서 스스로 소외되고 그럼으로써 희생시키는 것은 바로 그 자신이다. 타자와 혼동되고 타자에 포함되거나 그것과는 분리된 채 그럼에도 불구하고 절망적으로 혼자인, 이것이야말로 정신병 환자의 운명일 터이다. 왜냐하면 독창적인 말을 창조하는 그의 유일한 방법은 번번이 착란적인 규범 일탈 행위나 논리적인 비일관성의 목소리 선택에 달려 있기 때문이다. 결국 어머니로부터 벗어나는 동시에 타자들의 공동체로부터도 제외된 채 자유의 길을 혼자서 측량하는 존재로서 말이다. 상투적인 방법의 익명성 한가운데서 그에게는 이미 습관이 되어 버린 침묵이 전략적인 가치를 지닐 수 있다. 그러니까 상식적인 생각을 하는 군중 속에 녹아내리는 것, 대화의 세계에서 구별지어짐으로써 스스로 주목되기를 피하는 것, 그것은 진정한 **기만 술책**의 가치를 지닐 수 있는 바이다. 적진에 놓여진 트로이의 목마를 가로질러 비밀스레 배양되었던 희망은 어느 날 말(言)로 무장된 힘을 지니는 희망이고, 백일하에 그 진실을 폭로함으로써 타자에게 자신을 인정시키는 데 있는 것이다.

신경증으로 들어가는 수많은 시작들은 이같이 영웅적이고 메시아적인 시도의 유형을 띠는가? 주체가 빈번히 또 갑자기 타자들, 특히 대중 앞에서 연설을 해야 한다든가, 의사 소통이나 글쓰기 아니면 자신의 세계관을 표현해야 할 필연성을 느끼는 일처럼 말이다. 즉 그가 속한 마디에 대한 전시 계획으로서의 실천이라는 욕망을 느끼는 상황이다. 말을 한다는 것은 더 이상 타자의 요구에 응한 것만이 아니다. 그를 유혹하려는 시도도 그로 하여금 상상케 하는 것도 아니다. 그것이 무엇인가를 폭로하는 것, 그러니까 영원히 그리고 모두에게 모든 것을 말하는 총체적인 소여인 것이다.

타자들에게 제공된 폭로가 그만큼 대단한 외양을 취하지 않을 때를 살펴보자. 이런 경우에는 무언가에 대한 예감의 확신이나 멀리서 포착된 말을 저장하는 일이 그 실천적인 결과에 있어서 보다 경제적이고 보다 덜 위험할 뿐 아니라, 틀림없이 폭로와는 거리가 있지만 그것과 등가물로서 받아들여질 수 있다. 우리는 사고의 짐작에 있어 각 개체의 이상적인 우주에 비춰진 하나의 현상보다는 견뎌낼 수 없는 폭력을 습관적으로 고집한다. 이 침입은 어린아이가 자율화 과정을 시도하는 내내 겪는 폭력을 그로 하여금 되풀이하게 할 뿐이다. 다시 말해서 모성에 기댄 존재의 자율화 과정을 항구적으로 침입하는 것은, 그로 하여금 곧바로 자기 스스로의 이해 관계를 생각케 하는 단계로부터 끌어낸다. 이로 인해 그는 숨어서 생각하고 자기의 생각을 담론으로 왜곡시키는, 말하자면 거짓말을 하게 된다. 이러한 해석은 정작 그것으로부터 빠져 나올 수 없는 총체적인 이해 관계에 갑작스레 투자된 개인적인 사고의 귀기울임을 타인들에게 묻지도 않고서 그들의 생각을 짐작함으로써 **강요한다는** 사실을 간과하고 있다. 여기서 중요한 것은 우리에게 종종 환상을 불러일으키는 **대중적인 담론**에서처럼, 가능한 피하지 않고 경청하도록 요구당한 한 청취자를 놀라게 하려는 의지만큼이나 기쁨을 주려는 열망이 가득한 언어의 수사학적인 조작에 있는 게 아니다. 이같은 타자의 관심에 대한 절대적인 포착은 보통 그 속에서 벗어남이 불가능하게 되는 것을 그 대가로 치른다. 즉 만약 분열증 환자가 더 이상 타자에 종속될 수 없다면, 적어도 그는 그에게 생각하기 자체와 이상적인 사고를 강요한 사람의 능동적인 역할을 빌려 예전에 그가 겪었던 폭력을 이제는 입장을 바꿔 다시 가할 수 있는 이점을 지니게 된다. 이렇듯 주인과 노예의 관계가 전복되는데, 똑같은 예속 관계가 발화자와 그의 타자와의 사이에서도 엮어진다.

위에서 우리는 수신자에게서 촉발되는 정서를 언급하면서 경청의 즐거움 아니면 적어도 경청이 주는 흥미, 쌓여야 할 것으로 간주되는 더 많은 앎에 대한 열망의 확연하고도 암시적인 고백에 대한 교환으로 서사를 정의했다. 타자에게서 상상되어지는 이 기쁨과 이 기대 선상에 신경증 환자나 분열증 환자들은 놓여 있지 않다. 왜냐하면 그들 서로에 대한 욕망과 담론이 다르기 때문이다.

담론의 교환을 정의하는 두번째의 근본적인 개념은 서사가 전달할 수 있는 **진실의 가치**이다. 우선 기쁨의 개념은 말이 부여된 두 존재(어머니와 아이, 서술자와 그의 청취자) 사이의 상호 작용의 고리 속에서 이해될 수 있다. 진실의 개념, 그것은 필연적으로 제삼자의 관계를 개입시킨다. 여기서 제삼자란 두 대화 상대자 사이의 교환을 효과적으로 증언하는 존재이며 상상적인 지배자로서 각자가 자기 이해 관계에 따라 말하거나, 다시 말해 딱 잘라 말하는 데 있어서 보증인이 되어 줄 수 있는 존재이다.

즉 그는 진정성을 증명하기에는 부족한 상황에서 발화된 제안들의 진실임직함을 보장해 주는 앎의 수탁자라는 총체적 개념을 지닌다. 원칙상 제삼자는 두 대화 상대자 각각과 구별된다. 그는 법칙을 만드는 자이고 틀을 유지하는 자이며, 발화자 개개인 지위의 변별성을 조절하는 자이다.

진실을 재인식하려는 기대와 청취의 기쁨에 대한 기대는 하나의 서사 안에서 서로 연결되어 있다. 또한 한편으로는 제시된 **담론의 장르**에, 다른 한편으로는 **발화자가 사용하는 언어 및 대타자와 맺는 관계**에 종속되어 있다. 과학 담론과 허구 담론, 심리 소설, 추리물의 수수께끼, 동화, 몽상이나 환상 이야기들은 서로 다른 장르들인 만큼 각각 논리적인 또는 서사적인 다소간 엄정한 나름의 제약들을 품고서 진실의 다양한 정의와 주체에 유예된 독자적인 자리를 표상한다. 이때 진실은 경우에 따라 각각의 구성 요소들 가운데 단수 혹은 복수적인 작용을 지니게 될 것이다. 즉 외적 진실이나 심리적 진실에 담론을 적용시킬 것, 서술적 시나 사건적 인과 관계 혹은 상식적인 의견에 맞는 또는 연대기적·역사적 사실에 대한, 사회문화적인 일련의 총체에 대한 지식을 포괄하는 진술된 행위에 대해 추측하는 동기를 가질 것, 마지막으로 사용된 담론 장르의 법칙에 적용시킬 것 등이다.[6]

만약 글 속에서 훔치거나 자기 교수 앞에 발가벗고 나서거나 자기 어머니와 동침하는 꿈이 진실임직한 이야기로 나타난다면, 동화 속에서 동물들이 말하고 숲속의 미녀들이 깨어나는 일이 진실임직하다고 할 수 있을까? 아니다. 그것은 더 이상 아니 전혀 현실주의적 서사라고 할 수는 없다. 그러므로 그것이 공상 소설에서 마술걸기가 필연적으로 실패로 돌아갔다거나, 상처입은 주인공이 구조를 받지 못해 죽어 간다거나, 추리물에서 용의자가 실제로 죄를 지었다거나 하는 일보다 더 진실임직하다고는 할 수 없는 것이 명백하다. 비록 몇몇 독특한 이야기들이 자기 장르의 법칙과 절연함으로써 경악의 효과를 자아낼 수 있음에도 불구하고 말이다.

허구는 서사 속에 제삼자-증인을 통해 경험적으로 입증될 만한 사항을 가져야 하는 강제 조항을 삭제시킨다. 그 덕분에 진실의 개념은 서술적 논리의 장에 필수적으로 스스로를 종속시키기 위해 진술된 사실들에 맞게 적용시켜야 하는 근심을 벗어 버릴 수 있다. 그러나 진실임직함의 개념으로부터는 벗어나지만 역시 중요한 분야로서 **정서의 영역과 개인적 사유의 기술 영역**이 있다. 이 경우에 중요한 점은 발화자의 말을 신임하는 데 있다. 즉 논리적으로 타당하지 않은 사실에서 길어올려진 언어 외적 소여나 기본적인 신뢰의 약속을 벗어나는 담론 여분의 정보적인 내용에 종속시키는 것 말이다.

말은 사실을 말할 수 있게 되는 순간부터 동시에 **숨기고 왜곡시키며 거짓말할** 수 있는 능력을 획득한다. 진실과 거짓은 신실함의 확신과 위장과 마찬가지로 서로 떼어낼 수 없는 관계가 된다. 말과 사고 활동으로 인해 얻어지는 틈을 통한 이동 능력의 발견은 의심할 여지없이 어린아이의 언어에 대한 접근의 최초 단계를 이룬다. 즉 이 단계는 어머니-아이의 이자적 관계의 중심부를 이루는 구조적이고 개인주의적인 가치를 지닌다.[7] 어머니의 말이 거짓일 수도 있음을 발견하는 것, 그것의 결과로 인한 나르키소스적 상처의 저 너머, 그것은 또한 타자가 그것에 다가가기 위해서 제한된 단 하나의 접근만이 존재하는 유예된 이상적 영역의 존재를 발견하는 것이다. 또한 주체가 자신을 독자적인 사고 활동을 함으로써 분리된 존재로 인식하는 것이다. 그러므로 동시에 하나의 담론의 가치와 그 진실의 정도, 말의 법칙에의 일치성을 보증할 수 있는 대타자의 존재를 제시하는 바에 다름 아니다.

주체는 이 시초의 분열로부터 언제나 최초의 시기에 대한 향수를 고집할 것이다. 그곳은 말의 가치가 아직 의심의 시련을 겪지 않아도 되었고,[8] 어떤 종류의 흥을 깨뜨리는 말로 어머니와 아이의 충만한 대화 속에 스며들지 않았으며, 그것이 존재했는지 안했는지를 증명하는 일이 문제가 되지 않는 곳이다. 왜냐하면 이 단계에 대해 모든 시간성의 이편으로부터 저 편까지 있는 그대로 말할 수 있었기 때문이다. 이 향수는 각각의 언어 행 위에서 그 말을 믿음으로써 말의 사유에 대한 완전한 합치를 약속한다. 그 와 같이 총체적이고 무조건적인 점착, 대화 상대자들간의 융합에 의한 진 정한 사랑 행위로 갱신된 희망을 유지시킬 것이다.

배당에 대한 판단과 존재에 대한 판단

이 원시적인 언어와 사회화된 말 사이에는 기쁨의 제일 원칙을 매개하 고 중재하여 교육시키는 **현실 원칙**의 기능이 자리잡고 있다. 또한 동시 에 정신 기능에 고정된 기관 속에는 내부 투사와 파기(좋은 것은 내 속에 간직하고/나쁜 것은 거부한다)의 필연적인 결과와 함께 배당(좋은 것/나 쁜 것)에 대한 판단으로부터 무의식과 억압 그리고 **부인**(négation)에 대 한 이념적 채집이 존재한다. 또한 그것의 담론 속에서의 사용을 허용하는 부인의 특이한 위상들을 병치 관계에 놓음으로써 생기는 존재에 대한 판 단까지의 이행기가 있다.[9] 그러니까 현실 원칙은 우선 그것이 대상들이나 존재하는 정서들을 그려내는 사고로서의 진실에 대한 가치에만 합치되기 때문에 이상적인 생산 과정 속으로만 그 역할이 한정된다. 동시에 대상들 의 내(內)주관적인 기원이 끝내는 부정될 위험을 무릅쓰고 현실 원칙이 순수하게 상상적인 위상을 지닌 대상들의 명명을 허용하기 때문에 기술적 인 작업 속에 통합되는 효과를 나타낸다.

현실 원칙과 존재의 판단을 채택하면, 주체는 정서의 담지자 기능을 하 는 재현들을 명령하고 생산해 내는 능력을 지시하는 최초의 자기 확신으 로부터 멀어진다. 좋은 대상(좋은 가슴)에 대한 환각은 더 이상 현실의 입- 가슴의 만남으로부터 얻어지는 만족과는 등가물일 수 없음을 깨닫게 된다. 그 이후로 환각은 스스로 갈망하던 쾌락이 존재하는 환상의 높이로 부터 고립됨을 발견한다. 이 환상에 대한 이미지는 현실 경험의 역경들과 쾌락 탐사의 앞길을 안내할 것이다. 그러나 이같은 경로가 일어날 수 있기 위해, 또 이같은 최초의 안락에 대한 희생이 이루어지기 위해서는 현실적인 시련을 가로질러 **쾌락이라는 특별 수당**이 기대되어야만 한다. 왜냐하면 그것은 참인식을 보다 만족스러운 것으로 만들고, 이 참인식은 순수히 상상으로 이루어진 거짓 인식보다 훨씬 총체적이고 지속적이며 **믿을 만하기** 때문이다.

존재에 대한 판단의 좋은 기능으로부터 두 가지의 필연적인 결론이 나온다. 먼저 존재에 대한 판단의 좋은 기능은 존재와 판단 그 둘을 분리시키면서 현실의 위상과 상상계의 이상을 정의한다. 그리고 그것은 하나의 사고 영역의 존재를 보장한다. 이 사고의 영역에서는 하나의 담론을 생산해 내는 데 있어 상상된 재현들에 부합하는 사실상의 존재를 걱정하지 않아도 된다. 또 그곳에서는 주체가 사고의 기쁨을 위해 자유로이 사유할 수 있고, 아무에게도 설명할 필요를 느끼지 않는 적어도 그가 상상한 것에 대한 증명과는 관계 없는 곳이다. 덧붙여 위의 진술과는 반대로 그것이 허구인 만큼 모든 서사가 진실임직함에 대한, 다시 말해서 일단 가능한 서사체들이 그것의 특이성에 알맞은 담론의 세계 내부에서 정의되는 한, 그것들은 진실로 보이려는 노력에 종속되어 있을지도 모른다고 말할 수 있을 것이다. 이 **진실임직함에 대한** 근심을 통해서 담론은 최초의 목표, 즉 감동·쾌락이나 수신자에게 있어서의 이해 관계의 표시에 대한 증언과 교환 가치에 고정된 최초의 목표에 부합한다. 진실인 양 머물면서, 즉 타자로부터 신임을 받는 상태에 머물 때 모든 이야기는 그 이야기를 받아들이는 수신자에게 보다 큰 기쁨을 줄 것이다. 전해진 이야기가 진실이건 허구이건 다른 징조들이 있건 그 흔적을 가지고 있지 않건간에, 중요한 것은 우리가 언술하고 담론적 장르에 고정시킨 이야기의 전개가 수긍할 수 있는 것인지에 있는 게 아닐까? 착란 담론의 특이성 가운데 하나는 아무런 사전 통보도 없이 정해진 역사적 지시 대상을 갖춘 현실주의적인 서사로부터, 순수하게 환상적인 현실과 상상이 융합되어 분리된 위상을 더 이상 포함하지 않는 담론의 **사람 없는 땅** 한가운데 있는 상상적인 서사로 은밀히 전이되는 것이 아닐까? 이같은 전이에 직면해서 서사의 수신자는 그다지 선택의 여지가 없다. 그러므로 그가 착란으로 받아들이는 담론을 거짓의 범주 속에 독재적으로 집어넣거나 자신의 합리성의 판단 기준을 보호하기 위한 방책으로 사용하든가 아니면 자기 근원의 영역, 즉 말해지고 의사 소통되는 방법의 사고로서 만들어진 것 속에 집어넣는다. 그가 속한 세상에서 서사를 재구성하지 못함으로써 위험은 수신자에게 있어 자기의 것인 상징적인 지시 대상들을 이 경청 안에서 잃어버리게 하거나 타자의 말 속에서 소외되도록 한다. 또는 그 속에서 스스로 혼동되는 것, 이를테면 두 가지를 혼동하는 것, 원한다면 덧없이 사라지는 로고스의 한 입장에 맞서서 그것과 하나로 융화되는 수밖에 없다.

베리에르 숲

50대의 한 환자가 마침내 잠들 수 있기 위해 48시간의 입원을 요하며 응급실에 모습을 나타내는 것은 무엇을 의미하는가? 그의 신체와 의복에 대한 무관심은 그가 점진적으로 부랑자로 변화되어 가는 상태, 아니면 어쨌든 그가 이미 방랑기에 접어들었음을 보여 준다. 그의 신분과 사회적 상태에 대해 보다 완벽한 정보를 얻기 위한 시도는 그를 침식시키는 강렬한 피곤을 핑계로 대답의 거절에 부딪힌다. 그러나 조금 후 그를 경청하는 의사에 대해 생기기 시작한 최초의 신뢰로 마치 비밀을 털어놓는 어조로, 그러나 터무니없는 폭로를 할 작정으로 중얼거릴 것이다. "거의 민

을 수 없는 일이 일어났어요……. 베리에르 숲에 한 여자가…… 야만 생
활을 그대로 하는 키가 아주 큰 한 여자가 있어요."

이같은 이야기에 마주하여 우리는 당장은 그것을 호기심어린 거북함을
낳게 하는 술책으로 받아들인다. 한순간 이 짧은 이야기의 구조는 역사적
인 진실임직함의 환각을 유지한다. 무엇보다도 아주 키가 큰 여자들은 당
연히 지구상에 존재한다. 베리에르 숲은 실제로 존재하는 잘 알려진 장소
이며 영화에 나왔던 비극적인 사건들이 일어난 곳이기도 하다. 이 사건들
이 괴이한 현상들의 범주에 들어갈 정도로 큰 반항을 일으켰던 것도 사
실이다. (어쨌든 뱅센이나 불로뉴 숲보다는 말이다.) 결국 늑대소년들이나
전쟁이 끝난 후 몇 년간 숲 속에서 야생 생활을 했던 군인들의 존재는 최
근의 과거에 속한다고 할지라도 말이다. 여기서 상기시키는 담론의 갈래
는 **환상 동화**의 그것이다.[10] 이 환상 동화는 공상의 영역과 괴이함의 영역
이라는 두 영역 사이에 위치하는 경계선적 지역에서 움직인다. 우리는
상상적 존재로부터 마술적 힘들이 갖추어진 비현실 세계와, 인간의 이해
로는 해결할 수 없는 놀라운 사건들이 과학적 설명을 통해 주어지는 현
실 세계 사이에서 망설이게 된다. 그러니까 환상적인 것의 특징은 바로
이같이 딱 잘라 단정할 수 없는 것이며, 발화된 이야기 위상의 불확실성
에 작용하는, 즉 이 불확실성이 현실화되는 술책에 작용하는 서술적 모형
이다. 우리의 예 속에서 수사학적인 조심성이 다음에 언술될 이야기와 화
자 사이에서 아직도 가능한 **거리화 과정**을 지칭하고 있음에 주목하자. 이
과정은 진실임직함의 법칙과 그의 대화 상대자의 신임을 더불어 취하는
데 따르는 위험에 관해 이야기하는 사람의 의식으로부터 나온 행동이다.
이 조심성은 에드거 앨런 포의 **기상천외한 이야기**들의 서술적 기술을 상
기시킨다. 그러니까 그것은 그의 대화 상대자에게 있어 이야기하는 사람
에 대한 전적인 신임에 위험을 끼칠지도 모를 장애들을 예고해 주면서,
단숨에 그의 수신자의 동의를 얻어내고자 하는 화자의 공통된 관심사를

밝혀내는 일이다. 그러나 글쓰기에서 작가의 교묘한 솜씨로 나타나는 것이 정신병에서는 말의 교환 구조적인 필연성을 나타낸다. 즉 내기는 전혀 다른 것이다. 이 문제는 다시 살펴보도록 하자.

어쨌든 예로 주어진 이야기의 연속을 통해 그것이 재빨리 착란의 세계 속에 자리잡게 된다는 사실에 주목하자. 거기서는 현재의 유명 인물들과 연관을 맺고 있다는 확신과 더불어 아직도 진행중인 전쟁, 나치, 위협적인 일본군(종군들이 야생의 상태에서 생활하다가 회군한다)들이 문제시되었다. 여기서 우리는 환자가 이미 그들 자체 내부의 착란 속에 감싸여 있는 정신병원에 거주하고 있을 뿐 아니라, 그러니까 그가 며칠 동안 노숙할 때는 베리에르 숲에 위치한 자기·어머니의 숙소에서 머물렀을 것이라는 사실을 알 수 있다. 따라서 이 야성녀에 대한 믿음은 그가 겪은 부랑자 생활 속에서 나온 이중적인 상상력으로부터 투사된 바라고 할 수 있다. 우선 지난 전쟁과 관련된 고통스런 기억들의 재활성화 과정임과 동시에 심리적 퇴행과 관련된 고대의 어머니에 대한 환상의 부활과 관련되어 있다. 존경하지만 동시에 그 전능함이 두려움을 불러일으키는, 모든 기쁨과 고통의 담지자로서 도시의 소음에서 먼 원시림의 적대적 사회 속에 유배되기 이전의 존재인 어머니 말이다.

착란 담론으로 실현된 **술책** 행위를 그것의 경상 효과를 참조하지 않고 설명하기란 불가능하다. 즉 우리가 그곳에서 서사적인 위상을 발견하는 환상들은 또한 우리의 환상들이기도 하다. 즉 그곳에서 서술된 세상은 우리 상상력의 세계인 것이다. 모든 담론은 특히 그가 해석하고 모든 이성 저 너머에서 노리는 우리의 욕망을 드러낸다. 타자의 욕망은 우리로 하여금 대리로 상상하도록 만든다. 그러니까 현실의 제약에서 벗어나서 우리 자신의 무의식 속에 그 뿌리를 박고 있는 하나의 장면에 참여토록 하는 것이다. 부인과 비교되는 하나의 기제를 통해 그 기원을 무시한다는 조건하에 우리 자신의 억압된 속내를 활성화하는 것이다. 만약 그것이 주

관적 진실을 성토한다면, 경험과 재인식을 요구하는 타자의 착란은 우리
로 하여금 항상 우리 자신의 무의식의 진실과 만날 수 있도록 한다.

모든 것에 대답하기

착란적인 가공이 역시 성공적인 방법으로 교환 가능한 진실을 재구성
하는 데 이르기 전에 정신병 담론은 공들인 준비 기간을 따라 하나의 질
문지 형식 주위에서 구성된다. 이 질문지는 언제나 직접 혹은 간접적으로
주체의 동일성과 그 기원의 문제에 관한 것이다. 그 어느때보다 더 이 설
문지의 성격은 그것을 언술하는 이에게 있어 중요하다. 왜냐하면 가능한
답변이란 이 답변자로 하여금 습관적으로 대타자에 비추어 자기 존재감
을 지니게 하는 최초의 확신에 달려 있기 때문이다.

우리 연구진이 녹음한 한 환자의 진료 기록에 나타난 발췌문을 인용해
보자. 이 환자는 25세의 서인도 제도인으로 착란증의 재발을 동반한 새
로운 심리 대사 기능 상실을 이유로 재입원하였다.

의　사——이번에는 누가 당신을 병원에 데려왔습니까?

환　자——……그러니까 내가 벌써 **RATP**〔파리 자치 교통 단체〕에서
일한 지가 6개월이 됩니다…… 젊은이들의 모임과 면식을 가지기 시작
했을 때…… 그들은 범세계 그리스도교의 단일화에 대해 의견을 모으
고 있었지요. 그 정보로/나는 즉각 그들의 목표와 이상들을 받아들였
고, 그 때문에 직장을 그만두고 그들과 살기 시작했습니다…… 그렇게
약 15일 가량 지났을까요…… 이제는 모든 방법을 기울여 그들로부터
벗어나려고 발악하는 자신을 발견했어요…… 그렇지만 애써 벗어나려
하면서 나는 또한 내 미래에 대해 겁을 먹기 시작했지요. 왜냐하면 이

제는 일자리도 없고, 그 때문에 일자리도 없이 바깥 세상에 내던져진 자신을 바라보는 전망이 나를 죄어 왔지요…….

의 사——당신의 우울증과 이 젊은이들 모임과의 단절 사이에는 어떤 관계가 있다고 봅니까?

환 자——……아 그러니까…… 이 그룹의 뭐라고 할까…… 그들의 생각에 공명할 때는 아무 문제 없이 잘 되어갔지요. 난 아주 상태가 좋았어요…… 내가 아주 발을 잘못 들여 놓았다……라고 생각했을 때부터…… 슬슬 고민이 되기 시작한 거예요. 머릿속에서 엄청난 생각들이 교차했어요…….

의 사——어떤 종류의 생각들이었죠?

환 자——……결국 종전에 말했다시피…… 내 생각들·집·빈민 그것은…… 그것은 나의 미래, 나의 미래가 일단 이 모임을 떠나면 어떻게 될까 하는…… ……그래서 한편으로는 벗어나려 몸부림치면서도 다른 한편으로는 겁이 났어요…… 게다가 모임의 구성원들도 그렇게 생각했죠…… 이제 내가 더 이상은 자기들과 한 배에 타고 있다고 생각지 않게 되었고, 나는 그들에게 마치 외부인처럼 여겨졌던 거죠…… 그래서 도망하는 것만이, 그것만이 유일한 가치 있는 해결책이라고 생각되었죠…… 그러니까 그게 바로 제가 한 일이에요…… 먼저 도…… 도망쳐서는 삼촌댁으로 간 거죠. (…)

의 사——어떤 이유로 당신은 그들과의 접촉을 끊게 되었죠?

환 자——우선…… 왜냐하면 그들이 먼저 나와의 관계를 단절했으니까요. 내가 그들 중의 일원이라면 당연히 나를 돌보았어야 했고, 자연히 내 운명에 대해서도 관심을 가져야 했겠죠. 다시 말해서 내가 어떻게 살고 있는지 부족한 것은 없는지, 날 보러 와야 당연한 것이에요…… 결국은 그들이 내게 서서히 흥미를 잃어 가고 있다고 생각했어요…… (…) 그리고 많은 사람들은 나더러 그곳에 다시 돌아가라고 잘못된 충고를 했지요…… 종국에 가서 나는/나는…… 그것이 내 길이 아니고 그렇게 고집하지 말았어야 했다는 것을 깨닫게 되었지요…… ……왜냐하면 그들에게서 나는/나는 내 이상을 찾을 수 있으리라 믿었고, 재빨리…… 내 쪽에서 그것은 착오였다는 것을 깨닫게 된 거예요.

의　사――당신의 이상이란 무엇인가요?

환　자――사실 그것은 내 이상이 아니에요. 내가 찾아 헤맸던 이상이죠…… 왜냐하면 나는 그들에게서 이해할 수 있을 거라 믿었고, 그야말로 현대인이 자문할 수 있는…… 절대자·신과 관련된 모든 질문들에 해답을 가져다 줄 수 있을 것이라고 믿었기 때문에…… 그리고 특히 내가 관심 있었던 것은 정말이지 신의 사도를 구별해 낼 수 있고, 신이 인간에게 기대하는 것이 무엇인지 또 인간이 신에게 가져다 줄 수 있는 것이 무엇인지를 알아내는 것이었어요…… 결국 나는 내가 완전히 이해하기 전에 이 모든 질문들에 그들이 대답할 수 있을 것이라고 생각했지요…… 결국 그들이 대답했다고 했더라도/대답했지만 그것은 그들의 방법이었고 내 생각에는…… 나 또한 그들의 놀이를 할 수 있을 것이라고 생각할 만큼 순진했고, 뭐가…… 뭔지를 구별하지도 못하고…… 못하고서 모두를 신임했던 거예요…… 결국 그러니까 참이라는 것이 무엇인지 그렇다고 거짓이 무엇인지도 탐색하지 않고서 모두를 혼동했던 것이죠. 모든 걸 다 참으로 받아들였지만, 사실상 그것이 그들에게는 진실이었다고 해서 정말로 진실은 아니었어요…….

의　사――네.

환　자――결국 매번 이 모임에 대해 생각할 때마다 후회가 되곤 해요. 왜냐하면 사실상 결국…… 그렇지만 그들의 생각이 내 마음에 들지 않았다는 것을 제외하면 그 모임은 상당히 좋은 것이었어요. 모두들 매우 친절했고 우리는 정말로 책임을 다했으며, 우리는…… 정말로 그들에게는 인간다운 오기와 애정이 있었어요…… 사실 그것은 어느 다

른 곳에서는 그리 쉽사리 찾아볼 수 없는데 말이에요…… 그러니까 그
들과 함께 얼마간 살았던 사람이라면 당연히 후회할 수밖에요…… 그
렇지만 그곳으로 되돌아가고픈 유혹에 저항할 수 있도록…… 그만큼 강
해져야 한다고 믿어요…….

녹음은 입원 기간 동안에 행해질 수 있었고, 사실 입원 기간 동안에 우
리가 익히 알 수 있듯이 하나의 거리화 과정이 환자와 그의 재발을 결정
짓는 문맥 사이에 자리잡는다. 그러나 이 텍스트들은 다음의 모든 욕망
들이 모든 차이가 말소되어야 할 인간들 사이의 조화로운 회합이라는 신
비로운 장 속에서 어떠한 국면을 거쳐 현실화되어 가는지를 보여 준다.
즉 소외 속에서 심적 붕괴가 **모든 것에 대답하려는** 욕망, 결정적으로 자
기 자신과 우주에 대한 총체적 지식에 도달하려는 욕망, 자기의 기대감 속
에 안주하려는 욕망, 다시 말해서 우리가 영원히 잃어버렸다고 생각했던
이 잊혀지지 않는 어머니를 곧 되찾으려는 욕망 말이다. 이 충격적인 근
친상간적 현실화 과정, 또는 잇달아 계속되는 극적인 실망감에서 환자에
게 가장 참을 수 없었던 일이 무엇인지를 알아내기란 쉽지 않다. 그것은
마치 환영처럼 손에 닿자마자 사라져 버리는 무엇과도 같았다. 마치 구세
주적인 목적을 가진 성직자의 소명과 조화를 이루지 않으면서, 이 신비로
운 대지를 향한 불가능한 애도가 오랫동안 잠자고 있던 환각의 재발로
인해 재빨리 표면으로 거슬러 오른 것 같았다. 게다가 사상의 예언에 대
한 확신, 이러한 개인적인 열망들 결국은 인종적으로 이중적인, 즉 서인도
제도인이자 프랑스인인 서구 백인 문명 속에 마주한 흑인의 위상, 그 속
에서 환자의 육체와 사회적 운명이 내기 걸린 문화와 출신 성분이라는
찢긴 싸움 주위에 맴돌던 탈인성화 감정이 박해자들에게 간섭받게 된 것
이었다.
　이 환자가 겪게 된 상황에 대한 정신 치료 효과는 확실히 그에게 있어

너무도 무능해서 제어와 수정의 불가능성으로 새겨진, 부성적인 성상을 대신하는 모든 것들에 대한 열쇠를 쥐고 있는 유일한 사람인 어머니와의 원초적인 관계에서 포착되어지지 않으면 안 된다.

이자벨, 또는 이념의 붕괴

하나의 이상에 대한 점착, 다시 말해서 하나의 이념에 대한 전적이고도 무조건적인 동일화 과정이 주체의 자기 근본이나 혹은 자기 존재의 궁극성에 대한 번민의 문제에 있어 그를 지탱하는 경우가 빈번하다. 그러니까 지탱되는 착란은 주체와 그의 이념, 즉 도그마와 때로는 그것의 연금술 또는 주체가 열망하는 진실과 그 질문들에 대한 총체성의 해답 사이의 모순들을 동시에 품고 있으리라 여겨지는 이념 사이의 **나르키소스적인 보완 관계**인 것이다. 그 기반이 너무나 나약함에도 불구하고 모종의 균형이 그가 숨기고 있는 상징 기능의 균열이 백일하에 드러나지 않도록만 하면 오랫동안 아니면 영원히 유지될 수 있다. 외부적인 사건들이 이러한 모종의 체제에 대한 일관성을 실패로 돌아가게 하는 경우, 그 속에 **녹아 있던** 주체는 스스로 그 체제와 동시에 무너진다. 즉 그에게는 자살이나 그의 등가물, 갑작스레 의심스러워지는 중심으로부터 주변으로 밀려나는 고아 같은 것이 되어 버린다. 그래서 담론을 유효화시키려는 최후의 수단밖에는 남지 않는 것이다. 상상적인 것의 재구축이라는 고독한 시도 같은 소외화 과정, 적어도 이전 것만큼 허구적인 새로운 등가물의 존재로서 방황하는 주체를 안심시킬 수 있는 새로운 이념 말이다. **자기비평**의 가능성은 완전히 다른 주관적인 조직화 과정을 낳을 수 있다. 이 가능성은 그만큼 은밀하고 자체 억압된 타자의 담론을 비평하는 기능, 어머니의 말이 거짓이거나 속일 수도 있다는 사실을 발견해 내는 기능, 매개자의 역할을 담당하는 대타자에 복종하는 기능과 관련되어 있다.

우리는 이미 이자벨이 40세가 되었을 때 그녀와 면식이 있게 되었다. 이때 그녀의 매우 견고한 아성인 정신 기관의 한 국면은 무언가에 의해 침범당하고 있었다. 확연한 정신분열증으로의 전이는 30대 이후에 있었고, 그것은 일반적인 다른 임상례보다는 비교적 약간 늦게 나타났다. 이자벨이 외동딸이자 귀염둥이었다는 사실은 그녀를 그때까지 부모들이 기대하는 바에 일치하는 이미지에 동화시키며 거의 정상에 가까운 상태로 유지시켰다. 또한 그녀의 사회 활동이나 정상적인 또 직업적인 활동에 가해지는 상당한 제약에도 불구하고, 그녀의 정신적인 허약 상태와 그녀 자신이 정상적으로 일상 생활을 할 수 없다는 사실은(그녀와 같은 질병의 또 다른 임상례에서 우리가 보아 온 경험과는 대비되는) 그녀와 가족간의 상호 의존 관계를 더욱 돈독히 하는 데 유리하게 작용했었다.

이자벨은 1958년의 드골의 재임 이후 드골주의 이념에 심오하게 동화되었다. 그녀는 이 인물 자체와 그가 끊임없는 열광을 불어넣은 그의 이념에 심취한다. 그녀는 1968년 학생 운동과 1969년 3월의 국민 투표에서 마지막 일격으로 '반대'가 가결되고, 이에 따라 국가 원수가 스스로 물러날 결심을 하게 되는 역사적 사건에 상당히 충격을 받는다. 즉시 또한 저항할 수 없는 당연한 과정으로 진행되는 역사적 사건들에 즉각적으로 연결되어 있다고 스스로 믿고 있던 이자벨은 범국제적인 음모가 획책되고 있다고 생각했다. 즉 외국 세력들이 서구 유럽을 붕괴시키려고 준비하고 있으며, 대기 오염과 전염으로 지구를 파괴시키려는 것을 목적으로 하는 기술진들이 이같은 권모술수를 현실화시키기 위해 진행하고 있다고 생각했다. 이러한 직감은 그녀로 하여금 스스로 굉장히 중요한 비밀을 쥐고 있는 인물이라 믿게끔 만들었고, 그와 같은 확신으로부터 당연히 그녀가 끊임없이 매순간 감시와 보호 속에 있으며 그녀의 모든 생각이 녹음될 수 있고, 그것이 이해 당사자에게 전달될 수 있는 '범우주적인 도청

시설'에 연결되어 있는 존재라는 확신을 가지게 하였다. 생각의 전이가 나타나는 동안 이자벨에게서 확연히 굳혀진 이 피해 망상적인 그물망이 곧 청각 환상으로 자리잡게 되었다. 그것은 이상한 특징과 지배자적인 인상에도 불구하고 하나의 보호자 역할을 띠게 된다. 이같은 청각 환상들은 참을성 있고 아낌없는 충고와 적극적으로 나설 것을 권유하는 형태, 그녀가 움직일 것을 망설여야 했을 때는 이러이러한 행위를 실행하라는 명령들, 마지막으로 마치 그녀에게는 그녀의 육체적 질병에 그가 보여 준 모든 정성과 치료에 따스히 부어진 의사의 목소리로 여겨지는 부드러운 말들이 아로새겨진 몇 개의 수수께끼 같은 문장들로 이루어져 있었다.

이자벨의 어머니는 딸의 확신이 착란적인 성격을 지니고 있다는 사실을 너무나 잘 인식하고 있었다. 그러나 다만 자기 딸이 결정적인 순간마다 자기 스스로에 대해 생각할 수 있는 능력을 포기하고 타인들과의 접근에 장막을 치고 비밀을 간직하며, 부모의 선의에 의심을 가하고 선의에 찬 충고들에 비평을 가하며 복종할 것을 거절해 나가기를 계속하는 자기만의 세계에 갇혀 있다고 상상할 뿐이었다.

이자벨 아버지의 편에서는 자기 딸에게서 보여지는 자신의 능력에 매혹당해 있었다. 어떤 동인적인 자동화 과정의 경우, 이자벨로 하여금 즉시 아버지의 말이 지칭하는 육체의 부분들을 원격 자동 조정 장치처럼 기계적으로 흔들게 하기 위해서는 자기 딸 앞에서 몇 가지 단어 '머리' '다리' '팔'이라고 발음하는 것으로 충분했다. 이같은 마치 꼭두각시 인형을 조정하는 사람 같은 아버지의 역할은 이자벨 안에서 보이지 않는 아들을 끌어내려는 것 같기도 하고, 이자벨이 자기의 정신적인 자동화 과정 속에 새겨진 행위들과 병력 해설의 매개를 통해 자기 착란 속에서 다시 취하고 있다는 사실을 말해 준다. 그러므로 이 관계는 이자벨에게 있어 자기 어머니가 이미 예상했었고, 그것에 충실히 응수하려 애썼던 생각들을 정리할 수 없게끔 하는 예속 관계를 가중시킬 뿐이었다. 이같은 서로가 확연한 모성적인 생각과 부성적인 위력으로부터 아마도 드골주의자야말로 이자벨의 정신 속에서 가장 확실한 보증인으로 자리잡게 되었을 터이다. 1968년과 1969년에 있었던 일련의 사건으로부터 야기된 드골주의의 붕괴는 이자벨로 하여금 그녀의 동일화 과정의 지침을 잃어버리도록 하기에 충분했었다. 착란 가공은 그녀로 하여금 동시에 가장 오래 된 그녀의 토대와 어머니 말과의 고대적 관계를 재구축하도록 하는 한편, 타인들로 하여금 그녀만이 유일한 진실의 담지자(예전에는 어머니가 차지하고 있던 자리)라고 믿도록 강요하고 그럼으로써 결국 그녀의 차이점을 깨닫도록 하였다. 따라서 착란은 결국 어떤 의미에 있어 어머니로 하여금 그녀를 이해하지 못하게 함으로써 그녀의 지배에서 벗어나려는 유일한 방법이었던 것이다. 즉 유일한 보호된 영역으로서 두 개의 착란이 교차하는 한 그녀의 어머니는 딸의 세계로 들어갈 수가 없는 것이었다.

이제 막 움트기 시작한 정신병 속의 진실이라는 문제는, 우리가 진행중인 정신병의 발전 과정 정도를 명확히 하지 않는 한 엄정하고 정확하게 다루어질 수가 없다. 진실과의 관계는 **착란이 시작되기 전과 후, 그리고 잠복기 이후**가 서로 다르다. 정신분열의 중요성에 따라서 달라질 수 있고 충동의 폭발이나 번민에 대한 싸움 속에서, 보다 고대적이고 유용한 방어들과 연관된 신경 방어 기능에 따라서도 달라질 수 있다.

프레데릭의 경우, 또는 성적 동일성에 대한 의문

환각 가공 이전에 혹은 두 번의 착란 재발 사이에서 정신병 환자의 이야기는 많은 부분에서 신경증 환자의 이야기와 닮았다. 신경증 환자의 이야기는 서사적 진실임직함의 법칙에 부합하며 쾌락 원리에 의해 이끌린다. 또한 텍스트의 의미 창조에 참여할 수 있는 누군가의 자리에 대화 상대자를 위치시키면서 타자가 자기를 인정해 주기를 기대한다. 연속되는 담론 가공을 따라 수신자는 외연적이거나 내포적인 방법으로 일정한 간격을 두고, 텍스트 안에서 계속되는 의문들과 수수께끼에 대한 답변을 예상하는 데 초대받는다. 수신자는 소위 통사론적으로 형성된 질문에 대해서만 최대한 대답해 줄 것을 기대받는다. 자기의 욕망 속에서 질문받을 수 있는, 또한 보다 더 많은 것을 알려는 욕망 속에서 이야기에 관심을 가지는 수신자는 그 자신의 욕망에 있어서 발화자의 욕망에 부합한다. 또한 수신자는 그들이 해답의 소지자라고 믿는 타자에게서 대답을 기대한다. 그 때문에 신경증 환자의 담론은 그저 단순한 흥밋거리의 증언이나 진실의 재인식에 대한 기대일 뿐 아니라, 그가 스스로 빼앗겼다고 간주하는 **의미의 보유자**인 것이다.

하나의 이야기가 그 조건들 속에서 목표를 결여하는 경우를 그다지 재앙이라고는 할 수 없다. 왜냐하면 서술자가 스스로 보유한다고 믿고 있는 여분의 의미만으로도 주체 위상의 안정성을 그 속에서 충분히 보증할 수 있기 때문이다. 어쨌든 아직은 착란 상태에까지 이르지 않고 소강 상태에 있는 신경증 환자에게 있어 이야기의 의문들이 품고 있는 점들은 빈번히 그의 상징적인 위상과 직접적으로 연관되어 있다. 즉 자기 근원에 대한 질문, 계통에 대한 질문, 성적 동일성에 대한 질문 말이다. 여기서 대답의 불가능성은 그것에 주체가 동일시될 수 있을 최소한의 지표에 관한 고통스러운 불확신을 되살아나게 한다. 여기서 의미의 부재란 단순히 그 속에서 희열이 금지당한 주체가 스스로를 비추어 보는 앎의 보완물에 대한 거세가 아니다. 그것은 찢김이자 단절이며 **동요**인 것이다. 이 상태는 동일한 것이 아니며, 상실은 보다 비극적이어서 때때로 대답하지 않는 한 사람의 탈개성화된 침묵에 대항하기보다는 차라리 입을 다무는 습관이 나오게 된다.

자기 동일성의 기초를 만들어 내려는 시소놀이에서 정신병 환자가 만나게 되는 이같은 반향의 부재에 마주한 주체 속에서, 정상성의 외양대로 기능하게끔 하면서 스스로 남근의 형태하에 존속시킬 수 있는 진정한 '최초의 착란적 사고'[11]나 자기 근원에 **대한** 개인적 **이론**을 스스로 구성해 내는 것은 드문 일이 아니다.

우리가 그의 전기적 이야기(이미 이전에 여러 번 환자와의 면담 기회를 통해 만난 적이 있다)를 녹음한 것은 그가 23세 전후였을 때였다. 그는 이미 몇 년 전에 한 가수와의 동성애적 애정 관계가 실패로 돌아가자 정신 착란을 경험했었다. 그러나 우리는 이 관계가 순수하게 플라토닉한 것인지 아닌지에 대해서는 전혀 아는 바가 없다. 프레데릭은 이 일이 있고 난 조금 후부터 그의 옛친구가 모든 방법을 동원하여 그에게 뭔가를 전하려 애쓰고 있다고, 특히 라디오나 그의 모든 디스크 또한 모두 자신에게 운명지어진 메시지를 담고 있다고 확신하고 있었다. 그는 매끈한 얼굴에 싱싱한 눈길을 가진 날씬한 체격으로 그 몸짓 속에는 뭔지 모를 섬세함을 지니고 있었고, 옷매무새에는 교태가 배어 있었다. 다른 경우와 반대로 그의 이야기가 비디오에 담기지 않고 녹음되었다는 사실에 주목하자. 그러니까 목소리만이 고정되어 있고, 기계는 대화 상대자의 시선에 완전히 노출된 채로 있었다. 이야기는 녹음기의 기능에 대한 질문으로부터 시작되어 순서대로 진행된다.

프레데릭——너무 빨리 돌아가는 것 아니에요?

의　　사——아니오.

프레데릭——맞아요. 매우 천천히 돌아가는군요…… 좋아요.

의　　사——내가 처음으로 당신을 보기 이전에 어떤 일이 있었는지 말해 주실 수 있죠?

프레데릭——음…… 우리가 마지막으로 본지가 아…… (…) 그러니까 그때는／내가 17세 때 음…… 그때 나를 사로잡고 있던 것은／번민…… 음 번민이었어요…… 그것들/내가 그 모든 헐떡거림들과 함께 잠에서 깨어났을 때 그 모든 증상들 속에 있는 것을 발견했지요…… 그때부터 지금까지……. (…)

‘신경쇠약’과 ‘정신쇠약’에 대한 ‘증상’들을 설명할 때 약간 지체하면서 계속해서, 특히 정신쇠약의 원인들을 해석하기 시작한다.

　프레데릭——사실 그것은 뭐랄까 신경쇠약이었지…… 그 모든 것은 …… 그때 내가 무엇을 했는지 다 끌어낼 수는 없었어요…… 그때 몽환 상태에 있었죠…… 나는 밤이 오기를 기다렸고, 잠 좀 자려고요…… 모든 것을 잊어버리려고요…… 그러니까…… (…) 이 모든 강박관념들을 떨쳐 버리려고 말이에요. 그리고 참 뭐가 있나…… 그건 마치 강박관념과/신경쇠약……과/정신쇠약…… 연속물들의, 말하자면 그러니까 공중으로 흩어지는 이념들/그것들 말이에요. 음…… 음…… 그러니까 …… 당신들이 쫓을 새도 없이 달아나 버리는…… 그런그런 생각들…… 아침이면 당신 생각들이 모두 사라져 버리는…… 으…… 예를 들면…… 좋아요. 예를 들자면 한순간 성적으로 음…… 나는 모든 걸 억제하는데, 내가 느끼기에…… 보다 그러니까 그보다 더한 기능을 가지고 있다고 …… 나는 내 머리가 사실보다 더 괜찮은 원한다면 나는/나는 예전보다 정신 상태가 좀 나아진 것 같아요. 그러니까 뭐랄까…… 내 생각에 사람들이 그러니까 너무나 잦은 성행위를…… 하는 것 같아요. 그래서 뇌/뇌의/뇌 기능이 약해지고 그야 뭐 그리 문제는 없지만 …… 보세요…… 그러니까 사실 음…… 그것, 그것이 삶의 중심점이죠.

이같은 해석은 자기의 무의식에 대한 고백으로 인해 곧바로 취소된다.

프레데릭——그리고 이 모든 것은 내가 아무것도 모르고 있는 바로부터 나온 거예요…… 아니…… 내 생각으로는…… 내 생각으로는…… 우리 모두가 그렇죠. 그래서 그게 뭐냐 전부예요…….

이렇게 해서 이야기는 이제 막 증상들 그리고 특히 '정신쇠약증'의 기원에 대한 질문에 하나의 휴지기를 가져오면서 동시에 개인사적인 대답, 즉 진실임직함과 부인의 형태하에 갑작스레 솟아오른다. 그 속에서 연달아 계속되는 시도들과 전개 과정들이 개진되고, 이후는 거의 모두가 근원에 대한 의문이 잔재해 있는 개인사적인 대답으로 일관될 터이다.

프레데릭——결국 그렇다고는 생각지 않아요…… ……어쨌든 마구 뒤섞임이 있었다고는 생각지 않아요…… 그러니까…… 전쟁이, 전쟁이 있었고…… 에이 벌써 그게/문제들이…… 사람들의…… 배고플 때 먹지도 못하고 모두 그렇게 아이들을 낳고…… 음…… 음 약골들을요, 말하자면 커다란 그러나 그렇지 않은…… 사람들. 어어 약간 나약한 좀 무력한 뭐랄까…… 뭐랄까…… 그보다 좀 더한 만약 부모들이 성행위를 너무 자주 하면…… (…) 아니에요. 내가 생각하기론 사람들은 그걸 너무 자주 하는 것 같아요…… 아이를 만들…… 망가진 아이를 …… 아이를…… 불구가 아니라 결국 말하자면…… 사람들은 계집애 같은…… 계집애…….

결국…… 당신도 알다시피 왜냐하면 그 증거로는 어쨌든 어…… 말하기를 어떤 사람들은 음…… 경향을 띠고…… 동성연애 경향이 있다고, 예들 들면 어…… 약간 여자 같지요. 그러나 어쨌든 털이 있고 근육도 있고 골격도 있어요. 턱수염도 있고 앵, 응…… 여자들은 턱수염이 없죠…… 남성적 특징은 너무도 많아요. 어쨌든 어찌해 볼 도리가 없는 증거들이었던 거죠…… 어쨌든 우리는 남성적이고 여성적이고

…… 그건 없죠/혼합이란 있을 수 없는…… 음…… 멀리서 보면 그렇게 반짝이는 작은 반짝거림들을 만들죠…… 지금도 아주 잘 기억해요 …… 아주 잘 기억나요…… 그래요…… 그건 결국에는…… 그랬던 거예요…… 그래서 난 생각했죠…… 저기에는 분명히 즐기고 있는 사람들이 있을 거라고 혼잣말했잖아요…… 몇 살 때요…… 그건 흥밋거리였어요…… (…) 그렇지만 결국 밤은 음…… 잠 못 드는 밤에는 그게 있었어요…… 이미 이 의문은 어…… 무의식적인 아마…… 나쁜 것은/나쁜 것은 아닐…… 말하자면…… 아마 어떤 것…… 아마 하나의 무의식이 결국에는 그렇지만…… 그것은 그다지 최고의 기분은 아닌…….
(…)

재확신의 이 최초의 시도 이후로 번민의 근원은 아마도 삶과 죽음에 대한, 밤과 사랑의 신비에 대한, 원초적 장면에 대한 그리고 성별의 차이에 대한 어린 시절의 의문들로 대체되는 듯하다.

프레데릭——내 최초의 번민들은…… 결국은 벌써 아주 어려서 열 살 때 난 겁이 났었죠 음…… 승강기로 올라가고 있었어요. 그때 난 보았죠/느꼈죠 내 심장이 마구 두근거리는 것이 어…… 아버지에게 애기하고 있었어요 어…… 내 심장이 뛰고 있는 게 보였어요…… 그러다가 모든 것이 멈춰지지나 않을까 두려웠어요 그는 아니라고, 아니라고 말했죠…… (…) 기억이 나요. 어…… 난 벌써 나의 집…… 창가에서 바깥을 바라다보았죠. 난 남들처럼 저녁 때 자지 않았어요…… 난 이미…… 열 살의 나이에 너무도 많은 것을 생각하고 있었어요…… 난 벌써 삶 등등에 대한 의문으로…… 그 뿌리부터 불안에 가득 찬…… 그런 소년이었어요…… 그때 창가 너머로 난 보았고…… 그리고 불빛을 보았어요…… 지금도 아주 생생히 기억해요…… 난/우리 집에서

…… 교외였죠…… 저 깊숙이에서 우러나오는 빛을 보았어요 그리고 나서…… 그런데 저기에는 무슨 일들이 벌어지고 있을까 생각했고, 무슨 일들이 일어날 수 있을까…… 선생님도 아시다시피 여기서/여기서 대략 그러니까 10년 전에…… 난 해가 저무는 것을 바라보았고, 그것 참 괴상하다고 생각했어요. 왜냐하면…… 나는…… 난 벌써 생각하고 있었던 거예요…… 무의식적으로는 어른들에 대해…… 말하자면 결국 빛, 이 모든 것을 본다는 것은 내게는 그러니까 그건…… 밤의 삶…… 그걸 의미하는 거/그거였어요…… 이미 어른…… 내가 이미 보았던 것은 어린아이들은 아니었어요…… 그건/그건 성인의 삶이었어요…… …… 그건…… 난 지금도 그 모든 것, 그 빛들을 아주 가까이 들여다보고 있었어요. 그리고 알다시피 작은 자동차들은 음…… 멀리서 보면 그렇게 작은 반짝거림들을 만들죠/그렇죠…… 그리고 난 아주아주 정확히 기억나요…… 난 진짜 확실히 기억해요…… 그래요…… 결국에는 …… 그랬던 거예요…… 그래서 난 생각했죠…… 저기는 분명히 즐기고 있는 사람들이 있을 거라고 혼잣말했어요…… 그게…… 열 살 때요…… 그건 흥밋거리였어요…… (…) 그렇지만 결국 밤은 음…… 잠 못 드는 밤에는 그게 있었어요…… 이미 이 의문은 어…… 무의식적인 아마…… 그러니까 마침내 음…… 프로이트의/그의 이론은 아니었어요. 나쁜 것은/나쁜 것은 아닐…… 말하자면…… 아마 어떤 것…… 아마 하나의 무의식이 결국에는 그렇지만…… 그건 그다지 대단한 것은 아닐 거예요……. (…)

이어서 조금 후에는 대화 상대자를 향한 직접적인 요구가 있다. 사랑에 대한 요구, 상징적인 재인식에 대한 요구, 답하기 어려운 질문에 대한 대답을 시도하는 것처럼 가장하여 다음과 같이 제시된 착란 이론의 보증에 대한 요구가 그것이다.

프레데릭——내 눈이 보다…… 생기 있고…… 가까운 것 같지 않아요…? 내 눈을 보세요. 거기엔/난해함이 없는…… 거기엔…… 내 눈 속에 충만한 삶이 있어요. 그렇게 생각지 않아요? 어떤 사람은/어떤 사람은, 예를 들면 매일 그걸 하죠…… 제길 이 사람은 보다시피 그녀들/그녀는 멀리 있을 거예요. 어…… 알다시피 음…… 제길 우리가 사용하는 한 단어인데, 내 생각에 어쨌든 그것은 한통속이에요…… 정액은 그건 결국에는 뇌로부터 나오는 거죠. 그리고 음…… 사람들은 그걸 너무 자주 하는 것 같아요…… 내 생각에는…… 그게 그들로부터 생각하는 힘을 빼앗는 것 같아요…… 자…….

대화 상대자가 활성화시켜야 할 필연성이 있는 언술의 내용 속에서 이제 막 기술된 바 있는 언술 상황에 대한 전개가 계속되다가 갑작스런 정지가 일어난다.

의　　사——그래요. 설명해 주실 수 있겠어요?
　　프레데릭——제길 말하자면, 사실 음…… 내게 사고들은 그 속에서/그 짓…… 그 짓을 하는 사람…… 그리고 그/사랑을 하는 사람이. 음…… 예를 들면 여자와 함께 가지 않고…… 에! 그러니까 음…… 자기 유전적 성격을 비우고는…… 말하자면 음…… 생각들을 내던지고 모든 걸 내버리고…… 어떤 걸 버리는 거예요…….

이제 새로이 '섞는 것들'의 가능성, 즉 성적 동일성에 대한 안정성과 가족 관계에 있어 부성적 책임감에 대한 혼란스러운 의문이 계속된다.

　　프레데릭——모든 것은 명백히 음…… 어떻게 조작되느냐에 달려 있어요…… (…) 뭐랄까 태아의/그것의 진화에 정상적인/그것의 방법

은 만약 혼합이, 예를 들어 혼합이 있었다면 음…… 그러니까 아버지
의/어머니의…… 만약 어…… 아버지 쪽의 경향을 더 띠었다면 아니
면…… 어머니 쪽의…… 그러나 어쨌든 난…… 나는 유전적 경향을 말
하자면 아버지의……에도 불구하고 에…… 불구하고 균열들이 있다는
것을…… 믿지 아니 그렇다고 생각지 않아요…… 나의 아버지는 전쟁
에 참가했는데, 예를 들자면 에…… 모든 것이 내게 그렇게 주어졌을
때…… 나는 그러니까 바로 그의 아들이죠. 그 모두가…… 그는 키가
크고…… 나도 커요. 그는 180센티미터이고, 내 생각에 그의 모든 것들
이 그러니까 그의 방법들은 정상이에…… 내 형제들의 그것도 모두 정
상이고. 아니, 난 그래요. 나의 아버지와 어머니의 아들이죠…… (…) 사
실 에…… 우리가 그렇다고…… 난 생각지…… 생각지…… 않아요……
그렇게 말하기 쉬운 것만은 아니죠. 확신할 수가 없어요…… 예를 들
어 에…… 나는 내가…… 남자라는 사실을 인정할 수가 없어요…… 여
자 에…… 여성화된…… 에…… 참으로…… 에…… 왜냐하면 난 '넌
턱수염이 있어'라고 내게 말하니까, 에…… 만약 사람들이 나더러 여
자와 동침하라고…… 말했다면…… 아마 여자와 동침했을 거예요……
여자들과 관계를 맺었어요. 그리고…… 모두…… 아니 내 생각에
는…… 한 남자가 에…… 자기 어머니의 뱃속에서 나왔을 때는 그리고
사람들이/그에게 말하고…… 사람들이 그를 사내아이라고 말하고/사
내아이로 인정할 때…… 사내녀석이야라고 말이에요…… 그후에 그것
은/그후에 만들어지는 것은…… 그것은 그의 인성이에요. 그리고 그것
은 어떤 사회 계층에 그가 속하는지/어떤 교육은 아니에요. 그가 어떤
경향이 있는지, 어떤 취미를 가지는지 등등이에요. 제기, 아무 할 일도
없어요…… 그에게 고생을 시키건/머리를 자르건. 모두가 그게 그거
죠…… 한 소년은 소년이고, 한 소녀는 한 소녀일 뿐이에요…… 에……
한 개인인, 그러니까 동성애적인 경향을 지닌다는 것은 생물학적인 질

서의 견지에서 볼 때는 절대로 용납될 수 없는 거예요…… 그건 취미·
성향…… 문제예요…… (…) 모든 것이 되돌아올 수 있어요. 왜냐하면
자연이란 매우 강한 것이고, 인간 역시 매우 강한 어떤 것이니까요……
우리는 현재 정신적인 면에서 만큼이나 생물학적인 면에서도 균열을 안
고 있어요…… 거기에 사실 잘 맞아떨어지지 않는 것이 있는데, 그것
이/절대적으로 불가역한 것은 아니에요. 말하자면 사실, 에…… 훌륭한
영양 습관을 통해 태어날 때 잘못된 한 개인이 균형을 되찾을 수 있어
요…… 말하자면 한 사람, 예를 들면…… 에…… 계란을 먹는 사람……
음식물을 먹는 사람…… 이 모든 것이 하나도…… 하나도…… 어떤 개
인에게 있어서도 회복할 수 없거나/역행할 수 없는 것이란 없어요. 다
시 말해서 각 개인은 이러저러한 방법으로부터 벗어났고…… 그후에
그를 결정짓는 인자들은 음식물을 비롯한 이 모든 것들이에요.

마지막으로 결론이 찾아온다. 녹음 테이프가 간직할 그의 시간성 속의
'목소리,' 보다 충실한 응답이 녹음되어 있는 테이프로부터 말이다. 또한
환자는 차후의 면담 때 우리가 다시 이 테이프를 듣는 정성을 기울인다
면, 그의 목소리에 대해 우리가 어떤 판단을 내릴 것인지를 물었다. 비록
그가 그의 모든 부인들과 재확신에의 가공들에도 불구하고, 극단적으로
나약한 상태에 있는 자신을 깨닫고 있다 하더라도. 특히 그가 자신의 상
징적 위상과 성적인 동일성을 돈독히 하기 위해 우리의 개입 위에 다져
놓은 비극적인 희망의 증거인 그의 목소리에 대해 말이다.

프레데릭——보세요…… 나는 바로 지금 이 순간 말하고 나는/내가
여자 목소리를 내고 있다고는 생각지 않아요…… 난 여자는 아니에
요…… 사실 내가 감수성이 풍부한 건 사실이지만, 그것이…… 그것이
그러니까…… 어…… 그걸 의미하지는 않죠…… 감수성이 메마른 여자

들도 있어요…… 그들은 가슴이 있지만…… 그 사실에 기뻐하지 않
죠…… 있다고 해도/여자의 육체를 가지고 있어요…… 내가 알기론/
나는 여자 같은 엉덩이를 가지고 있지 않아요…… 발 위에는 털이 덮
여 있고…… 다리에도…… 팔에도…… 난 턱수염도 있어요…… 내가 뽑
지 않았더라면 아마 더 많았을 거예요…… 사실 그 모든 것이…… 뭐라
고 해야 할지 아니…… 아니…… 내 생각에는…… 기본이 되는 것들
은…… 잘 이루어져 있어요…… 내 생각에는…… 정상적으로 자연은
균열을 유발시키지 않아요. 유일한 균열, 그것은 요인들/그것들 에……
에…… 사람이…… 에…… 유전자가 말하자면 나쁜 삶을 쌓아 가는……
사람들이 잘 먹지 못하고. 예를 들면 전쟁중에…… 나의 아버지는 전
쟁에 나갔고. 그가 전쟁에 나가고 그 모든 걸 한 거예요…… 개들이 고
양이를 낳지 않죠…… 그것 좀 보세요…… 아니 그렇게 생각지 않아요
…… 그 문제는 거기 있고/문제는 그후의 섭생에 모두가 달려 있는 거
예요…… 에…… 한 손에 호르몬을 주입해 봐요. 곧 발견할 거예요……
가슴은 좀더 빨리 커지고, 그녀의 목소리는…… 보다 여성스러워지고
…… 에…… 나는 예를 들면 나는 계란을 먹을 거예요…… 우유도 마
시고 이제 난 하나의 남성성/남성성을 찾았어요…… 당신도 아시다시
피 180센티미터의 키를 가진 몸이 그에게 적어도 지탱할 수 있는, 그
몸을 지탱할 수 있는 골격이 작은 사람을 위한 것이 아닌…… 그러한 골
격이 필요하겠죠. 사람들/사람은 크면 클수록 나약한가 봐요…… 당연
하겠죠…… 생물학적이고…… 그러니까 스스로 일어서서 살아야 해
요…… 마치 우리가 뭐냐…… 어떻게 생각하세요. 그다지 나쁘지 않았
죠, 네?

우리로서는 환자가 이같은 이야기를 한 이후 그리 머지않아서, 특히
자기 아버지 쪽의 부성을 부정하면서 그의 방법으로 그의 계급 체계를

재구성하면서 다시금 착란 상태로 빠져들었다는 사실을 주지시키는 일은 중요한 것으로 보인다. 이 재발은 그를 특별 병동에 재입원시켰고, 붕괴된 동일성의 재구축에 맞추어진 상상적인 여행과 동반하도록 했다.

이처럼 진행된 사건은 진실을 말하는 것이 정신병 환자에 있어, 특히 이 진실이 그의 상징적 제국의 균열을 적나라하게 드러낼 경우에는 위험스러울 수 있다는 사실을 보여 준다.

신의 말

정신병 상태가 한층 진행된 경우 진실과의 관계는 변화된다. 즉 수신자에게 주어진 자리는 의미 탐구 속에서 멀어져 결국 소멸한다. 스스로 생성된 대답 속에 기원과 우주에 대한 질문에의 착란이 마치 되찾은 의미인 양 배태된다.

대화 상대자는 결국 사람들이 그에게 마치 현금처럼 제의하는 진실에 동의하도록 순수한 관람객의 위치로 인도된다. 그 중 나은 경우 다음의 예에서 보듯이 **광적인 톤**은 텍스트의 유효성에 항변하게 될 모든 반대 이론에 대항하여 대비한다.

의　사——어떻게 병원에 오게 되었는지부터 말씀해 주시겠습니까?

환　자——에 어떻게 병원에 오게 되었느냐, 그것은 신의 발견이었어요…… 말하자면 나는/사실 여러 병원을 다녔어요 이 병원이 여섯번째이지요. 이 병원이 아마도/내가 머물게 될 유일한 병원일 거예요…… 왜냐고요? 왜냐하면 다른 병원에서는 내 상태가 그리 심하지 않다고 판단되어서 나왔거든요. 뭐가 그리 심하냐고요? 그러니까 말하자면 처음부터 나는 신경증적 우울증을 앓아 왔고, 작년에 신을 발견하고는 그 사실을 잊어버렸어요. 말하자면 나는 문을 쾅 닫고 나온 것이 아니라/약을 거절하고 병원 문을 나온 거예요. 그러나 나는 이번 경우에 나의 신경증적 우울증 속에서 신을 발견한 거예요. 말하자면 그 속에/그 속에서 내가 발견한 것 속/거기에서 찾아낸 거예요. 그 체계 속에서/그 안에서…… 뭐라고 할까…… 나는/갑자기 체중이 줄고, 그래서 이것 역시 바로 예전과 같은 이유로 매우 나쁜 영양 위생 상태/그것 이후로 체중이 줄었던 거예요 내가 느끼기에는/내가 느끼기에는 24시간 중 24시간 항상 대기 상태에 있어야 하는 거예요. 하느님께서 내게 말씀하시기를, 말하자면 그가 내게 말할 때부터 더 이상 잠을 푹 잘 수가 없었어요. 신이 말이에요. 그래서 내가 경찰서에 갔을 때, 아니 17번 다이얼을 눌렀고 나는 갔죠/나는 의사를 만났죠. 경찰을 만나서 X병원으로 보냈고 Y병원에서 Z병원으로 떠났죠. 나는 의사가 어떤 일정 계층을 위한 의사가 되어/되어야만/되어서는 안 된다고 생각해요. 왜냐하면 하나의 계층, 선택된 계층만이 있고, 그러나 내 생각에 모든 사람이/땅 위의 정의에…… 말하자면 모든 사람들은 그가 지은 죄대로 죽을 거예요. 말하자면 나는 내 침대 위에서 죽을 거예요. 나는 그러기를 희망하죠. 왜냐하면 신이 나에게 이익을 주었기 때문이죠. 그렇지만 예를 들면…….

에, 뭐냐 내가 아직도 하느님을 믿고 있고, 내가 믿고 나를 구원한 건 하느님이고, 내 속에서 말하는 것은 하느님이기 때문이에요…… 에, 뭐를 또 선생님께 말씀드려야 해요. 내 생에 대해서 내가 알기로/난 그걸 높이 평가해요/내 생각에 정신과 의사는 뭔가 공짜여야 하는 것은 완전히 정상적이라고 생각해요…… 왜냐하면 앞뒤 계산을 맞춰 보면 그것이 스스로를 돕는 일이거든요. 하늘은 스스로 돕는 자를 돕는다. 그리고 일단 치료된 다음 바로 내가 다른 사람들을 도울 거예요. 그러니까 내게 있어서 정신과 의사는 공짜여야 하고, 정신분석은 돈을 치러야

하는 데 완전히 찬성해요…… 히틀러, 히틀러를 구한 건 신이죠. 그를
구하도록 왜냐하면 모든 사람이 구원되어야 하니까 말이죠. 죽기 전에
그에게 고통을 주면서 말이에요…… 아시다시피 삶이란 하나의 시소
게임이에요. 나는 이 나이까지 고통받아 왔죠. 신이 내게 말했어요. 지
금부터/지금부터 너는 모든 악을 평정시키려고 더 이상 고통받지 않
는 것이라고요. 내가 행한 모든 악은 아니 그보다는 사람들이 내게 행한
악을 말이에요. 지금 신이 내게 나의 생애 마지막날까지 행복하게 살고
아무것도 두려워하지 않을 거라고 말해요. 죽음조차 두렵지 않아요. 죽
음이야말로 해방이니까요. 뭘 또 말해야 하나…… 지금 우리가 촬영되
고 있나요?

　의　사──네.

　환　자──아! 그래요, 아 뭘 이야기해야 하나…… 아 우리들이 미
래를 예언할 수 있다는 얘기를 할 게요. 예를 들어 보죠. 피노체트〔과거
칠레의 독재자〕는 엄청난 죄를 저질렀어요. 여기서 죄란 사실상 많은
사람들을 죽인 걸 말해요. 그런데 정작 그는 그들을 죽이면서 천국에
보내고 있다는 사실을 몰랐던 거예요. 히틀러/사람들을 가스실로 보내
면서 곧장 천국으로 보낸 히틀러하고 꼭 같아요. 왜냐하면 모든 사람
들은/결국 모든 사람들은 결국에 구원받을 것이니까요. 그러니까 내가
예언하기론 피노체트는 아마 매우 지루했을 거예요. 과거를 알아내면
서 미래를 점칠 수 있는 경우도 있다는 걸 아세요. 그러니까 나는 그때
카드점을 생각했어요. 왜냐하면 나는 사람들의 미래를 점치는 데 카드
를 쓰니까요. 내가 알기로는 생년월일/그거예요. 알다시피 만약 어떤
사람이 정확히 생년월일과 시를 맞춘다면/그는 당신의 미래와 사람들
이 가지고 있는 문제를 말해 줄 수 있어요. 아시죠, 카드점에서 클로버
가 나왔을 때 그 사람에게 만약 말하기를 원한다면/만약 원한다면 클
로버 하나로 행운과 불운 두 가지를 말할 거예요. 만약 내가 카드를 뽑

왔다 치고 '아 당신은 클로버를 가졌군요.' 그게 우선은 검으니까 불운이고, 동시에 그에게 말하기를 클로버는 네 잎이니까 모든 것이 잘 풀릴 것이라고 말할 수 있죠. 바로 그게 이중성인 것이에요. 그렇게 해서 좋은 마술사가 있고 나쁜 마술가가 있으며…… 좋은 의사가 있고 나쁜 의사가 있고, 좋은 환자가 있고 나쁜 환자가 있고, 좋은 약이 있고 나쁜 약이 있는 것이죠. 약으로 악을 치료하는 것/내가 말하는 걸 아시겠어요? (…) 당신이 만약 내게 사형 선고를 내린다고 말할 수도 있을 거예요. 그렇지만 나는 사형 선고를 받지 않아요라고 대답할 거예요. 왜냐하면 아무도 내게 그렇게 말할 권리가 없으니까요/누구도 그날과 시를 알지 못한다. 알겠죠? 제가 무엇을 말하려 하는지. 아무도 누군가를 죽일 권리가 없어요. 왜냐하면 아무도 그 날과 시를 알지 못하고 다음과 같은 두 가지가 있으니까요. 즉 상대성과 절대성 말이죠. 상대성 그것은 최후의 심판이에요. 우리들 각자처럼 이 모두가 그들이 상상하는 대로 각자의 하느님을 가지고 있어요. 우리 모두 절대성 속에서 각자의 하느님을 가지고 있는 거죠. 그러니까 절대적인 마지막 심판이 지구가 스스로 멸망할 때 일어날 거예요. 그렇거나 지구가 그러니까 모든 사람이 구원받거나, 그런데 내가 말하고 싶은 것은, 나는 출생의 급증에는 반대라는 것이에요. 말하자면 나는요, 결혼하면 아이를 갖지 않도록 노력할 거예요. 왜 그런지 아시겠어요…… 왜 그런지 아시겠냐구요?

　　의　사──왜요?

　　환　자──왜냐하면 내가 아이를 만들면 그야말로 절대적 최후의 심판을 늦출 것이기 때문이에요…… 무슨 소리인지 아시겠죠? 적어도 …… 적어도 아직은 모르겠어요. 그렇지만 내 생각에 만약 내가 아이를 만들면, 어떻게 먹여 살리고 어떻게 그들의 미래를 보장할지를 생각할 거예요. 미리 그들의 미래를 보장하는 것, 특히 내가 아니지, 왜냐하면 그들의 생계를 꾸려 나가는 건 그들의 몫일 테니까요. 그러니까 그들을 위해 직업을 가지는 사람은 내가 아닐 거예요. 말하자면 내 아이를 낳게 되면 그가 스물한 살이 될 때까지 먹을 것은 대줄 거예요. 다음은 그가 혼자 알아서 해야 할 거예요. 그러니까 내가 번 모든 돈은 사회에 환원할 거예요. 가능하면 나의 이름으로 된 재단에 말이죠. 대학 기숙사에 있는 그런 재단 같은 것 말이에요. 말하자면 하나의 재단에 말이에요. 왜 안 되겠어요?

　의　사——그러니까 당신 이름으로 된 재단 말이죠?

　환　자——예. 왜냐하면 내가 몸소 시범을 보이지 않기 때문이에요. 내 생각에는/내 생각에는 시범을 보일 수 있다고 생각해요. 그렇지만 그렇게 말하는 것은 내가 최고라는 걸 강조하기 위함은 아니에요. 다만 그것이 진실이기 때문이지요…… 자 내 생각에는 대답이 **그런 대로 괜찮았다고** 생각되는데.

이 말은 텍스트에 접해서 그 내용의 **평범성**, 그 안에서 완전히 샅샅이 해부된 우주적 진실 같은 공공의 자리, 그 역사적 인용이나 인물들의 정확성, 그의 격언들에 대한 지식들에 놀라지 않을 수 없다. 이같은 격언은 '하늘은 스스로 돕는 자를 돕는다' '하나의 계층만 존재할 뿐이다. 선택된 계층' '삶은 시소 게임이다' '왜냐하면 죽음은 해방이기 때문이다' '아무도 그 날과 시를 모른다' '각자는 자기만의 신을 가지고 있다' '내가 그를 먹여 살릴 수 있을 때 아이를 갖겠다' 등과 같은 말이다. 예언적 지름 속에서 과거의 발화 방법과 경쾌히 혼합되어 있다.

우리는 또한 다음과 같은 수사학적 질문 기법의 빈번함도 놓칠 수가 없다. 즉 대립을 유치하기 위한 순수한 전제로서 말이다. ('왜냐구요? 왜냐하면' '왜 그런지 아시겠어요? (…) 왜냐하면 (등등).') 극단적인 경우 계시들의 정확한 내용 자체는 그다지 중요해 보이지 않는다. 즉 그 평범함이 하찮게 되어 버리기 때문이다. ("피노체트가 매우 지겨워했을 거라 상상해 볼 수 있어요.") 더구나 이 환자는 상반되는 내용들이 서로 **교환 가능하다는** 사실을 잘 보여 주었다. ("좋은 마술사가 있는 반면 나쁜 마술사도 있지요.") 이같은 말의 내용은 대화 상대자에게 있어 어떠한 유효성도 기대할 수 없다. (어떤 방법으로든 그것은 완전히 진실임직함의 범주 속에 종속되어 있는 채이다.) 즉 만약 말해진 것이 진실이거나 거짓이라면 문제는 더 이상 앎에 있지 않다. 우리는 재빨리 '내 속에서 말하는 것은 신이다'라는 말을 포착해 본다. 그러니까 있는 것은 신이 말하고, 말해진 것은 실현된다. 즉 고대적인 말은 곧 효력 있는 말일 것이다. 이 말은 존재의 심판을 피해서 유일한 속성의 심판에 종속된 채로 남아 있게 된다. (선과 악에 관련된 모든 주제들, 좋고 나쁜 전조에 대한 예언들의 명령서 참조.)

진실임직함처럼 여겨진 화성으로의 여행

또 하나의 꿈꾸는 듯한 담론은 진실임직함의 틀에서 해방된 단절이 어떻게 나타날 수 있는지를 보여 준다.

환　자——그래 그러니까 뭐가 좋은지 뭐가 나쁜지/그것에 대해 이야기하고 싶다는 거야?
의　사——네, 어떻게 병원에 오게 되었지요?
환　자——병원에 오게 된 경위라 그건 아 그건 바로 나야. 한 정신과 의사가 내게/내게 말했지. "에이, 여봐 자네 더 이상은 지구상에서 계속될 수 없어. 불가능하지 그러니까 또 다른/또 다른 뭐랄까 혹성으로 떠나야 해. 왜냐하면 이곳은 이제 완전히 퇴폐에 젖어 돈을 벌려고 별짓을 다하고 그것은/그것은 모두가 너무나도 한 곳에 몰려서, 그거예요/더 이상은 안 되니까." 그래서 나는 만약 자유로울 수 있다면 화성으로 떠날 가능성이 무지무지 괜찮은 생각이라고 맘먹었지. 어떻게 해야 할지도 잘 알고 있어. 이탈리아 거/거리/거리로 가면 말이야…… 거기에 첫번째 프랑스 사무국이 있는데 그곳에서 아…… 화성에/화성으로 갈 수 있게 될, 너 말야 저 밑에 가서 22-31-70으로 전화하면 프랑스 영사의 차 말야, 정말 너무 멋진 자동차가 데리러 오지. 아마 시트로엥 마세라티이거나 메르세데스 600일 거야. 그 차로 루아시 공항에까지 가는 거야. 그리고 거기서 비행기를 타는 거야. 루아시에서 비행기를 잡아타. 미국에 도착하면 NASA까지 가는 데는 네가 알아서 해야해. 일단 NASA에 도착해서는 로켓이나 OVNI를 타는 거야. OVNI나로켓을 타, 네가 원하는 대로 이제 거기에 가는 거야. (…) 거기서는 말야 뭔가 잘 풀릴 거야…… 그것말고 말야. 너도 알다시피 프랑스는 말야 모든 것이 돈에 몰려 있어. 재산 말야. 오/오줌에 섹스에 특히 그건정말 구역질나. 사람들은 재산을 불리기 위해 섹스에 몰두하고 돈을 벌기 위해 남자들에게/그들의 손에서 몸을 팔고, 그렇지만 나는 난 돈을위해 존재하진 않아. 난 말야 사랑 때문에 존재한다고. 난, 난 쾌활함에살고 기분 좋은 유머에 살아. 내가 할 수 있는 모든 걸 위해/멋진 모든것을 위해서 말야. (…) 내 서류들이 거기 있는데, 거기/거기…… 파리에 남아 있어. 그런데 잘 모르겠단 말야…… 더 이상 그게 필요치도 않는데. 끝에 가서는 너 아니, 그걸 공중에 흩뜨려 버릴 거야. 아 그렇지만어쨌든 신경을 써야 하는데, 왜냐하면 내가 카드가 하나 있는데/아 오늘이 무슨 요일이지?

    의　사——모르세요?

    환　자——목요일, 금요일?

    의　사——금요일이에요.

    환　자——카드에 도장 찍으러 가는 날이 오늘이 아니야? 어제 해야했는데, 잊어버렸네…… 그건 내 실업자 카드야…… 그거 걱정되는데

…… 좋아, 그건/그것들 모두 하찮은 일이야…… 별로 중요하지 않
아…… 아 그런데 내가 할 수 있는 일 전부는 너도 알다시피 화성 말
야. 나 여기서 화성을 발견했다고 바로 이 집에서 말이야. 여기 말야, 알
겠어. 화성이 바로 거기야 바로 여기, 역시 저 위에도 화성 구역인 거
지. 아 여기가 무슨 구역이더라? (등등)

이같은 흥미로운 이야기의 환기들을 이쯤해서 멈춰 보자. 이 이야기는
가장 일상적인 현실에서 빌려 온 요소들과 공상 과학적인 소여들, 이 명
확한 전이 과정 없이 마구 뒤섞여 있다. 지상의 근심거리와 사회적 제약
들에서 멀리 떨어진 보다 멋진 세계로의 도피는, 그러나 여기서는 잠에
서 깨어난 환상과는 또 다른 것이다. 여기서 화성이란 동시에 여기 그리
고 지금, 환몽적 착란의 시간성과 또 다른 가능한 혹성간의 여행을 가정
해 볼 수도 있는 담론의 세계 속에 걸쳐 있다. 그 화성은 또한 병원이라
는 평화의 항구일 수도 있다. 퇴행이 유일하게 허용되는 공간, 그를 버린
사람들의 공간에서 마치 외계인처럼 방황하다 미쳐 버린 한 청소년의 유
배지인 것이다. ("화성 너도 보이지, 나는 여기서 화성을 발견했어. 바로 이
집에서 말야. 여기에도 보이지, 화성이 거기야. 여기, 바로 저 위에 말야.")
진실임직함의 법칙과 명백히 단절되었음에도 불구하고, 다시 한 번 이
이야기가 얼마나 **신뢰성의 형태**에 남아 있으려 무진장 애를 쓰는지 주목
해 보아야 할 것이다. 그 역할을 고유 명사('이탈리아 거리' '루아시 공항'
등), 공공 기관들의 구체적인 예시들(전화 번호), 서술적인 연계 상황의 논
리적 사용("루아시에서 비행기를 타. 미국에 도착해서 (…) NASA까지 가는
데는 네가 알아서" 등)이 맡고 있다.
그것이 그 표현과 형식에서 가장 주변적임에도 불구하고 우리는 이성
의 배척으로서 착란이 이미 이의의 소지가 있을 뿐 아니라, 거의 거짓인
것처럼 보이는 바를 수긍할 수 있는 것으로 보이도록 하기 위해 진실임

직하지 않은 것의 진실임직함으로 만들기라는 항구적인 근심이 존속한다는 사실을 쉽게 지적해 낼 수 있다.

그것은 정신분열증적 수수께끼의 극단적인 경우를 제외하고는 그가 환상을 말로 표현하기 원하면서부터 정신병 환자의 담론이, 그가 할 수 있는 한 모든 담론의 일반 법칙에 따를 수밖에 없다는 사실을 말해 준다.

착란 담론의 전제들

착란증의 이야기는 **분석 치료 속의 해석** 과정에 고유한 방법에 가까이 접근한다. 즉 분석 치료 속의 해석 과정이 의미하는 바는 빈번히 비진실임직함이나 추문의 특징들을 재구축하고 재통합하도록 만든다. 호시탐탐 억압을 노리는 것, 증상을 왜곡시키는 것으로서 무의식의 진실은 선의 올바른 의미, 논리와 도덕의 안정성을 교란시키는 진실이다. 해석 과정의 효과는 실행되는 작업의 가치에 있어서, 환자에게 있어 **하나의 정해진 진실을 진실임직하게** 결국 수용 가능한 유용한 어떤 것으로 만드는 데 있다. 정신병 환자가 이 노력이 아직도 시행될 만한 가치가 있는 것이라 평가할 때, 착란 담론의 노력은 비견될 만한 진실임직함 과정의 시도 내에 있게 된다. 그런데 분석에 있어 가장 수긍할 만한 가정으로써(적어도 그것이 그의 이론, 다시 말해서 그의 해석적인 '착란'에 완전히 종속된 분석자의 폭력으로 인해 귀기울임 이전 환자의 담론에 덧입혀지지 않는 한, 귀납적인 힘든 작업의 끝에 가서야 나타날 뿐이다), 그러니까 진실은 착란 속에서 담론의 법칙에 따라 가능한 모든 연역성들을 이끌어 내는 것과 관련될 가정의 명확함 및 확신과 더불어 서술자에게 부과된다.

착란증 환자의 논의 전개는 아주 드문 경우에만 최초의 확신, 그러니까 언술화 과정은 그것이 제시하는 것과 동시에 발화의 장에서 이끌어 내는 언어학적 전제들에 기인한다. 이러한 견지에서 볼 때 편집증적 수사는 가장 전형적인 묘사라 할 수 있다. 담론의 구축 과정에서는 왜 그것이 일어나고 어떻게 작동하며, 피해 망상증 환자에게서 결과가 어떤 식으로 진행되는지가 피해 의식의 진정성보다도 더 중요하게 작용한다. 바로 그것에서 서술하기의 중요성이 나타나는 것이다. 그에 따라 공존이 가능한 모든 양태 부여의 외부에 머물고 있을 때 수긍 가능한 것으로 구축된다.

이 공존의 위상이야말로 뒤크로가 정의한 언어학적 **전제들**의 위상이다.[12] 대화 속에서 포착되어질 수 있는 것은 무엇보다도 먼저 발화자의 언술화 과정에서 제시된 것이다. 의문문이나 부정문의 변형, 의심·이의·동의를 담을 수 있는 것은 바로 이같은 정보의 내용 속에서이다. 전제들, 그것은 일반적으로 담론에서 최소한의 일관성과 연속성을 보장하기만 하면, 그것이 대화와 관련되어 있을 때는 한 대화 상대자의 응수나 언술화 과정의 진행 속에서 유지된다.

우리는 전제들이 선두적 가치를 지닌다는 사실을 알고 있다. 즉 그것은 옛 대화의 연장을 가능케 할 뿐 아니라 새로운 대화의 영역으로 고정시키기까지 하는 것이다. 만약 대화 상대자가 대화를 추구하기를 바란다면 자기에게 부과된 전제 사항에 대한 책임 의식을 느끼게 된다. 선물 행사의 영광스런 초대자가 받은 선물을 되돌려 주고, 더 이상의 어떤 물건을 물어 놓아야 하는 의무를 가지는 것과 마찬가지로 대화 상대자도 그에게 제안된 전제들을 되돌려 주고, 모든 담론의 교환에 내포된 정보성의 법칙에 복종하면서 자기 자신의 담론이 제시되고 전제되는 덕에 그 이상을 말해야 할 의무를 느낀다. 그렇지 않으면, 즉 그가 이러한 말의 틀 속에 편입되기를 거절한다면, 그의 개입은 필연적으로 최초 발화자의 언술화 행위를 무효화시키면서 논의를 불러일으키는 **공격적인** 어조를 띠게 될 터이다. 타자의 전제들을 반박하는 것은 그가 말한 바를 공격하는 것일 뿐 아니라 상대방 자체를 공박하는 것이며, 그의 말할 권리 자체에 회의를 나타내는 것, 작가가 될 그의 논증 과정의 총체를 깎아내리는 일이다.

전제들은 존재의 한 유형일 수 있다. 그것들은 예를 들면 일정한 기술들(고유 명사, 지시 대명사 등)을 통해 운반되는 단일성과 존재 개념을 품고 있는 것이다. 그것은 또한 순수하게 언어학적인 유형을 띨 수도 있다. 그러니까 그것에 논리적으로 앞서는 타자의 존재가 자동적으로 암시하는 의미화 과정의 경우가 그러하다. ('피에르는 담배 연기를 뿜었다'는 '피에르는 지금까지 담배를 피워 왔다'를 전제하고, '피에르는 폴이 다니러 왔다는 것을 알고 있다'는 '폴은 사실상 왔다'는 것을 전제한다.)

존재적 전제들은 빈번히 **사용의 조건들**로 간주되었다. 말이 되어진 것의 효력은 그것에 관해 말한 어떤 것에 대한 결과적 존재에 달려 있을 것이다. 즉 그것은 사실 논리의 **협약**과 관련되어 있다. 우리는 그 효력이 상실된 다른 것으로부터 어떤 것을 말하는 일이 가능하다는 사실을 완전히 인정할 것이다. 만약 자동차가 없는 내가 이렇게 선언했다고 하자. '차를 어디다 주차시켜 놓았는지 모르겠네' 또는 '내 자동차를 팔아 버려야지.' 이러한 제안들은 모두 그것의 의미론적 가치를 보존한다. 즉 단순히 그것이 진실인가 거짓인가라는 앎의 문제는 더 이상 아무런 의미도 없는 것이다. (정해진 기술들의 비존재가 제안 전체의 허위성을 이끌어 낸다는 협약이 수립되지 않는 한 말이다.) 피에르가 전혀 담배를 피우지 않았다는 것이 거짓이라면, '피에르가 담배를 끊었다'가 그만큼 가치를 지닌다는 점에 동의한다.

착란 담론에 마주하여 우리는 우리가 생각하는 것이 옳다거나(바로 여기서 공통의 의견, 제삼자적 증언, 총체 담론의 개념이 개입한다), 확인되지 않았다거나, 혹은 '거짓'인 일정 수의 존재 제안들이나 언어학적 제안들에 부딪히게 된다. 여기서 담론의 총체를 평가하는 일은 불가능하다. 비록 담론적 연결체가 그 모든 의미를 간직할 수 있다고 해도 말이다. 대화 상대자의 자리에서 한 이야기의 진실성에 대한 효력 불가능성은 그곳에 기입된 의미에 밀착될 때 보다 강조된다.

그러나 만약 대화 상대자가 귀기울임이라는 단순한 단계를 추월하면서 그에게 제시된 대화 속으로 들어가기를 원한다면, 그는 스스로가 매우 제한된 선택의 궁지에 몰려 있다는 사실을 발견한다. 그렇지 않으면 그가 그만큼의 가정으로서 타자의 전제들을 받아들이고, 싫든 좋든간에 이것은 어쩌다 그들의 허위가 증명될 경우를 대비하여 그것들에 그의 보증을 서게 하고 설명하도록 만든다. 또는 그가 그것들에 이론을 제기하고, 동시에 그것의 작가와 그것들을 생산한 언술화 행위 자체를 공격하는 일이다. 그것은 일단 정신병 환자의 말이 대화 상대자의 효력에 복종할 것을 수락하고부터는, 그 말이 착란 재구축의 장에 파고들 때 각 언술화 과정마다 위험이 도사리고 있다는 사실을 의미한다.

진실에의 근심은 모든 담론의 일반적인 법칙이다. 사실상 그것은 무엇보다도 **진실임직함에 대한** 근심인 것이다. 이 근심은 신경증 담론의 걱정거리이기도 하다. 이 모든 경우에 의무적인 것은 이야기가 진실임직함과, 아니면 적어도 그것의 비진실임직함 속에서조차 수긍할 만한 거리를 남기고 있다거나, 진실로 나타날 수 있는 가능성 아니면 진실과 교환될 수 있는, 그러니까 모든 것을 모두 제쳐 놓고라도 그것이 **정말로 사실이** 아닌 경우에는 대화 상대자에게 기쁨을 줄 수 있거나 흥밋거리를 제공하고 있다는 능력을 인정받아야만 하는 것이다. 만약 하나의 이야기가 진실임직함이 되려 한다면, 그것은 동시에 거짓으로 빠질 위험성에 노출된다. 왜냐하면 그것이 도달할 가치, 즉 그 속에 파괴와 죽음을 보존하고 있는(리비도적이거나 미학적인) 또 다른 가치를 지니고 있기 때문이다.

진실에 대한 이같은 종류의 근심은 정신병적인 텍스트의 도처에서 발견된다. 분명한 것은 언사가 모든 존재의 심판과 현실의 시련 이편과 저편에 존재하고 있는 경우이다. 따라서 그것은 고대적 진실, 있는 것을 말하는 언사, 그리고 타자를 위한 계시와 예언을 원하는 말과 관련되어 있다. 말이 그 말을 하는 사람들과 만날 수 있는 것과 이 말을 듣는 사람들은 이 말들을 진실이라 믿는다는 사실을 고려에 넣지 않고서 말이다. 그러나 사실인즉 담론의 유희와 대화의 우연성 내에서 정신병에의 깊고도 전반적인 참여[13]를 무시하게 할 수 없는 한계가 바로 거기에 있는 것이다. 이같은 참여 속에서 제기되는 바 주요한 문제점은 진실임직함 뿐 아니라 진실의 재인식이다. 진실의 재인식 문제만이 이야기가 열망하는 효력을 그 속에 부여할 수 있을 뿐 아니라, 화자가 힘겹게 추구하는 상징 위상을 가져다 줄 수 있기 때문이다. 여기서 의심은 배제되어 있다(말하자면 거짓에 대한 가능성으로서의 진실임직함). 즉 사실상 그 과정에 있어 의심은 항변 가능한 언술들뿐 아니라 그 책임을 담당할 수 있는 언술화 과정의 주체까지 끌어들일지도 모른다. 한 정신병적 담론에 대한 진실의 시련 속에 개입하면서 자기의 내기를 망치면, 그 리비도적 가치는 파괴에 대항하여 스스로를 확고히 하기에 더 이상 충분치 않을 것이다. 즉 그 결과는 자기의 착란 속에 그 스스로 완전히 투입하게 될 주체 자신에게 있어, 보호의 양태 부여로 파괴에서 그것을 보존시킬 언술적인 거리감을 지니지 못한 채 소멸해 버린다.

　이렇듯 정신병 환자는 각 언행에 있어 스스로를 비울 수 있다. 왜냐하면 그는 언행 속에 완벽히 존재할 수 있거나, 혹은 원한다면 언행 자체가 그에게 있어 '자기 의견을 제시한다'는 말을 들을 때와 같은 의미에서 모든 진실을 재현한다고 할 수 있다. 타자에 의한 이같은 '진실'에의 재인식은 리비도의 저장고보다는 상징의 저장고에서 보다 잘 드러나는 채움의 기능을 보장할 수 있다. 이 리비도의 저장고는 앞서 지적했듯이 그 혼자서 담론의 체계를 조절하기에 충분치 않음이 입증된 바 있다. (비록 어떤 몇몇 이야기가 사물들의 힘에 의해 그 속에서 뒤로 물러선다 할지라도.) 한 주체가 실제로 그것이 거짓이나 상상의 것이라고 할지라도 생각하는 것의 기쁨이나 생각케 함으로써 얻어지는 기쁨을 스스로에게 부여하기 위해서는, 경우에 따라서 그가 공들여 나가는 중에 있는 이야기의 밖에서라도 자기의 상징 위상과 현실 속의 자기 정착을 확고히 해주는 최소한도의 동일성 좌표를 보존하고 있어야만 한다. 그러기 위해서는 사실 순수한 **기원에 대한 언술들**인, 또 그로 하여금 그가 언표하는 것의 진정성이 어떠하든간에 그로 하여금 말하도록 허용하는 근본적인 언술들에 기대고 있어야 한다. 그런데 그것은 적어도 확신에 대한 견고함과 함께 진실로서 남아 있을 것이다.

바이올린과 소년: 이야기의 양태 부여들

언술화 과정의 주체와 언표들 사이의 이와 같은 문제 제기적인 거리 부여는 다른 것들 사이에서 정신병적인 여러 담론들과 비정신병의 증언들, 특히 우리가 이미 기술한 바 있는(상형 그림으로부터 제공된 하나의 제안에서부터 시작해서 이야기를 발견해 나가는) 허구의 문맥 속에서 언어학적 **양태들**이 이루어진 사용을 통해 측정할 수 있다. 우리는 자기의 바이올린을 앞에 두고 어쩔 줄 몰라하는 한 소년을 재현한 그림에서 이야기하는 몇몇 증인들의 예를 제시함으로써 시작할 것이다.

증인 번호1——……그러니까 그건 아마도…… 저기 내가 보기엔 한…… 작은 소년이…… (등등) **이 아이가 무엇을 원하는지 이야기하라고요?** (…) 좋아요, 에, 결국 열망을 가지고 가지고 바라보는 것 같아요…… (…) 그걸 아주 강하게 욕망하는 것 같네요.

이 장면 앞에는 **내 생각에 그는 그랬어요**…… (…) 음절 모두를 완벽하게 연주하고 있는 자신을 상상하는 듯 **보입니다.**

나중에 그는 **아마도**…… 그러니까 **틀림없이 그렇지** 아주 오래 머

〈바이올린과 소년〉(주제별 지각 테스트, © 1943 하버드대학출판부, 케임브리지, 프랑스판, © 1952 응용심리학센터, 파리)

물러 있을 거예요. 그 다음에는 그의 성격에 달려 있겠죠. 쉽게 포기하는 성격인지, 아니면 악착같은 성격인지에 따라서요. 결국 그는……하는 것 같아 보여요. (…) 자, 내 생각에는 말예요.

　증인 번호 2——……그렇게 쉽게 단정내릴 수는 없어요. 그러니까 이렇게 얘기해 볼 수 있겠죠…… 한 아이가 자기 바이올린을 너무나 좋아한다…… 그는 거기 그러고 있어요 뭔가를 생각하면서 말이죠…… 그리고 그의 시선 속에서 우리는 어떤 종류의 향수 같은 것을 읽을 수가 있어요. (…) 자 이게 대강 내가 이 사진에 대해 이야기할 수 있는 거예요.

　이 장면 이전에 무슨 일이 있었을까요? ……그것이 나로 하여금 무슨 생각이 나도록 했는지 내가 얘기할 수 있을까요? 내 참…… 어떤/하나가/한 영화의 장면이 떠오르네요…… (…) 내 인상에는, 그러니까 나는 아마도 결국 이 영화와 관련해서 이 아이는 방금 가지게 됐어요 등등 (…) ……우리는 곧 그런 인상을 받게 될 거예요. 이 아이가 자기 바이올린 앞에서 잠들어 버릴 거라는…… 그건 아마도 이 영화와 관련된 바로 그 때문에 이 이미지는 내게 왠지 지루한 인상을 주네요. 왜냐하면 그 이미지는 나로 하여금 특히 아이를 떠올리게 하니까요.

　……아 음…… 그러니까 결국 내 생각으로는…… 내 생각에는 그가 잠들어 버릴 것 같아요. (…) 잘 모르겠어요. 아마도 그럴 것 같아요. (…) 결국 어쨌든간에 그 아이가 잠들 거라는 생각이 드는군요……네, 그렇게 생각되네요. 사실 우리가 이 이미지를 바라다보면 우리도 같이 졸리운 느낌을 받으니까요 등등.

이제 위와는 정반대의 정신병 환자 이야기에서 추린 경우와 비교해 보기로 하자.

환　자 1──아, 그런 상당히 게으른/그런 한 아이에요. (네, 나 또
한 처녀로서는 좀 게으른 편에 속했죠.) 그러니까 그를 위해서 어른들
이 바이올린 교습을 결정했고, 그런데 그는 그것이 하고 싶지 않아요.
그러나 부모님이 그를 위해 결정을 내렸고 (…) 그는 아마 다른 쪽 일
에 더 관심이 많은 것 같아요. 그는 굉장히 자존심이 강하군요 등등.
　아 제기, 이 장면 앞에서 아마 모두들 그에게 공부하라고 했겠죠.
　아, 이 장면 다음에서 어쨌든 그는 바이올린을 켜겠죠.
　환　자 2──그는 사팔뜨기네요…… 입은 비뚤어져 있고요. 또 거
기에다 바이올린 연주를 좋아할 테고, 그리고 작은 소년이네요. 내가
컸을 때는 그건 나예요. 그녀는 언제나 저항하였고, 그리고…… 그 아
래는 한 장의 종이가 있어요…… 아니 거기 무슨 물건이 있어요. 그
게 뭐죠? ……그건 권총이에요…… 아니야 그건, 그것은 국수죠. 아
니 단검이에요…! 어떤 게 있다고 하겠네요…… 거기 작고 하얀 네
모꼴이 있다고. 그는 있지 않아요/그는 탁자 위에/탁자 아래 앉아
있지 않아요. 제길 그건 아마도 X일 거예요. 왜냐하면 그는 X의 머
리칼을 하고 있으니까요…… 네…… 하얀 것이 테를 두르고 있고 거
기 한 얼룩점이 있죠. 넌 코가 더 있구나!
　의　사──이 장면 이전에 무슨 일이 일어났는지 이야기해 줄 수
있겠어요?
　환　자──그들은 서로 너무도 사랑했고 영적으로 서로를 강간했
죠. (…)
　의　사──이 장면 이후에 무슨 일이 일어날까요?
　환　자──그들은 서로를 너무너무 사랑할 거예요. 그리고 결혼하
겠죠.

증인들의 이야기들이 양태화된 만큼(그럴 거예요) 서사의 표식들이 그

속에 나타난다. (거기 잘 볼 수 있겠네요, 내 생각에는, 내가 믿기로는, 추측 컨대, 상상컨대, 그런 인상은 말예요 등등.) 그리고 거기에서 인식론적인 거리감이 돋보인다. (어쩌면, 아마도, 틀림없이, 거의 등등.) 반면 정신병 환자의 이야기는 이러한 특징들이 상당히 배제되어 있다. 가끔 역사적인 담론의 외양을 띨 수 있는 **객관적인 이야기** 뒤로 사라진다.

허구와 현실

역사를 상세히 기록하는 서사 행위로부터, 그리고 그것을 재현하는 이야기로부터 역사를 떼어 놓는 것이 어떤 경우에도 명백하지 않기 때문에 현실 또한 허구나 환상에서 분리할 수는 없다. 환상은 현실 속에 **침입**하거나 **합병되어** 그것만큼이나 '진실'한 것이 된다. (게다가 그것은 그 속에서 염원이 수행적 가치를 지니는 사유의 마술적인 전능에 대한 믿음과 착란 속에서 일어나는 것이다.) 어떤 정신병 환자는 손으로 그림을 읽다가 세밀하게 사물을 묘사할 수 없는 상태로 떨어진다. 또 다른 환자는 자기 이야기에서 소개했던 야생 동물로부터 자기 대화 상대자를 경계시킨다.

그러나 침입은 반대의 의미에서 이루어질 수 있다. 우선 현실 세계로부터 허구 세계로 발화 상황에 속한 요소들의 이야기 속에 점진적으로 흡수된다. 발화 상황 속에서('그것은 당신과 나입니다') 그림 속의 인물들로부터 현존하는 인물들에 이르기까지, 순수하고 단순한 동일성에 의해서든지 서술에 기생하거나 분산시킬 수 있는 모든 외부 요소를 이야기에다가 즉각적으로 통합시킴으로써든지 말이다. 예를 들면

이 작은 소년은 자기 바이올린 앞에서 생각에 잠겨 있어요…….

그는 발자국 소리를 듣고 있어요(검사실의 천장에서 들리는 실제 발

자국 소리) (…) 그는 헐떡거리는 소리를 듣고 있어요(물이 흐르는 소리, 저 밑에서부터) (…) 그는 오른쪽 뺨을 긁고 있어요(환자가 자기 이야기 속에서 그렇게 말하기 바로 직전 자기 오른쪽 뺨을 긁었다) 등등.

서술자와 한 편의 서술 행위 사이의 이같은 혼돈에 마주해서 타자가 이야기한 등장 인물들과 줄거리, 정신병 환자들의 이야기는 증인들이 자주 사용하던 양태 부여를 대치하는 서술적 거리와 이야기에 **삽입하는 단계**[14] 들을 생산해 내면서 **서술자들과 매개적인 지주를 도입할 것이다.**

내 생각에 그건…… 한 작은 소년의, 한 작은 소년의 사진인 것 같아요 등…… 그렇지만 이 작은 소년이 어떤……지는 잘 모르겠네요. 이 소년이 확실히 음…… 이 사진은 약간 낡아 보이네요. 그건…… 이 작은 소년은 되어/아마도 지금은 대가가 되어 있을 거예요 등등.

정신병 환자 이야기의 이같은 서사적 성층 구조(실제 장면/작가들에 의한 연극적 또는 영화적 재현/캔버스의 고정적 이미지, 카메라맨이나 사진 작가 또는 화가의 사진 혹은 필름/연출자/말하는 나)는 로브 그리예의 서사적 기술의 몇몇 과정 속에서 상기되는 일정량의 **서술적 미끄러짐들**의 기원이 될 것이다. '이전에 일어났던 일'에 대한 질문을 기회삼아 우리는 등장 인물들의 이야기로부터, 예를 들면 화가의 이야기로 이야기하는 환자의 이야기로 미끄러져 들어갈 수 있다.

어떤 정신병 환자들에게서 실제로는 일어날 수 없거나 이야기 도중 일어나는 게 아닌 이야기를 상상하는 일이 불가능한 것과 같다. 따라서 허구의 이야기는 서사적 의미의 재구축 시도나 신성한 텍스트의 제의적(祭儀的) 암송과 합류할지도 모른다.

기호의 위상

　우리는 허구 속에서 기호가 당연히 가능한 모든 증명으로부터 벗어나면서 자기 고유의 **상상적인 지시 대상**을 스스로 창조해 낸다는 것을 알고 있다. 모든 것은 자기 이야기 중 몇몇에서 일어날 터인데, 마치 기호들이 필연적으로 실제하는 한정되고 선재하는 상징적 영역으로의 충만한 접근이 결여되어서 확실한 주석이 가해진 것처럼 말이다.

　언어 연상 작용의 시련으로부터 시작해서 계속된 또 다른 작업[15]에서 우리는 분열증 환자들이 **시니피에** 층위에서의 제약들(어휘적인 의미론적 조직화 과정과 말의 서사적 결합 관계에 그 기초를 둔), 즉 증인들에게 있어 보다 빈번히 사용되었던 이 제약들을 희생함으로써 시니피앙(음운론의 또 연사론적(連辭論的) 제약들)이나 **지시 대상**(정확한 자서전적 요소들을 가리키는 특이한 연상 작용들) 위에 유희하면서 연상적 기재의 우세함으로 인해 다른 증인들과는 구분된다. 이 관찰들은 **일반적인** 가치를 지니는, 그리고 말의 또 다른 의미라는 견지에서 유추와 대조 속에 위치한 의미의 가정을 가능케 하기 위해, 언어학적 습득과 사물에 말을 연결시키는 과정 **지표**에 의한 성격에의 포기와 연결된 역사적 사건들의 침적 작용으로의 **상징화 과정**의 문제를 제기한다. 이같은 의미론적 추출 과정은 우리가 보기에는 언어에 접근하는 데 있어 동시대인으로서 **최초의 억압**[16] 개념과의 관계에 놓는 듯 보인다. 즉 이같은 작업의 나머지는 '사물' 바로 그 자체, 언어의 매개가 그것의 희생을 강요하기 전에 주체와 더불어 융합적인 관계 속에서 처음으로 통합된 원시적인 대상인 바이다.

　정신병적 담론은 다른 모든 것보다 어떤 **역사성**에 관련되어 있다. 달리 말해서 모든 것은 그 자신의 이야기로 회귀되는 것이다. (그리고 수취인이었던 타자의 이야기, 어머니의 이야기로 말이다.) 그렇기 때문에 생각의 기쁨을 위해 가리지 않고 생각하는 것이 허용될, 말의 세계의 틀 속에 더 이상 머물지 않으면서 그녀의 진실은 가끔 거북한 것이 된다.

그러나 정신병적 담론은 또한 자기 고유의 이해 관계를 위해 기능하면서 때로는 그들간에 내용들의 자유로운 관계를 구속하면서 **언어의 형식적인 규칙**, 시니피앙들 사이의 유추적 관계, 반복 등 모든 장르의 병렬 관계와 동등 관계에 종속된 채로 있다. 말의 유희와 두운법·언어 속에서 지나간 발화나 다른 사람의 말을 맹목적으로 되풀이하는 것 같은 일들을 통해서 정신병 환자는 사실상 언어의 보고와 그 법칙의 몸체, 그의 눈에는 언제나 수수께끼처럼 남아 있을 언어와 법칙에 질문을 던진다. 일단 한 번 자기의 모든 이야기를 쓸 수 있는 힘의 생생한 필연성은, 이와 같은 계획을 실현시키기 위해 언어 기호를 충분히 구사할 수 있는 능력을 시사한다. 개인적인 전기나 언어학적 규칙은 정신병 환자가 신화적인 탐색을 따라 자기 생애를 통해 추적해 나갈 진실의 보관자로서 서로 만날 것이다. 이러한 진실이 그로부터 가장 멀리 떠나가는 순간들 속에서 착란적인 재조직화 과정은, 그에게 승리에 찬 동시에 소외시키는 회복을 제공할 것이다. 스스로에 대한 지식과 언어에 대한 지식을 부여받은 정신병 환자는 자신을 보다 잘 이해하고 보다 효력 있는 한 대화 상대자 탐색하기를 멈추지 않을 것이다.

토 론

줄리아 크리스테바——사실상 당신은 **언술화 과정**이라는 문제 의식 속에 대화('언행' 등)의 문제를 **삽입**시켰습니다. 그 과정 중 대화의 문제에는 그것이 그 고유한 장 속에 지니지 않는 의미화 과정을 부여하고, 반면 언술화 과정은 그 고유한 방법들과 더불어 그것을 **분석**할 수 있기 전에

서술 현상을 기술하는 그의 가능성을 증식시켰습니다.

　나는 당신의 입장, 즉 **명명화**와 **서술**을 구별하는 동시에 그 둘을 한 묶음으로 간주하는 견해에 동감합니다. 내 생각에 명명화는 흉내내는 능력과 욕망의 대상, 즉 어머니와의 동일화 과정의 가능성에 의해 체계적으로 가능해진다고 봅니다. 당신이 정신병 이야기의 '거짓 전제'라고 부른 것은 내가 보기에는 하나의 거짓 명명화, 자기의 지시 대상을 거부하는 기호, 너무나 충격적이고 언술화 과정의 주체와의 관계에 있어 거리가 없는 그러니까 주체의 동일화 과정 능력을 실패로 돌아가게 하는 대상, 충격을 입히는 욕망의 대상과 관련된 화면으로 보입니다. 그 때문에 나는 당신이 말한 **이야기**와 질문을 같은 것으로 보는 입장에 민감할 수밖에 없습니다. 사실상 질문 행위만큼이나 이야기는 수신자를 전제하는 판단 행위입니다. 따라서 그의 양해와 계획, 혹은 대답 아니면 적어도 같은 의미 속에 어울리는 무언가 하나를 부여하는 가능성을 요구합니다. 잃어버린 **대상**에의 애도, 동류의 것에의 애도인 이야기는 같은 **의미** 속에서 그것을 되찾는 시도입니다. 그 때문에 이야기 속에서는 '참'의 문제가 명명된 대상에 달려 있지 않고 의미의 구축에 달려 있습니다. 즉 진실임직함에 달려 있는 것이죠. **동류의 것**(욕망의 대상)이 통사론과 수사학의 규칙적 구조에 의해서 희망과 더불어 재구성될 것입니다. 나는 어머니를 잃었지만 언어 속에서 그녀를 재구축하고, 그래서 결국 나만이 (그녀를) 따릅니다.

　그러므로 이야기는 통사론과 수사학의 방법을 통한 이차적 동일화 과정의 시도일 것입니다. 이 과정에는 물론 투사적인 동일화 과정과 편집증의 잠복기가 따릅니다. 이런 의미에서 모든 서술에는 판단 행위(타자를 촉구하고, 그를 설득당하는 위치에 놓는)와 가학적 경향(만약 네가 내 이야기 속으로 들어오지 않으면 넌 내가 아니야, 넌 나와 반대야)이 있습니다.

　정확히 말해서 문학은 이같은 서술과는 다릅니다. 왜냐하면 문학은 그 논리와 결합하면서 참 명명화에까지 거슬러 올라가려 애쓰기 때문입니다.

즉 작가는 기호들·이름들 그리고 욕망의 대상을 가능한 가깝게 말할 줄 압니다. 반면 서사는 필연적으로 그들 사이, 그러니까 기호와 대상 사이에서 남아 있는 거리를 넘쳐나며 가득 채웁니다.

반대로 정신병적 이야기는 분리할 수 없는 어머니가 항상 유령처럼 떠도는 것이어서, 또 모든(그것의) 명명화들이 밑그림 같고 자의적이기만 한 그 자체로 인정되어서 결코 어머니를 육체 속에 품지 못합니다. 스스로를 인식하도록 하기 위해 여기서 정신병적 이야기는 서술인 의문의 판단적 행위에 가져다 놓는 것입니다. 다시 말해서 그것은 규칙 속에서 하나의 질문에다가 자신의 욕망을 형상화시켜 위임하는 것, 그러니까 그 자체로 붕괴되지 않을 수 없는 진실임직함의 서술에다가 위임시키는 것입니다.

첫번째 세미나에서 언어학적 범주에 대해 암시할 때와 마찬가지 입장으로 정신병 환자는 이야기를 통해 언어 법칙의 진실을 이야기합니다. 그리고 여기서는 기호 자의성의 진실을 말합니다. '언어학적 기호는 자의적이다.' 이 말은 다음과 같습니다. 즉 나의 명명화는 자의적이지만 일관성을 지닌다. 이 자의성의 재판관이 되세요. 내가 존재할 수 있도록 그것을 신임하면서 진정하게 만드세요.

여기에서 마지막으로 아니 또한 정신병 환자의 어머니 앞에서 그녀와 관계하여 가학적인 동시에 법률상의 행위인 이야기가 유일한 구원책을 의미하는 것입니다.

주체는 결국 그 속에서의 포착인 격식에 맞는 이야기에 자리잡은 거짓 기호들을 통해 스스로를 비호합니다. 지나치게 침략적이지만 동시에 유혹적인, 불쾌하지만 진실임직함. 그것이 무엇인가? 한 여자, 그녀의 아이가 언어의 역할을 하는 것 또는 한 여자, 그녀의 아이가 언어의 텅 빈 기호들 가운데 들어가는 것, 그러니까 그의 모성적인 관계에서 자기의 나르시시즘과 상징 관계를 분리시키지 못하고 어린아이를 이 둘 사이의 연결고리로 만드는 것 말입니다. 위니코트의 '전이 대상'은 이 공생 관계에서 나타나지 않습니다. 따라서 그 결과로 기호들이 아예 존재하지 않거나(분열증적인 불균형) 전이적 대상의 유일하고 독특한 대체물을 이루게 되는 것입니다. 말하자면 기호들은 타자의 공격을 따돌리는 동시에 타자를 소유하기 위해 되어진 바, 전이의 대상이 됩니다.

작은 프로이트 이야기들
리제트, 미셸 外

이제 우리가 '말들'이나 '그림들'이라고 부른 그룹 속에서 실행의 글쓰기로의 전이를 관찰해 보자.

정신병원과 정신병들, '불길하고 비속한 마술'(아르토)의 벌집 속에서 살아온 경험들에서 밑바닥에 대해 말하는 우리 안에서 간직하고 우리와 함께 무언가를 취하는 그 통로에 남아 있는 어떤 것, 남아 있는 것, 즉 텍스트 그러니까 이론과 수용 가능성에서 잔존하는 것, 여기서는 '끼적거리기'(미셸)이다.

하나의 '작은 프로이트 이야기'(미셸)로부터 또 하나의 프로이트 이야기에 이르기까지 이 경험의 근심, 우리 정신병의 근심을 회상시키는 것, 우리의 이름, 우리의 육체, 미셸의 그것, 리제트와 그외의 이름, 육체……를 이용하면서 말이다. 우리는 이 중간 판결, 언어 속의 은신처 속에 파묻혀 꼭 들러붙은 쓰기, 몸짓, 말에의 보완물[1] 모으는 것, 끊임없는 언술화 과정의 유동성 속에서 포착된 것을 수집하는 일, 정신병의 말로부터, 또 이 말해진 것을 향해 열려진 의문의 흔적을 더듬는 시소 속에서 정신병적 담론 자체에 의해 부과된 것에 응하면서 이 말들의 경험에 그 무게와 그 운동을 취하는 글쓰기의 내기에 도전한다.

미완성 문장, 그 '대상'의 도피 앞에서 중단된 절들, 그러나 즉시 그 자체 혹은 도망하는 타자를 위한 또 타자로 인해 재포착되는 절들의 합계,

비록 우리 둘 중의 하나가 '주소로의 회귀의 심급'(솔레르스)을 공백으로 남겨둔 채, 주소도 회귀도 없는 한 마디 말에 대한 유출의 순간으로 그 자신에 집중한다고 할지라도 말이다.

틀림없이 우리들에 의한 타자의 화신(化身)은 언어의 유출을 향한다. 그렇지만 그것은 가장자리와 토대, '극한의 미끈한 가시'(E. 포)일 뿐이다.

그 말은 바로 마치 지지대·화면·저항들의 흩어짐처럼 겉모습과 외양들의 거울들 깨뜨리기, 즉 **차연**의 유희로 문을 열면서 '추녀 없는 둔주곡의 종결부'를 가로질러 의사 소통의 약호가 지닌 안정적이고 단일한 가치의, 그러나 속임수의 특징들을 송두리째 흔들면서 충동 체계를 배열하여 드러낸다.

이른바 의미화 과정을 선택하는 것[2]은 일시적인 장소와 말을 향해, 또 말을 가로질러 가능한 전이의 '희극적 말하기'가 초안이 잡힌 교차점의 장소, 그리고 그 속에서 충동들의 다중 방향이 한 곳에 모이는 지점을 그리는 것이다. 여기서 자신의 말을 전체성 속에 조화시켜 제어할 수 있는 주체란 나타날 수 없다.

지시 대상과 동일성의 단편들은 그 부정성을 소진시키기를 멈추지 않는 언술화 과정의 운동 속에서 변질된다. 여기서 규칙인 공통의 언술에서 단절·과잉으로 나타날 수 있는 것은 어떤 구조도 그곳에서 끝맺지 않을 수 없다.

술어적 통합은 만약 그와 같은 것이 있다면, 그 속에서 개념이 하나의 읽기 쉬움에 대한 불투명한 언표인 모든 부분을 넘쳐나는 과정에 의해 절단된다. 비일관적이라 할까?

따라서 동일화시킬 수 있는 지시 대상을 제시하는 하나의 확신에 대한 불가능성이 있다. 의미화 과정은 거기서 모든 유한성으로, 즉 궁극점(télos)으로 좌초된다.

만약 통사론적 능력이 존속된다면 구성원 각각에 고유한 '문체'와 '수사학'은 방황 속에서 의미를 진창 속에 빠뜨린다. 리제트는 술어가 그에 부합하는 지시 대상을 제시할 것을 필요로 할 때, '남프랑스 억양'의 의례적인 담론을 구사했다. 그러면서 그녀는 의미화 과정의 찰랑거림[3]이 나타나는 구두점, 밖의 언술과 몸짓의 매너리즘, 문장의 일관성의 유예, 희미함, 모든 확인된 대상이 동일화를 잃어버리는 술어의 추락 안에서 사라진다. 통사적 구조는 미완성인 채 남아 있다.

'가로지름'[4]의 언술화 과정은 그 규범적인 사용 속에 침전된 언어의 형태와 구조들을 분해시키고 상징계의 끝, 협약의 구조화된 **정태성**(stasis)과 '기호들의 협정적 사용'[5]을 넘쳐난다. 가로지름의 언술화 과정은 신경증적이고 가족적인 서술화 과정으로의 환원 불가능한 시공을 열고, 고대도 자아도 없이 소모한다. 불안정한 혼합 양식(화풍·어조·제스처·음성·억양·리듬·목소리·색·소리 등)은 이 분해의/속에서만 '자리잡을' 뿐이다.

의미 생산 과정은 의미의 자리에 선행하는 충동의 용출을 언어의 확산 속에 새겨넣으면서 언어학적 체계(말·통사론)까지 용해시킨다. 통사론적 틀의 박동들, 음소들의 결합, 언어의 **비밀** 속에서의 길들여지지 않은 철자바꾸기, 언어와 주체의 길들여진 어떤 관계는 '참을 수 없는 진실── 성적 진실'[6]에 다름 아닌 무의식에 대한 현실의 급작스러운 나타남 속에서 사로잡힌다.

리제트와 미셸의 언술화 과정은 그 어떤 동일성이나 단일성도 한 푼어치의 연속성도 일어나지 않는 '자기 차별화 과정'에로의 열려진 장소, 마치 복수적 선조성의 장면처럼 스스로를 그리고 전진하여 모든 물신화 과정을 파기하면서, 또 이미 구축된 약호들의 한계들을 만개함 속으로 옮겨놓으면서 그것들을 부순다.

문법적인 구두점은 임원들의 말에 대한 하나의 의미 구축 시도 속에서 나온 우리 고유의 것이다. 그들의 리듬과 억양은 우리가 그렇게 된 체하는 대화자에게는 받아들일 수 없는 순간에 언표와 리듬, 그리고 우리가 모르는 사이에 더 이상 재구축하려 하지 않는 억양을 분절한다. 그 이후에 텍스트가 우리에 의해 다시 씌어졌을 때는 끊임없이 부정성으로부터 추적당하는 언어 수행처럼 스스로 무효화된 말하기는, 모든 끝이 난 술어적 계획의 이편에서 합동들(혼성어[7])·신조어들)·두운법들을 폭로하면서, 또 스스로 통합하면서, 아니 그보다는 복수적 술어로 열리면서 스스로를 무한한 것으로 만든다. 문장은 지층처럼 언술화 과정의 주체에 유동성을 부여하면서 부스러지는 동시에 자가 증식된다. 이 유동성의 장소는 주체가 바닥 없는 텍스트의 두께 속에서, 그리고 의미와 그 지시 대상의 사라짐 속에서 스스로를 상실하는 장소이다.

말의 유동성, 타자에게 예측 불가능한 방법으로 다가온 말은 진실임직함의 의미를 내포한다. 즉 진실임직함의 바닥에서 담론의 억제할 수 없는 파동이 실행된다. "사람들이 내 눈썹마저 징발해 갔다. 사람들이 내 피를 다 제거할 것이다. 나는 석유같이 끈끈한 땀을 흘릴 것이다."(리제트, 4월 23일)

전이, 언술화 과정

병원의 한 모퉁이에서 언뜻 본 한 환자의 경청 태도는 토도로프의 프로이트에 대한 텍스트[8])에서 그가 발견하려 한 법칙에 위배된다. 그의 텍스트는 모든 언술화 과정이 전이 가능한 상황 속에서 생산되리라고 말하고 있다. 정확히 하면 **차연적인 양태화 과정** 속에서 말이다.

회합 기간 동안 모임의 한가운데서 자기 육체에 기대 말들을 유출 효과 탓으로 돌리는 것은 자유이다. "그가 자기 눈으로 '나는 너를 사랑해'라고 말한다…… 그는 그가 어디 있는지 모른다. 그는 자기 눈으로 나에

게 사랑을 선언한 것이다……."(미셸, 2월 27일)

시선들의 교차 공간 속에서 만남의 지점, 그 속에서 정서가 이동하는, 시선이 나를 바라보는 곳, 내가 이 시선을 바라보고 그 속에서 한 시선을 기다리는 그곳, "……가시적인 것 속에서 근본적으로 나를 결정짓는 것, 그밖에 있는 것은 시선이다. 내가 빛 속으로 들어가는 것은 바로 시선을 통해서이고, 나는 바로 이 시선으로부터 영향을 받았다.[9] 나를 이루는 시선, 또 내가 '대상'처럼 찾아나서는 시선.

미셸에게 있어 우리는 차례로 아벨(그녀의 할아버지)·모리스(그녀의 아버지)·로페즈(그녀의 어릴 적 친구)·푸졸(옛 애인)과 남자들의 시선, 그 속에서 한 심급이 그 이야기를 엮어 나가고, 그 속에서 뭔가가 우리에게 우리의 성적 특성을 돌려보내는 순간으로부터만 가능한 전이의 반짝임들을 발견한다.

리제트는 숙모를, 그 다음으로 미셸은 병원에서 일하는 심리학자의 이름인 이자벨의 이름으로 할아버지를 지칭한다.

전이의 유출은 이 두 진행자의 육체와 그들 저편에서 그 속에 개입되기 위해 모임의 존재와 관련된 또 다른 인물의 육체를 자른다.

마치 부분적인 유출들의 지지대로서 나타난다. 총체성처럼 일어난다면 그것은 의례적 공공 단체 안에 자기 자리를 확보하기 위해서이다. 그 속에서 마치 아버지와 연인처럼 그리고 여성으로서는 어머니처럼——그 중에서도 미셸의 어머니 '살레 루이즈'——나타나는 잃어버린 가족의 성좌가 끊임없이 허구로 재구성될 뿐이다.

다중 지시적인(우리), '다중적이고 부분적인 전이'가 나타나지 않는 정류장은 어디에도 없다. 그것은 도피 속에서 하나의 철수·정지·기입의 가능성에로 문을 열 것이다.

그 어떤 일치성[10]도 일어나지 않는 곳(언술화 과정 주체의 꼬리표처럼 은유의), 은유적인 위치의 불가능성 자리이다. 그러나 하나의 환유적인 연속이 어떤 결핍의 가능성도 그려지지 않는 하나의 파괴적인 무의 도피 속에서 취소하는 데까지 몰고 갈 것이다.

함축적인 단어, 신조어, 말의 절단

시니피앙들이 서로 들러붙어 뒤섞이고 충돌한다. 혼성어와 신조어 현상이다. '투과적 성격,' 우리는 이 단어 속에서 힘겨운(pénible)과 스며드는(pénétrant) 페니스(pénis)와 꿰뚫는(pénétrable)의 접합을 읽을 수 있다. ('바람이 너무나 에는(pénitrable) 듯해, 차갑고 텅 빈, 너무 차가워,' 리제트, 2월 13일)

'말들의 변형'——소쉬르는 '말실수'라고 이야기했다. 말 없는 말, 묶어둘 끈도 제사법도 불변성도 없는, 리듬처럼 시니피앙의 음조와 환희 속으로 운반된 말, 말하는 것이 비기능화된 문법 공간의 저편으로 열린 말의 군도, 다도해에서 절단된 더듬거리는 나선형의 유동적인 리듬성, '입의 자그마한 폭로들의 더듬거림들.' (리제트, 6월 18일)

다른 말을 가로지르는 한 말, 즉 그 속에 최후의 질문이 자리잡고 있는 기원과 동일성이 응축되어 있는 전능함에의 **기원 전능한**(dieuiable).[11] (미셸, 2월 27일)

신조어들이 같은 음끼리 서로를 끌어당기며 형성된다. '굳건히 하는(fortifiant / fortificatif)' '수사(ratiche / radiche)'[12] '의지의(volontueux) / 관능적인(voluptueux)' '우회로(virages) / 자동 이체(virements)' '어떻게 된 일로 꼭 현학적으로[13] 글을 쓰지?' 'le loiret et la loirette[14]…… 강(rivière)도 아니고 하천(fleuve)도 아닌……'

그외의 것은 명사화시키기로 구성된다. '그건 완벽성(impeccabilité)[15]은 아닐 거야.'

태와 시제 사이의 충돌이 있다. '내가 태어나던 순간(Moi au moment de naquire).'

결국 통사들은 모든 분석, 음소들은 말의 절단[16]의 경향으로부터 벗어난다. 'C' est ferré, je martiquerai, peutlerie.'

수 다

리제트와 미셸의 텍스트는 끊임없이 한 과정으로 보내진다. 그 속에서 어떤 대답도 언술화 과정을 채울 수 없는 질문 과정 말이다.[17] "나는 말해, 말한다. 말하지 않는다, 그게 네게 대답하리라…… 악마의 관점으로…… 만약 그녀가 말한다면, 내 신을 보리라……."(리제트, 2월 20일) "넌 뭘 말하려 하니, 각자는 자기 시를 이야기하지, 각자는 그 나름의 것을, 오늘은 너의 것, 지난 화요일은 나의 것을……."(리제트, 2월 27일)

제시되는 것은 하나의 주체이다. 하지만 언제나 헛되이, 언제나 그 곁을, 언제나 하나의 관계를 의미하고 분절하는 그 자체의 재현화 과정의 총체 저 너머에 있다. 저기 어떤 관계도 적어도 언제나 이미 완성시켜야 할 보충 의미에서, 하지만 이미 구성중인 거기에는 어떤 확신도 하나의 이야기가 들리는 어떤 장소도, 최선의 경우 주체 자신으로부터 나온, 그러나 언제나 비논리를 무겁게 짊어진 지식을 대신하는 작은 이야기들만이 있을 뿐이다. 리제트와 미셸은 그들의 언술화 과정의 양태 부여의 개념으로 '수다'를 가속화시킨다.

일련의 시니피앙들이 가중되고 다른 것과 결합되어 장르를 만들며, '하나의 현실'을 부여하는 중독적인 광기를 자아낸다.[18]

"너는 배추를 기른다. 아티초크, 양파 역시도, 마지막으로 아티초크 역시……." "난 아이가 하나 있다…… 아이는 과일을 따지, 아이스크림을 위한 배를, 그냥 손으로 먹을 배를, 배를, 버찌를, 마르멜로 열매를, 복숭아들을, 아주 잘 익었어. 까맣게 밤색 같은 짙은 빛깔로……."(리제트, 5월 14일)

그렇지만 그 속에서 끊임없이 정돈이 재정비/재포착되는 속이 텅 빈 개인어, 언어가 가장자리를 감싸고 있는 은유 놀이 문체의 유희,[19] 소리 강도의 유희.

발화되지 않은 말을 향한 또 유사한 언어를 향한 증식성의 열거, 스스로 증식하는 연합된 소리의 과정을 통한 고리의 부서짐 속에서의 열거 독촉의 파기('신랄한 웃음, 무자비한 미소')가 의미화 과정을 비우고, 의미 생산화 과정의 '사방 천지로 수천 개의 흐름이 고랑을 내며 팬'(포)어느 곳에도 존재하지 않는 언어 과정 속에서 음성적 재질을 분해한다.

나선형의 언어 공간인 '수다'의 공간은 그 속에서 아무것도 진전될 수 없는 이동들의 공간이다. 담론은 공통적인 척도가 없는 유출의 교차점에서 말의 교환에 대한 대화적 순환을 넘쳐나고, 그 약진 위에서 중단된 대화들 속에서 구축되고 붕괴되기를 멈추지 않는다.

움직이는 원심력의 '모호한 비발생성'(소쉬르) 담론, 붙잡을 수 없는 덧없는 독백들이 중첩되고 병치되며 때로는 우연히 하나의 시니피앙과 혼합된다. "나처럼 혼자인 유일함이 멜로디를 창조했다."(리제트, 6월 4일)

그 스스로 부여하는 것은 또 다른 세계관인 기형적이고 왜곡된 시대 착오적인 세상이다.

"털들, 그것들을 원했다, 바로 그저께 17세 이후로 털들을 가진다……."(미셸, 2월 27일)

시간, 공간

여기서 언술화 과정은 그 '형식적인 기재'[20]를 넘쳐나고 주제가 어떠

어떠한 시간적 범주 속에 들어가는 것을 막는다. 이곳의 언술화 과정은 시간이 언어 기능인 한은 그 언어 밖에서 '심급의 흔들의자에 흔들리면서,'[21] 다중적 심급의 시공을 수립하면서 뭔가 일어나기를 그치지 않는 (팽창되는 의미에서 다중적인 이질성) 현재 속에서 노닌다.

미셸의 "나는 지체함과 때이름에게 말한다."(2월 26일)는 리제트의 '내가 할 텐데'(5월 14일)에 반향을 울린다. 1인칭 단수 미래형 어미(pourrai)와 2인칭 복수 반과거형 어미(pouviez) 사이의 경련.

시간의 표식들이 아무것도 외면하고 있지 않다고 할지라도 어쨌든 그것들은 존재한다. "몇 시지? 10시, 8시 반, 점심을 먹었네!"(리제트, 1월 30일)

정신착란적 흐릿함, 비일관성을 구축하기 위해 거기서 추론할 필요는 없다. 보다 섬세하게 그 속에서 일관적인 원인성의 전복이 일어난다. ("그는 완전히 나신이 되었다. 그런데 그는 단추를 잠글 줄조차 모른다.") 여기서 우체국 달력의 그림에 나온 시간성의 유추성으로 전복이나 손실보다도 더한 것은 시간이 마치 역사적 참고 없이 시각적 차이로 나타나는 것이다. "나는 그가 집을 지을 수 있도록 아벨보다 70년 후에 태어났다……." (미셸, 2월 27일) 난 말한다, 너무 말을 해서 이제 아무런 기억도 없다. (리제트, 2월 27일) 그러나 장식적인 문체적 요소가 아예 없는 것은 아니다. "우리가 오지 않았던 계절이 있다."(리제트, 3월 5일)

미셸과 리제트의 '말을——말하기'는 마치 모든 목적론에 대한 능동적인 부정처럼 일어나고, 정신병과 그 언술화 과정의 순수한 유사성 속에서 '현존 이상의'(솔레르스) 것에 대한 위급함 속에서만 이루어진다. "9개월 만에 난 나의 어머니를 해산했다. 그녀는 내 뒷구멍으로부터 나왔지, 그만큼 해보라지!"

말들은 이름들, 모든 시작을 분해하는 언술화 과정을 내포하는 무(無)들·이름들의 열광적 토로를 가로지르는 문자들 속에서 모색된다. 마치 (comme)——파종처럼(ensemencement) 시작(commence-ment): 지나친 어머니들, 발가벗겨진 아버지들, 비의미의 끔찍함.

공간의 인상, 말하기의 공간, 그 속에서 장면들의 단편들, 통사들의 단편들이 되풀이되고 반복적인 연속물들이 다시 잘린다. 파격 문구와 생략법이 구두법처럼 순간들과 반복들의 경계를 긋는다. 말하기의 공간들이 원심력을 그 속에서 통합시키는 비공간성을 단절시킨다——"자, 새 건물이다……"(리제트, 2월 13일) 병원 건너편 거리에 진행중인 건물에 대해 말하면서——그리고 분산된다. **"간호사가 앞쪽으로 걷는다, 뒤쪽으로 걷는다…… 센 강변을 루아르 강을 파리를 말이다……"**(미셸, 2월 27일)

메아리의 체계

기이한 말하기의 공간이라고 해서 그들 사이의 의사 소통 체계의 현상을 배제하지는 않는다.

1월 9일, 리제트의 **'나는 추워'**로부터 카르멘의 무도회를 이끄는 오케스트라에 대한 담론을 시작한다. **"음악가들이 추위에 떤다. 지붕 없는 집에서 연주를 하기 때문이다."** 2월 13일, 돌로레스는 토끼장의 토끼에 대해 말한다. 카르멘이 덧붙이기를 작은 토끼들을 먹었고, 왜냐하면 그녀는 쓸 줄을 몰랐기 때문이며 닭에 대해서는 그것이 맛있었기 때문이다. 6월 26일, 돌로레스는 노래 부른다. **"해바라기가 꽃부리의 주름을 편다. 그러니까 내 예쁜 것, 태양을 잘 본다……"** 리제트는 덧붙인다. **"태양이 도래할 것이다……"**

그러나 의사 소통은 그것이 주어지는 의미 안에 흡수되지 않고, 하나의 연속물에 대해 분절되는 시니피앙의 포착 속에서 이질화된다. 우리는 그 속에서 발언된 하나의 시니피앙에 대한 반향으로 의미화된 고리의 동원을 정신분석에서, 또 전이 속에서 해석과 가까운 현상으로 본다.

이같이 또 다른 하나에 대해 발화된 하나의 연쇄로서의 시니피앙의 효과들은 그들의 유일한 간섭의 양태만은 아니다.

그것이 간헐성에 의해 교차되기 때문에 교환들의 안정성은 '말 거는 효과,' 언어 조직이 서로 다른 말들의 총체로서 그 살을 이루는 장소이다.

이 교환들은 서로 주고받는다.

——"그가 네게 그것을 주었니?"(카르멘, 2월 13일)

——"그가 내게 그것을 주었어. 마치 사람들이 주듯이, 나에게 주듯이…… 사람들은 뭔가를 잊어버리곤 해, 그건 알려진 사실이지."(리제트)

그러나 리제트는 정확한 정보 교환의 근심 없이 마치 그 속에서 정보가 미리 정해진 의미가 아닌 문체로 주어지는 시를 말하는 것처럼, 이미 그녀가 자기의 '시'를 지음으로써 타자의 질문에 확신을 가지고 답한다.

부 정

질문들은 그 대답 속에서 진정되지는 않는다.[22] 질문들은 이 연속적인 이동 속에서, 즉 그 과잉 속의 파기가 솟아오르기[23]를 용인하지 않는 사물들[24]에 의해 수립된 무한한 도정 속에서 재포착된다.

파렴치함은 여기서 사회적인 관계처럼 담론을 결정지으면서 선포의 가능성에로 열리지 않는다. 대상은 사물의 허무를 차지하러 오지 않는다. 코라 세미오티크[25](크리스테바)는 말들의 와해, '현실계 속에서의 시니피앙들의 해체'(라캉), 상징 기능의 파산 속에서 그리고 그것들에 의해 압축들의 예측 불가능성에서 기호를 정비한다.

——"여기서 누가 동물들을 좋아해?"(카르멘)

——"내가 냄비를 꺼냈을 때, 네가 거기 있던 고양이들을 보았다면……."
(돌로레스)

—— "당신은 당신의 목걸이에 대해 우리에게 말합니까?"(P. 마리)

—— "아니오. 아마도 사람들이 우리에게서 일을 빼앗을 거라고 말하지요."(리제트)

경청된 타자의 말, 타자는 이미 더 이상 대화자로서 제시되지 않는다. 언어를 동일화하는 하나의 사용 부재 속에서 수신자의 흔들림. "난 아무것도 아니야, 내가 내 이름도 모르는 한, 난 이렇게 아무것도 아닌 채로 있을 테야…… 당신들은 타인에 대한 정보들을 내게 묻고, 그때 나는 내 자신보다 그들을 더 잘 알지는 못하지."(미셸, 6월 3일)—— 이 흔들림이 외연에 부담을 지운다. 전파가 계속되지 않는 부정성에 대한 복수적인 말, 그것을 초과하는 말의 지지대처럼 외연된 대상.

말의 말에 내재하는 주관성의 과정에 대한 종말론처럼 한 사람의 불가능한 토대가 있다. 그러니까 프로이트의 에로스는 '우주론적인 부정에 대한 정열'[26]로 활기를 얻은 그룹의 구성원들을 횡단하는 저 건너에 있다.

약호는 궤도를 벗어나 회복 불능성으로 좌초된다. 언어의 은유적이고 환유적인 놀이, 말, 일차 과정들의 유희, 말장난들, 현학적 말장난, 소극 같은 것이 아니라 도표적인[27] 통사가 스스로를 추적할 때 반향을 울리는 시니피앙들의 유희 "결국 너는 경찰, 경찰을 기다릴 수 있어, 그걸 읽은 사람을, 네가 쓴 걸 말야……"(미셸, 2월 27일)

말꼬리맞추기, 과장법, 생략법과 모순법

사용된 말꼬리맞추기 용법과 은유의 자리는 주체의 어느것도 하나의 시니피앙으로 나타나지 않는다. 그 접합에 의해 열린 차이 속에서 닮은꼴들에 대한 작업을 통한 논리에 의해 지탱된다.

그것이 음성적인 것이건('나는 대여섯 개의…… 가위를 가지고 있지'

'한 아이가 떨어졌네, 다리에서 떨어졌네' '주먹질의 손 높이, 캐스터네츠' '난 유혹자일 테지…… 빵 부스러기의 약탈자…… 내가 그걸 깨뜨렸지') 계열체적인 것이건('바지 · 치마 · 미니 스커트를 입은 한 아가씨') 말꼬리맞추기는 리제트와 미셸의 문체를 특징짓고 강조시킨다. 주체의 자리에 다가올 절대로 상징화될 수 없을 그것(istos)[28]의 은유[29]에 대한 자리가 불가능한 계보의 좌절된 밑그림 말이다.

말들은 서로를 부른다. 음성적인 혹은 의미론적인 인접성의 끝없는 전개 과정 중 통사의 부름, 그것들을 구성한 소용돌이에 의한 말들의 흡인, 공허 속으로 침적하는 의미 작용의 연쇄고리의 절망, 말들, 꼭 같은 이야기를 하는 말들, 그렇지만 이야기를 하는 이에게는 어떤 이야기성이 있는가, 서서 자려고 이야기하는 것, 시대 착오적인 기원을 향해 거꾸로 헤아리는 것.

그러므로 이 기원에는 무엇이 있었는가? 논리적인, 아니면 연대기적인 기원? 그곳, 동일성이 이루어진 곳, 동일성이 흔들리고 그곳에는 결과/어머니 그리고 이 어머니의 말들이 있을 뿐이다. "우리가 쓰디쓴 걸 마신다고들 할 거야. 그것이 완벽성은 아닐 거야."(리제트, 4월 30일)

모순의 분출들, '광기의 사회적인 기능.'(라캉) "당신은 모임에 새로 왔어요, 의사 선생님, 모임에 영광이군요…… 그러니까 좀더 빨리 신사숙녀 여러분, 전위를 따라야만 해요. 의사란……."(리제트, 1월 23일) "인턴과 정신병자 사이의 차이점이란 악상테귀(´)뿐이죠."(카르멘) 유머의 불안정, 그것에 대해 기관은 전혀 알려고 하지 않는 해석학적 자비심, 반항 없는 문체에 정착된 흉내내는 웃음에의 지향성, 5월 14일, 리제트는 학회에 참석하러 온 한 간호사에게 말한다. 그러나 간호사 저 너머에는 어떤 조롱의 대상, 명백한, 우리를 향한 조롱이("갈수록 아름다운…… 당신 새 옷을 입었군요, 조심해야지요. 새 옷을 망칠까 봐 겁나죠"), 젊은 여인을 야유하기 위해 제삼자의 위치로 온 모임들에서 이렇게 말하는 듯하다. "당신 남편 재산 좀 모았나 봐요, 만약 그가 굉장히 부자라면."[30]

9월 30일, 미셸이 명확히 말한다. "나는 당신 모두를 조롱하러 왔어요. 나도 마찬가지예요. 그것이 바로 내가 할 줄 아는 모든 것이죠."

그러나 그것에 대해 우리가 뭐라 말할 수 있을 것인가? 이 여인들에 대해서 우리가 전이 속에서 들은 것 외에는 말이다.

문체처럼 모순법은 과장스런 의미론의 대조 속에서 이해된다. "결국 그는 한 번 생각한 후 농담한다…… 난 담배를 피운다, 나도 역시, 난 담배 피우는 걸 싫어한다…… 아벨의 당과들, 그것들은 맛이 좋지, 그는 그걸 먹을 때는 꼭 트림하거나 아니면 토하지……."(미셸 2월 27일)

과장법은 그것들의 비연속성과 차이 저 너머, 그것들의 격리 속에서 포착된 시니피앙들의 접근 속에서 구축된다.

미셸과 리제트 담론의 불법 침입의 강제력은, 어떠한 수사학적 상거래로 축소시키거나 지우거나 포함하지 못하는 차이로부터 기인된 과장스런 병렬 상태로 인해 현저히 커진다.

"이 모순이 대체 무엇이고 풀들과 토마토들을 그러모으는 이 염원은 무엇인가, 그건 바보짓들이지."(미셸, 5월 6일) 모순의 결과라고 할 수 있는 이 문체는 비생산적이고 순환적인 그 속에서 모든 차이가 취소되는 우주의 반향이 아닐까. "이 문은 일단 한 번 닫히거나 열린 후에는 절대 닫힐 수 없다. 영원히 말이다."(미셸, 9월 30일) ―― 같은 것으로부터 같은 것까지 반복의 흩어짐.

따라서 어떻게 한 대상의 속성을 정확히 할 수 있는가, 어떻게 언어가 자기의 반의어를 품는 전파 속에서 지쳐 떨어질 때, 현실의 바닥으로부터 그것을 구별해 낼 것인가? "그건 미셸의 방에 있는 그것보다도 훨씬 크고 훨씬 작았지……, 사팔뜨기들은 키가 작기도 하고 크기도 하지."(미셸, 2월 26일)

그러나 공간 속에서 대상들의 외연은 조응소적 지시사를 자발적으로 이용하면서 그것('Ça c'est'+명사구)의 형식, 이 어린아이 언술들의 문장 구조를 상기시키는 통사를 만들어 내면서 가능해진다.

통사론적 '위축'은 수많은 문자들을 변환시킨다. 동사 어미들이 나타나지 않고 동사절이 부정법의 형태를 유지한다. '잘 견딜 것 같지 않네.' '그에게 편지를 쓴다.' 관사와 대명사의 생략, '그건 부조리성이야.' '갚아야 할 것, 아직 남아 있는지 알고 있죠.' 제유법이 부분과 전체에 대항한다. "나는 한 작은 아카시아 나무를 만들었지. 그리고 초록 칠을 했어. 푸른 나무와 옅은 보라색 잎사귀들, 난 예쁜 장미를 만들었지."(리제트, 10월 8일)

그 선조성 속에서 만큼이나 전치법을 펼치면서 아마도 순서가 뒤집힌 그것을 구성하는 요소들의 생산화 과정 속의 계열들과 통사론적 변질들, 보다 더한 것은 통사의 미완성의 인상들 '난 새 옷을 입는다.' (미셸, 3월 11일)

혼합들·변형들·생략들·개입들·이동들·압축들,[31] 기형적 재구축들.

그것들의 결핍으로 언술화 과정의 상황이나 통사론적 연쇄 현상에 의해 구축될 수 없는 언술들의 생략적 나열이 실천된다. 그곳에 대해 말하는 장소는 의사 소통의 논리 속에 위치해 있지 않다.

이 언표를 말하는 주체들은 대체 누구인가? 메시지를 옮겨 쓰는 데 필수적인 약호를 가지고 문맥을 쥐고 있는 대화자들은 누구인가?

그 의미가 끊임없이 지연되는 이같은 언표들의 수신자가 수수께끼를 품지 않는다는 것은 있을 수 없는 일임을 의심할 여지가 없다.

결정적으로 말해서 전언의 의미는 그것이 운명지어진 사람에 대한 의미로부터 벗어날 수 없다. 그것을 통해 언어는 항상 경청하는 사람의 언어인 것이다. 즉 타자가 들을 수 있는 것을 말해야 하는 필연성이 존재한다. 왜냐하면 말하기 속에서 말해진 바를 결정하는 것은 타자이기 때문이다.

모임의 세미나에서 들려진 담론들의 의미는 그것이 일어난 순간에서가 아니라 그것이 반복되는 동안에 최상으로 주어졌다. 말들은 타자를 위한 그들 사건의 즉각성 속에서 의미론적인 무게를 품지 않는다. 그들 여백의 '가벼움'이 절을 따라 시니피앙들의 미끄러짐 속에서 또한 표현되었다. 그 누구도 고갈시킬 수 없는 담론의 표현 장소로 제시되는 것은 대타자이다.

이자벨 B.——"당신이 말한 건 하나도 이해 못하겠어요, 미셸."

그녀가 대답한다——"나도 마찬가지예요."(8월 12일)

이름, 육체

일단 발화된 담론은 마치 질문이나 질문의 추적일 뿐인 대답에의 기대이다. 언제 우리가 리제트에게 그녀가 누구이고 누구를 말하는지 물을 것인가? 그러니까 대체 당신은 누구죠, 리제트? 그녀는 우리에게 대답한다. "난 몰라요, 나도 항상 같은 것이죠…… 혈족 관계란 틀림없이 다른 어떤 것보다 훨씬 기분 좋은 거예요……."

그 속에서 '계통 나무'가 혼동되는 심연의 동일성을 리제트와 미셸에게 맡기면서 이름이 정돈될 수 없는 계통의 어려움을 살펴보자. "난 아마도 내 이름을 알 거예요. 미셸 아니면 모리스."(미셸, 3월 11일) "모리스, 아마도 아빠이거나 아버지이거나 내 쌍둥이 남동생이거나 여동생일 거야."(미셸 9월 30일), 이 여자들을 정해진 명명화를 이어받지 못하는 아무것도 아닌 것으로 환원시키면서 말이다. "아무것도 아니야, 내 이름도 모르는 한 난 아무것도 아닌 것으로 남아 있을 거야, 내가 아무것도 아닌 채로 남아 있으니, 당신들도 나를 매장할 수 없겠지, 지금이 몇 년도인지, 내가 몇 년도에 태어났는지도 몰라, 나는 지금……."(미셸, 6월 3일)

(비)동일성은 육체에 서로 다른 이미지, 미완성의 총체성이 폭발하는

재현을 부여한다. "위가, 아니 다리가 어디에 놓여 있는지 도무지 모르겠다……" "넌 야위었어, 루이즈, 네 얼굴의 반을 잃어버렸군."(미셸, 1월 15, 22일) "우리가 크면 동그랗고 네모나며 입체적이고 원추형이 될 거야."(미셸, 5월 13일)

이름·기원·육체·시선은 이 고리를 확신시킨다. "난 태어나는 순간에 그걸 파묻었고 어떤 이름도 가지지 않았지, 두 눈이 나를 바라봐. 넌 눈구멍을 뽑아 버릴 만큼은 충분히 금수 같지 않구나. 내가 배가 고플 때 삼켜 버리고 뱉어 버린 다음 네게서 모든 것을 빼앗았지."(미셸, 5월 13일)

시선들의 교환은 시소 같은 리듬을 지닌다. 시선의 도망, 그 속에서 전이의 공간이 반쯤 열린 시선의 공격. 즉 말은 눈을 통과한다. 미셸과 리제트는 그곳에서 우리의 담론을 받아들인다. "오늘 아침, 약간의 커피를 우유가 가득 찬…… 컵에다가 부었을 때……."

육체의 상상적인 것에 접근하지 못함은 육체 '초(超)현재성'을 암시한다. 조각나고 불투명한 육체의 불가능한 현실이 장면들의 저 앞으로 불쑥 솟아오른다. 육체는 절대 모든 전체로 말해지지 않는다. 부분들로 말해지는 것이다. 회복될 수 없는 절단의 두 극단 사이에서 흔들리는 해체된 육체——'곳곳에 구멍들'(리제트)——비정상적인 재구축, "내 뇌, 내 눈 속에 그것이 있다."(미셸, 1월 29일)

언술화 과정은 항상 그것이 성관계의 기록될 수 없음을 포착하는 남자나 여자에게 질문한다. 모임의 구성원들은 비관계·계보, 즉 이름의 계보와의 단절을 이야기한다. 그러나 남자들로부터 여자들에게 이르기까지 그것은 실패한다. '단성 생식,' "에스투르네, 그건 아마도 나일 거야. 내가 엄마인지 어머니인지 모르겠어, 내가 그녀의 밑구멍으로 나왔는지 두 다리 사이로 나왔는지 모르겠다고."(미셸, 6월 10일)

그의 언술화 과정의 미끄러짐 속에서 미셸은 성별에 대해 말한다. "우리는 푸졸이 남자들에 속하는지 여자들에 속하는지 모른다. 너 넌 남자-

여자이다…… 그는 남자처럼도 여자처럼도 머리를 빗지 않는다."(미셸, 2월 27일)

미셸이 말하는 바를 통과하는 것은 그가 상상할 때의 말, 말의 장소에서 성행위의 비기록성, 신경증의 상상성에서는 모든 것이 가능하다.

성별을 탐험하면서 미셸은 여기서 보완의 비(非)필수성을 지적한다. 채우거나 상징화하는 것에 대한 결핍이 아닌, 그러므로 이때 타자는 욕망의 지표가 아니다. "네가 날 사랑한 이래 그것이 사랑도 증오도 아닌, 키스도 아니고 감성도 아닌 그게 사랑인지 전혀 몰랐다……."

'사랑과 증오의 양가 감정'(라캉)의 변증법, 그것은 타인들을 위한 것이다. 벽 밖에서 교차하고 증식하는 타인들 말이다. 신경증의 덫, 보완하지 못한 만남의 저 건너, 그 속에서 잡히지 않는 텍스트를 끊임없이 분해하는 것은 저 너머의 차이 없음과 **차연**의 세계이다.

내가 그것에 대해 말할 수 있는 동일성은 대타자의 말이다. "**나를 닮았던 한 꼭두각시가 왔다. 난 그걸 보지 못했다. 그 꼭두각시에 대해 내게 말해 준 사람은 당신이지…… 사람들이 나를 미셸 에스투르네라 부른 이후로 나는 모리스 에스투르네를 알지 못한다.**"(6월 10일)

그것은 이름은 아버지로부터 유래했고 몸을 밀어낸 것은 어머니라는 사실을 믿게 하는 대타자, 상징적 아버지에 대한 화신의 넘쳐남과 그 파산이다.

미셸은 태어나기 위해 자기가 어머니로부터 나온 밑구멍, 육체의 끝부분에서 자기의 근원을 모색하는 일을 멈추지 않는다.

리제트는 '태양'을 탄생의·교접의·고정된 에덴 질서의 미래 가치를 지닌 장소로 말한다. "**태양에서 다시 태어나야지.**"(4월 30일) "**태양, 태양이 나를 밀어젖힐 것이다. 그보다 내 속으로 들어올 것이다.**"(5월 14일) ……"태양이 결국 그것과 결합할 인간의 몸을 꺼내는 것."(아르토)

은유의 결핍, 아버지에 대한 아빠의 결핍, '문체'나 '억양'이 존재하는 모습은 중재 없고 양립 불가능한 담론, 그 속에서 미셸과 리제트가 상징 계에 도달하기 위해 갚아야 할 빚 때문에 끊임없이 고통을 겪으면서 주 파해 나가는 담론 속의 풍화물같이 기능하는 시니피앙들처럼 드러날 수 있다.

의미 작용 고리의 '음악 같은' 나선형 구조 속에서, 그것으로부터 나온 그것을 몰아온 이름들·목소리들·말들의 무로부터 미셸과 리제트의 언 술화 과정의 유출은 아마도 재인식되어질 언어의 가치를 확인하는 동시 에 의문의 살아 있음을 언어 속에 펼쳐 놓는다.

말들·음절들 그리고 소리들의 충돌에서 자신에 대한 자신의 결핍이 의미의 범주 전환을 소비하고, 또한 아버지 회귀 불능의 추락 분산 속에 서 독단론과 교환의 가파른 상실이 일어난다.

토 론

줄리아 크리스테바——언어나 그 언어를 알아들을 수 있는 것으로 만 드는 분석에 무언가를 요구하면서 우리는 정신병에서 **무엇을 이해해 내 는지요?**——프로이트의 장에 라캉이 가져온 수많은 변혁 중의 하나는 이 질문에 대한 해답 속에 있을 것입니다. 전이로 환원되거나 집합될 수 없는 정신병이 정신분석과 고유한 전이 능력에 도전한다는 것을 우리는 알고 있습니다. 슈레버가 거리를 가지고 적어도 프로이트가 신중히 접근했던 정신분석 말입니다. 그것은 전이의 장 속에 대타자를 기입함으로써 가능 한 삼각 구조적인 변형으로부터 이루어집니다. 이 대타자는 라캉이 정신 병에서 의사 소통과/또는 자아, 다시 말해서 무의미하지만은 않은 말의 현상으로 환원될 수 없는 것에 전력을 쏟으며 분석의 이유를 캐물은 끝에 얻어낸 결론입니다.

여러분이 보여 준 바대로 우리는 언어를 의사 소통과 전이에 대한 '기이한 것'[32] 또는 우리를 지배하는 제3인칭으로 이해하고 있습니다. 자, 여기 정신병 담론이 언어학자의 눈과 귀에 터뜨리는 진실이 있습니다. 정신 분석가와 특히 언어학자가 언어의 언술 가능성과 동시에 그것이 말하는 존재와의 관계 속에서 차지하는 자리에 대해 미리 질문하는 한을 말입니다. 이 제3의 장소, 그런데 놀라운 것은 이 자리는 비인칭의 장소라는 것입니다. 이 장소는 은유를 밝히지만 분절시키는, 이를테면 예술이나 종교의 주변들 같은 승화적인 실천은 조금도 밝혀 주지 못하는 곳입니다.

왜냐하면 우리가 이 제3의 자리를 차지하고 있는 제3자를 이해할 수 있는 것으로 만들기 시작하자마자 상징계의 심급인 대타자는 정신병 담론 속에서 그것의 '괴이함' 덕분에 진실로서 나타나기 때문입니다. 또한 그것에 기술이나 언어학적 분석을 적용하자마자 우리는 그것을 자동적으로 전이 속에, 아니 그보다 그것이 빠져 나가는 또 정신병 환자 속에 마주한 의사나 언어학자의 역-전이 속에 편입시키고 말기 때문이기도 합니다. 이렇듯 문제시되는 범주들이 한편으로는 규범적인 의사 소통을 측량하고, 다른 한편으로는 그것의 정신병적 이탈 정도를 재는 데 이용된다는 것이 사실입니다.

나는 그 속에서 어떤 결론도 예측하지 않고 있습니다. 왜냐하면 우선 과학적으로 가장 방대한 형식하에 존재하는 타자의 자리를 이해하려는 노력이 나에게는 정신병 환자에게 있어 대타자를 고정시키는 방법으로 보이기 때문입니다. 또한 그것이야말로 그로부터 시작해서 한 개인을 향한, 또 자기 고유의 '유일성' 생성을 향한 움직임을 유인할 수 있는 방법으로 보이기 때문입니다. 종교적이거나 가학적인 착란의 그것이 아니라 그것 자체로서 상징계의 지층을 벗겨내고, 언어의 물신주의와 연결된 이론적인 변태성만을 그 위험성으로 품고 있을 대타자를 고정시키는 방법으로 말입니다.

　사실 우리가 ‘언어의 이해 가능성’이라 감히 지칭할 수 있을 이 방법은 만약 그것이 대타자의 고정을 정신병에 제공한다면 G. 판코프가 전이어, 그리고 통언어적인(찰흙 원형 제작, 그림, 소리까지……) 기재들을 연구하면서 얻은 ‘전이의 접목법’ 기술과는 급진적으로 구별될 것입니다. 그러나 고대의 경상적인 것 이전의 충돌들을 가공하거나 경상적인 동일화 과정의 위기를 치료하면서, ‘전이 가능’한 단계의 자아 안정성을 분석하면서 이같은 전이의 접목 수리 기능의 영역을 무시한다는 것은 불가능한 일로 보입니다. 그렇지 않고 언어 자체의 이해 가능성 속에 정신병을 가입시키면, 그곳에서 변형을 생산해 낼 우연한 가능성을 놓치지 않을 뿐아니라 그 진실들 중의 다른 하나를 포착할 수 있는 것입니다. 다시 말해서 정신병이 그 위력적인 자율성을 숨기고 있는 동시에 나약함을 보여주는 이 대타자를 말입니다. 왜 무의식이라는 이름으로 명명되지 않았을까요? 정신병을 그냥 단순한 이성으로부터의 일탈이라고 단정짓지 않기 위해서일까요? 그것을 그저 언어로만 아니면 그것이 어떤 것이건 구조된 시니피앙으로 환원될 수 없는 것, 그러니까 너무나도 비난받는 프로이트의 ‘생물주의’가 생물학·충동, 혹은 라캉이 ‘현실계’라 부른 것 속에서 그 저장 형태를 볼 수 있을…… 성적인 것을 겨냥하면서 정리한 이질성, 아마도 ‘상징계’나 ‘상상계’에 대한 이질성으로 이해한다는 조건에서 말입니다.

그림으로부터 글자까지 : 기호, 육체의 진실[1]

기호들, 완벽해지려는 것이 아니라
그 일시성에 충실하려는
접합하려는 것이 아니라
언어들의 소여를 재발견하려는
적어도 자기의 것 아니면 자기,
누가 그걸 말할 것인가?
앙리 미쇼[2]

시인 · 광인: 오래 된 한 영상이 이미 한 단어를 다른 속사와 재결합시 킨다. 시인은 광인이다. 시인은 글쓰는 데 미쳐 있다. 그렇다. 그러나 그가 글을 쓸 수 없을 것에 미쳐 있을 때 광인에 대해 뭐라고 말할 수 있을까?

만약 미쇼가 결국 '머리로부터 너무 먼' 육체에 대해 쓰면서 기호들로 하여금 율동하도록 내버려두었다면, 정신병 환자는 기호 · 흔적, 그 육체 표시의 일원적인 진실로 우리를 인도한다. 그는 기호와 완전히 혼동되어 기호에 붙잡힌 채로만 존재할 수 있다. 그러니까 말, '그 재료'에 의해서 고정된 말은 육체와 의미로의 모든 접근인 입의 일의적 진실처럼 떨어진 다. 이 기호는 말의 장으로 만들어진 살집이자 절단의 장소 자체이다.

그때부터 한 공간이 이 기호와 육체의 접합, 즉 정신병 환자로 하여금 그와의 관계에 있어 기호의 외재성 개념에 도달하게 하고, 그것들을 분리 시키도록 하는 기호와 육체의 접합 속에 스며들어 가도록 만들려면 어떻 게 해야 할까?

습득은 그로 하여금 진실임직한 현실에 대한 재인식, 즉 언어적 우주론과의 유희를 통해 진실임직함에 접근할 수 있는 길을 열어 준다. 그렇다면 우리는 기호들 속에서 '타인들의 언어 함정으로부터 자기의 존재를 끌어내는'[3] 방법을 보는 시인이 거부하는 바를 정신병 환자로 하여금 가능한 것으로 만들 수 있도록 시도했다.

이 유희, 최초의 상징화 과정의 시초인 '타인들의 언어'와의 유희는 어린이로 하여금 기호가 역시 총체의 담론에 속해 있다는 사실을 인식하게 한다. 그럼으로써 언어는 살인자가 아니라 주체가 살아갈 수 있는 고유의 자리라는 것을 인식하고, 그 자리를 주체로 하여금 구축하게 할 수 있는 유일한 방법이다. 그것은 착란 속에 하나의 돌파구를 만들 뿐이지만 하나의 소망, 배우려는 현실에 다가가려는 욕망을 재건하면서 리비도적인 재투자를 가능케 한다.

우리가 선택한 열여섯 살난 한 사춘기 소년에게 우리는 '앙투안'이라는 가명을 붙일 것이다. 그는 병원에 들어온 바로 그날부터 현저한 발달 '지체'를 보였는데, 아주 공들인 음성적 해독에 의한 것이 아니면 읽을 줄도 쓸 줄도 몰랐다.

우리가 그의 어린 시절에 대해 말할 수 있는 것은——고함과 격렬한 분노, 아주 늦게 말할 수 있게 될 때까지——그러니까 그 당시 최초의 치료 요법이 밝혀 준 사실은 항문 고착이었다——그로 하여금 우리의 작업으로 이끌기에는 충분한 것이었다. 정말로 이 소년은 그림을 중재로 하여 모든 습득의 시도와 현실에 대한 접근 방법을 빛바래고 무익한 것으로 만드는 고대성을 자기 자신의 육체에 대한 건강한 이미지로의 접근을 통해 최초의 의사 소통 단계를 밟는다.

그것에서 상반된 두 가지의 방법이 나타난다. 그에게 필수적인 최초의 지시 대상을 제공하면서 앙투안을 자율화시키고, 그의 육체에 리비도적인 재투자를 시도하는 일 말이다.

육체와 육체의 이미지들:
육체의 도식성, 또는 묘사된 육체

"육체를 사용할 때, 우리는 그 부재의 장소인 텍스트에 육체를 부여한다."[4]

남이 볼 때 앙투안은 너무나 키가 커서 꼭 팔다리를 늘린 것같이 생긴 청소년이다. 섬세하고 쭉 늘린 듯한 팔다리, 어린아이처럼 작은 머리통이 그 위에서 흔들거리고 있는 아마도 그의 골격이 이 새로운 공간의 점유를 잘 지탱하지 못해서일까? 그는 언제나 나르키소스적으로 다른 사람들이 눈여겨보는 자신의 키에 흡족해하면서도 동시에 이 육체 때문에 고통받고 있는 인상을 준다.

이 육체의 고통은 도피하는 그의 태도 속에서 드러난다. 육체는 불안정한 것이 되고, 더 이상 안주할 수 있는 장소가 못 된다. 어떻게 이 말랑말랑한 아기의 육체 속에서 최초의 수유가 주는 유일한 만족감을 기다리는 수동성을 상기시키지 않을 수 있을까? 먹이고 돌보고 감싸는 육체, 그러니까 필요에 대해 완전한 의존 속에 놓인 몸 말이다. 어떻게 이 육체가 청소년기에 접어들어서 저혈압의 생생한 후유증이 남아 결과적으로 통합 운동 장애를 겪는 육체가 되지 않겠는가? 이 존재로부터 안팎을 구분하기 어려움을 포착해 낸다.

시선과 몸짓들은 '흐릿하다.' 우리 분석의 다양한 부분들이 그것을 보여주려 노력하듯이 그 시선과 몸짓은 부정(不正)의 영역을 밝혀 줄 것이다. 영속적으로 주저하는 앙투안은 전혀 안정되지도 어느 정해진 한 대상에 고정하지도 못한 채 스스로를 정착시킬 한 지점을 모색한다. 눈들은 뭔가를 바라보는 듯하지만 시선은 흔들리고 곧 상실된다. 이 유동성이 그가 얼굴 표정 속에서처럼 만들어 낸 운동처럼 공간으로부터 빤히 비춰 보인다.

앙투안은 하릴없이 거닐고 자기 몸이 가는 대로 태만하게 내버려둔다. 앉을 때는 풀썩 무너지듯 하고, 자신의 대화 상대자에게 인사하기 위해 그의 손에 자신의 손을 힘없이 떨어뜨린다. 마치 균형 상실의 한계점에 있는 것과 같다고 할까? 일단 주어진 목표의 탐색을 초과하면 그의 육체는 거의 항구적이라 할 수 있는 떨림으로 흔들린다. 그 머리는 흔들리고, 다리는 와들와들 떨린다. 한편 그의 양손은 가지고 놀 아무 물건이나 찾아 헤맨다. 그렇지만 그것들은 거의 그의 손을 빠져 나간다.

충만한 육체, 텅 빈 육체

이 저혈압의 육체, 어머니가 그가 탄생하던 해의 말엽에 이미 알아차린 말랑말랑한 육체, 그 육체로부터 영향받은 정신 발달 지체, 우리는 이 존재로부터 안팎 구분의 어려움을 포착해 낸다.

동인의 단계는 근육에 활력을 주는 에너지 소유를 목적으로 육체에 공간 이해의 기능을 부여한다. 공간의 소유, 다시 말해서 조직화와 그것에 대한 다스림 말이다. 그러나 앙투안의 경우 에너지는 외재성의 의미, 즉 환경 탐험의 모색 운동에 사용되는 듯하지 않는다. 앙투안은 늦게 걸을 것이고 늦게 말할 테지만, 그가 자신의 에너지를 저장하여 그것을 그대로 유지하기 때문에 어떤 방법으로든 자기 육체 내부에서 이용하고 있음을 우리에게 보여 준다. 그는 어린 시절 보여 준 대부분의 증상을 위해 배설물을 간직한다.

이렇듯 우리는 여기서 수동적인 구강성으로부터 공격적인 항문성으로의 전개 과정을 볼 수 있다. 만약 그 형태의 부재로 인해 또 공간 속의 이동으로 인해 비어 있는 것 같은 껍질이, 말하자면 외부 세계를 향한 그 욕망의 부재에서 육체는 자발적으로 충만한 채 남아 있을 수 있다.

그는 음식을 받아들인다. 마치 모든 것을 어머니가 주는 듯이, 왜냐하면 어머니 또한 영양 공급에 있어서는 아무런 어려움도 느끼지 않았기 때문이다. 이렇게 해서 모든 감각과 신체 기관은 밖으로의 침투를 허용하면서 기능한다. 그는 그것으로 변증법적 유희를 한다. 즉 그의 보유 능력의 의식이 풀어 놓고 주고 스스로 비우면서 사라지거나 잃을 때, 그는 가득 채워져 있다.

그림과 육체의 이미지

이제 기술된 타인이 본 현실의 육체로부터 재현된 육체로 넘어가기로 하자.

몇몇 습득 과정을 시작할 수 있기 전에 앙투안은 그로 하여금 뭔가 말할 이야기를 그리는 데 기뻐했다. 이 퇴행은 그로 하여금 글쓰기와 관련된 금지를 추월할 수 있도록 해주었다. 그의 이야기를 적으면서 우리는 그가 간직하고 그가 보다 이후에 스스로 적으려고 할 글쓰기 흔적의 언어화 과정에 동반하며, 마치 대화 상대자나 매개 도구처럼 개입한다. 앙투안에게서 글쓰기의 불가능성은 흔적의 고대성, 비상징화된 문자, 육체의 표식을 보유한다.

전통 정신병의 시각에서 볼 때 '결핍' '비기능' '비조화' …… 같은 용어로 표현되는 모든 것들은 적어도 의미 형성을 밝혀 주고, 우리가 매우 관심을 기울이는 주체의 진정하고 유일한 상징계로의 가입을 밝혀 준다. 바로 이 '후유증' 이야말로 주체의 역사성에 대한 유일한 증인인 채 남아 있는 것이기 때문이다.

네다섯 살난 아이의 그것으로밖에는 보이지 않는 그의 그림에서 그것이 줄거리건 재현된 사물(인물·동물·물건·집 등)이건간에 화풍은 언제나 닮아 있다. 그러나 육체의 이미지는 확연히 다른 두 개의 흔적으로 인해 구분이 된다. 하나는 계란형 또는 원통형으로 재현되는 주저하는 모습이다. 다른 하나는 활기차고 성적인 막대기 모양의 재현된 몸통이다.

원통형의 육체들

앙투안은 그것들을 서툴고 군데군데 잘린 형태로 그린다. 우선 커다란 타원형, 절대 닫히지 않은 모양으로 그는 팔다리를 힘들이지 않고 하나의 선으로 덧붙인다. 머리는 작고 아무런 구멍도 없다. 그러나 구멍은 만족한 표현을 위해서 새겨넣어진다. 배불리 먹고 반쯤 잠든 아이의 그것 같이 하나의 점으로 눈·코·입이 그려진다. 마지막 손질로 다분히 의식적(儀式的)인 것으로 몸 속의 동그라미들이 그것이다. 몸 속의 구멍인지, 아니면 채워야 할 단추인지? 우리는 몸을 채우고 간직되고 축적되며 보유된 대변으로 추측해 본다.

이 말랑말랑하고 뭔가가 가득한 동체는 사지나 머리통과 완전한 불균형을 이룬다. 그것은 일종의 풍선처럼 사지가 지탱하지 못하게 부풀어 있다.

어떠한 의지도 크게 자란 아기 몸통 같은 이 생기 없는 무저항의 육체에 활력을 불어넣지 못한다. 공간에 대한 표식은 발이 결코 땅을 딛지 않는다. 그들은 떠 있을 것이다. 이 그림은 앙투안이 그 속에서 그의 가장 오래 된 육체적 존재, 수동성, 꽉 찬 육체의 감성을 표현하고 있다는 인상을 준다. '채워야 할' 수동화 된 육체의 효과 같은 질량과 무게의 효과가 거기에 있다. 이 내용물이 있는 그러나 폐쇄되지 않은 육체는 '구분되지도 구분할 수도 없는 배꼽과 연결된'[5] 어머니와의 단절의 불가능성을 시사한다.

'왕과 그의 개 토니'

  이것 역시 영속적으로 공격에 굴복된 육체이지만 오로지 언어화 과정
만을 통해서이다. 왜냐하면 그가 이야기한 파괴들과 사건들이 그림 속에
서는 재현되지 않기 때문이다. 그림은 '죽음에 처한' 육체의 행렬을 동반
한다. 즉 스웨터 속에 묶이거나 스웨터 소매 속에 숨겨진 팔, 또는 쓰레기
통에 끼인 발, 그 발 때문에 절거나 탁자 받침 속에 갇힌 다리 등, 이 모
든 것이 그가 움직일 수 없게 하는 장면들이다. 마치 그가 그것들을 그리
려고 결심할 수 없었던 것처럼, 앙투안이 이 사건들을 생생히 그리는 데
애착을 느낀다는 것은 중요한 사실이다. 그는 매우 안정적인 무언가를 담
고 있는 이 육체의 이미지에 매우 애착을 가지고 있다. '자란다는 것'이
앙투안에게는 '방대한' 육체, 공간적으로는 마치 '머리로부터 먼 다리'를
가지는 것으로 느껴지는 육체를 소유함을 의미한다. 현실 나이에 걸맞게
자율적이어야 할 그의 육체의 존재는 '효력 없는' 것으로 부정된다. "난
불구야." 그는 자주 이렇게 말한다.
  그림 속에서 무기력한 원통형의 몸체는 앙투안이 스스로 절단됨으로써
만 줄 수 있는 의미를 부여하면서 그를 존재케 할 명명화를 기다리는 듯

하다. 모든 명명화는 쾌락의 원천 같은 거세와 육체에 대한 비인식이다. 여기서 그림을 동반하는 말은 모성적인 말이다.

막대기 모양의 몸통

또 다른 육체의 재현, 막대기 모양의 몸통은 필치의 생생함을 지닌다. 수직선이 구사되지만 팔다리는 약간 '폐쇄' 되어 있다.

'한 죽음, 장례식, 한 무당이 나쁜 일들을 저지른 그를 죽였다.'

앙투안이 가지고 그리는 연필의 공격적이고 선명한 필치는 보다 낮은 음역으로 간혹 분노에 찬 주석이 동반된다. 모든 것이 원통형의 내용물 이 든 육체의 무기력하고 욕망 없는, 항상 음성적으로 공격적인 육체와 대조되어 막대기 모양의 몸통은 긴장의 표현과 '충동적 육체,' 특히 공격 적인 프랑수아즈 돌토[6]에 의하면 '기능 이미지'를 대표한다. 얼굴들은 단

호히 여러 줄들로 지워져 있다. 여기서 앙투안은 얼굴에 난폭히 가위표를 해서 지워 버림으로써 어머니에 의한 그의 위치의 부인을 나타낸다. 그로 하여금 그 자신으로 돌아가게 하고 이 인물들로 하여금 나쁜 마음을 품고 있다는 표시가 되는 공격성 말이다. 마치 한 저주의 표식을 아주 강하게 생각함으로써 한 사람을 죽이는 마술사 같은 타자기 표시 $는 지워진 주체를 나타내는 것으로 그 공격성은 살해의 성격을 품을 수 있다.

단지 언어화되는 대신에 그러니까 공격성은 앙투안의 파괴적 충동의 이미지를 이루는 육체 자체의 그림 속에서 재현된다.

이렇듯 그림은 그 속에서 말이 살해의 성향을 가지는 존재를 확신시키는 명명화 이상의 것이 된다.

공간 속의 육체

모성적 공간——집-어머니

어머니로부터 분리되지 않은, 아직은 그녀에게 속한 육체는 장소와 주거지를 안전하지만 그 내부에 내용물을 붙잡아두고 있는 원통형의 공간들로 그려진다. HLM아파트(프랑스의 서민 아파트) 그림 속에서 앙투안은 승강기가 고장나 사람들이 그 속에 갇혀 있는 상황을 설명하고 있다.

아직도 한 타원이 있고 막대기형의 인물이 그 한가운데서 일종의 입이나 구멍·자궁 혹은 배꼽에 관련된 한 주머니 속에 갇혀 있다. 또한 모성적인 공간에 밀접하게 동일화된 개집 속의 개, 거리 사무실들의 재현이 있다. 모성적인 육체인 이 집은 그것의 일부분인 아이를 지니고 있다. 앙투안은 '부모님이 돌아가시면 나도 뭔가 혼자서 할 수 있겠지'라고 선언한다. 사실 그 곁에서 끊임없이 보호하고 돌봐 주어야 하는 지체부자유자가 그렇듯 그도 어머니에게 보살핌을 받기 때문이다. 이같은 어머니와의 공생 관계의 어떤 것이 고장나고 유예된 채 앙투안으로 하여금 자기 고유의 육체 형성을 향한 진보를 막고 있다. 그의 동일성은 그에게 속해 있지 않다. "왜냐하면 그가 그것을 잃어버릴 수 있기 때문이다." 그래서 결국 그는 이중의 주민등록증을 가질 수밖에 없는 것이다.

따라서 그림은 어린아이를 가두어 두고 주체로 하여금 모든 개인적인 공간을 가로막는 이 모성적 육체에 대한 이미지이다. 방향을 잡고 읽고 쓰는 것은, 정확히 말해 어머니와의 분리화 과정을 시작함으로써 자율화되고 혼자 살고 자기만의 잠재적인 공간을 발견해 나가는 것을 의미한다.

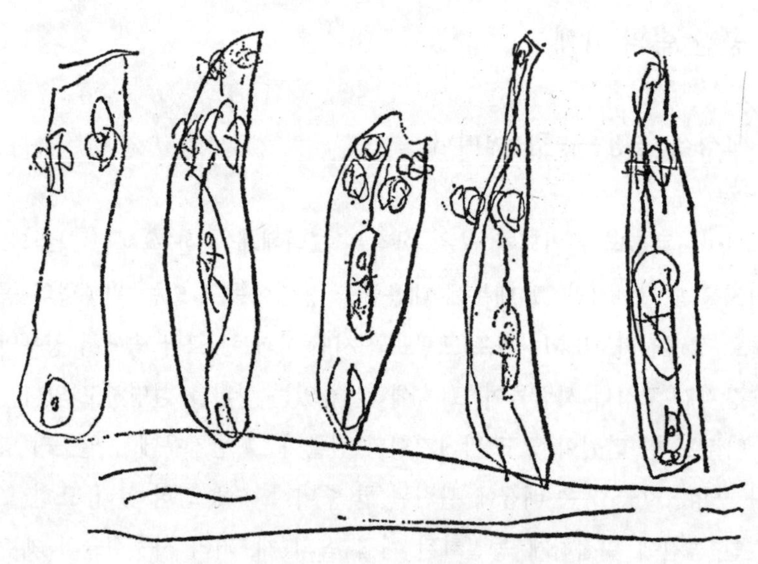

"마을은 현대적이다. HLM아파트들이 있다.
사람들은 저 위에 살고 있다.
승강기를 타고 올라가는 사람들이 있다."

지시 대상들에 의해 닫혀진 공간의 조작

안팎 한계들의 존재로부터 무엇이 공간과 시간에 속해 있는지에 대해 질문해 보자. 육체가 모든 가능한 요소들을 침입케 한 밖, 즉 공간에 의해 꿰뚫리는 것에 대해 말이다. 이를테면 영양 공급, 간호, 좌약(坐藥),우리는 공간적일 수도 시간적일 수도 있는 한계들에 대한 일종의 미분화 과정 아니 차라리 그것에 대한 무차별을 감지한다. 시간은 그 비정확성으로 인해 흐릿하게만 나타날 뿐이다. '사람들이' 그를 깨우고, '사람들이' 그를 학교에 데려다 주어도 그는 자신이 지각했는지 그의 손목시계가 어디에 있는지도 의식하지 못한다. 그러나 정작 그는 손목시계를 이미 예전에 망가뜨렸다. 그를 쫓고 있는 유일한 시간은 이 리듬, 이 리듬이 없으면 이 육체 안에 또는 이 육체에 의해 육화된 이 끊임없는 떨림을 주기 위해 그의 육체 속으로 들어가는 그러한 시간이 아닐까?

앙투안의 공간은 겨우 그 밑바탕을 잡아가는 '그의' 자리, '그의' 거리, '그의' 지하철 번호, '그의' 여정의 공간이다. 아직은 대상이나 객관적 공간성에· 이르지 못하지만, 그로 하여금 차츰차츰 그 자신의 존재를 가지도록 하는 내부적 대상들이다.

앙투안은 내용물들을 포함하고 있는 기계들이나 공공의 교통 수단들, 그 소음에 열광한다. 기계 언어들은 신화들을 만들고 그의 의미화 과정도 가변성을 지니지 않는다(고정된 여정). 지하철은 닫혀 있음에도 불구하고 열린 세계——비자폐증적인 세계를 향한——를 다스리려는 욕망이 드러나는 지시 대상들에 대한 최초의 이해 장소이다. 파리의 지하철 노선표는 그에게 있어 갈아타는 행위가 이루어지는 중앙으로 항상 돌아오기 위해 이쪽 끝에서 저쪽 끝까지 주파하는 여러 선들을 품고 있는 고유한 교통망의 선택을 의미한다. 이 지하철 노선표는 그가 밖으로 나가는 것이 금지되어 있기 때문에 돌아오는 데 있어 하나의 선택권밖에 주어지지 않는, 외곽선을 향한 모든 시도 끝에 익히 아는 곳에다 안심할 수 있는 중앙선으로의 회귀를 보장해 준다. 그저 단순한 지시 대상들에 대한 조작과 관련된 바, 그 어떤 도구를 사용한다거나 심리 변별력조차 필요없는 구체화되고 신비스러운 면인 것이다.

그에게 중요한 역이름들로부터 시작될 수 있는 상징화 과정의 작업은 독서나 글쓰기를 통해 힘겹게 그 의미를 발견하고, 지하철의 진동하는 소음의 반향을 통해 언어적인 되풀이에까지 가는 의성어, 음과 소음에 대한 착란 속으로 항상 떨어진다.

이 경험들로부터 상기된 유일한 흔적은 바로 소리들의 흔적이다. 모든 시니피앙으로부터 닫힌 그의 육체는 질주하는 그러나 닫힌 공간, 아마도 어머니와의 멀어짐과 분리화 과정에 대한 최초의 자기 제어 능력을 가능케 할 공생적 공간 속에서 운반된다. 앙투안은 닫힌 공간 덕에 자율성에 대한 착란을 지니게 된다. 아니면 정말로 그가 외부와의 존재론적인 관계가 없는 내부의 공간이라는 착란을 하고 있는 것일까?

그렇다면 앙투안은 하나의 힘, 주파됨으로써 느끼는 마조히스트적인 기쁨으로 조작된 대상일까, 아니면 이제 막 주체와 대상 그리고 장 전체에 속하는 하나의 장소에 대한 다중 의미로서 하나의 의미를 지니게 된 지시 대상들의 정착 덕분에 주체 속에 스스로 구축하고 있는 것일까?

차이들의 명명화와 육체의 폐쇄

앙투안이 모성적인 말과는 다른 하나의 말의 수립이라는 부분을 획득하게 되면서 퇴행적인 관계는 진보된다. 그것은 의사진의 계획에 동참하는 가족과의 상호 작업 속에서만 가능하다. 그렇지 않으면 아이는 두 욕망 속에서 갈가리 찢어지는 것이다. 그것은 실패이다.

앙투안은 점차로 다른 그룹, 또 다른 청소년 그룹의 존재를 현실화시켜 학업을 시작하려는 욕망을 보인다. 그의 배우고자 하는 욕망과 퇴행기와의 단절은 성에 대한 그룹에서의 설문에 반향을 일으키는 의미심장한 한 사건을 통해 드러난다. 앙투안은 어떤 교사가 남성적 특징을 지닌 한 여인을 나타내는 그의 그림에 이의를 제기하자 그렇지만 그녀에게는 남근이 없다고 확언을 했다. 그리고는 그것을 지워 버리고 노란색과 갈색으로 점찍힌 페이지를 넘쳐나면서 숨김 없는 희열을, 생산성과 더불어 최초로 성적 특징이 있는 육체를 상상해 낸 것이다. 육체는 결국 생산된다. 특히 모든 의미에서 말이다.

물론 지시 대상이 없는 이 최초의 생산화 과정은 그로 하여금 육체가 닫혀진 새로운 그림의 유형을 시작토록 한다. 의지, 보다 광범위한 확실함이 표현되는 것은 필치에서이다. 그의 손은 중단 없이 연속으로 선을 그리면서 그림에 삶과 충동을 부여한다. 이제 그림은 육체의 선들을 다시 지나는 놀이가 된다. 넘쳐나지 않고 자기의 육체를 인정하는 것, 페이지의 나머지로부터 잘리운, 그러니까 공간에 있어 제한받는 능력을 맘껏 누리면서 말이다. 이렇듯 '자기 피부 속에서 편안한' 육체는 주체가 살기에 알맞은 장소가 된다.

말이 그림의 시기를 대체한다. 앙투안은 스스로 노트를 가져와서는 알파벳을 배울 것을 제안한다.

육체의 역동성

다른 사람들의 시선에서 볼 때 조화로운 육체 및 얼굴과 함께 앙투안의 움직임에 대한 관찰은, 그것이 일반화된 만큼 모든 언어적 측면에 대한 증상들을 낳게 할 심각한 심리 동기적 비조화를 드러낸다.

"육체는 한계이다. 삶의 습득은 그 고유한 한계 속에서의 습득이다. 그 우연성 내의 어려움 자체와 이 한계 속에 사는 은유로부터 제한된 육체 됨의 어려움이 나온다."[7]

아마도 주어진 공간의 한계인, 이 한계를 이해할 수 없는 앙투안에게 있어서 그것은 무엇일까? 초기 몇 번의 면담에서 나타난 유일한 재현들은 자율적 기관 대상들, 이를테면 기차·전철·레일로 제한된 교통 수단들이었다.

그의 자율적 육체에 대한 욕망은 항상 부상당하는 사고 장면, 특히 가장 빈번한 것은 균형 감각의 상실로 인해 빚어질 수 있는, 등장 인물이 발을 부러뜨리는 스키 사고와 관련된 것인데 그는 이같은 장면 속의 부상이나 절단에 대해 겁에 질려 있었다.

이제 이 균형 감각의 결핍, 이 균형 감각의 상실에 대한 공포의 근원을 탐험해 보자. 운동 기능성은 마치 타격을 입은 균형 감각을 보존하기 위한 것처럼 전진과 후퇴 운동들을 겪는다. 운동성은 그곳에서 신생아의 이완으로부터 공간축이 구별되는 정신 운동의 골격에 대한 근육 발달 운동과 성숙에 힘입어 점차 완성된다. 즉 수직성이 세계관에 대한 근본적인 변화를 허용하는 것이다. 그럼으로써 아이는 스스로 서서 '거울에까지 걸어갈' 수 있게 된다.

아주 어린 시절 앙투안은 너무 이완되어 있던 까닭에 긴장이 부족했다. 그는 각 단계, 각 종착지마다 '늦을 것'이다. 무엇 때문에(혹은 누구 때문에) 그가 이토록 늦는 것일까? 왜 그에게는 이 움직이려는, 발견하려는 욕망이 결핍된 것일까? 그것은 항문 영역에 대한 그의 긴장성이 부족해서일 것이다. 그의 모든 운동은 그 자신 속에 소유하고 있는 것을 은유하려는, 그렇기 위해 서 있는 채로 유지하면서 자신의 손발을 다스리려고 힘겨운 노력을 하는 것이다.

따라서 그의 움직임은 정확할 수가 없다. 그것들은 모호하고 충동적이며 그래서 빠르고 마치 우연처럼 목적 없이 일어나는 듯하다. 모든 대상은 그의 손을 빠져 나가고, 그렇지 않으면 그의 사소한 짤막한 시도와 움직임을 미리 앞지른다. 그의 손은 아직도 연필을 꽉 쥘 수 없고, 물건에 대해 수직으로 존재하지 못하며, 짤막한 절단의 효과를 지니지 못하는 가위로는 물건을 자를 수 없다. 연필은 가위처럼 불균형인 것이다. 따라서 이같은 것들은 공포의 대상이 된다.

그의 몸 전체는 그같은 것에만 반응을 보이고, 그것과 분리되어야 하는 하나의 대상에는 반응을 보일 수 없다. 그가 그를 대상과 구분짓는 한계들 속에서 스스로를 인식할 수가 없다면, 어떻게 그에게 예를 들어 증식하여 다른 대상들을 무너뜨리는 볼링공을 던지라고 요구할 수 있을 것인가? 그의 육체는 평형 감각 상실의 한계에서는 비틀린다. 그리고 그가 간신히 평형 감각에 도달할 때는, 굴러가는 것은 그의 몸 전체라고 믿게 하는 그러한 에너지 덕분이다. 스스로 놓아 버리기보다 힘든 경험일까? 재기억 장치처럼.

몸은 의미를 띤다

그는 지하철의 그것과 같은 급격한 리듬을 가진 소리, 불규칙한 반복성의 기계음 같은 것 외에는 보거나 만지거나 먹거나 느끼거나 듣거나 하는 데 있어 눈에 띌 만큼 또는 그렇다고 단정할 만한 기쁨을 느끼지 않는다. 이 기계음에 대해 그가 느끼는 즐거움은 기계 조작하기를 '욕망하는' 즐거움——'그러니까 말하자면 마술적인' 것으로, 그의 표현을 빌리자면 전화기나 듣거나 말하는 기계들. (녹음기들, 즉 그가 말한 것처럼 "내가 가끔 가지고 싶은 유일한 것은 워키토키예요.") 전깃줄 없이도 공간이 창조된다. 왜냐하면 음성적인 관계에 힘입어 거리감이 증폭되기 때문이고 그가 그것을 붙들고 있기 때문이다. 공간은 목소리가 미치는 한계 거리에서 그를 자율화시킨다.

마치 내부에서 보는 것처럼 그가 조금 후에 그리게 될 한계 없는 육체에서는 두 개의 서로 만나지 않는 관이 있고, 그 중의 하나는 '기관'으로 닫혀 있는 동그란 모습이며, 다른 하나는 창자로 내부에는 자그마한 공 모양의 것들이 열려 있다. 그가 자기 육체 속에서 살아내는 것의 반대가 모순이다. 이 육체는 열려진 채로 있는가? 모든 것이 그 속에 들어갈 수 있는 시각적·촉각적·청각적인 용출 같은 인상들과 말들 같은 영양분의 통로로서의 장소 말이다.[8] 귀와 입, 최초의 수용 기관, 이것들은 느린 과정을 지니는 요소로서 상징성에 도달하기 위해 감각성으로부터 출발한다. 앙투안에게는 그의 녹음기와 워키토키에 대한 끌림으로 특권을 가지는 장소이다.

그곳에서 욕망, 보존하려는 그러니까 소유에 대한 욕망이 표현된다. 존재 대신에 적어도 소유할 수 있는 것.

그림의 표현성과 진보

문자와 말에 대해 말하기 전에 앙투안의 진보에 있어 그림이 지닌 모든 중요성을 짚어 보아야 한다. 그림은 이야기와 서사들의 조합이나 몸에 대한 깨달음의 표현 외에도 앙투안으로 하여금 그의 상태, 그의 긴장들을 표현하면서 자기 육체 존재의 현실 자체에 접근케 하는 동시에 그에게 신뢰를 주는 모성애적 태도에서 얻어지는 진보와 같은 효과를 준다. 그림은 퇴행으로부터 아니라고 말하려는 욕망, 동시에 고유한 언어에 도달하려는 욕망으로 치닫는 순간들을 지나간다.

얼굴들이 그림들 속에서 닫혀 있었던 만큼 습득, 그러니까 조숙함은 전혀 가능한 것 같지 않았다. 앙투안은 이 육체의 시기를 지나쳐야만 했다. 그림에서 얼굴이 잘 드러나게 되자마자 우리는 그 속에서 다음과 같은 사실들을 현저하게 읽을 수 있게 되었다. 즉 폭력이 그 성격상 주체로 하여금 수동적이고 구멍난 육체의 공격성을 의미하는 것이 아니라, 그 속에서 말이 '나타날' 수 있는 닫힌 육체의 구조화 과정에 부합하는 상호 주관적인 관계의 가능성을 드러내면서 동시에 보고 듣고 합병하려는 의지를 보여 준 것이었다.

언어에의 접근

언어가 육체를 사로잡다

육체에서 언어까지를 지나오면서 말로 하여금 '육체를 품게끔' 하는 근본 구조의 최초 장소를 분석한다. 언행은 그것이 앙투안에게서 중요성을 지니는 기능에서만 연구되어질 여러 가지 기재들을 포함한다.

언어에의 접근으로 열어 준 감각 기관들의 제어에 대한 느린 진보가 실행되면서 열고 닫고 얻고 잃고, 내부 투사와 투사를 하는 유희 속에 놓여진 앙투안의 어려움에 대해 문제를 제기하기 시작했다. 우리는 어떤 장소에서 말이 기원하는지를 잘 볼 수 있었다. 그 장소는 언어, 그러니까 상징 기능 이전에 이미 또 다른 기능들로 채워진 장소이다. 내기가 되는 근육 운동에 의한 정신 운동적 골격 속에 통합되는 말은 앙투안에게 있는 병적인 표시를 나타내지 않는 것으로 보이는 내적인 육체의 장소, 제어에 대한 진보를 보는 일을 가능케 한다. 그러나 두 공간, 즉 내부와 외부가 대면하면서 유희하는 육체의 한계 영역에서 그것이 나타난다. 이 선택된 장소는 입술의 장소, 떠오름, 외부와의 만남의 영역이다. 즉 말하는 순간 주저하는 떨림 속에서 그의 입술이 열리고 닫히는 것이 포착된다. 그건 더 이상 취하는 것이 아니라 주는 것, 받아들이는 것이 아니라 말에 형식을 부여할 움직임을 창조하는 것과 관련된다.

짧고 단속적인, 앙투안에게서는 호흡의 결과인 한숨 속에서 '육체를 품은' 말, 그것은 육체 전체이건 각각의 한 단위들로 고려되는 요소들이건 간에 바르고 짧으며 걱정스러운 말투를 만들어 낸다.

언행은 목소리의 동인적 질의 단계에서 일괄적으로 참작되지만 우리는 앙투안에게 있어서 음성적 질을 분리시킬 수 없었는데, 왜냐하면 그는 모든 영역의 목소리를 가지고 있었기 때문이다. 그러니까 각 목소리 자체는 그 나름의 서로 다른 질에 부합하고 있었다. 우리는 연달아서 한 성격의 목소리를 발견할 것인데, 그것은 중간부의 그것인 매개적인 것으로 넘어가려는 목소리이다. 그러므로 결국 말과 언어의 조직화 과정의 제어 기능에서 목소리의 장소를 발견하려는 불확실하고 모호하며 한계 없는 특징이 돋보이는 목소리였다.

따라서 이 최초 유형의 목소리는 부정의, 형태 없는 그래서 더듬거리고 알아듣기 힘든 말을 낳게 하여 때로는 발음을 약간 틀리게 만들기도 한다. 그러나 그것이 상황과 연결되거나 어떤 사람과 대면할 때도 있기 때문에 항상 그런 것은 아니다. 앙투안의 심한 말더듬증은 다소간 그의 언술 상황 위치의 함축성에 따라 강도를 더한다.

앙투안에게서 우리는 모든 종류의 발성 장애와 구음 장애를 발견한다. 그것은 음성 치료 클리닉에서 환자의 병력을 작성케 할 것이다. 장애들이 모호한 채로 있다면 그것이 지속되지 않기 때문이다.

목소리의 질에 대해 말하자면, 소위 음성병리학자들이 이야기하는 색깔도 없고 약간의 질감이나 두께도 없고 날카로움도 없는 음색이다. 그것을 기술하면서 이런 종류의 목소리를 구별해 내기란 어려운 일이다! 긴장 없는 특징이 지배적인 채로 남아 있는 그의 목소리는 멜로디 이상은 아니며, 우리는 그 목소리로부터 어떠한 리듬도 상기시킬 수 없다.

목소리의 음색

한계 없는 목소리에 대한 것이다. (우리는 목소리의 영역에 대해 말하고 있는 것이다. 여기서 이 영역은 광대하다…….) 이 하나가 아닌 목소리는 한 장소, 한 시간, 한 개념으로는 정의되지 않는다. 그것은 중간부의 것이다. 즉 두 장소, 두 심급, 두 공간 사이의 중간부 말이다. 이 목소리는 육체 속에서 그의 기원에 의해 자리잡지만, 그 장소는 과정일 뿐 그것이 존재하는 장소 밖에서 목소리 자체가 되는 공간을 향한 육체의 가로지름이다. 목소리의 특징을 부여하고 다른 것과 달리 구분짓는 하나의 공간 속에서 더 이상 묵상할 수 없는, 이 목소리는 말 그대로 육체의 침묵 속에서 내성하기에 실패하면서 모두와 동시에 인칭의 목소리가 된다.[9] 모두의 목소리, 그것은 점차로 어린아이의 목소리를 닮아 간다. 아주 뾰족한 거의 변조되지 않는 입을 달싹거리는 뭉뚱그려진 우물거림, 남자의 목소리도 여자의 그것도 아닌, 왜냐하면 이 목소리는 아버지와 동시에 어머니의 억양으로 저음에서 고음으로 넘어가니까 말이다. 거세된 남자의 목소리 또는 아주 짧은 순간에 내는 저음, 타자의 목소리 혹은 타자를 위한 목소리, 때로는 신중한 때로는 깨어진 음성, 때로는 떨리고 때로는 강한 목소리, 사람들은 그것을 가성이라고 아니면 어린아이 같은 곰의 목소리라고 말할지도 모른다. 그러나 우리는 그외에도 얼마나 그의 목소리에서 다른 면들을 발견할지 짐작조차 할 수 없다!

읽기: 절단의 결과인 목소리

만일 앙투안이 흔적들을 조합할 수 있었다면, 그 흔적들은 그러니까 읽을 수도 쓸 수도 없는 등록된 상형 문자 같은 것으로 남아 있을 터이다.

즉 그의 기억 속에 남아 있는 흔적들로 죽은 문자들처럼 말이다. 만약 이 흔적들이 각인된 그의 육체의 흔적들일 수만 있다면, 그는 그것들을 상징화시킬 수 있었을까?

모든 독서에의 시도는 한 단어에 대한 음성적 해독, 그의 총체적 파악과 그것이 품고 있는 의미의 재인식 사이의 단절을 나타낸다.

읽기처럼 쓰기에서도 금지가 눈에 띈다. 문자는 만약 그것이 동시에 주체가 들어가 있는 한 장소의 구성에 속한다면, 앙투안에게 있어서 문자는 절단의 장소 자체로 남아 있는 것이다. 그것은 바로 상징적 질서로 접근할 수 없음이 표시된, 자기-자신으로부터 절단된 자리인 것이다. 그러니까 그의 육체는 주변 환경과의 조화에 있어 구별되지 않는 혼동 속에 놓여져 있다.

소리는 윙윙거리고 제어되지 않아 '머뭇댄'다. 모든 것은 앙투안이 어린 시절부터 육체 속으로 겪어 왔던 말을 내어 놓는 다른 사람들에게 전달하기 위한 끔찍한 노력 앞에서 흔들린다.

하나의 분절된 소리를 발음하는 데 있어서의 어려움은 읽기 위해 **써어진** 말을 해독하려는 앙투안의 노력 속에서 가장 강도 있게 나타난다. 갑작스런 번득임과 더불어 그로서는 예외적으로 한 번 읽고 한 문장을 발음하는 데 성공하지만, 의미는 오간 데 없고 어딘가에 곧 파묻혀 버린다. 목소리가 동반하는 글쓰기는 소리를 생산해 내는 자체 행위의 그것과는 다른 의미를 가질 뿐이었다. 반대로 그는 읽을 줄 알고 그림 기호를 이해한다. 즉 그가 바라보는 기호는 이해한다. "만약 글쓰기 그 자체의 영역으로 우리를 이끌어 주는 무언가가 있다면, 그것은 우리로 하여금 시니피에란 귀와는 아무 상관이 없고 유독 독서와 관련되어 있다는 점, 우리가 시니피앙을 듣는 독서에 관한 것을 알아차리는 데 있다고 라캉은 말한다. 시니피에란 우리가 듣는 것이 아니다. 우리가 듣는 것은 시니피앙이다."[10]
앙투안에 있어 시니피앙의 효과는 이접하는 혹은 관련 없는 목소리에 붙잡혀 있는 것 같다. '기억을 온통 잃어버렸다' 혹은 '머릿속에 아무것도 없다' 또는 머릿속에 아무런 말도 없다. 빗금친 관계의 형태하에서 더 이상은 쓸 것이 없으므로 시니피앙과 시니피에의 관계는 구덩이가 되고 그 속으로 의미가 떨어진다. 마치 목소리가 더 이상 관계를 만들어 내지 못하거나 아니면 시니피앙을 자기 속에 붙들어두려는 또는 억제하려는 것처럼 말이다. 일관성 없이 시니피앙을 우물거리며 말하는 물질로 만들어 버리려는 것, 모든 의미의 효과를 막으면서 자기 밖으로 그 부분을 놓아 버리면 잃어버리게 될 육체의 한 부분처럼 말이다. 자신의 독방에 스스로를 가두어둔 채 하나의 단어 속에서 지탱하려는 노력의 일환으로, 때로는 확신에 찬 목소리가 '단숨에' 특징을 읽지만 이해하지 못한 채 문장을 내놓는다. 이 문장은 곧 그에게 이상한 것으로 나타난다. 여기서는 모든 것이 공백의 목소리로 발음된다.

　서로 다른 이름 모를 그리고 정의내리기 힘든 끊임없는 유동성으로 결코 기술되지 않는 목소리, 이 새로운 목소리는 어디로부터 와서 어디로 가는 것일까, 무엇을 운반할까? 사실 우리가 이에 대해 문제를 제기한다는 것은 이 목소리가 현실계/상상계로부터 방출된 이야기들과 서사의 복잡하게 얽힌 망을 가로질러 존재하고 있다고 생각한다는 것을 의미한다.

　비록 앙투안이 한 단어의 이미지에 전혀 부합하지 않는 각각의 해독 과정 속에서 힘들게 진전되어 나간다고 할지라도, 갑자기 하나의 생생한 장면과 연결된 말로부터 그의 목소리가 가중되고 말투가 점차 빨라지며 또박또박해진다. 리듬은 이제 정상적인 것이 되어 명확히 분절된다. 그것은 배로부터 나오는 목소리, 진짜 목소리의 농담을 지닌 것이어서 이제 그에게 있어 말은 자기 육체 속에 살아 있는 표현이자 한 개인의 목소리가 되었다. 이렇듯 글쓰기와 목소리로부터 배제된 음색 속에서 시니피앙과 시니피에가 서로 접합하지 않으면서 공존한다. 존재에 달라붙은 고정된 의미는 이제 뗄려야 뗄 수 없는 것이 된다.

문자로부터

 '주지할' 바, 그림으로부터 문자에 이르기까지 자기 존재 또는 흔적에 대한 동일화된 또 심오한 이미지가 드러난다. 이 흔적은 우리가 이미 다루었듯이 가장 근본적인 괄약근의 제어, 만약 있다면 '기호계적인' 행위로 풀어 놓고/보유하는 행위 속의 최초의 상징화 과정이 육체 속에 각인되는 시기에 도달한 육체의 흔적인 것이다. 그후의 생각을 제어하는 모든 기재들은 배설물을 내보내는 만족감을 향유하지 못하는 고통——혹은 이 육체에 대한 무관심——으로 나타난다. 문자는 육체의 명명되지도, 성적 특성이 부여되지도 않았던 이 조건들 속에 각인될 수 있을까?

 문자는 무엇을 전달하는가? 여러 해에 걸친 앙투안에 대한 심리 '지주요법'은 그로 하여금 몇몇 문자의 습득에 있어 타격을 주었다. 그러니까 그는 대문자의 글만 받아들였다. 그가 스스로를 상실하거나 고정시킬 수 없는 몸짓처럼 둥근 글씨체를 거부하면서 말이다.

 그러나 한 가지 사실은 강한 인상을 남긴다. 둥근 문자의 인쇄를 해독하지 못하는 어려움은 알파벳 중에 **이중**으로 대립되는 문자를, 이를테면 (*p*)나 (*q*) 또는 (*b*)나 (*d*) 같은 경우에는 없어진다. 앙투안은 정확히 말해서 그 **역상-문자**라는 특징 덕분에 그 모양을 알아낸다.

 여기서 앙투안에게서 반복되는 하나의 기재와 재결합해 볼까? 그는 빈번히 거울 속에 반사되는 것처럼 거꾸로 문자를 쓰곤 한다. 그것은 우리가 조금 후에 이야기하게 될 **음성적 전환**과 부합한다. 거울 속에 씌어진 문자는 물론 그것이 왼쪽으로 되어 있다는 사실도 확인해 볼 수 있다. 즉 왼손으로 쓰면 오른손으로 씌어질 것의 **반대로** 될 수밖에 없다. 그러니까 옳은 방향으로 씌어진 글씨가 그와 반대의 글쓰기 속에서 갈피를 못 잡는다. 이 이중의 혼동을 앙투안이 지닌 이미지와 연결시키지 않는 것은 어려운 일이다. 즉 자기 어머니에 의해 실재로 보유된 동일성의 근원에 비해 앙투안이 자기 동일성의 '분신'을 가질 수밖에 없음으로부터 나온 이미지 말이다.

그러나 특히 그는 '지시 대상'의 시각화 과정 속에서만 말 해석의 지표를 구성해 낼 수 있다. 앙투안은 이 글쓰기에서 또 다른 기호인 자기 이름 속에 들어가는 'N'을 쓰는 데 많은 어려움을 겪는다. 사실 그가 병렬적인 문자들을 습득하고 있음에도 불구하고 비스듬히 씌어진 문자에는 어려움을 느끼는 것이다. 'K'나 'V'에서도 마찬가지이다. 지면의 지표를 피해 가는 도안은 습득될 수 없는 것처럼 보인다. 그것은 어떠한 의미에서든지 그 속에서 상실되고 지면의 수직과 수평에 그어진 가장자리의 표식 없이 '버팀대,' 즉 지탱 없이는 살 수 없는 앙투안의 무능력을 보여 준다. 만약 타인이 모델을 구축하지 않으면 앙투안은 자신을 상실해 버린다. 여기서는 총체적인 자율화 과정의 부재가 역할을 하고 있으며, 앙투안은 항상 타인의 시선하에 살아야 할 필연성 속에 있기 때문에 타인의 시선이 부재하면 그는 더 이상 존재하지 않았던 것이다. 이렇듯 기호는 주체와 더불어 육체를 이루어 가면서 주체의 진실이 언술되는 유일한 장소가 된다……:

이와 같은 조망 속에서 앙투안이 그리는 이야기는 항구적으로 한 인물, 길을 **건너거나** 차에 치여야만 하는 아이, 거인 또는 동물을 장면에 담는다.

이 시리즈의 첫번째 그림에서 앙투안은 자기 어머니를 희생물을 죽이고 저주를 내리는 마녀 같은 수염이 난 무시무시한 인물로 그리고 있다. 그녀는 어린아이가 달아나는 것을 지켜보고 있었다. 마녀를 바라보는 것만으로 아이는 죽음을 면치 못한다.

이미 문자 'N'에 각인된 이 **불가능한 가로지름**, 우리는 그것을 강박 이야기 속에서 발견한다. **강박** 이야기 속에서 가로지름은 거세적이거나 절단적이고 **살해의** 영역에서만 존재할 수 있는 **멀어짐에 대한 번민**을 장면에 싣고 있다.

여러 형식으로 된 또 다른 '사고' 이야기에서 그는 여럿의 스키어들을 다루고 있다. 그것이 자동차 사고 장면일 때도 스키어는 존재한다. 마치 시도된 가능한 거세를 재현하려는 듯이 말이다.

사고 이야기

우리가 발견한 바 항구적인 이야기의 요소들은 일련의 순서를 지닌다. 즉 사고, 부러진 다리, 앰뷸런스, 병원, 깁스.

여러 다른 형태 속에서 사고 희생자들인 팔다리가 부러진 남자들을 볼 수 있는데, 그의 주장에 따르면 여자들은 '부러진 다리가 없다.' 그러나 그는 그녀들 중 한 명에게 부러진 손목을 부여할 것이다. 때때로 머리일 수도 있는데, 그는 기쁨에 차서 열려진 것은 '두개골' 이라고 말할 것이다.

특권적인 인물, 동일화할 영웅은 그가 말하는 최초의 사고 환자 그래서 그의 고통에 대해 말하거나 또는 바라보게 할 뿐인 외부의 인물이다. 또 다른 인물들은 명백한 이중성을 드러낸다. 즉 아버지의 특징을 연상시키는 강한 인물들, 사고 환자의 스키를 들거나 썰매를 끄는 사람, 앰뷸런스를 모든 사람들, 외과 의사들이 그들이다. 그림 속에서 이들은 크고 뚱뚱하고 둥근 모양새를 하고 있다. 그들은 웃는 얼굴이고 사방으로 뻗어 가는 길다란 팔들을 가지고 있다. 약한 인물 유형은 사고 환자 유형으로 고통당하거나 다리가 부러진 또는 사람들이 그에게, 즉 검사나 엑스레이, 깁스 같은 '무언가를 하는' 사람들로서 치료받아야 하는 수동적이고 다루어지는 사람들이다.

이야기의 형식들

이야기의 형식은 세 부분으로 된 사실만을 기록하는 이야기 형식이다. 즉 사고=쇼크; 병원까지의 운송=겁먹음; 병원=해결, 그러나 이러한 연대기는 항상 존중되지는 않는다. 즉 사고 현장으로부터 병원에까지 또는 그 반대로 넘어간다. 그에 합당한 아무런 자세한 설명 없이 그저 같은 사건들의 무수한 반복만을 동반한 채 말이다.

게다가 앙투안은 이것이 얼마나 '끔찍한지' 말한다. 그 다음에 그는 사건이 과거에 일어났음, 즉 끝났음을 증명한다. '있었다.' 그 다음에 소급하여 사건을 발전시킨다. 그러니까 처음에 시체, 다음에 부상자, 그후에 앰뷸런스(환희 속에서 '원하는 모든 것'). 다시금 그는 새로운 증명으로 그의 이야기를 종결짓는데, '사망자들이 있었다.' 그리고는 현재로 끝맺는다. 이렇듯 앙투안은 시간을 가르는 데 있어 네 가지 방법을 사용한다.

a) 결정적 과거──증명

b) 반과거──이야기의 과거나 즉각적인 과거를 위해

c) 현재──가장 강한 행위를 위해

d) 미래──해결, 안심시키기 위해

처음에 앙투안은 이야기하려는 욕망에 밀려 형식은 그저 요소들의 단순한 중첩으로 방치하고 있었다. 즉 소리를 통한 의성어들의 나열인 사물들이나 인물들의 명명에 불과했었다. 그런데 서서히 행위의 언어가 필수 구조 속에서 동사들의 출현과 더불어 개입된다. 즉 대명사로 지시된 주제──동사──명사화된 주체──소리 또는 대명사화된 주체──동사-대상.

점차로 복잡해져 가는 이야기와 문장들의 마지막은 다음과 같은 경향을 띤다. 즉 명사화된 주제의 국부화와 임명, 대명사화된 주체에 의해 주어진 행위 '아니다'로 반박된 동사와 그 대상, 또 어떤 다른 통사론적 형식 없이 새로운 주체가 그 자리를 차지하는 것.

　말고르기에 있어서의 주저함은 그의 담론이 뚝뚝 끊어지도록 하고, 마치 위험스러운 긍정을 확신하기 위한 것처럼 앙투안은 그 문장에 다음과 같은 양태를 부여한다. '아마도' '그럴 수도 있다' 또는 '약간' 같은 감소의 양태를 부여한다. 이야기는 항상 확정 주어로 언술된다. '사람들이 해부할 수 있다'(그리지 않기 위해) '엑스레이를 찍을 것이다' '그에게 깁스를 해줄 것이다.' 또는 비인칭 '거기에 있다. 그들이——했다.' 비록 주체가 '그'인 경우조차 앙투안은 행위자 사이에 선택의 여지와 모호성이 있도록 하려고 애쓴 것처럼 보인다. "부활절, 휴가다. 종교적인, 말하자면 인간들에게 복을 선사하는 우리의 하느님, 우리의 좋은 하느님."

풀어 놓고/보유하는 과정

제어: 유희에 의한 음성적 전환

　대부분의 경우 앙투안이 자율성의 과정을 기피하고 상당히 심각한 억압을 표현할 때, 우리는 그에게서 이 '회피'에 대한 어떠한 제어가 유지되고 있음을 발견한다. 글쓰기에서처럼 독서의 경우 하나의 기재가 항구적으로 되돌아오면 그것은 점차로 유희가 된다. 이것이 바로 음성적 전환이다.

　'NU'는 'UN'으로, 'AN—NA'로 발음된다. 이같은 전환은 하나의 같은 단어 속에서 모든 전환의 가능성을 제안하기까지 이르기 위해 항구적으로 그의 독서 방향을 옮겨 놓는다. 즉 'Peanuts'라는 단어에서 'Li-nus'로, 'IL'이 'LI—UN'이 'NU'로 말이다…….

　이같은 전환은 무엇보다도 먼저 앙투안이 소리를, 다시 말해서 글로 씌어진 이중 모음을 완벽히 알고 있다는 사실을 보여 준다. 그러나 이 전환이 힘겨운 침묵 속에서 억제되지 못하거나 더듬거리는 목소리로 슈우 소리를 낼 때 앙투안은 요구되는 소리를 정확히 '내어 놓기를' 주저한다. 전환은 그 위치를 바꾼다. 그는 그가 알고 있다는 사실은 보여 주지만 '적합한 말'을 내어 놓지는 않는 것이다. 이같은 쓰기와 읽기에서의 증후의 영역은 금지의 해제를 증언하는 듯한데, 왜냐하면 아주 빨리 내기를 가르치는 교사와 그것을 '소유하려고' 하는 앙투안 사이로 말려들기 때문이다. 이 최근의 놀이를 앙투안은 매우 즐거워하고, 이 방법을 통해 말을 내어 놓기 시작하지만 그것은 상대방을 놀라게 하는 놀이처럼 진행된다. 그것은 앙투안도 잘 알고 있다. 그가 접어든 놀이는 정말로 **숨바꼭질** 같은 것으로 이 놀이를 통해 앙투안은 타인으로부터 포착되는 것을 막는다. 동시에 '말을 내어놓기' 내기가 되는 즐거움 영역의 나타남/사라짐의 기술은 우리로 하여금 포/다(Fort/Da)의 놀이를 생각케 한다.

　이같은 맥락을 따라 앙투안은 언제부터인가 유머를 많이 보여 주기 시작한다. '적합한 말을 내어 놓으면서' 그는 타인을 **놀라게 만드는** 진정한 기쁨을 맛본다. 또 일반적으로 그로 하여금 웃음을 터뜨리게 만드는 어긋난 답변을 하면서 동의어나 단어 자체의 구성 요소 사이에서 선택을 하기도 한다. 따라서 나타나는 것은 명확한 목소리로 언술될 터이다. 말하자면 '봉주르' 대신에 '차양'이라고 말한다. 서로 인사하는 두 인물의 만남에 대한 이미지가 비록 문맥이 그의 눈 아래 있다고 할지라도 말이다.

　이같은 것을 통해 앙투안은 생산화 과정의 금지를 '좌초'시킨다. 이렇게 말해도 되는지 모르지만 그것과 곡예를 하는 것이다. 이같은 내어 놓기/보유하기의 기재에 대한 관능적 표현하기는 상징성에의 최초 제어를 향한 긍정적인 진보를 의미한다.

놀이로부터 창조에까지

놀이와 시적 기능

앙투안에게 있어 문자란 단순히 기호나 신호, 아니면 아마도 이미 자기 이동에 대한 상징일까?

그가 과연 하나의 형태로서 문자를 이해하고 있을까, 그가 자기 이름의 총체성 속에 곧 그것들 각각을 통합시키기 위해 각 소리와 형식을 연합시킬 수 있을까? 하나의 유희가 그의 이름의 각 문자를 상기시키는 방법으로 제안되었다. 예를 들어 'A'는 선 아래에 있는 두 점을 연결시키는 것으로 그린다. 그러니까 'A'의 빗금 위에 말을 탄 한 작은 사람을 그리고는 삽화에 다음과 같이 주석을 단다. '서커스단의 막대기 위에 올라탄 줄광대.' 두 칸막이를 지탱하고 가로지르는 이 빗금으로부터 기인된 문자의 균형, 그러니까 균형잡힌 정상에서의 그들의 만남 때문에 또 그것을 지탱하기 때문에 말이다. 삼각형에의 시도나 정서의 '서커스' 속에서 일어나는 균형의 모색이라고나 할까, 우리의 설문과 그의 양가성이 솟아올랐던 것은 그의 이름, 이 이름, 유일한 것으로 운명지어진 욕망의 운송 수단인 이 이름으로부터이다. 그는 그의 이름을 알아 보고 인식하고 있었다. 그러나 이름쓰기 과정에서 이 표식은 '썩어지기'에서처럼 거절의 표식이 되었다. 그렇다면 그는 자기의 동일성을 표시하는 즐거움에 아직도 도달할 수 없는 것일까? 그것은 쓰기에서 기인한 원인과는 아무런 상관도 없다. 차라리 질서——소리의, 아니 그보다 음성적 법칙의 세대 속에서의 문자들의 법칙과 관련된 것이다. 어떤 음성 그룹도 그 이름이 거의 모든 것을 품고 있을 때, 또 그것들을 전환시키고 잃어버리기 장난을 하고 있을 때 그것을 보유할 수는 없다. 그러니까 그 이름 또한 균형을 상실했다는 뜻이다.

시적 기능은 언어의 한계와 유희하는 능력 속에 존재한다. 앙투안은 그가 어떻게 그에게 속하는 한 이야기의 문자를 만들어 내기 위해서 문자와 형태, 그 이미지와 유희했는지를 연구진에게 보여 주었다. 즉 그가 어떻게 결국 하나의 형식도 아닌 '외계에서 온' 그의 이름이 새겨져 있는 한 구조의 통합자가 아닌 자기의 이름과 유희했는지를 보여 주었다. 이제 그는 우리의 눈에 마치 《어린 왕자》의 이야기 같은 기상천외함을 가로질러 언어 속에서 기쁨을 발견하고 있는 듯 보인다. 《어린 왕자》는 그로 하여금 모든 어린아이들에게서처럼 감상벽이라는 한계는 있지만 그를 둘러싸고 있는 사물들에 대한 감성적 의존성과 더불어 세계에 대한 이해의 과대 망상증적 욕망의 정식화를 가능케 했다. 그 또한 "꽃들, 한 나무와 한 작가; 그는 한 권의 책을 쓰고 나는 이 땅의 이야기들을 지킬 거야"를 바란다. 이같은 전능한 어린아이에 대한 동일화 과정은 그로 하여금 그의 욕망, 사랑과 사물에의 인식에의 욕망을 말하게 하였다. 가족·사회, 교육 구조와 독립되어 있는 이 욕망을 통해 그는 자기의 욕망대로 세상을 재구축할 수 있었다. "사막에서 하늘에 있는 내 별로 떠날 수 있도록 내게 비행기를 그리게 해달라고 빌어야지."

'그림 문자' 같은 이야기

또 다른 이야기들은 전능한 인물을 묘사하고 있다. 그는 신하도 없고, 개 이외에는 다른 친구 하나 없는 앙투안의 위치 자체를 투사하고 있는 고독한 왕이다. 그는 아무것도 부족할 게 없는 세상에서 현실의 지배를 통해서가 아니라, 이미지들의 재현을 통해서 자기 만족과 비욕망의 상태가 지배하는 인물을 의미한다. 주체를 만족시키고 모든 긴장을 완화시키기 위해 그곳에 있는 재현된 이미지는 하나의 요구, 하나의 행위 대신에

온다. 이렇듯 이야기는 '그림 문자 같은 재현"[11]처럼 기능한다. 그림 문자 속에서 각 그림들은 다른 그림들과는 구별되어 그 자체를 충족시키고, 따라서 주체를 위한 **진정한 총체성**처럼 제시되면서(왕은 자기 성에 있고, 정원을 산책한다) 이 이야기는 그 앞의 이야기도 그의 후속편도 없다. 서사 구조는 단순하지만 정확하다. 이 경우 한 공간 속에는 한 인물이 있고 어떤 다른 묘사도 없다. 각 그림과 각 문장은 다른 것들과는 아무런 관련도 없고 어떤 시간적인 관계도 가지지 않은 채 기술적인 단위로서 기능한다. 우리는 아무런 불편 없이 그것들을 바꿔치기할 수 있다. 각 장면은 시간 속에 등록되어 있지 않고 단순히 시각화되어 있다. 환각적 영상, 그러니까 **비연대기적인 영상**을 불러일으키는 것은 정서의 힘이다. 아주 최근 들어 앙투안이 창작한 이야기들이 연극화되었다. 그는 무대에 '올라' 언제나 왕 역할을 한다. 그는 모든 상황들 속에서 그를 둘러싸고 보호해 주는 궁정의 많은 인물들 덕에 위험에서 벗어난다.

비현실적인 세계, 그 속에서 이미지들이 자기 만족과 충동의 중성화 과정의 역할을 하고 그런 가운데 타자와의 만남이라는 위협적인 상황이 완전히 소멸된 그런 세계 말이다.

사실 우리는 어떤 현실에 참여하려는 욕망에 힘입어 타자에 귀기울이면서 가장 고대적인 이미지들에 보내졌었다. 그림으로부터 말까지, 앙투안은 모든 상징계적인 영향력으로부터 저 멀리 육체의 체험을 유지하면서 자기 육체 속에서 '되돌아온' 자폐증적인 위치와 모든 모성적인 육체와의 단절, 모든 고유한 장소에의 등록을 겪는다. 또한 살해적으로 체험된 자기 부정에의 강박적인 위치 사이에서 그는 흔들리고 있었다. 바로 그곳에서 상징으로서의 기호에 대한 그의 접근 불가능성이 유래되었던 것이다. 앙투안에게 있어 글쓰기는 모성적 육체에 등록하는 바에 다름 아니다. 그러니까 중복 속에서 거울 속에서, 그의 고유의 육체를 마치 어머니 육체의 한 부분처럼 느끼는 것이다. 자기 고유의 육체에 대한 명명화 과정은 앙투안에게 있어서는 틈의 열림, 즉 절단으로 인해 잘려 나갈 모성적 육체의 첫 절단을 의미한다.

　놓아 버리는 일이 즐거움이 되는 타자와의 유희, 말장난 속에서 용해되는 곳, 선을 그으면서 지배할 수 있음이 태어나는 곳이 바로 이 중간부이다.

■ 장 미셸 리베트

거짓 남근성[1]
(강박증 환자의 텍스트의 진실/그럼직함/진실임직함
혹은 '한 남자가 한 여자를 사랑할 때,
그녀를 존중한다.')

"그들은 귀족들을 경멸하면서 그들의 부인들은 숭배한다……."
《파르메니데스》, XVII.

진실임직함의 범주(문학의 진실임직함)는 모든 강박 담론성 속에서 그 두께를 갖는다. 강박신경증 환자의 담론이 소설적 유형의 진실임직함의 형태론 차용으로 그 언표들의 일치성을 확신하려 모색하는 것은 우리로 하여금 그것이 확신하고 지탱하며 재평가하는 (미친) 진실을 향유토록 하면서 한 영역, 특히 문학이 의학에 기여할 수 있다는 사실을 새삼 재인식하도록 만든다. 이 때문에 모종의 문학적 창작력에 활력을 불어넣는 진실임직함의 도약에 마주하면서 나는 여러분들에게 강박성에 대해 이야기하려 한다. 먼저 그 체계·구조·기술적인 **지형도**(topoï)를 연구하면서 그것이 **진실임직한 신경증**으로 발단될 수 있다는 것을 밝혀둔다. 즉 신경증 담론에서 진실의 영역을 야기하는 착란의 부서짐에 대한 일종의 과장된 방어 기재로서 말이다.

그렇지만 강박 담론이 정신병의 한계에서 빈번히 어렵고 고통스러운 불안정성에 대한 담론의 교차부에서 분절된다는 사실을 간과해서는 안 된다. 그곳에서 말은 시련의 위험, 즉 언어의 기능과 언어의 조건 자체를 착란 속에서도 관찰할 수 있는 심오한 약해짐의 의미 안에서 그것들을 재수 정하기까지 내밀하게 조사하고 질문하고 숙고하는 우연한 경험으로 나타 난다. 이 때문에 어떤 정상적인 언표들, 가장 공통적인 언표들을 분석하는 순간에 여러분은 이 신경증의 구조 속에서 말이 그들의 무관심의 (진실임 직함) 노력을 가로질러서 필요한 경우에는 착란적이 된다는 사실을 상기 해야만 한다. 그곳에 바로 프로이트가 간과하지 않았던 공증이 있다. 즉 프로이트는 그의 환자, 레르 박사의 증상을 정신병으로 간주하지 않고 착 란증[2]으로 판단했다. 이 지적이 어떤 결과를 가져오리라는 것에 대해 생 각해 보아야 할 것이다.[3]

만약 앞에서부터 내가 서두 전제를 착란의 문제로부터 시작하고 그것에 따라 강박성이 진실임직한 담론성의 전략과 언어학의 특이성의 전개를 채 택했다면, 그것은 여러분들로 하여금 강박 체계의 특질과 그 내기를 포 착토록 하기 위해서이다.

한편으로 이같은 주관적인 구조의 언어학적 정돈이 고전 소설 문학의 서사 규칙에 따라 기능한다. 바로 거기서 문학과 말이 착란으로부터 피 하기 위한 듯 허구 속에서 만난다.

다른 한편으로 강박적인 진실임직함의 과정은 억압의 기능을 한다. 성 적인 관계를 맺지 않음의 무의식적이고 불가능한 진실에의 이월과 거리감 을 요구하는 전형적인 문체의 반복(간접적인 통사론적 작용과 상투화된 어 휘들 분절의 연속)의 심연에 의한 담론에 앞서는 것으로서 말이다. 그런데 강박 억압의 작업은 '성공할 수도 끝도 나지 않는 싸움으로 통한다.'[4] 그 리고 이 실패는 '언제나 더 이상의 실패이다.'[5] 그 속에서 담론의 두께란 생겨나는 보강과 재포착, 즉 억압된 진실임직함의 과정의 두께가 아닐까, 그리고 항상 끝나지 않을 이 작업은 정신병 환자의 말에 구멍을 뚫는 현 실과 무관하지 않은 언어 형성 과정의 방법을 통해 이루어진다.

담론의 보고서(그럼직함)

　진실의 문제와 진실임직함의 범주에 다가가려면, 자크 라캉이 만든 작은 대수학적 기계(네 개의 담론, 그것들의 네 개의 자리, 그것들을 지적하는 네 개의 어휘와 그들의 위치들[6])에서 참조된 짤막한 사전적 정립을 통해 담론의 정의를 개진해 보도록 하자. 진실과 진실임직함 사이에서 라캉의 개념인 **그럼직함**(semblant)을 소개해 보자. 이것은 나에게 억압/배제의 분절화 과정을 연구하도록 하기 위해, 다시 말해서 신경증과 정신병 사이의 틈을 벌어지게 하는 기호계의 균열을 이해하기 위해서 특히 작용하고 있는 것으로 보인다.

　정확히 말해서 모든 담론의 기원은 한 주체에 의해 결정되지 않는다(비록 담론이 주체를 정의한다고 할지라도). 그러니까 담론은 주체에 언술화 과정의 자리를 할당하는 구조인 것이다. 따라서 담론을 가정하는 것은 글쓰기이다. 즉 담론은 사회적인 관계를 엮어 가면서 언어적 영향권 내 언술화 과정의 위치에 주체를 등록시키는 효과를 완성시킨다. 무의식 주체의 위상 안에서 그를 결정짓는 시니피앙들을 확산시키는 동시에 위치시키면서 말들이 그의 분할을 즐기는 사회적·언어적 생산성 속에서 주관적인 위치를 결정짓는 것은 글쓰기, 즉 독창적인 지형학적 형곽이다. 이 글쓰기의 공간은 사회적 사실에 주체들을 재구성하는 언술화 과정의 부피에 대한 한계와 그 한계의 해체를 구성한다. 결국 적어도 사회 관계의 문제가 되는 최초의 주관적인 단절 결과들을 낳는 이 구조가 글쓰기 자체 속에서 사회성 분할들의 흔적을 나타낸다는 사실에 주목하자. 타인의 작업을 통과하는 담론의 생산성 순환 속에서 구조의 생산(생산품)은 근본적으로 그 진실로부터 단절되어 균열 상태에 있다(생산화 과정 조건의 진실). 담론이 나타나게 하는 것은 이 분열된 구조와 더불어 씌어지면

서이다. 생산품은 그 속에서 생산품의 나머지 조건들을 알기에는 속수무
책이다.

담론성의 위상적인 기재:

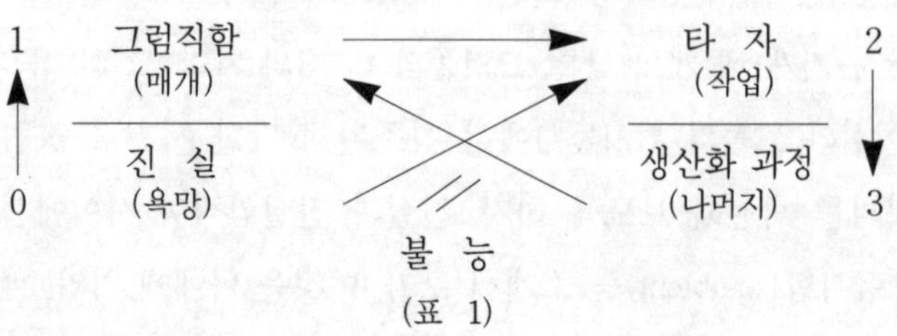

우리 사회 담론의 조직화 과정:

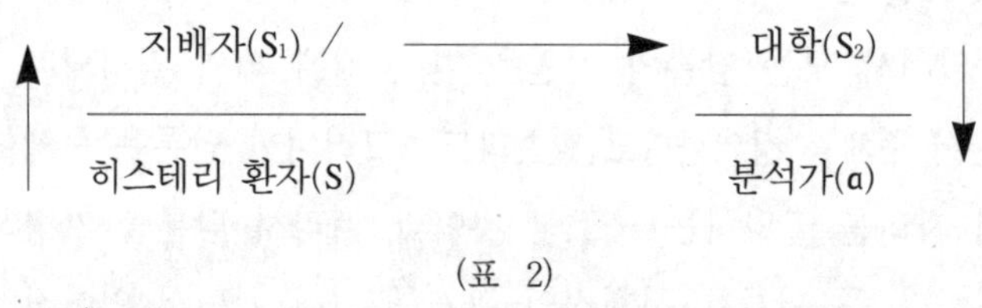

담론 기능들
S_1 : 시니피앙-지배자
S_2 : 지식
S : 분열된 주체
a : 넘쳐나는 향유

그런데 한 담론의 지배적인 장소, 담론에 그 일관성(과 그럼직함)을 부
여하는 범주는 진실을 숨기도록(가리도록) 하는 기능에 알맞은 **그럼직함**
의 그것이다. 보다 엄밀히 말하면 그럼직함으로부터 진실의 겉치레와 동
시에 그곳에는 존재하지 않는 것을 은닉하는 진실을 보아야만 한다. 그
럼직함이 참이라는 사실로부터 포착된 진실이 성적인 향유의 표현(그 표

현이 결함이 있는 것으로, 주체를 이루는 누군가를 만족시키는 데 실패한 것으로 말이다. 즉 여성에게 '참'인 것이 남성에게도 참이지만 그 둘은 같은 방법으로는 포착되지 않는다)이라는 의미에서 말이다. 희열의 잔존하는 표현은 그럼직함에 과해진다. 왜냐하면 그럼직함은 멜로디가 있는 변장, 성관계의 유혹적인 흥내이기 때문이다. 그러니까 패러디풍, 겉치레의 가장, 전략적 기교로 말하는 것 같다. 그럼직함의 가장 자연스러운 특징은 분명히 동물에게서 나타나는 성적인 과시이다. 이 고대적 상징 전략, 기교에 근거한 유혹하기——최초의 그럼직한 가장. (겉치레는 말하자면 그런 척하는 것, 그럴 듯하게 만드는 것, 흥내로서 타인의 외양을 갖추고 유혹하는 것이다. 겉치레는 재현임과 동시에 겉꾸밈·가장·술책을 의미한다. 그럼직함이란 그리이스어의 가장하는(prospoïëmaï)으로부터 유래한다. 즉 가장하다, 그런 체하다, 직관적 그럼직함은 플라톤에게서처럼 어떤 사람이 호감을 얻기 위해 하는 행동을 말한다. 프로스포이에마이 에이데나이(prospoïëmaï eidenaï), 그것은 아는 체하는 상태이다. 프로스포이에마(prospoïëma)는 가장, 꾸민 태도, 겉치레를 의미하고 프로스포이에시스(prospoïësis)는 무언가를 얻어내려는 기교, 프로쉐마(próchema)는 자신을 드러내 보이기 위해 간직하는 장식이나 변형들이다.[7]) 대략 가장된 진실이 가지는 최초의 기능은 담론의 최초 조건이다. 즉 그 기능은 성적인 '대화,' 타인에게 요구하려는 책략, 의사 소통적인 가장에 필수적이자 상징적인 모종의 표현을 재현한다. 왜 그것이 의사 소통적인가, 그것은 타자에 의해 포착되기 때문이다. 나는 가장하는 것을 모르게 가장한다. 내가 너를 욕망하고 있다는 것을 너에게 알리기 위한 그것은 소외화 작용의 시니피앙이다. 의미화 과정의 필수적인 이타성에 대한 시니피앙 말이다. 우리의 최초 세미나에서 줄리아 크리스테바가 말한 바, '진실의 위치와 공증'으로서 계약 협정, 중재에 길을 내기 전 분리와 살해, 부인(체념과 억압, 확산과 분산)에 근거한 상징적 기능에 내재한 변질과 이동 말이다.

우리는 다음과 같이 말할 것이다. 즉 진실이란 구조의/안에서 억압된/고-집하는 **욕망**, 결국은 증상으로 전락하는 욕망인 것이라고. 우리는 이 기능이 구조의 논리에 가치를 부여하고 있다고 제안할 수도 있다. (참/거짓의 해석장이라는 의미에서 그러니까 예를 들면 히스테리 환자가 무의식적 욕망을 진실의 가치로 간주하여 활성화시키는 반면, 분석가들은 진실이라는 단어를 무의식적인 지식이라고 해석하고 있는 것처럼 말이다.) 이렇게 구조는 그것의 해석적 가치를 발견해 낸다. 왜냐하면 진실의 존재론적인 기능이 되는 것은 **시니피앙의 의례적 작업** 이외의 것은 아무것도 아닌 그럼직함(그럼직함은 조건, 담론의 '진정한' 보고서를 재현한다)에 의해 억압되어 있기 때문이다. 그러나 우리는 성적 향유의 진실에 기대어 담론의 진실은 위상의 좌절이라는 점을 알 수 있을 것이다. 왜냐하면 진실에 언어를 부여하는 위상은 그로부터 선택을 해야 하고, 때문에 부인할 수 없게 욕망을 만족시킬 수 없는 요구의 변질 속에서 반쯤 말하는 것이기 때문이다. 위에서 만족되지 못한 욕망은 담론의 법칙, 그럼직함에 필연적인 것으로, 이 그럼직함은 진실을 억압하는 것을 숨김으로만 작용한다. 또 진실에 대체되어 지시 대상의 부재를 감춘다. 즉 그럼직함은 **부족한 지시 대상으로 대체된다.** 그것이 억압 기능의 편에 서는 것도(욕망이 표현하는——주지하다시피 그것에 관련된 것은 최우선성이다——것에 고유한 길 자체에 의해 금-지하면서/허용하면서) 정확히 말하면 이 진실이다.

달리 말하자면 그럼직함은 증상이다. 그것은 협약 속으로 회귀케 하는 억압이다. 이 증상의 비장한 자리는 담론의 **명령법**, 그것의 **동작주**를 특징지운다. 그럼직함은 담론을 만드는 데 **필수적인** 의미 작용의 실천에 있어서의 협약을 제시한다. 이 협약은 담론을 가능케 하는 금-지의 양태를 규정하고 정식으로 만드는 책임을 그럼직함에 부여한다. 개념들이 유희하도록 증상이——그러니까 바로 그곳에 이득 자체가 있는 것인데, 즉 증상이 생산하는 희열 말이다——그럼직하도록 정착한다고(그럼직한 것을

즐기는) 가정해 보자. 그것은 **그럼직함의 향유**이며 무의식적인 앎의 변형
을 향유하는 데 있다. 그럼직함은 언술적인 구조 속에 증상의 영역을 도
입하면서 동시에 억압의 기능과 억압된 것의 증상으로의 회귀(이런 의미
에서 억압과 억압된 것의 회귀는 같은 것을 지칭한다)를 재현한다. 결과적
으로 그럼직함에 의한——이 과정과 더불어 담론성은 억압의 모-순적인
기능을 요구한다. 이 진실의 그럼직함, 그러한 억압의 효과는 진실(가능
한 것으로서의 진실)의 가능성을 의미한다. 다시 말해서 그럼직함의 상태
에 있는 이 시니피앙은 범주적으로 진실을 의미하는(범주로서의 진실) 이
유로 담론을 가능케 하고——또한 이 시니피앙은 결국 다음과 같은 주장,
즉 그것은 진실을 말한다(다시 말해 **그것이** 진실이다)——그것만을 내세
우면서 진실에 대한 착란적인 효과에 담론을 연결시킨다. 존재하지 않는,
또 그럼으로써 말하기에 불가능한 이 기원을 지닌 채 진실은 담론의 현
실을 정의한다. 즉 씌어지기를 멈추는 것, 그렇지 않으면 변형된 방법으
로 항상 약간 빗나간 늘 그것이 진실이 아닌 만큼 진실과 닮은꼴임에 불
과한 그럼직함의 차이를 가로지를 것 말이다. 따라서 그럼직한 담론이 진
실일지도 모르는 바를 알게 해준다는 사실을 재현한다.

　여기서 우리는 그럼직함의 진실임직함을 아직 구별하지 않았다고 할
수 있다. 또한 담론성의 장에서 진실임직함이 문학·허구·서사가 되는 법
을 재현하는 것이 그 특성을 가장 가깝게 설명할 수 있는 도구가 될 수 있
다. 진실임직함은 문학을 이루는 그럼직함의 효과, 글쓰기에 불가능한 진
실, 불가능의 진실을 진실임직하게 만드는(서사화하기·글쓰기) 그럼직한
말이다. 즉 **근본을 파헤쳐 보면** 그것은 언제나 성적 차이에 대한 진실이
다. 두번째의 근사치는 **그럼직함이 상징 기능**이라는 사실을 포착하는 것
이다. 반면 진실임직함은 상상적인 영역(생생한 말에 대한 어떤 종류의 장
애물, 따라서 그것은 하나의 능력으로부터 발생한다)이다. 진실로부터 진실

임직함에까지 대조는 증상의 **일탈**, 알아야 할 것과 무시해야 할 것 사이 (아니면 차라리 앎과 모름 사이의)에서 가능한 협약의 차이를 주창한다. 진실/진실임직함, 즉 계열체의 충돌 속에서 **진실**(alethe a)[8]은 내가 처음부터 **타자가 추첨한 의견**으로 정의한 독단론에 맞선다. 그럼직함은 진실과 진실임직함 사이의 차이화 과정과 식별의 정확성을 도입한다. 즉 그것은 이 차이화 과정, 분할 자체의 정도를 이루는 것이다. 그럼직함은 진실 및 진실임직함과 그것의 **차이·맞섬·충동**의 장소를 정의한다. 따라서 상징적 재현과 담론의 언술화 과정의 시작은 삼중의 분절, 즉 진실한 것/진실임직함/그것들의 차이 속에서 일어난다. 재현하기 위한 재현화 과정에 의해 요구할 수 있는 이제 제삼자적 개념을 정돈하면서 그럼직함은 시니피앙의 기능 속에서 기호를 구축한다. 이때 시니피앙은 그것이 재현하는 것이 주체인 까닭에 그가 의미하는 바와는 다른 것을 재현하면서 하나의 다른 시니피앙 곁에서만 의미를 지닐 뿐이다. 이 시니피앙은 또한 언술화 과정과 욕망(요구와 그것의 잔재) 사이의 대립(또는 차이)의 놀이 속에서 솟아오른다(에 근거한다). 게다가 만약 진실이 폭-로의 과정이라면──존재와 담론을 형성하는 무지의 정열에 대립하는 이 노력──그것은 진실의 존재론이 폭로되었기 때문이다. 즉 진실은 우선 억압되었다. (진실은 항상 **이미** 억압되어 있고, 이 억압은 담론의 초기부터 존재한다.) 다시 말해서 그것은 언어가 있고 무의식이 있기 때문이다. 분할과 떼어내기, 억압된 것, 진실은 되돌아와서 다중음성적인 동음이의어적이고 다중의미를 가진 복수성 안에 자리잡는다.

자, 여기서 빠르게 소개해 보자. 즉 **주체의 증상**은 그것이 주체의 언술화 과정을 결정지으면서 담론의 진실에 대한 최후의 특징으로 욕망을 스스로 재인식하도록 만드는 증상의 협약 속에 있는 한은 그 **구조의 진실이다**. 이러한 관점에서 볼 때 자크 라캉이 고립시킨 네 개의 담론 연구를 위해 내가 고안한 마지막 형식적 특성이 여기 있다. 각 담론의, 지향하는 속성과 서로서로 진행/퇴보(진전/퇴행)에 따라 네 개의 담론을 참고하면서 담론 기재의 총체의 기능을 보는 것이 그것이다. 즉 히스테리 환자 → 전문가→ 대학→ 분석가——이렇게 언술된다. 다시 말해서 각 담론은 그것에 앞서고 그것의 원인이 되는 담론 속의 진실을 생산한다. (각각은 각자의 생산물을 가지고 있다.) 또한 모든 담론의 비밀스러운 진실을 재현한다. 아니면 이것에 헤겔의 색깔을 부여한다. 즉 한 담론의 진실은 그 진전을 재생산하는 것 속에서 실현된다.

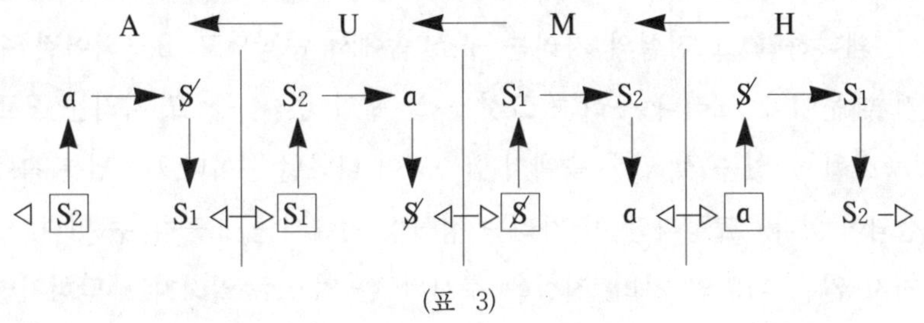

(표 3)

담론 생산성의 **추론성**과 그것의 원인은 그 진실 속에 존재한다. 즉 접근 불가능한 것으로서 추론성은 구조 속에 잠재된 것, 억압된 부분을 재현한다. 이 필연적으로 불가능한 베일에 숨겨진 것, 진실은 무의식의 영역을(말-언급) 담론 속에 떠오르게 하는 것이다. 존재는 그 논리 속에 담론의 현실을 결정짓는 억압과 무지의 요구를 따라 상징계에 접근한다. (이중의) 등록에 다름 아닌, 무의식적인 공간의 수립을 따라가면서 구조의 창립자인 이 억압을 실현하고 재현한다. 이 공간은 억압의 흔적(기록을 고정하고 결정하는 표면을 규정하고 정의하는 등록)을 수집하면서 동시에 글쓰기와 그 삭제의 표면을 구성한다. 즉 삭제된 글쓰기의 변질되지 않는 기록/공간의 지탱으로 말이다.

이제 여러분은 네 개의 묶음으로 담론의 관계(줄리아 크리스테바가 언술화 과정의 지형도라고 부른 것의 묶음)에 직면해야 한다는 사실을 이해했을 것이다. 이 담론 관계의 묶음에서 결과적으로 언술화 과정의 상징적 조건들을 근본적으로 혼란시키는 것을 제외하고는 언술화 과정/언표 관계의 붕괴, 언술 공간의 파괴, 담론성의 구조 너머로의 퇴행 등은 심심치 않게 일어날 터이다. 그럼직함은 진실의 말로 표현할 수 없음을 보충할 수 있는 유일한 기능이다. 그것은 **언어의 법칙에 불가능을 새겨넣게 하는 성관계의 비-기록성에 대한 보완물**이다. 왜냐하면 자리를 잡지 못하기 때문에 내가 영도(零度)의 자리라고 불렀던(도표 1에서) 진실의 자리, 우리는 그것을 지적하고 형식화하고 명명화하여 결정할 수 있을 뿐이다. 왜냐하면 그 진실의 자리는 구조 속에서 주장되고 요구되어질 수 있기 때문이다. 그러나 우리는 그것을 알 수가 없다. 즉 그 자리는 오로지 축소될 수 있는 것, 담론 속에서 함축되어 나타날 뿐이다. (즉 담론 속에 포섭되어 있다.) 그렇지만 이 자리는 정신병 속에서는 **표출될 수 있다.** 알려지지 않은 비밀의 자리, 진실은 무시된 한 앎으로 열려지고 닫혀지면서 담론이 그 의미(그 의미화 과정과 그 지향성)를 띠는 진정한 출발점을 의미한다. 하나의 운동에 따라 그 안에서 언어와 글쓰기의 추가가 의미화 과정을 사회화 과정으로 떠미는 그런 운동 말이다. 왜냐하면 진실의 밑바닥에는 **진실-임직함**이, 그러니까 그럼직함과 닮은꼴이 될 그럼직함만이 있기 때문이다. 다른 말로 하면 한 담론의 **진실**이 진실임직함의 법칙으로만 표현되기를 모색하는 것은, **시니피앙 자체로 인해서 그럼직함에 의해 선별되면서부터**이다. 따라서 시니피앙의 분열된 기능을 그 그럼직함의 위상으로 이해하는 것은 결과적으로 다음과 같은 사실을 명시한다. a) 정신병으로 인한 그럼직함의 결핍(파기·배제); b) **정신병은 담론을 만들지 않는다.** (그러니까 그럼직함과의 교체는 불가능한 진실의 솟아오름, 받아들일 수 없는 언어의 고대적 지대의 위기를 작동시키면서 광기의 영역을 촉구한다.)

여러분들이 서로 묶인 네 장소의 필연성을 잘 볼 수 있게 하기 위해 내가 방금 설명했던 바대로 라캉 담론의 도표를 그렸다. 다음 두 가지의 또 다른 기능에서 하나의 깊이를 증명하기 위해 아래 내용을 덧붙인다. a)구조는 담론이 관계를 맺기 위해 **타자**가 그곳에 자리를 차지하는 모든 명백함을 요구한다. b)어떤 담론도 효과 없이는 어울리지 않을 텐데 여러분은 담론 속에서 **생산물**의 잉여 공간을 발견할 것이다. 게다가 진실과 생산화 과정 사이에는 두 자리(구조의 생산물／생산화 과정의 조건)를 연결하고 있는 한 구조물이 진실의 자리로부터 생산화 과정을 근본적으로 절단하는 **무능성**으로 부서진다.

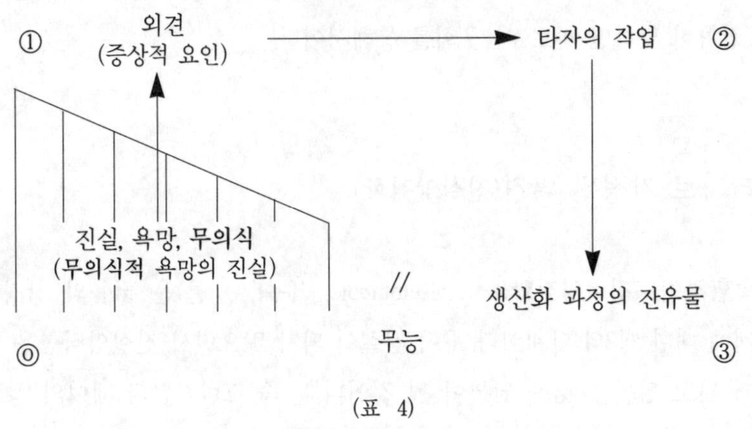

(표 4)

그 원칙 속에서 신경증 담론의 항렬에 오르는 사실(단숨에 '정상적'인 증상으로 변형되면서)을 조건짓는 것은, 그럼직함에 의한 욕망의 진실에 대한 바가 억압／변형이 담론을 진실임직하게 만드는 효과를 가지고 있다는 것에 있다. (그럼직함은 말하는 바가 사실이도록 한다.) 진실에다가 그럼직함을 실행하는 억압은 그럼직함 속에서 협약의 증상적인 형식하에 표현되기를 모색하면서 다시 나타나는 앎, 무의식적인 앎에서 구축을 실현한다. 이 작업을 통해 그럼직함은 담론의 서로 다른 생산자적／분리되어진／분리하는 기능들(만약 현실이 불가능으로 표시된다면 증상은 필연성으

로 특징지어진다)을 간단한 공식으로 연결하면서 넘쳐나는 매듭을 실현
시킨다. 말할 수 있음의 조건인 그럼직함은 이 가면을 가로질러 말하기 위
해 담론을 취하는 필연적인 가장과 왜곡의 기능이다. 그것은 최초의 어긋
남, 현실의 이동이며 그것을 통해 억압되고 노-출된 것은 나타나고 변-형
된다. 결국 이동의 수사학적 배가를 스스로에게 요구하는 진실임직함 속
에서 진실은 허구로 판명되고 허구가 진실에 명령을 내렸음이 드러난다.
이 과정 속에서 진실임직함은 방향 전환점을 조정하면서 억압의 가중된
정도를 실현시킨다. 이러한 관점에서 글쓰기는 담론보다 거짓에 가깝지
만 글쓰기가 현실에 닿는 것, 아니 현실을 이룬다고까지 말할 수 있는 것
은 정확히 말하면 바로 이 우회를 통해서이다.

타자로 가정된 의견(진실임직함)

종합하면, "진실임직함(le vraisemblable, '문학' 담론)은 닮음의 상징적
관계에 대한 제2의 단계이다. [···] 진실이 되지 않으면서 진실임직함은 현
실과 닮고 담론과 닮은 담론이 될 것이다."[9] 즉 그럼직함의 제이의 정도,
진실의 제이의 이동, 진실임직함은 현실을 와해시킨다. 그런데 이같은 의
미와 진실과 현실의 심연으로 밀어넣기 속에서 담론은 언어의 일반화 과
정의 방법으로 언어-의지(말하려는 의지)를 구성할 것을 모색한다. 그럼
직함은 그것에 담론적 상징성(언어의 의사 소통적 기능)을 덧붙이기 위해
언술의 현실(그곳에서 말이 나오는 비-장소)을 구별하고/억압한다. 또한
그럼직함은 필연적인 하나의 담론에 대한 닮은꼴을 완성하고, 그것을 통
해 재현화 과정 가능성의 조건들에 담는다. 그럼직함이 현실을 재현하는
것을 목표로 삼고 있는 반면, 진실임직함은 언어의 상상적인 영역(말-언
급)을 도입한다. 진실임직함은 언어학적인 저항을 통해(통사의 경도, 의미

론적 빈곤함) 말 속에서 확실해진 욕망의 무지를 도입하는 담론의 한계들을 알려 준다. 타자로 추측된 의견을 복사한 이 상상적인 것은 억압과 부인의 작업 속에 새겨진 언술화 과정을 발견하고 발전시키면서 언표의 종료(또는 심연)에 앞선다. "여러분은 그것이 꿈속의 인물인지를 물어봅니다. 나의 어머니가 아니지요." 사실상 "이렇게 질문하지요. '당신에게는 이 상황 속에서 어떤 것이 가장 **진실임직해** 보입니까? 동시에 무엇이 가장 당신 생각과 동떨어졌는지 생각해 보세요.' 환자는 함정에 떨어지고 가장 잊을 수 없는 것을 말합니다. 그것을 통해 그는 거의 항상 정확한 것을 실토합니다."[10] 여기서 프로이트가 무의식의 억압된 것을 명명하기 위해 사용한 단어에 주목해 보자. 그것은 최상의 비진실임직함, 모든 것 중에 가장 비진실임직함이다. 이것에 비추어 보아 부인의 관점에서 진실임직한 언표는 진실임직하게 만드는 상상화 과정을 통해 억압을 유지하는 **부인의 부정의 순간을 재현한다. 그가 내 어머니가 아니라는 것은 사실이 아니다(나는 확신하지 않는다).** (이 언표는 무의식의 논리 속에서 긍정과 등가물이 아니다. 즉 **그가 나의 어머니라는 것이 사실이다(나는 확신한다).**) 그런데 이 이분법, 즉 **확신**(Bejahung)／**억압**(Verneinung)을 이은 제삼의 시간은 그 속에서 '억압의 과정 자체가 아직 일어나지 않은' 지성적인 작용을 정의한다. 왜냐하면 여기서 '지성적인 기능은 정서적인 과정과 분리되기' 때문이다. (**대략** 이 개념들로 바꿔 놓을 수 있는 것, 즉 여기서 상상적인 기능은 상징 과정과도 분리된다. 그러니까 여러분들은 여기서 흥미롭게도 프로이트의 지성적인 기능이 라캉의 개념에서 감정적인 상상적인 것의 범주와 상징계의 그것과 동격이라는 사실에 주목하게 될 터이다.) 억압된 진실을 지탱하는 진실임직함의 과정에 대한 상상적인 작용(부인의 부정), 치료 과정에서 정신분석가가 '부인을 극복하고 억압된 것의 완전하게 지성적인 수용이 일어나도록 하는 데 성공하는 상황에 명확히 부합한다.' "당신이 틀림없이 옳아요. 그 사람이 어머니가 아니라고 말한 것은 내 잘못이었어요." 부인으로 되돌아오면서 긍정은 완전히 진실임직함이 되지만, 진실은 정서적으로 억압된 채 남아 있다. 첫번째 시기(부인): 그 사람은 내 어머니가 아니야(그러니까 그녀는 나의 어머니가 틀림없다). 두번째 시기(진실임직화하는 과정 속의 이중의 지성적인 부정): 그녀가 내 어머니가 아니라는 것은 사실이 아니다. 그는 그녀가 자신의 어머니라고 생각하지만 그는 그 사실을 모르고 있다. 억압이 유지된다. 왜냐하면 '정서적인 것은' 그녀가 나의 어머니라는 긍정을 할 줄 모르기 때문이다. 덧붙여 프로이트는 내가 여기서 진실임직함의 과정이라고 부른 강박증 환자에게서 빈번하게 나타나는 이 작용의 '멋진 보완물'을 주목하고 있는데, 그것은 증상의 이해를 위해 소개되었다. "나는 새로운 강박적 재현화 과정을 보유합니다. 내 생각에 이 강박 재현은 정확히 그것을 의미하고 있습니다. 그러나 아니에요. 그것은 사실상 진실이 아닐 수 있어요. 그렇지 않으면 그것은 내 머릿속에서 그런 식으로 각인될 수 없었을 거예요." "그가 치료 과정중 경청했던 바에 기초하면서 파기한 것이 바로 새로운 강박적 재현의 정확한 의미이다." (강박증 환자의 분석은 제일 처음의 목표로서 그로 하여금 말하는 것을 막게 하는 이 진실임직함의 과정을 용해시키는 데 있다.)

그런데 부인은 부정하면서 파괴 이상의 작용을 한다. 다시 말해서 부인은 창조인 것이다. 프로이트는 그 속에서 사고의 발생을 재인식했고, 지성이 죽음에 대한 일시적인 욕망으로부터 솟아오른다라는 사실을 이해했기 때문이다. (정확히 말해서 강박적인 것은 '지성'을 성적인 것으로 만들고 사고에 성을 부여한다. 즉 강박신경증은 사고의 전능 감정이 우세한 '이상적인' 구조이다. 담론에 대해서도 역시 우리는 같은 방법으로 말할 수 있을 것이다. 즉 억압은 그럼직함을 통해(차이가 관계에 새겨질 수 있도록 성적인 것에 부족한 기원 결핍의 폐지) 창조적이 된다. 왜냐하면 이 억압은 죽음을 파괴하면서(축출), 그러니까 그것을 취소하면서 담론적 설명을 가능케 하는 것이다(말할 수 있다). 그러나 진실한 것 같아 보이기에는 거리가 먼 진실임직함에 의한 언술적 억압의 중복은 언술화 과정을 담론의 법칙에 일치시키는 한편 언표를 의미의 법칙에 일치시킨다. 그 중복(redondance)은 언술과 과정의 정당화 과정을 증식시키고 '좋은 의미'로 언어를 동결한다. 즉 이 언술적 억압의 과잉은 불가능한 현실의 억압 위에 담론을 세워 놓는다. 이때 진실임직함은 진실과 전적인 희열을 확신시키는 역경 사이를 더욱 벌려 놓는 만큼 말하려는 의지를 보다 가능한 어떤 것으로 만든다. 성관계가 어떠한 기록 방법도 가지고 있지 않은 만큼 성적 특성이 부여된 존재는 그럼직함(희열의 그럼직함)을 통해서만 희열에 접근할 수 있다. 따라서 그는 성행위 속에서 현실에 매달려 있는 상태로만 이 '모든 희열'을 소유할 수 있을 것이다. 결국 우리는 진실임직함이란 **우리가 그럼직함 속에서 만들어 내는 진실**이라고 말할 수 있다.

   진실임직함은 결국 수사학을 만든다. 즉 그것은 담론에 내재적인 동시에 외재적인 진실에 대한 복종으로 제시되는 공식적인(과정에 따른) 법칙인 것이다. 그것은 **체계적인 정당화 과정**이다. 다시 말해서 정당화 과정은 체계를 만들어 나가면서 담론이 말하는 것을 합법화시키기 위해 드러내고 제시하는 것이 아니다. 반대로 그것은 담론 그 자체가 되기 위해 지워지고 삭제되고 가려지는 것이다. 그러므로 말하기는 언술화 과정의 조건들이 언표를 제약한다는 의미에서 말한 바를 결정짓는다. 내가 그것을 말할 것을 허락받은 일이 내밀한 어떤 것을 생산한다. 다시 말해서 담론의 기능으로 그것을 노출하지는 않는다. 언어의 조건들은(상징적 조항) 담론과 말하기의 법칙(일반적인 것과 사회적인 것에 그 기원을 둔)에 의해 정당화되고 말한 것(주체의 긍정)을 짓이긴다. 진실임직함은 순화 과정과 말의 일반화 과정에 앞선다. 일반화 과정은 그 세대를 가면으로 가려야만 한다(세대를 발견하면서). 여기서 말의 조건들은 스스로를 긍정하면서

스스로를 부정하고, 담론의 현실을 스스로 부정하면서 스스로를 긍정한
다. 즉 진실임직함은 억압의 봉합이자 **그럼직함의 부인**을 실현한다. 그것
은 말하는 능력을 말하는 의지에 부합시키면서 그럼직함을 배가시키고
잃어버린다.[11] '자연' 행세를 하는 것은 생산화 과정이고, '삶'인 체 가정
하는 것은 역사성이다. 그리고 '원칙'을 주창하는 것은 우발성이고, '원
인'을 가장하는 것은 다음에 올 일이며, '의미'를 기대하는 것은 선의이
고, '목적' 같아 보이는 것은 가장이며, '결백'하고자 바라는 것은 살해이
다. 진실임직함은 능동적인 기능으로서 사회의 장 속에서 새로운 생산화
과정이 점진됨에 따라 그것을 뒤덮으면서 펼쳐진다. 왜냐하면 진실임직
함은 담론에 공존하면서 사회성 속에서 관계를 이루고 정착하여 주체들
의 언어 생산을 엮어 가기 때문이다. 이처럼 현대성은 결국에는 항상 진실
임직해질 가능성을 지니고 있다. 그것이 진실임직함에 의해 복구될 수 있
는 한에서 말이다. 이 **회복하는** 기능(정상화하기·억압하기)은 자크 라캉
이 **일반 담론**이라 부른 것으로 설명된다. 담론의 법칙, 진실임직함은 따라
서 **사회적인** 법칙이다. 사실상 진실임직함은 그것이 일반적인 방법으로 정
한 사회 담론의 상황과 다른 지시 상황을 절대 가지지 않는다. 담론을 일
반화시키는 법칙, 이 법칙은 담론의 기능적인 법칙(사회 관계)을 정의하면
서 원칙인 것 같은 법칙(그럼직함)에 부응한다. 진실임직함은 담론(사회적
인)과 서사(문학의)에 공통된 **지시적인 착란**[12]이다. 그것은 서사 자체의
법칙이다. 즉 하나의 허구(변형된 진실), 다른 세계(유토피아), 허구적인 과
거(또는 현재).

그 어떤 것도 진실임직함을 취소시킬 수 없다. 왜냐하면 그럼직함의
결과로, 다시 말해 담론의 해체만이 진실임직함을 폐지할 수 있고, 또 반
대로 상징적인 것으로 모든 것을 오염시키며 권력에 참여하면서 그것을
회복시키는 것이 바로 이 진실임직함이기 때문이다. 바로 그 속에서 그
것이 조정되는 것(진실임직함이 변한다, 역사가 이루어진다)이다. 그것이

온유해질 때가 바로 그것이 완고해질 때이다. 모든 담론과 실천의 선두적인 주요 골자는 독단론(집합적인 의견을 가지는 것)을 위해 진정해지는 것으로 끝장이 난다. 어떠한 언술도 의견의 성격을 가지는 것을 피하지 못한다. 모든 것으로부터 '우리'는 의견을 만들 수 있는 것이다. 매 진보마다(일반성을 부정할 경우에만 가능했던, 즉 새로운 것은 일반적인 것에서 언제나 제외된다) 이 새로운 각각의 부분은 곧 일반적인 것이 되고 만다. 토론의 대상이 된 새로운 것은 더 이상 이론의 여지가 없는 진실임직함이 된다. 이제 그것은 이야기되어진(서사화된) 것으로서 역사 속으로 지나간다. 결코 절대적이지 않은 그렇지만 일시적으로 영원성을 약속받은 진실임직함은 가장 많은 수의 식세포에 의한 정당성의 과정이다. 그것은 담론의 상태에 대한 허용 조건이다. 그것을 허용한다. 같은 사회적·문화적인 진실임직함은 공중의, 공공의, 또 다수의 의견을 대표한다. 그것은 한 언표, 한 행위의 정의를 수립한다. 또 의미화 과정, 의미의 판정을 생산한다. 그것은 유일성·단일성의 능력이다. 그것은 가치와 해석 사이의 운동을 제약하고 한계짓고 고정시킨다. 그것은 의미화 과정의 유일한 울타리에서 언어를 몰아냄으로 인해 의미와 희열을 깨부순다. (이렇듯 우리는 분석적 해석이 진실임직함이 아니라 등가성 속에서 진실을 반만 말하게 할 뿐이라는 점을 포착할 수 있다. 왜냐하면 분석가는 '이해'를 연기하기 때문이다.) 문화적이고 사회적인 초자아의 표현인 진실임직함은 그 과정의 논리에만 자리를 내어 주면서 그 고유한 활동을 숨기는 삭제와 억압이다. 즉 의미의 최후를 말하는 것, 의미화 과정을 해방시키는 것, 이같은 이념적인 담론의 기능을 통해 사회적인 것은 그것의 끊임없는 분할 기반을 밀어내고 단일한 단일성으로서의 스스로를 확인한다. 진실임직함은 욕망을 하나의 규범으로 축소시킨다. 그것은 도덕이자 이념의 순화, 제국주의이다. 그것은 말을 선의 속으로 이주시키면서 평가, 현실의 가치 측정에 착수할 것이다. 따라서 그것은 담론부터 상상적인 것까지의 풀칠하기와 응고라고 할 수 있다.

 담론성은 지시 대상의 결핍(진실은 지시적이지 못하다)에 부응하는 그
럼직함의 효과를 그 출발점으로 삼는다. 의례상의 그럼직함은 진실을 억
압하면서 진실임직함과 그것의 증식을 허용하는 것에 대한 지시 대상의
결핍을 부인한다. 요컨대 담론에 대한 지시는 진실임직함에 의해 결국 외
연된다. 왜냐하면 그것 '본래의' 지시를 진실임직한 담론에 부여하는 것
은 항상 또 다른 진실임직한 담론[13]이기 때문이다. 참의 억압, 그 속에는
의미가 무의식적 욕망의 형곽들에 대한 끝없는 전개로서 입증될 뿐인 참
의 억압이 스스로를 모르는 하나의 앎을 야기한다. 이같이 그럼직함에 의
해 조직된 공간에서 진실임직함의 범주는 욕망의 원인과 그 대상 사이에
서 언어가 열어 놓은 차이를 감찰한다. 통사론적인 합성으로 다시 말해서
주체가 자기 욕망을 거주시켜야 하는 담론의 구조에 의해 배열된 그 욕
망(의 대상)에 대한 주체의 관계, 은유적으로는 거리.

 진실임직함은 담론의 전략에 의해 무의식적 앎을 지식으로 변형시키면
서 가린다. 왜냐하면 진실임직함은 의미 없음(의미의 과잉)을 하나의 의미
에 대한 표현으로 축소시키는데, 이같은 앎에 대한 가장은 욕망의 성격을
변화시키고 반(半)-말하기의 양태들을 왜곡시키며 변조하기 때문이다. 각
담론의 구조 속에서 '히스테리'의 담론과/또는 '과학'의 담론은 진실의
장을 강요하려 하면서 결국은 앎을 생산하려 한다. 반면 '지배자'의 담론
속에서는 앎에 일을 시키는 것('일꾼'으로 되돌아오는 잔류하는 희열을 수
단들로 정의하면서)은 타자('노예')이다. 그런데 이 과정은 잊혀지고('레
테') 제약되어, '지배자'의 진실로 이루어진 주체의 억압을 그 대가로 치
러내는 것이라는 사실을 알아내는 데는 진실의 기능에 대한 앎의 기능을
살펴보는 것으로 충분하다. '분석가'의 담론은 무의식적 앎을 진실처럼
기능케 하는 것이다. 말하자면 분석 담론은 해석 과정과 전이의 분석을 통
해 이 앎의 진실이 드러나도록 앎을 진실의 효과에 대질시킨다. 가장 진실

임직한 담론은 '강박' 담론과/또는 앎을 진실임직화시키는 '대학' 담론이다. 앎의 그럼직함에 의한 이같은 의미 축소는 지식에 의해 진실의 억압을 정당화시킨다. 그같은 것은 언어의 가치를 곧 진실임직화시키고 일반화시키는 대학과 과학의 방향이다.

　참과는 반대로 인정받지 못하는 신경증은 그럼직함으로 선별되는 대신에 넘쳐날 것이다. (여기서 언어는 즉각적으로 그 진실에 투과될 것이다.) 엮이지 않으면서, 그러니까 언술화 과정의 **지형도**가 사회 관계를 해나가는 데 고유한 똬리를 형성하지 않고서 말이다. 그 결과 스스로가 진실임직함의 제약에 굴복하는(귀납적 과정 또는 위조 가능성의 전략 등등) 과학적(또는 종교적) 언표와 구별되는 것이 바로 이 장소이다. 즉 정신병적 진실의 바탕은 하나의 우주적 진실, 확신이나 신념 같은 것으로 양태 변화시키려는 환각적 바람을 따라가면서 진실임직하게 하는 담론적 조작자들을 제외시키고, 그럼으로써 언어와의 관계를 이탈시키거나/재구축한다. 착란은 언어의 진실을 발-견하는데 그것은 진실을 고정하려 하면 도망친다. 자크 라캉이 '엄정함에의 시도'[14]라는 착란적 사고 속에서 이해한 바는 정확히 말하면 과학과 정신병 사이의 근접성이다. 물론 하나의 시도가 성공일 수는 없다. (프로이트, "나는 편집증 환자가 실패한 바로 그 지점에서부터 성공으로 접어든다" 참조.) 그렇지만 **엄정함**은 '대타자'에 의해 추정된, 즉 과학과 착란 사이의 왕복 운동을 경멸하면서(보다 정확히 말해서 정신병 환자에게는 '대타자'의 의견은 추정된다기보다는 **보증된** 것인데) 진실과 가장 가깝게 점착될 것이다. 이러한 주제에 따라 그의 《논리학 방법론》에서 다룬 바, W. 콰인이 우리에게 소개한 서두를 인용하기로 하겠다. "모든 과학과 마찬가지로 논리학 또한 진실을 추적하려 애쓴다." 진실을 추적하므로 계획이 확실한 이상 우리는 진실에 이르지 못할 모든 가능성을 가지고 있다. (추적한다는 것은 포착한다는 것과는 다르니까.)

　신경증 환자 그는 엄정함의 주체는 아니다. 왜냐하면 그는 희열(그의 욕망)의 진실을 억압하고 있기 때문이다. 즉 기껏해야 그 엄정함은 **정확함**으로 한정될 뿐인데(강박증 환자보다 더 정확한 것은 아무도 없다) 그건 아주 다르다. 신경증 담론의 주체는 그 희열의 탐색 과정 속에서 대타자로 하여금 결과에 대한 앎을 낳도록 한다. (그가 그의 희열의 방법들을 거두는 것은 대타자의 시니피앙을 (능가)가치화시키는 순환 속에서 타자에게 표현되는 것으로부터이다.) 반면 신경증 구조 속에서 주체는 성적 특징이 부여된, 또 말하는 존재로서 **자기 자리**의 진실을 스스로 생산하려 모색한다. 정말로 참인 진실, 게다가 특별하기까지 한 진실은 그것 자체가 미치게 하는 것임이 입증되었다. (비트겐슈타인에 따르면 그 진실은 끔찍함이다.[15]) 그러나 반대로 진실임직함은 특별하지 않은 방어성을 지닌다. 그것은 항상 우주론적 담론이다. (다른 것들 사이에서 정신병 치료는 상징화 활동의 방법으로 이 유일한 진실을 진실임직하게 만드는 데 있다. 분석의 경험이 어떠하든간에 그것이 예술적 실천이건 이론적 조작이건간에 말이다. 위대한 철학적 '과학적' —— '편집증적 지식'의 체계들의 정신병 참조.) 만일 우리가 '담론'에 대해 말할 수 있다면, 아마도 정신병이란 **진실의 담론**이라는 것——그렇지만 그것은 이 '진실의 위기'에 대한 치료를 시도하는 담론의 붕괴에 불과함을 말해야만 할 것이다. 이 착란 속에서 주관적 진실이 떠오르는 것은 분명히 **확신**으로서이다. 왜냐하면 현실(다른 말로 집합적인 진실임직함)을 실패로 돌아가게 (부인)하기 위해 세상을 재구축하는 특별한 진실의 방법으로 이 착란이 치료에의 **고독하고 엄정한** 시도라는 의미에서 진실이기 때문이다. 다른 한편 만약 **종교가**——우주론적 강박관념의 신경증이라는, 그것은 착란적인 그 밑바닥의 진실임직함의 과정(일반화 과정)이라는 의미에서일 뿐이다——왜냐하면 **신앙**이 작용하는 것은 문자 그대로 확신이라는 방법으로 표현된 진실이기 때문이다. 반대로 믿음은 사실임직한 진실, 믿을 만하고 수긍할 수 있는 것(수긍할 수 있는 것: 승인받을 가치가 있는 것, 검열이나 권력이 허가한 것)으로써 스스로에게 부여된 진실의 외양처럼 정의된다. 아리스토텔레스에서 진실임직함은 공통의 의견(독사·독단론)에 의해 **가능하다고** 간주된 것의 총체를 의미한다. 이 가능한 진실로의 수긍할 수 있음에 대해 프로이트는 종교가 품을 수 있는 진실의 부분을 '전적으로' 무시하면서까지 거부하기를 포기하지 않았다.[16] 어쨌든 정신분석을 엿보는 것은 이 믿음과의 관계이다. 그러나 정신분석은 다음의 법칙을 와해시키려 한다. 여기서 정신분석이 와해시키려 한 법칙이란 프로이트가 강박증 분석(쥐 사나이)을 계기로 시작한 근본 법칙의 기술적 시도일 뿐이다. 이 근본 법칙은 또한 진실임직함의 원칙을 억제하는 데 그 기능이 있다. 언제나 진실과의 차이 속에 뿌리박고 있는 진실임직함은 현실의 한가운데서 하나의 가능성, 특징적 명확함을 지시한다. **우리가 믿고 있듯이** 진실임직함은 **동의**(그것은 상상적인 점착이다)를 야기한다. 그것은 신임을 얻게 하고 신용하게 만드는 것이다(그것은 믿음을 부른다). 그것은 **존재함직함의** 외양을 하고 있다. 즉 가치 평가의 규범·가치·체계──**도덕**과 같이 말이다. 진실임직함은 '선의'의 의식, 분할된 균형을 착각함으로써 생겨난 믿음을 의미한다. 그것은 대다수가 그럼직함이라고 인정한 의견이다. (**인정한다는 것**, 그것은 마치 신용하고 있다는 것처럼 인식된다. 여기서 평판이란 신용·가치·평가하는 바를 의미한다. 다시 말해 **도덕적인** 견지에서 볼 때 영예롭게 인식되는 것에 다름 아니다. 그것은 **대중성**을 지니고 있는 동시에 권위를 가지고 있는 것을 의미한다.)

반면 믿음 속에서는 확신의 감정이 변신하면서 은밀한 **근본 바탕**을 이루는 동시에 재분할을 감싸는 분할을 간직하게 한다. 반대로 정신병 속에서 확신은 정신병 환자로 하여금 **확신의** 주체이도록 한다. 그것을 통해 확신은 재분할을 우회하는 동시에 주체로 하여금 분할을 간직하게 만든다. 이 과정 속에서 진실에 대한 확신은 주체를 빠져 달아난다. 아니면 바야흐로 대타자의 앎이 절대 명확하다고 자리잡기까지 확신은 변혁되면서 현실 속에서 드러나는 진실로서 포착된다. 그 결과 자크 라캉의 애인은 다음과 같은 편지를 한 유명 작가에게 보낼 것이다. "선생님, 제가 당신과 친분이 없음을 무릅쓰고 당신께 저의 열렬한 마음을 전합니다……성모 마리아, 이 이야기는 어쩌면 저의 이야기인지 모르겠어요! 당신도 아시다시피 모든 사람들이 그 이야기를 어느 정도는 알고 있지요……"[17] 명확히 해보자. 전이는 타자가 알고 있는 것으로 추정되는 것이 아니라 실제로 알게 되었을 때(또한 법적인 의미에서 '범죄가 입증되는 것,' 즉 의심하는 것과 실제의 구형 사이)가 다르고, 또 주체가 더 이상 타자의 욕망에 자문하지 않고('그가 내게 무얼 바랄까?') 타자가 그에게 무얼 바라는지를 확실히 알게 될 때('왜 그가 날 죽이려 할까?')가 전혀 다른 것이다.

주체의 진실이 타자의 (진실)에 의해 지탱되고 유지되는 것이 사실이라면 이때 타자는 하나의 지지대라고 가정해 볼 수 있다. 그에 반해 확신은 '객관적인' 진실과 '주관적인' 진실(또는 '물질적인' 진실과 '역사적인' 진실) 사이에서 붕괴되는 와해의 효과일 것이다. 이렇듯 '엄정함'과 '이성'(헤겔의 과학에서와 같은)의 운동은 주체를 절대적 앎에까지 인도하면서 광기 속에서만 그 완성을 보게 될 것이다.[18]

손상된 말(강박증 환자의 담론)

우리가 지금까지 살펴본 관점에 따르면 진실임직함은 참의 판별 기준을 유예하는(그것은 대타자에 의해 추정된 의견에 유예된 진실이다) 그럼직함에 대한 부인이었다. 여기서 나는 이 박사 학위 논문에 대한 검토를 제안하는 바이다. 강박증 환자는 진실임직함의 주체이다.[19] 강박성은 과잉에 대한 진실-임직함의 담론일 것이다. 어쨌든 문체의 재평가는 제외시킨 채[20] '문학적' 신경증을 상기시켜 보아야 한다. (곧 알게 될 테지만 서로 같은 담론적——통사론적·문체론적——조작들과 비교되는 체제가 문학적 담론에 있어서 신경증적 말을 규정짓는다는 의미에서.)

　강박적 신경증은 의심에 굴복하는 한편 진실한 것이 그 판별 기준, 즉 욕망의 정지점까지 이르는 연기를 스스로 결정지을 수 있는 순간의 유예로부터 생겨나는 이 광기에 종속되어 있다. "진실일지도 모르는 것을 말하는 것보다 더 두려운 일은 아무것도 없다. 왜냐하면 무언가가 더 이상 의심의 영역에 속하지 않을 때 신은 무슨 일인지 알 테고, 만약 그렇다면 그것은 완전히 진실한 것일 테니까 말이다."[21] 사실상 모든 결정적인 판별 기준은 유예되어 있는데, 왜냐하면 선택은 결정적으로 욕망으로부터 나오기 때문이다. 강박적 증상의 특징은 결정지을 수 없는 것 내에서 욕망을 유지하면서 의심 속에서 승리한다. 기간의 무한한 퇴각 그 속에서 진실은 결정내려야 할 것, 즉 대기 상태가 된다.[22] 그러나 이른바 의심은 시니피앙의 불완전성에 부응할 뿐인 불확신과는 완전히 다른 것이다. 강박증적 의심은 네+아니오, A+A가 아님 같은 순환하는 말들의 그룹을 이용하여 담론의 장을 말살시킴으로써 그럼직함의 불완전성을 축소시키려 한다. 그것은 확신 가능성의 장을 고갈시키는 절망적인 시도의 되풀이일 터이다. 사뮈엘 베케트는 바로 이 무시무시한 탈당의 실현화에 근접하고 있다. "때로 난 내 그림자와 나 사이를 혼동하고 때론 혼동하지 않기 때문이야. 그리고 가끔은 내 물항아리와 나 사이를 혼동하기도 하지 어떨 때는 아니기도 해."[23] "최악은 바로 마지막이라 할 수 있어. 아니야 최악은 시작이기도 하지. 그 다음은 중간, 그 다음을. 하지만 결국 최악은 끝이야. 이 목소리, 그것 최악은 매순간이지……."[24] 진실임직함의 영역을 말살시킴으로써 강박증은 참과 거짓 모두에 공평한 가능성을 부여한다. "그건 사실이 아니야. 만약 그것이 사실이라면 그것은 사실이거나 사실이 아니야. 그것은 침묵이거나 침묵이 아니야. 아무도 없거나 누군가가 있지. 아무것도 아무것을 막지는 못해."[25] 과장된 진실임직함으로

증식된 결정지을 수 없음은 불가능한 선택의 표식처럼 스스로 (지)탱된
다. "아마 틀림없이 그 때문에 내가 말한 그 시기에 비해 내가 더욱 우유
부단했을 것이다. 그 시기에는 사실 최근에 비한다면 약간은 결단성이 있
었겠지만서도. 여하를 막론하고 사실을 말한다면(사실을 말한다면!) 난 한
번도 특별나게 결단력을 가진 적이 없다. 다시 말해 뭔가를 결정한다든가
하는……"[26] 시간의 유예는 시니피앙의 전개를 멈춘다——최후의 것이
될, 결국 결정내리지 못하는 것 자체를 유예시킬 정지점이 될 한 시니피
앙에의 고리의 위반에의 시도, "내가 지금 그걸 말한다. 그러나 깊숙이
내가 무얼 알고 있는지, 지금 이 시대에 지금, 의미가 얼어붙은 말, 무겁거
나 가볍게 호명되는 죽은 세상이 내게 와서 얼어붙는 이때에 말이지? 나
는 말들, 죽은 말들이 아는 것을 알아. 그것은 합쳐 보면 꽤 많은 양이 돼.
시작과 중간과 끝을 합쳐서 잘 조합된 문장처럼 시체들의 길다란 소나타
속에서 그리고 내가 이것이나 저것, 또 다른 것을 이야기한다고 해도 정
말 중요할 것은 없어."[27] 지체 개념의 무한한 연기로, 의심의 체제에 부합
하는 방법으로 묘사하는 강박적 시간성에 대해서는, 그것은 다음날까지
의 연기(알퐁스 알레)가 다음과 같은 경구로 잘 정의내리고 있는 "당신이
내일 모레 할 일을 내일로 앞당기지 마시오"와 "경우에 따라 불확실할
수 있는 시간[28] 속에서 잡아늘여진 조급한 기다림(압와튼)의 양태에 따라
끊임없이 재구축된 대기를 비난한다."

　강박적인 언술의 결정 불가능 속에서 간접적인 담론은 심연의 터무니
없는 균형을 취한다. 그 속에서 언술화 과정의 여러 감속된 단계들은 언
표로 다양화될 때까지 서로 맞물린다. 데카르트가 그의 《성찰》(《제일철학
에 관한 성찰》에서 그는 다음과 같은 제목을 붙여두고 있다. 〈우리가 다시 한
번 의심해 보아야 할 여지가 있는 것들에 대해〉)에서 우리에게 제시하고 있
는 어조는 내가 붕괴된 간접적 문체라고 부른 것에 관한 매우 의미심장한
예를 보여 주고 있다. "내 지난 시절 몇 년간으로부터 진정한 것들에 대

한 다량의 거짓된 견해들을 수용했었다는 사실을 깨닫는 것, 또 지극히 확신할 수 없는 원칙들에 바탕을 둔 나의 사고들이 결국에는 너무나도 의심스럽고 불확실함을 깨달은 것은 비단 하루이틀의 이야기가 아니다. 그때부터 나는 이전에 신임하여 받아들여 왔던 모든 의견들을 내 인생에서 다시 한 번 해체시키려는 심각한 시도를 하여야만 했었다. 내가 만약 과학이라는 체계 속에 보다 견고하고 항구적인 어떤 것을 정립하려 한다면, 그 근본 바탕부터 완전히 새로이 시작해야 한다는 결정이 그래서 내려졌던 것이다. 그러나 이 시도는 내게는 상당히 무리한 것으로 보였고, 따라서 나는 그 이상 더 잘할 수는 없을 아주 성숙한 나이에 이를 때까지 기다렸다. 이렇듯 나로 하여금 오랫동안 지연시키도록 만든 점은 그때부터 만약 다시 한 번 행동하도록 내게 남을 시간을 자유롭게 사용한다면, 내가 오류를 범할지도 모른다는 사실이었다. 그러므로 오늘 이 계획을 위해 나는 모든 정성을 다해 내 정신을 자유롭게 만들고, 행복감 덕에 그 어떤 정열로도 흔들리지 않음을 느끼며 평화로운 고독 속에서 안정된 휴식을 스스로에게 부여했고 이렇듯 신중하게 그것을 내게 적용시켜서 자유와 더불어 […]."

　강박적 언술화 과정 속에서, 침묵의 심연들은 비록 그것들이 가장 가깝다고 할지라도 모든 말들을 각각 분리시킨다고 볼 수 있겠다. 이 심연의 구렁텅이(끝없는 깊이)는 가득함, 하나의 분할에 있어서의 극한, 추락, 파괴에의 위험, 상실의 상태, 다시 말해서 요구의 심급에 대한 **차연**, 욕망의 순간에 대한 연기를 의미한다. (**손상되다**: 손해를 입다 혹은 파괴되다, 소멸되다, 무한성 속으로 떨어지다, 거리에 대한 무 속으로 파묻히거나 매장되다, 파괴의 지옥 속으로 솟구쳐 들어가다.) 이 억압의 결과는 그것의 기술적인 실패를 증언하는데, 왜냐하면 그것은 이 실패의 되풀이이자 프로이트가 강박증의 특징으로 인식한 것이기 때문이다. 언제나 이동하는, 끝-없-는 억압, 다시 말해서 이동에의 필연성에 다름 아닌 체계적인 비기능을 가리키기 때문이다. 욕망에로 끝없이 열려진 히스테리적인 즉흥성이나 터무니없음과는 매우 다른 강박적 담론은 그와는 완전히 반대로 휴지나 유예도 없이 시니피앙의 수집, 그것들에 대한 지칠 줄 모르는 계산, 봉합을 확인하기 위하여 열거된 것들에 꼬리표를 붙이고 모델들을 정렬하여 카탈로그의 기억을 재편집하고 수집물들을 되풀이하며 항목들을 나열하고 완성된 것들을 체계화하며 마지막을 봉합하고 빗장을 지르는 등등을 하려 애쓴다. 그럼으로써 유치된 것을 행정화시키고 그것에 부족한(할) 시니피앙들을 (재)발견하려고 강경화시킨다. 강박증 환자는 시니피앙의 회계 주임, 우유부단하게 끊임없이 확인하는 자이다. "속아 넘어가지 않는 것, 그것이 내가 할 수 있는 최상의 일이다. 속아 넘어가는 것, 그렇게 되지 않기를 바라면서, 그렇지 않았다고 믿으면서, 속았다는 것을 알면서, 속아 넘어가지 않았다고 속아 넘어가지 않으면서. 왜냐하면 그것이 무엇이건간에 되는 일이 없어 잘 될 테지, 아니지."[29] 손상된 말, 간접적이고 부정적인 말을 통해(동사의 양태 변화나 이중·삼중의 부정이 교차되는 놀이를 통한 술어 폐지의 전략을 살펴보시오) 강박증은 대타자가 창조자이며 진실의 보유자이고 보증인이라는 확신을 얻기 **기다리면서** 죽음을 격리시키기 위한 불가능을 시도한다. 심연은 진실과 희열 사이의 거리, 비결정의 지점에까지 진실임직함을 확대시킴으로써 의미와 죽음 사이의 공간을 두껍게 하는 차이를 넓히는 **페이지넘기기**이다. "[…] 진정한 침묵을 말하는 것, 난 잘 몰라, 내가 그걸 잘 모른다는 것, 그것이 없다는 것, 아마 있을지도 모른다는 것, 그래 아마 어딘가에 그게 있을 텐데, 그걸 나는 절대 모를 거다."[30] 그것을 통제하고 무한함을 닫기 위해 **언술 공간의 가장자리**를 치고 틀을 만든다. 한계를 짓는 것은 바로 **비결정성**을 통해서이다. "사실 미친 사람은 오늘날 결정을 내리거나 그렇지 않은 척할 자이다. 그러나 여기 머무르는 너는 그곳에 가입하려고 아니면 가입하지 않으려고 무절제한 사절로 들어갔지. 왜냐하면 가입하거나 가입하지 않으면서 너는 커다란 불편함에 노출되거나 노출되지 않을 테니까——그러니까 여러분도 그렇게 판단하지요?——난 판단하거나 판단하지 않아, 네가 보기에 좋아 보이는 것을 해(그는 허송세월을 한다). 네가 보기에 그렇지 않을 것을 해(그가 허송세월을 한다). 불행이 네게 떨어지든지, 그렇지 않든지(항상 허송세월을 한다) 그건 네게 달렸어(그가 다시 허송세월을 한다). […] 겁낼 것 하나도 없어. 그가 말하며 나를 안았다. 우리는 회의를 열 것이다. 그리고 나는 너를 내 동향인들에게 소개해 줄 것이다. 그들은 네게 커다란 도움이 되거나 아무런 구원도 되지 못할 거야! 이 근처에 많은 부유한 상인들, 사장들, 금융가들이 있고 그들에게도 내가 너를 밀어넣어야, 너를 밀어넣어야…… 아니면 밀어넣지 말아야 할 텐데…… 그리고 자 여기 허송세월하러 떠나는 거야.”[31)

그런데 모든 것을 말하려 하면서 이 결정내릴 수 없는 가능성의 감속화 과정('가입하든지 안하든지') 그것은 의미를 폐지하고 증식하면서 모든 것을 주체의 고유한 존재에 이르기까지 입증-불가능한 것으로 만든다. “내가 생각하는 아무것도 입증할 수 없으므로, 내가 존재하는지조차 알 수 없다.”[32)] (임상에서 우리 속에 각인된 이러한 착란적인 언표는 진실임직함 논리의 극단을 의미한다. 그것을 통해 근본적으로 앎을 눈속임으로 간주함으로써 존재를 그 진실임직한 증거에 대한 격렬한 질문에 종속시키는 일 말이다.) 현실의 척도를 부여하기에 이르러서 그것의 증식화 과정은 진실임직함 그 자체를 말을 그치게 하고 이야기를 동요시키면서 진실임직하지 않은 불가능한 것으로 만든다. “사실들에 이르기 전에 사람들이 정말로 사실들이라고 하니까, 나는 이 늦여름 오후 이 장님인데다가 귀머거리이고 불구인데다가 미친 덴(Dan)이라 불리는 또 내가 매그(Mag)라 부를 한 노파에 대한 이야기를 덧붙이려 한다. 그리고 그녀 혼자와 더불어 나는 ——아니다. 그걸 얘기하지 말아야지, 말하자면 그걸 얘기할 수도 있지만 그걸 얘기하지 않을 것이다. 그래 그것을 이야기하는 것은 내게는 쉬운 일이다. 왜냐하면 그건 사실이 아닌 것이기 때문에."[33] 사실상 이같은 말하기의 의지와 의미화 과정의 축소(시니피에의 석화 작용 또는 지혈 작용) 저 너머에서 진실임직함은 담론 속에 언표들의 다중 의미적 사실을 재도입한다(말의 (의미)비우기를 통해 억압된 욕망의 회귀). 왜냐하면 그 심연의 현기증 속에서 진실임직함은 담론의 모호성을 재발견하기 때문이다. 그러나 그것은 'vel'을 'aut'로('ou'를 'et'로) 변환시키면서 참/거짓(긍정/부정)의 제외를 폐지시킴으로써 보다 특별히 통사론적인 층위에서 이루어진다. 이같은 통사론적 진실임직함의 층위에서 담론은 수사학적으로 의미를 정렬한다. 그러니까 말하지는 않지만 수사를 사용하는 강박증은 베케트의 인물을 표현해 준다. "왜냐하면 내 구간들은 점점 더 짧아지고 그 결과 내 정지들은 점점 더 잦아졌어. 잦아진데다가 늘어났다는 것을 덧붙일까, 왜냐하면 긴 정지의 개념은 짧은 구간의 개념에도 잦은 정지의 개념에서 유래하지 않기 때문이다. 그것은 그에 대해 보다 심사숙고하기 위해, 적어도 잦음이라는 말에 그것은 지니고 있지 않은 의미를 빌려 주기 위해, 세상에 그 누구도 위하지 않으려고 내가 하지 않으려는 것[34]이다." 접근 불가능한 최후의 시니피앙인 강박적인 진실임직함의 과정은 담론을 가중되는 서사처럼 구축하고, 이 속에서 각각의 언표는 결국 그것의 반대 의미와 동격이 된다. 왜냐하면 이 체계 속에서 각각의 언표는 결국 그것의 반대 의미와 동격이 되기 때문이다. 또한 이 체계 속에서는 하나의 낱말, 또는 다른 낱말이 결정적으로 사실이거나 거짓일 수가 없기 때문이다. 즉 이 각 절은 동시에 효력과 모순을 포함하고, 담론의 과정은 정확히 모든 형태의 비결정성을 입증하고 확인하는 데 집중되어 있다. "[…] 나는 말하는 커다란 입이다. 존재하지 않거나 또는 아마도 존재할 것들을 말하는, 존재하는지 안하는지 그것을 알기는 불가능해. 문제는 거기에 있지 않지."[35] 진실임직화 과정의 전략에 있어 최후의 지점은 그것들을 그것과 반대되는 언표, 그리고 해체시키면서 담론을 만드는 모순들과 관련짓는 폐지의 생산성에 있다. 이같은 모든 가능한 진실임직함, 통사론적 조작의 엇비슷한 봉합 과정들을 통한 의미의 선별은 주체의 언술성 자체를 위협한다(착란으로까지 열리는). 수사학적 과잉과 낱말들을 서로의 반향에 놓는 것은 상징적 재현화 과정의 요구들을 교란시킨다. "왜냐하면 한 존재, 한 장소들을 묘사하는 것, 내가 잠깐이라고 얘기했듯이, 그렇지만 난 누구도 해할 생각은 없어. 그 다음에는 그것에 관심조차 없어져서 다시 쳐다보지도 않았지만 그건 그러니까 뭐라 말할까, 나도 모른다. 말하기를 원치 않는 것, 우리가 말하길 원하는 것을 모르는 것, 우리가 말하기를 원한다고 믿는 것을 할 수 없는 것, 그리고 언제나 거의 말하는 것, 여기서 중요한 것은 원고의 열기 속에서 관점을 잃지 않는 것이다."[36]

이같은 말하려는 의지에 의한 말하는 능력의 봉합 과정, 항상 숙고된 서술화 과정, 수사학적 과잉은 말의 근본적인 퇴화로 전복될 수 있다. 그 속에서 억압된 것이 언제나 폭발하려고 위협하는 언어 사용을 구사하려는 시도는, 레르 박사로 하여금 그의 기도문들을 지극히 간결한 한 지점으로 축소시킨다.[37] 그러니까 그는 여러 기도문들의 첫 문자와 첫 음절을 조합해서 만들어 낸 **하나의 유일한 단어**[38]로 의미론적인 모순을 궁지에 몰아넣으려고 생각했던 것이다. 진실임직함은 자율적 담론의 가치이다(참/거짓과는 독립된). 그 관계는 그것에 불가능한 참과는 반대로 현실로부터 이루어진 것이 아니다. 진실임직함은 그것이 대중의 의사와 더불어 정립한 관계를 통해 담론의 상상적인 조절과 착란적인 논리를 재현한다. 즉 이념(욕망)은 담론의 외부에 있고, 담론을 포장하여 그것으로부터 담론이 영양을 취하는 이 장소에 의해 합법화된다. 즉 받아들여진 이념을 이루는 경화된 의미인 합의가 되는 바이다.

참-의는 납-득시키려는 경향을 띤다. 그것은 담론의 의미에 '선'의를 강요하면서 그것을 입다물게 하고 멈추게 한다. 진실임직함은 내가 세상으로부터 배척되지 않았다는 사실을 보장한다. 따라서 나는 그것의 증인,

연합자인 것이다. 타자로 추측된 담론, 나의 닮은꼴(언제나 나보다 훨씬 '사회화된')은 내가 말하는 것이 사회 관계에 참여하게 됨을 보장한다. 그러니까 나 역시 하나의 담론을 지니는 것이다. 상상계에 답하는 행복, 진실임직함은 내게 답하는 것, **현실 속**에서 내가 말한 것에 답하는 것이다. 내가 말할 때 그것을 말하는 것은 내가 아니다. 그것은 타자를 일반화(우주론적인; 무-관심의)된 형식하에서 내가 받아들인 것이자 그대로를 언술하는 타자들인 것이다. 진실임직함을 말하면서 나는 타자와의 공모를 호소한다. 나는 그의 공모자인 것이다. (라틴어 'complex': 얽힌 자, 담긴 자, 일정하게 연합한 자, 공모자 비교.) 그리고 그는 나의 형제이다. (바로 거기 형제애가 있다. 너는 나의 형제이다. 내가 저지른 죄와 같은 죄를 저질렀기 때문에 ——공통으로 저질러진 죄는 사회성을 공고히 해주고 살인자 형제의 동아리를 이루는 살해이다. 그리고 그 위에 사회가 놓여 있다.)

진실임직함은 담론 속에서 그 기원을 찾고 또 다른 담론의 생산화 과정을 그 진실의 중심점으로 삼는 그런 담론이다. 그러니까 진실임직함은 특별한 텍스트(주관적인)를 일반적인 텍스트(사회적인)에 종속시키는 손상된 구조를 의미한다. 그 언표들은 서로 반영되고 나열되고 '우리': '사람들이 그러는데' ——속담·상투어, 판에 박힌 말들 속에서 예를 찾아볼 수 있는 언술화 과정의 심연 속에서 뒷걸음질친다. "그래 난 그걸 좋아했어. 내가 부여한 그 당시에 내가 했던 것에 제기랄 내가 항상 부여한 이름을 말야. 난 그것에 대한 아무런 자료도 없어. 그 전에는 전혀 좋아하지도 않았고, 그렇지만 자연히 물건·집·학교·유곽·교회 같은 것에 대해 말하는 것을 들었지. 그리고 소설, 운문으로 된 것, 또 산문으로 된 것을 학교 교사의 감독하에 읽었지, 영어로 프랑스어로 이탈리아어로 독일어로 물론 언제나 의문거리가 많았지만 어쨌든 난 내가 했던 것에 이름을 부여할 줄 알았지. 룰루라는 단어를 암소의 배설물 위에 쓰고 있는 중인 나를 갑자기 발견했을 때, 진창 속의 달 밑에 누워 있는 쐐기풀을 줄기를 자르지 않고 뽑으려 애쓰는 것을. [⋯] 사랑은 당신을 나쁘게 하지, 그건 확실한 사실이지. 그렇지만 정확하게 어떤 사랑과 관련된 것일까?"[39] 이같은 **다른 것**(진실·진실임직함은 **이상향**이다)을 참고하는 것은 말로 하여금 공공 의견에 종속되도록 하고, 담론의 사회적 규칙으로 자처하면서 언술화 과정을 받아들여진 이념들을 규정하는 **독단론**의 지배력 아래 등록시킨다. 진실임직함은 **참**을 외연하는 척하면서 참의 억압을 양태 변화시키고 그럼직함을 내연할 뿐이다. 그로부터 **독단론**에 대한 강박적인 기원, 주체의(욕망의) 진실에 대항한 전쟁의 기계, 마치 욕망의 신경증에 있어 혼잣말할 수 없거나 상대방에게도 말할 수 없는 듯 말이다. 즉 그가 말하는 것은 절대 그가 욕망하고 있는 것일 수가 없다. "내가 왜 이야기를 하고 있는지 도무지 알 길이 없군. 또 다른 이야기를 더 잘할 수도 있었을 텐데 말이다. 아마도 다음번에는 또 다른 이야기를 할 수 있을 것이다. 생생한 영혼들, 여러분은 그것이 서로 닮아 있음을 알게 될 것이다."[40] 그 결과 강박증 환자가 말할 때 그의 욕망은 언제나 그것이 벌려 놓은 욕망과 피하는 요구 사이의 너무도 커다란 거리를 증명하는 진실임직함 속에서 소외된다(빼앗긴 욕망). 진실임직함은 말의 속을 파낸다. 주체의 말은 앞으로 말할 타자에 의해 발화하도록 하는 순간에 매개화 과정의 필연성에 의해 유지될 수 있다. 그 자신에게 말하러 올(결국은 물론 그것을 상기하기 위해서) 다비드 중위에게 레르 박사가 제삼자를 보낸 것처럼 말이다. "그는 [⋯] 말하면서 스스로를 [⋯] 위로했다. 내일 [⋯] 또 [다비드에게 말할] 시간이 날 것이다. [⋯] 그런데 그는 아무것도 하지 않았다. 그는 다비드를 자기 나름대로 떠나게 놔두고 어쨌든 오후 중에는 그를 보러 가서 그에게 이야기하겠다는 사실을 부하에게 알리도록 임무를 주었다."[41] 간접 언술화 과정이 강박 담론 속에서 그 영역을 가득 차지하는 것은, 특히 서로 고리로 연결된 종속 관계의 통사론적 조작에 의해서이다. 프로이트와 더불어 제2차 치료 과정에 접어드는 레르 박사가 서두에 꺼내는 문장의 문체로 들어가 보자. "오늘 당신에게 조언을 구하도록 나를 밀어붙인 사건을 이야기하면서 시작해 보려 합니다."[42]

참도 거짓도 아닌 것으로 밝혀진 진실의 담지자인 히스테리 담론을 통해 자크 라캉이 지적한 바[43]와는 다르게 우리는 강박증적 해명은 동시에 참이며 거짓인 것에 대한 진실을 발견하는 데 있다고 말할 수 있다. 그것이 중대한 것이 아닐 경우 거짓말할 권리를 빼앗거나 거북스러움 없이, 다시 말해서 정확성에 대한 세심한 근심으로 진실을 조금도 고려하지 않고서 한 말을 취소함으로써 히스테리 환자는 서술적인, 즉 허구적인 불완전한 주관적인 구조의 베일을 벗겨낸다. 이 구조를 진정하게 만들어 주는 것은 다시 말해 그 서사의 구조인 것이다. 만일 히스테리적인 '거짓말'이 그 진정성을 발견한다면 진실 속에서, 좀더 구체적으로 말하면 그 욕망과 희열 속에서 그 원천을 길어올림을 의미한다. 반대로 강박증은 범주적 진실의 빈틈없음과 정말로 참일 수 없는 참으로부터 생겨나는 쉼없는 의심으로 점령되어 간접 담론적 방법의 언표는 진실임직함으로 부풀려진다. (롤랑 바르트는 진실임직함이 아리스토텔레스가 기만하는 말이라 명명한 과정에 기초한다는 사실을 상기시킨다.[44] 진실임직함은 자크 라캉이 충만한 말——도덕적인 말에 대립시키기 위한 빈 말——기술적인 말이라 부른 말의 전략으로 인도한다.) 그러한 조건으로 그것에 동반하는 것은 모든 가능한 진실로부터 강제로 피하는 것이자 희열을 불가피하게 철회하는 것이다. "[…] 내 생각에는 결국에 가서 그것 때문에 피곤해지는 천치 같은 놀이이다. 그렇지만 그것이 사랑이었다고 믿으면서, 왜냐하면 그녀가 내게 그렇게 말했으니까 마지못해 그걸 하려고 준비했다."[45]

종국에 가서 진실임직함의 범주는 습관을 지배한다. 그것은 법칙, 글쓰기에는 존재하지 않지만 사용(말의 사용, 사고의 익숙함, 말에의 관습) 법칙 속에 존재하는 것의 순서를 정렬한다. 관습, 그것은 발화된 법칙 모두와 개인 각자가 유포시킨 법칙이며 소문, 법칙의 풍문(법칙에 긍정한다고 말하는 것), 관습법에 대한 공통의 경영이다. 현행의 원칙, 그것은 보통의 담론을 정립하면서 ('인정된' 사용)이라 할 수 있는 언어 습관이다. 즉 문자 그대로 말해서 아무것도 초과하지 않으니 다시 한 번 어원학에 기대를 걸어 보자……. 왜냐하면 **어원학**에 기대를 거는 행위의 모순은 더 이상 통용되지 않고 지체된 선결의 가치를 일깨우는 것과는 거리가 멀기 때문이다. 이 구원 요청은 현대 언어에 의해 이미 완성된 진보를 거꾸로 재생시키고 **앞으로의 언어 도약**처럼 언어에 부여된다. 결과적으로 어원학은 한 단어에 새로운 가치를 부여할 것이다. 그럼으로써 **아직 발화되지 않은** 언어의 보유고가 될 것이다. 그것은 촉구나 힘겨운 보조 운동을 조금도 발전시키지 않고, 오히려 반대로 전위의 도약처럼 발동을 건다. (따라서 자크 라캉의 'sinthome'은 아직 사용되지 않는 어떤 매우 현대적인 단어이다. 조이스의 방법인 언어의 교차와 유사한, 즉 아직은 사용되지 않은 언어이다.) 넘치는-차이를 가져오면서 어원학은 여러 개의 언어가 불러일으키는 혼란을 야기한다……. 그러므로 다시 한 번 어원학이 자기 역할을 하게끔 하자. 관례가 규칙, 항렬에 놓기, 사물들의 질서 속에 있음을 재현한다는 것을 나타내기 위해서 말이다('**Ordinarius**': 항렬에 놓기, 순서대로 정렬하기, 잘 정렬하기). 관례는 또한 주교·판사·군인을 특징짓는다. a)교구의 **주교**는 '서품'('항렬에 따라 안배하는 행위')을 주는 사람이다. 이것이 종교의 내면이다. b) 법적 내연은 여기서 완전히 현행의 것으로 나타난다(비교. '관습의'). 즉 상임 **판사**는 사실 법을 발효시키는, 그러니까 '법칙'을 부여하는 사람이다. c) 상임 **군인**은 명백히 항렬에 있는 사람을 지시한다. (같은 방법으로 보통의 시민은 '정렬된' 사람이다. 반대로 보통이 아닌 사람은 '항렬에서 벗어난' 사람이다.) 반면 '일반 전비(戰費)'는 군인에게 지불할 예산을 말하는 것으로 '항렬 속에서의 질서'를 유지시키는 것이다. 이 용어는 **사이버네틱스** 학자의 가치(보통 TV ── 정보학자는 새로운 '사물들의 질서,' 즉 '컴퓨터'에 지식과 정보들을 저장한 파일들을 정보화시킨다)를 특징화시키기에는 적당하지 않을까? 그리고 왜 **강박증**(전혀 '정돈' 되어 있지 않고, 그렇다고 '정돈'하려 하거나 '질서를 바로잡으려고' 절대 근심하지도 않는 그가 살고 있는 법칙의 사용, 그의 의식(儀式)에 '익숙한 습관'에 '젖어든' 것이라고밖에는 할 수 없는)은 설명하지 못하겠는가? 관례는 또한 비구별(구별할 수 없음, 특별하지—않음, 즉 차이를 실격시키는 것 말이다)과 무관심(질이 좋지 않은), 범속함, 보통의 것(아무것이나), 습관적인 것('익숙한,' 예외가—아닌(놀랍지 않은),[46] 공통의(지나치지 않은, 빗나가지 않는) 것을 지칭한다.

이제 나는 라캉의 사각형 도표를 인용하면서[46] **강박 담론**에 대해 이야기하려 한다. 이 도표에서 그럼직함 상황에서의 앎(앎의 그럼직함)은 시니피앙의 이득을 위해 희열의 진실을 억압한다. 한 절대자(그에게 앎과 희열이 전달된) 앞에서 (이 앎의 그럼직함에 동일시하는) 주체는 굴복하게 된다. (마치 부하처럼 이 구조 속에서 주체가 지탱하는 주인의 위치는 강박증적 가정에서 우리가 익히 알고 있는 예속의 효과를 생산한다.) 여러분은 이 글쓰기의 방법으로 다른 것들 중에서 그것을 통해 주체가 자기 희열의 진실을 알기에 무능하고(그는 자기의 진실을 상상적으로 주인이라 추정되는 타자에게 인도한다), 자기가 말하기에 불가능한 욕망의 포기에 의한 자기 존재에 대한 간통의 도정을 읽을 수 있을 것이다.

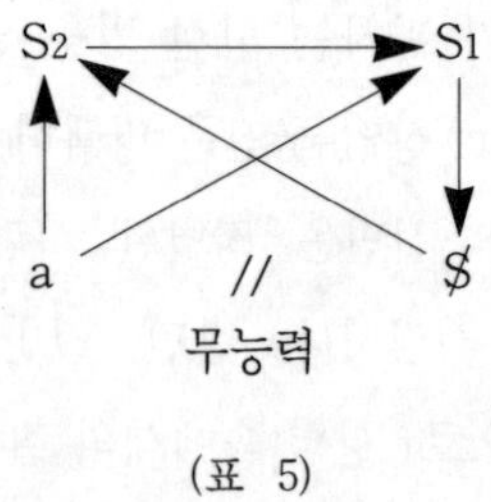

(표 5)

이같은 희박한 욕망의 체제는 최소의 긴장·포기의 전략이다. 즉 주체

는 자기의 말에서 진실임직화되어 가는 앎(진실임직한 지식)의 언술화 과
정을 통해 모든 진정성을 배제시킨다. 이 진실임직함의 과정은 스스로
진실을 떼어내 버리고, 우연의 영역을 통해 스스로 결점투성이이고 불완
전하며 언제나 사물 자체로부터 이동한 한 발짝 비켜 나간 것임을 강요
하는 동시에 실제로도 그런 것으로 밝혀지고 만다. (언술되면서 욕망은 말
과 그것의 더듬거림의 위험에 굴복한다.) 강박적 말은 그러니까 타자가 가
정한 의견에 맞추어지면서 상식선을 존중하는 한에서 정립된다. 즉 말은
욕망과 그것의 환상에 대항해서 난공불락이기를 바라는 방어를 구축하
는 것이다. 이러한 견지에서 프레데릭보다 더 공손한 사람은 어디에도
없다. W. 곰브로비치의 등장 인물, 그의 말보다 더 진실임직함, **음란성**에
까지 이르는 정확함은 그 어디에도 없다.

　음란성은 희열의 부정하고 어긋난 무례한 표현이다. 음-란, 대타자의
희열(원초적 장면의 자명함), 파렴치한 노출, 그리고 희열이 매혹적으로 비
밀스럽고 섬세하게 은밀하며 절제 있고 비밀스러운 만큼이나 추잡하다.
그것은 내가 선택하지 않고 그것에 희열을 느낄 수 없는 **경솔함**에 나를
붙들어 놓기 때문이다. 음란성은 그 자체의 기쁨을 관찰하기 위해 나를 바
라본다. 반대로 감미로운 도착적 희열, 그 섬세함이다. 왜 그 희열을 장면
에 넣으면서 도착성[47]이 이 음란성의 감정을 결코 야기하지 않는 점을 자
문해야만 하는가? 명백히 그것은 그 자체를 위한 것이 아니다. 이 음란성
의 감정은 그런 체를 하지 않는다. 그저 즐길 뿐이다. (대타자의 희열의 자
리에서) 눈에 띄지 않는 그러나 세밀한 구석, 욕망의 천박한 복장, 섬광의
사로잡는 조심성, 자잘한 포획의 균형, 대수롭지 않게 훑어 지나가는 시선
(힐끗 보기)의 황홀함, 쓸모없는 또한 한 번만의 만져지지 않는 흥분(때
리는 채찍, 깜빡거리는 눈꺼풀). 자 그것의 '프로쉐마'에 유혹당한 희열이
여기 있다. ('próschema': 유희의 화려한 예식, 매력적인 사치스러움, 그 속
에 위엄을 유지하는 기쁨의 경박한 장식, **희열의 특징인 (특별한) 변명**). 도

착적인 것은 유희하는 척 가장하지 않는다. 그것의 도착성이 **그것을 가장**한다. (그것은 '프로쉐마'를 선택하고 속물을 드러낸다.) 또 섬세하게 그 유희를 해나간다. "섬세함은 쓸모없는 자잘한 것을 가지고 유희하는 도착성이다."(롤랑 바르트) 도착적인 희열은 음란성을 좌절시킨다. 왜냐하면 그것을 바라보는 당신들은 그것을 보지 않기 때문이다. (당신들은 당신 자신의 시선으로는 볼 수 없다.) 도착의 도착성은 희열 그 **자체**의 위엄을 세우면서 그럼직함을 전환시키는 것이다.

　하지만 존경이 전복될 때(존경, 그것은 항상 거리두기이다. 욕망에 거리두기 말이다) 깜짝 놀랄 만한 익살이 존경이 되는 곳으로 돌아오게 하자. 진실임직함의 외투 밑에 숨겨진 내밀한 희열을 숨죽이게 하려는 조심성으로 인해 음란성에까지 과장하는 예의바른 남자의 모순을 여러분에게 보여 주기 위해 《포르노그라피》의 한 페이지 전체를 읽어보겠다. "프레데릭이 […] 겉모습을 간직하기 위해 엄청난 주의를 기울이는 것과 […] 그의 몰상식을 말들의 물결 속에 파묻어 버리려 애쓰는 것에 대해 새삼 말을 꺼내기조차 무익하다. 게다가 그는 알베르를 소리쳐 부르고는 그와 한참 수다스런 대화를 나누더니, 마침내는 그것이 주는 휴식 속으로 빠져들었다. […] 그는 틀림없이 아멜리가 그에게 불러일으키려 했던 저 깊은 곳으로부터의 각성에 두려움을 느꼈을 터였다. […] 그는 폭발·분출에 겁먹었던 것이다……. 그런데 무엇의 분출이란 말인가? 그렇다. 그렇다. 그는 H(애니아)가 떠드는데다가 K(캐럴) A(아멜리)가 폭발적으로 가세할 것에 겁을 집어먹었다. 그러니까 너무 떠드는 탓에 멍멍해진 귀, 발기 부전의 아랫도리, 침묵, 쉬! 그래서 그는 저녁 식사 때 끝을 보아 버리려고 열성을 다해 행복의 염원을 온 마음에 담아 읊으면서 약혼자들의 건강에 축배 올리는 것을 주저하지 않았다. 보다 더 정확하기란 어려운 일이다. 불행하게도 그가 후퇴하려 시도하자마자부터 점점 더 그로 하여금 스스로 그 속에 파묻히게 한, 이 이상한 메커니즘을 다시 한 번 하는 것——

그렇지만 이번에는 그보다 더 극적일 수 없이 격렬한 방법이었다. [···]
왜냐하면 사람들은 그가 말한 것, 그가 말할 수 있을 것을 알고 있었기
때문이었다. 그가 처음에 뱉은 담론은 상황에 적합한 인삿말이었으며, 영
적인 기마저 띠었으므로 우리를 안심시켰다. 그는 냅킨을 흔들면서 너무
도 감동적인 그들 약혼기의 후광으로 자신의 슬픈 독신 생활을 비춰 준
것에 대해 이 젊은 연인들에게 감사했다. 그리고는 몇 개의 잘 다듬어진
말을 하면서 애정에 넘쳐서 젊은 연인들의 머리를 흐트려뜨렸다……. 그
가 말했던 날, 말하지 않은 것 뒤꼍에서 이제 막 생겨나고 있는 것은 아주
천천히 그리고 그의 대화가 흘러가는 동안 흩어졌다. 그렇다. 언제나 똑같
은 이야기이다…! 결국 연설가 자신의 커다란 공포로 인해 **연설**은 그저
진실한 담론에 대한 관심을 우회시키는 데만 집중되는 것으로 보였다.
그것은 말없는 말 밖의 말들이 해석되기 불가능한 그러한 의미로 가득한
것이었다. 잘 다듬어진 **공통의 장소**를 가로질러 이 존재의 정수 자체가 드
러났다. 아무것도 이 얼굴을 지울 수가 없었고, 그 눈은 올려 놓을 수 없
는 어떤 것을 표현하고 있었다. 그리고 그, 그 자신이 끔찍하게 되어가고
있다고, 그러니까 자기 자신이 위험하게 되어가고 있다는 사실을 절감하
는 그는 친절을 유지하며 공격적이 되지 않으려 발악을 했고, '사회 구성
분자로서의 가족'과 '민족적 전통의 유산' 등등에 대해 **온갖 화해적이고
지극히 도덕적이며 으뜸 그리스도교적인 수사학**을 동원하여 말을 엮어냈
다. 환상이 벗겨짐과 동시에 집요하게 현실로 나타난 그의 얼굴은 아멜리
와 그 손님들에게는 어쩔 수 없는 모욕이었다. 담론의 파괴자로서의 위
력은 상상할 수 없는 것이었고 사람들은 이 힘, 이 언저리의 힘이 연설가
를 움직여서 완전히 정신을 잃고 떨어지게 만들었다!

   그는 행복에 대한 기원을 끝으로 연설을 마감했다. 다음과 같은 종류
의 말을 말이다.

   ——친애하는 벗들이여, 행복하기를 빕니다. 그러니까 그들은 행복할

거요!

　결국 그것이 의미하는 것은

　——나는 말하기 위해서 말한다.[48]

　프레데릭은 모든 욕망에 빗장을 걸어두기 위해, **그래야만** 하는 것에 대해 진실임직한 톤으로 말한다. 정립된 의미에 대한 세심한 존중, 진실임직함의 형식하에 영원히 보장된 진실에 대한 강박적인 탐색, 이렇듯 강박증 환자는 진짜 실물보다 고가구나 고미술품의 복제물, 사건 그 자체보다는 여행이나 바캉스의 추억 자체를, 사랑의 경험보다는 사랑 이야기를, 그 실물보다는 여인의 초상을 선호한다. 어떤 강박증 환자들은 귀중품으로 간직하고 끊임없이 바라보는(여기서 바라보는 충동은 커다란 활동이라고 할 수 있다. 히스테리 환자에게서 우세한 것은 무의식에 보다 가까운 기원하는 충동이다) 사진에 정신을 **빼앗겨** 매혹당했기 때문에 사랑에 **빠진**다. 왜냐하면 사진은 실제 인물처럼 위험하지 않기 때문이다. 그것이 변할 위험도 없고 속아 넘어갈 염려도 없으며, 따라서 타자가 욕볼 염려도 없는 것이다. 사진은 전혀 거짓말을 할 수 없다. 왜냐하면 사진과 닮아야 하는 것은 여자, 즉 복사물에 일치되어야 하는 것이 그것의 원본이기 때문이다. **이른바 진실이 진실임직함을 위해 변화된다. 존재해야만** 하는 것은 말한 것과 사물간의 관계를 전복시키고 진실임직함을 시작으로 해서 **의미는 전복된다.** (사물이 말해진 것과 동형이 되어야 한다.) 이렇듯 스완은 그녀의 얼굴이 제파라('시스틴 성당 프레스코화에서 볼 수 있는'[49])의 모습과 닮은 것에 놀라 오데트를 사랑하게 된다. (그라디바)에 새겨진 이미지를 사랑하는 노르베르트 하놀드를 상기해 보자. 그는 이웃의 아름다운 처녀에 맹목적이 되는데 폼페이에서 아름다운 여인을 알아보고는 환상에 빠진다. 이 실재의 존재가 너무나 조각상의 모델과 닮아 있었기 때문에 그가 속아 넘어간 현기증나는 복재, 그것은 그의 현실과의 관계를 나타낸다. (강박적으로 평가하고 그곳에서 대타자가 거짓으로 드러나는 우연의 속임수를 억압하는 것.) 사랑의 이미지——대상은 최상으로 불가능 속에 주체의 욕망을 확인하고 그 속에 욕망을 감금한다. 이 은유적인 중첩 작용은 주체에게 있어서 그가 재현하는 바를 떨어뜨려 놓으려는 기운을 상징한다. 즉 닮은 복사물은 그것이 상징하고 진실임직화하는 욕망의 진실을 억압하는 현실을 상상화시킨다. 행복한 사랑은 존재하지 않는다고 '말하지 않는 것'일까?

'진실하게 살려는' 것을 영원히 포기하는 것, 강박증 환자의 존재는 자발적으로 소설적 인물의 체계와 닮은 체계로 자기의 왕국을 규정지으려 한다. "부인에 대한 부인으로부터 그의 존재는 약화된다. 한숨의 삼단논법보다도 더욱 모호하고 더욱 비현실적인, 어떻게 해서 그것이 육체적인 존재가 될까?"[50] 서사 속에서 진실임직함이 우연성의 보고인 반면, 신경증적 진실임직함은 **필연적인** 것의 증상적인 보고에까지 온다. 결국 강박성은 그 모델로서 이같이 사회화되고 서사화·허구화된——문학——담론을 취하는데, 그것은 섬세하게 진실임직화된 언표들을 통해 욕망의 균열과 틈을 채우도록 해준다. 그러므로 글쓰기의 성공을 가로질러 문학과 소설적 서사가 그토록 빈번히 형식적으로, 신경증적인 말로 완성된 증언을 가져오는 것은 논리적인 사실이다. 왜냐하면 이같은 담론들은 언어 같은 조작자들을 이용하기 때문이다. 게다가 서술적 진실임직함에 대해 문학 분석에서 사용하고 있는 용어들은 빈번히 담론적 진실임직함에 대한 강박적인 양태들에 매우 정확히 부응한다.

제라르 주네트는 진실임직함 속에 예의범절이 내재하고 그것에 이상적으로 부합됨과 풍속과도 일치함을 인식한 바 있다.[51] 그가 다른 말로 그것은 부합하는 도덕이라 말했을 때, 사실상 진실임직함은 자기 명제('그렇게 해서는 안 된다. 왜냐면 그건 그렇게 되어 있지 않기 때문에')라는 것을 주지해야만 한다. 다시 말해서 진실임직함은 관계들을 자동사적으로 만들면서 의미를 제약하고 상상적인 것을 실망시키며 현실을 축소시킨다. 줄리아 크리스테바는 그같은 사실을 '텍스트의 생산성'[52] 속에서 명백하게 밝힌다. 그가 텍스트를 생산성으로 넓혀 가면서 강조했을 때 진실임직함은 모든 실천을 하나의 이미지로 데리고 들어온다. 그것은 현실 그러니까 하나의 시니피에에 동화하는, 즉 일반화시키는 것으로의 의미를 제시하는, 이 마스크를 가로질러 스스로 구축되기 위해 문학을 도용하는 불가피한 수사학인 것이다. 결과적으로 문학은 독서 안에서 그 종말을 발견하는 대체적 담론처럼 구축된다. 롤랑 바르트는 독서의 효과에 집중하면서 다음과 같은 사실을 보여 준다.[53] 즉 그는 비판적인 진실임직함의 외부적이고 공통적인 객관성의 보장 및 단조로움과 낡은 의미 작용의 진부함으로 확인된 의사 소통, (좋은) 취미를 결정하는 금지와 금기의 체계, 말의 우연성으로 언어를 씻어 내려가는 속임수의 명료함, 미학(아름다운 것)과 이성(선의)의 명목하에 다중 의미를 제거하는 기호 해독 불능증으로 조정된 규범적인 명백성의 저장고에 진실임직함을 구분해 놓는다.

'한 남자가 한 여자를 사랑할 때, 그는 그녀를 존중한다.'
(사랑의 삼단논법)

정의하면 진실임직함은 **예의범절**(음란성과 무관하지 않다. 프레데릭과 비교)을 외연하고, **초자아의** 역할처럼 담론 속에서 구축되면서 **그래야만** 하는 어떤 것을 재현한다. 이 기능은 강박 구조 속에서 특별히 음란성의 강렬함이다. 그러므로 강박증은 그 자체의 법칙으로 이루어져 있다(이런 견지에서 레르 박사가 판사였다는 점을 상기시키는 일이 전혀 무관한 것만은 아니다)고 말할 수 있다. 진실임직해야만 함은 '의무' 동사의 두 가지 **양태 도덕적 의무와 상상적인 개연성에** 따라 펼쳐진다.

1. 도덕적인 의무: 'obligare,' 그것은 밀착되는 것 혹은 참여하는 것이

다. 즉 계약이나 약속의 기원(신을 향한)을 통해 연결되는 것, 'se obligare scelere': 스스로 죄를 지었다고 인정하는 것, 'obligatio': 말을 곤경, 법적인 결과, 법적인 의무, 그 의견과 채무에 부응하는 행위, 도덕적인 의무는 일반적으로 그래야만 하는 것을 정의한다. 그것은 **보통법의 강제적인 기능**을 재현한다. 그것은 원천적으로 **계율**의 기능이다. 도덕.

  2. **상상적인 개연성**: 개연성은 우리가 증명해야 하지만 그래야 할 필요성을 굳이 가지지 않는 상태를 지칭한다. 왜냐하면 거짓보다는 차라리 참에 가까울 수/가까워야만 하기 때문이다——그때부터 그것은 **동-의된다**. (그런데 즉시 여론의 형태에 종속된 동의——가능한 것의 수련 기간——는 결과적으로 담론을 다수결의 원칙으로 인도한다.) 개연성은 결국 **가능해야만 하는 것**을 시사한다. 다시 말해서 그것은 증거 없는 가능성에 대한 요구이다. 상상적인 것, **그래야만 하는 것**으로서의 개연성은 **자명성**처럼 나타난다. **명백함**(의미의 도려내기), **믿음**.

  진실임직함은 집합적 **모델**의 공통적인 사상에 따라 그리고 일반적 **우주론적**의 추상적 원칙에 따라 기능한다. 존재가 없는 것, 특별하지 않은 것. 그것은 추상성, 진실에 대한 일반화 과정, 그것의 정착화이다. 순수한 정수. 그것은 그럼직함으로 시니피앙의 주요한 효과를 재현한다. 이 그럼직함의 상상화 과정은 자크 라캉이 자기 세미나에서 지난주 화요일에 직면한 바 있는 시니피앙의 특성과 그 자동성을 띠는 효과이다. "시니피앙이 떠받치고 있는 상징계는 입을 떼자마자 거짓말만을 하게 되어 있을 뿐이다."(1977년 2월 15일) 그것은 다음과 같이 표현됨으로써 보다 잘 설명될 것이다. 시니피앙은 주체로 하여금 거짓말을 하게 하고, 혹은 담론의 외관 행위로 인해 거짓말이 되어진다.

  이같은 시니피앙의 상상화 과정의 과장된 효과, 과잉의-진실임직함은 무례함에까지 이른다. 그러나 진실임직한 영감 속에 이 과장된 효과를 가져다 놓는 것이 **외설스러움**을 야기시키지는 않는다. 나는 여러분들에게

장 미셸 리베트 207

과잉한-진실임직함이 **무례함**으로 열리는 예를 간명히 보여 주려 한다(과장된 인사치레, 지나치게 틀에 박힌 동의).

자, 여기 진실임직함의 전형으로서의 한 언표의 예를 살펴보도록 하자……. 그런데 어떻게 미소짓지 않고서 '예를 들자고' 말할 것인가. 프로이트가 쥐 사나이에 대해 《분석 저널》에서 이같은 전격적인 지적을 한 사실과 관련해서 말이다. 즉 **'예는 사물 그 자체이다.'**[54] 그것은 레르 박사가 벌거벗은 처녀들을 엿보고 싶은 욕망을 최대치로 느끼는 순간 그에게 그 비밀을 털어놓을 때의 일이다. 그는 징벌을 겁내고 있었다. '예를 들어 아버지가 바로 얼마 전에 돌아가셨는데'——그러니까 이것이 진실임직한 언표의 예 **자체**이다. (이것이 전형적으로 진실임직한 언표 속에 연루된 사실 자체인 것이다.) **'한 남자가 한 여자를 사랑할 때 그는 그녀를 존중한다.'** 이보다 더 적합하고 도덕적이며 그럴 듯하고 알맞으며 정중한 것이——따라서 보다 진실임직함이 뭐가 있을까? 따라서 한 여자를 사랑하는 모든 남자들은 그녀를 **존경해야 한다**는 것인가?

이와 같은 공식은 주체로 하여금 불가능한 사랑을 기약하면서 그를 욕망의 불가능성으로 회귀시킨다는 사실을 이해해야 할 것이다. 그곳에서는 성적인 것이 주체를 불행에 이르게 하지 않는다. 스스로를 성적인 것으로부터 지키려는 알 수 없는 방법 자체가 주체를 불행으로 이끄는 원인인 것이다. 이같은 진실임직함으로 인해 쑥대밭이 된 공간에는 사랑을 위한 자리도 욕망을 위한 자리도 더 이상 존재할 수가 없다. 주체의 통합성은 그가 그 속에서 자기 육체에 성벽을 둘러댄 우주의 담벼락으로 보호되어 있다. ('모든 남자들,' 그것은 '우리'라는 마스크를 쓴 인칭들이다.) 신경증 환자가 결국 자기 희열을 포기하는 것은 진실임직한 우주론적·담론적 방패를 통해 거세로부터 스스로를 방어하는 것에서이다.

그러나 주체가 자기 희열을 보존하고 자기 욕망을 보존하는 것은 바로 이같은 체념 그 자체를 대가로 한 것이 아닐까? 또 이같은 불가능 덕분이 아닐까? 다시 말해 그에게 있어서 그가 포섭하는 엄격한 포기에 의해 구조화된 삼단논법과 관련된 것이 아닐까? '강박적 사랑의 불행한 삼단논법'이라 지칭한 이 공식은, 내가 보기에는 명백한 오류가 그 구조 효과의 심오한 논리를 뒷받침하고 있는 삼단논법적인 세 시기에 따라 그것의 무의식적인 정체를 펼쳐 보이는 듯하다.

최초의 단계

1. 만약 한 남자가 한 여자를 사랑하면, 그는 그녀를 존중한다.

2. 왜냐하면 나는 그녀를 사랑하니까(내가 남자이고 그녀를 사랑하기 때문에)…….

3. 그러니까 나는 그녀를 존중해야만 한다.

도덕적 의무: 일반적으로 개별적인 것을 결정짓고 설명하는 것.

두번째 단계

1. 한 여자를 사랑하는 모든 남자는 그녀를 존중하는 것으로 추정된다.

2. 즉 내가 그녀를 존중하니까…….

3. 결국 나는 그녀를 사랑하는 것이다.

연역적 명증: 진실임직함은 자기 명제적, 자가 참조적이다. 그것은 스스로 명증적 관계를 자기화한다. ('명증'은 최초의 '명증'으로 연역된다.) 명백하고 확실하여 수긍할 만한 증거: 한 여자를 존중하는 모든 남자는 아마도 그녀를 사랑하는 것이라 유추된다. 사랑에 대한 명백한 증거처럼 보이는 존중은 욕망의 제거를 통한 관계의 불가능으로만 유지될 것이다.

세번째 단계

1. 한 여자를 사랑하는 모든 남자는 그녀를 존중한다.

2. 그러니까 그녀를 사랑하면서 그녀를 존중하는 것이다…….

3. 결국 나는 진짜 사나이다.

상상적인 가능성: 나는 진짜로(진실임직하게) 한 사나이가 **되어야 한다**.

이같은 분석은 상상적인 방법을 이해할 수 있도록 한다. 주체는 이 상상적인 방법으로 그것에 의해 성적 욕망이 신경증적으로 사랑으로부터 얻어지는 무의식적 분열을 진실임직화시킨다. 그와 더불어 성적 동일성을 규범적인 동시에 금지의 방법으로 범속화시킬 터이다. 그런데 이 삼단논법은 강박적 논리가 완벽한 확신을 가지고 있다는 사실을 그런 대로 잘 보여 준다. 즉 신경증 환자는 절대적으로 (그를 피할 수밖에 없을) 자기의 성적 상대방을 '만나지' 않을 것을 확신한다. 성관계가 없다라는 사실에 있도록 하는 최상의 방법은 명백히 성적인 행위조차 없었다라는 바를 성공시키는 것이다. 물론 이 사랑의 삼단논법은 욕망을 제거하면서 또 다른 논리의 파생을 가능케 한다. "그녀를 사랑하기에는 너무도 그녀를 욕망한다……. 그런데 왜 내가 사랑하지 않는 여자와 동침하겠는가?" 아니면 "내가 욕망하고 나와 동침할 것을 허락한 이 여자는 내가 그녀를 사랑할 수 없다는 사실을 내게 증명해 준 여자이다. 그러니까 나는 내가 사랑하는 여자들하고만 동침하기를 욕망한다" 등등.

히스테릭한 성욕에 대해 고찰해 보면, 그것은 왜 강박적 공증에 대해 상상적인 것이 보여 준 바에 뒤이은 전환적인 성격을 띠지 않는가?

1. 그는 나를 욕망한다. 따라서 나는 한 여자이다. 그가 나와 동침하기를 원한다면, 그것은 다시 말해서 그에게 있어 내가 욕망의 대상밖에는 되지 않는 것이므로 나는 거절한다——왜냐하면 만약 내가 그것을 욕망하면 그건 내 욕망이 아닐 터이기 때문이다. 다시 말해서 그녀가 진짜로 여자라는 사실을 증명하기 위해 그로 하여금 자신을 욕망하도록 이끈 다음 그녀는 거절한다. 왜냐하면 그녀의 성적 동일성 속에서 그는 그일 뿐이기 때문에 그 사실을 확인시켜 줄 것을 그에게 요구한 후, 그가 한 남자에 불과하기 때문에 그를 거절한다. 라캉의 사랑 편지의 공식을 기억해 보시오. 내가 네게 줄 것을 거절할 것을 요구한다. 왜냐하면 그것이 아니니까.

2. 그는 나를 존중한다. 그러므로 나는 여자가 아니다. 다시 말해서 만

약 그가 나를 **존중**한다면 그것은 그러니까 그가 진짜 사나이가 아니라는 말이다. 왜냐하면 그는 내가 진짜로 한 여인이라는 증거를 보여 주려 하지도 내가 그를 거절할 위험을 무릅쓰려 하지도 않기 때문이다.

이같은 것은 이성의 욕망에 대한 히스테릭한 반응이다. 그렇지만 한 여자를 히스테릭하게 만드는 데는, 다시 말해서 더 이상 여성이 아니게 하는 데는 아무것도 필요치 않다는 사실을 주지해야 한다. 그저 주체가 자기의 욕망을 만족시키지 못하는 것으로 충분하다. 그것은 욕망을 굳건히 하고 욕망과 합쳐지면서만 희열에 이르는 어떤 순환과 관계된 것이다. 그것은 또한 불가능에 대한 자기 욕망을 책임지고, 타자에서 그것을 전이시키거나 (추측하는) 가운데서만 희열을 아는 강박증적 순환과는 완전히 다른 순환이다.

강박성의 완벽한 특징인 사랑과 욕망(분리적인 배제) 사이의 신경증적인 분리는 충동적인 증상들 속에서(의심, 결단력의 부족, 다음날까지의 연기) 그 진실임직함을 발견한다. 이같은 증상들을 통해 주체는 대타자의 죽음에 앞서 죽음을 무릅쓰고 자기 존재를 보호한다. 강박증 환자는 다음을 증명하기 위해 자기 인성을 대가로 치른다.

즉 사랑의 진실임직함은 욕망의 파기를 강요한다. 한편으로 엄마, 다른 한편으로는 창녀, 즉 한편으로는 사랑하는 여인(존중하고 찬양하여 마지 않는), 다른 한편으로는 안아 줄 여자(돈을 치르고 경멸하는). 어머니를 향한 사랑이 욕망의 억압에 속한다면, 반대로 창녀를 향한 욕망은 사랑의 부재를 부른다. 알프레드 드 뮈세의 조르주 상드를 향한 고백을 상기해 보자. "술 취해 곯아떨어진 방탕한 여자를 안을 수는 있지만, 그 어머니를 안을 수는 없어. […] 오 가엾은 내 여인! 당신은 속은 거요. 지금까지 당신은 스스로 내 애인이라고 생각했을 테지만 사실은 나의 어머니에 불과했던 거요. 우리의 사랑은 하늘이 맺어 준 거요. […] 그렇지만 우리의 포옹은 지나치게 거세었소. 결국 우리는 근친상간을 저지른 거요……"

장 미셸 리베트 207

그러니까 한편으로 근친상간적 포옹, 즉 당연히 신성한 것이다. ("우리의 사랑은 하늘이 맺어 준 거요……. 그건 신의 작품이지. 당신이야말로 신과 나를 엮어 주는 끈이오. […] 아니 내 사랑, 내 성스런 약혼녀여, 이 차가운 땅이 당신을 떠받치고 있다는 것을 깨닫기 전까지는 이 땅에서 잠들지 말아야 하오……. [지성]이야말로 우리의 무덤가에서 우리를 축복해 줄 신부님, 마치 어머니가 딸을 무덤가에서 재우듯이, 신혼의 밤에…… 예수님! 예수님! 나 또한 당신 아버지인 신의 아들이에요! 당신께 내 약혼녀의 키스를 바치겠어요. 당신이야말로 내게 그녀를 보낸 장본인이지요……. 나와 그녀를 위한 무덤을 짓겠어요…….") 다른 한편 취해 곯아떨어진 방탕한 여자와의 포옹, 그 각각은 이 전형적인 강박성의 양분을 그 속에 담고 있다. 그러나 그곳에 이데올로기의 순수한 발견/전환이 있어야 할 아무런 이유도 없다. 그 어느 것도 이러이러한 진실임직한 세상을 만들어 낸 것이 유일한 계층들('여성차별주의자'의 이상들)이라 믿게 할 만한 근거를 보여 주지 못한다. 독단론(사랑받는 여인들/안기는 여인들)으로부터 받아들여져 공인된 사상들이 실제로 사회상을 보여 주는 데 불과하다는 것, 다시 말해서 구조적 사실들의 어리석음에 불과하다는 것은 명백한 사실이다. 언어 속에 포착되어 성(性)의 진실임직화된 전환물 같은 것은 성적 차이와 그 신경증적·신비론적인 결과에 대한 담론의 운명이다. ("예수님! 예수님…! 당신께 내 약혼녀의 키스를 바치겠어요.") '하늘'이 그곳에 재림할 때("우리의 사랑은 하늘이 맺어 준 거요……. 그건 신의 작품이지.") 성관계란 무덤 이외의 그 어느 장소에도 발붙일 곳이 없다.

이 관점에 대한 예로써 프로이트의 세 가지 텍스트를 들어 보자.

——1912: 〈연애 생활에 있어서 가장 일반적인 비하에 관해〉.[55] 남성에게 있어 연인 선택의 특수 유형에 대한 심리 구성 요인을 연구하고 나서 (1910: 침해당한 제삼자, 창녀의 사랑, 대상에 대한 과대 평가, 구해야 할 여인), 심리적인 요인으로 인한 성불구에 대해 자기의 분석을 체계화시키고,

남성적 신경증들에서 나타나는 연애 생활에 대한 금지가 사랑과 욕망 사이의 분열 결과라는 사실을 정립한다. "여기에서의 두 가지 경향은 서로 만나지 않는다. 그들의 결합만이 완전히 정상적인 연애 행위를 가능케 할 수 있는데도 불구하고 말이다. 이 두 경향을 우리는 다음과 같이 즉 **다정한 경향과 감각적인 경향으로 서로 구별지을 수 있다.**" 이 두 경향 중 하나를 강조하게 되면 그 나머지는 자연히 억압당한다. "**사랑하는 곳에서는 욕망하지 말고, 욕망하는 곳에서는 사랑하지 않는다.**"——성불구는 그때부터 억압된 사랑의 회귀로 표출된다. 프로이트는 "그러므로 현재의 운명 속에서 남성은 연애 행위야말로 **그 총체 속에서** 심리적인 성불구의 특성을 지고 있다는 바를 부인할 수 없다"고 덧붙인다. 남성은 "대상을 비하시킨다는 조건하에, 그리고 그때부터 그의 성생활은 이 조건을 지게 될 것이다." 성행위를 함으로써 금지를 위반한다. 그러니까 성적인 대상은 사람과는 거리를 두고서 자기 욕망을 간직하려는 신경증 환자에게 주어진 가능성으로부터 선택된 것이다.

——1914: 〈나르시시즘 입문〉[56]에서 성행위는 그 자체가 두 가지 경향으로 나누어진다(사랑하는 것과 사랑받고자 (욕망하는) 것). 프로이트는 '남성과 여성 차별화 현상의 다양성'과 '(그들의) 대상 선택 유형의 어긋남'으로서의 특성을 이해하기 위해 대상의 리비도(일반적으로 남성의 특성인 떠받침으로서의 대상 선택)와 자아의 리비도(일반적으로 대상의 이상화와 과대 평가의 특징이 강한 여성의 성격. 나르키소스적인 대상 선택)를 구분하고 있다. "그러니까 남성과 여성의 비교는 대상 선택 유형에 있어서 그들의 관계 속에 근본적인 차이점들이 존재한다는 사실을 보여 준다." 비록 "그 비교들이 특성상 절대적인 정규성이 아니라고 할지라도 말이다"라고 그는 덧붙인다. 사실상 "대다수의 여성들이 남성적 유형에 따라서 사랑한다." 그리고 '남성의 동성애에 있어서 나르키소스적[57] 대상 선택의 중요성'을 평가하는 일도 남아 있다. (이쯤해서 나는 거의 확실한 명증성으로 어

떤 남성들은 일반적으로 자기애적인 유형의 이성애 대상을 갖는다는 가정에 동의한다는 것을 밝혀두는 바이다.)

——1921: 〈군중 심리와 자아의 분석〉.[58] 프로이트는 다시금 남성 성생활의 신경증적인 특성에 마주한다. "남성은 엄청난 존경심을 품고 있는 여성들에게 가공의 경배를 바치지만, 사실 그녀들은 그에게 아무런 감각적인 감정도 불러일으키지 않는다. 그리고 다른 여자들, 그가 '사랑하지' 않고 경멸조차 아닌 그 어떤 감정도 가지지 않는 평가 절하의 대상으로서의 여자들 앞에서 흥분한다."

이러한 관점에서 볼 때 그가 경배해 마지않는 부인에게 레르 박사가 바치는 사랑은 전형적이다. (그 때문에 첫 치료 때부터 그는 그녀를 항상 다음과 같이 지칭한다. '부인' 혹은 '내가 경배해 마지않는 부인.') 《분석 저널》 기록은 이 사랑과 욕망 사이의 강박적인 충돌을 특히 적나라하게 보여 주고 있다. "그는 항상 교접이라는 관점 이외에서는 존재할 수 없는 관계들과 사랑이라 불리울 수 있는 관계들을 서로 분리시키려고 무진 애를 쓴다고 말한다. 그리고 (어떤 남자의 정부에 관해서) 그녀가 그의 감각에 적합치 않은 대상으로서 그토록 열정적으로 사랑받고 있는 사실과 이상을 명백히 구분하고자 애쓰고 있다고 말한다." 덧붙여 그의 성생활의 총체는 아버지로부터 이어받은 형곽 속에 자리잡고 있다. 즉 결혼하려는 계획, (아버지처럼) 가난하고 아름다운 처녀와 부자이고 신분상 구별되는 처녀(그의 어머니가 정혼시킨) 사이의 사랑 말이다. 그러니까 구체화하면 어머니의 현재 의지와는 상반되는 동시에 아버지를 사로잡고 있는 욕망이라 할 수 있는 이 충돌을 풀려는 노력으로부터 벗어나기 위해 레르 박사는 질병으로 뛰어들었던 것이다. 고통스럽지만 이득이 있는 증상인 신경증 덕분에 그는 직장을 갖는 것을 어쩔 수 없이 금지당하게 되고, 그의 공부를 완성하기 위해 몇 년을 지체함으로써 기회를, 즉 결혼에 대한 그만큼의 가능성을 지니게 되었다. 그러므로 여기서 프로이트가 부정적인 치료 요법의 반향이라는 개념하에 원인이 되었던 증상의 결과가, 오히려 그것이 부른 고통이 사실상 이득을 초래했다는 점에 가치를 두어 우리에게 보여 주려 했다는 사실을 간과할 수 없는 일이다.

 마찬가지로 강박 구조 속에서 해석된 사랑과 욕망 사이의 이분법에 대한 중요성을 간과해서는 안 된다. 즉 욕망과 사랑의 기능은 강박 구조의 기본이고 그 둘의 분열은 필연적인 것이다. 사랑/증오의 이분자적인 변환 이외에도 분석은 강박증의 양가성을 폭로한다. 즉 '연인들에게 들러붙은' 정서적인 충돌(부인을 향한 증오가 아버지를 향한 사랑에 덧붙여진다. '또는 그 반대'), 억압의 이접 특징(재현화 과정과 정서 사이의 '이접,' 그것은 추억을 무관심한 것으로 돌려 버리기 위해 억압된다. "강박증 환자들은 두 종류의 지식을 가지고 있다는 사실을 인정해야만 한다"), 억압의 이분자적인 주기성('최초의 국면'에서 억압은 완벽한 성공을 거둔다. 두번째 시기에는 "억압의 실패가 언제나 일어나게 되어 있다." "강박적 신경증에서 억압의 활동은 끝도 없고 성공도 할 수 없는 싸움의 마개를 연다"), 감정들의 양가성(반향적인 형성이 억압 '또한 그 속에서 억압된 것이 회귀하는 데 성공하는 장소라는 것')을 확인해 주는 곳이다. 적대적인 것들 사이의 화해('같은 인물을 향한 사랑과 증오의 주기적인 공존' 충동들·금지들 그리고 협의의 반향적인 형성들과 그 근원이라 할 수 있는 충돌적인 것의 화해), '이차적인' 방어들(그것의 실패가 정서의 후퇴인 억압의 끊임없는 재건), 시간성의 이중적인 분할, (시간상의 연장/시간상 앞당기기, 이 계열의 두 용어는 **동시에** 기능한다. 이중 선택의 대체 불가능 '여자 친구와 또 다른 처녀' 사이의 절대적인 비결정, 자기 아버지와 부인 사이에서, '아빠와 엄마' 사이의 동요, '자기 두 여동생 사이에서의 머뭇거림' '프로이트의 딸과 결혼해야 하나 아니면 내 사촌과 결혼해야 하나'라는 재봉사와 돈 많은 여인 사이에서의 동요. 이중의 선택은 정해진 **혹은** 양자 택일을, 하나의 **그리고** 누가적인 즉 동시에 이것저것으로 전환시키면서 배제를 해결하는 데 방향을 맞춘다)

의심에 대한 강박, (이 항에 대한 끊임없는 변환——부인은 수술을 받았는가 안 받았는가? 수술은 "한 개의 난소에 대해서인가 아니면 두 개의 난소에 대해 치러졌는가?" 등. "의심은 증오에 의한 사랑의 금지에 이어 행동 의향 시마다 환자를 사로잡는 비결정에 대한 내적인 지각에 부합한다") 확인강박증(대화 상대자가 말할 것을 (두 번씩) 반복시키는 것, 결국 앞서 이미 발화된 바에 대한 불확실성 속에 머무르려는 것), 생각과 행위의 분리(사유 행위의 성적 특성 부여 과정은 행위에의 금지를 지시한다. 알고자 하는 충동은 사유하려는 강박으로 전환되고 이같은 강박적 재현화 과정을 통해 사유가 퇴행적으로 행위를 대치한다), 의견들의 이중서("그는 같은 주제에 대해 두 의견을, 서로 다른 삶에 대해 두 개념을 가질 수 있었다." 지성적이고 교양 있는 그렇지만 적어도 맹목적인 그는 '삶을 사랑했지'만 '금욕주의를 표방했다'), 인성의 분리(무의식/의식 사이의 분리를 넘어서서 인성은 그들 사이에서 의식이 동요하고 있는 '전의식적인 두 인성들'로 분열되었다).

이 강박증에 대한 간략한 증례표는 당신들로 하여금 사랑과 욕망으로 분리된 신경증적인 두께가 결과적으로는 주체로 하여금 의심·강박성 그리고 금지로 이끄는 사랑과 증오 사이의 강박적인 동요에 의해 가중된다는 사실을 포착할 수 있도록 한다. 두 선택 사이의 현기증, 심연의 모호한 수사학, 해체된 언표들의 끼워넣기들, A + Non-A: 나는 그녀를 사랑한다. 그리고 나는 그녀를 사랑하지 않는다. 나는 그녀를 욕망한다. 그리고 나는 그녀를 욕망하지 않는다. 나는 그녀를 사랑하고 그녀를 욕망하지 않는다. 나는 그녀를 욕망하지만 그녀를 사랑하지 않는다. 나는 금발의 미녀를 사랑한다. 아니 난 갈색머리 여인들을 보다 선호한다. 또는 나는 A를 사랑하지만 B도 사랑한다. 반대로 만일 내가 B편으로 선언하면 내가 사랑하는 A에 대한 사랑을 포기하는 것이 된다. 그러니까 난 기다린다. 만일 그 중 하나가 이제 막 **죽는다면** 이 선택의 금지에서 벗어날 수가 있을 텐데 아니면 **기다리면서** 내 사랑을 주저하고 의심한다. 어떤 여인을 내가 더 사랑하는가? 아니면 덜? 항상 다른 결과, 언제나 다른 여인, 아니면 그 둘이 함께이다. 욕망의 가능성들을 (모든 의미에서) 쓸어내 버리기 위해 그 극단적인 용어들(진실임직함의 영역을 뒤덮는)로 담론을 끊임없이 경계짓는 것, 성관계를 가지지 않을 수 없는 필연성을 숨기는 것, 신경증에 있어서 진실의 참근간(진실의 참근간은 정말이지 진실임직하지 않을 뿐더러 그래서 그것은 성관계의 비용인성), 이렇듯 성과 언어를 재앙에 이를 정도로 극심하게 뒤흔들어 놓는 방향 전환의 주름은 내 행위와 내 의향 사이에 열려진 심연을 극단적일 정도로 붕괴시켰다(사고에의 성적 특성 부여, 행위의 금지). **나는 내가 생각하는 것을 생각지 않았던 것과 아주 똑같은 방법으로 살고 있다.**

어떤 충돌적인 붕괴는 사랑의 빈곤을 전제한다. 프로이트는 다음과 같이 말한다. 즉 질병은 필수적으로——그것이 성적인 것으로 포착되어 언어 속에 나타나는 한은 사랑의 영감에 대한 혼란일 수 있다. 이런 맥락에서 프로이트는 강박증의 주요 증상인 강박적 의심에 대해 '근본적으로 사랑에 대해 의심하는 것'[59]을 의미한다고 말할 수 있는 것이다. 헛된 확인, 사랑에서처럼 진실의 보증과 증거의 불가능성, 신경증에서 진실은 고백할 수 없는 실패, 사랑의 유토피아, 즉 여인(성관계의 보증)의 존재로의 접근 불가능성 속에서처럼 신(담론 세계의 보증)의 존재로의 다가갈 수 없음 속에서 그 도약을 찾아볼 수 있을지도 모른다. 폐허 다시 말해서 미친 사랑의 공상적인 것 말이다. 양성(兩性) 차이의 실천 불가능한 조화, 그것은 나르시시즘의 해체이자 절대적인 정열에 대한 반사하는 사랑과 증오에 대한 상상적인 도약의 해체이다.

만일 질병이 사랑의 혼란을 표상하면 치료는 결과적으로 '사랑의 기능'과 '사랑의 치료' 분석의 회복으로 정의된다. "모든 정신분석 치료는 궁색한 해결책으로 하나의 증상 속에서 타협을 찾아내면서 억압된 사랑을 해방시키려는 시도이다."[60] (실제로 우리는 그것을 상기시키지 않을 수 없다.

사랑의 확장은 문학의 구성 자체를 특징짓는다. 글쓰기를 통해 사랑의 실천적인 공간을 열어 주는 것.[61] 마찬가지로 정신분석, 그것은 살아 있는 말을 통해 사랑의 영역으로 열린다. 그러니까 글쓰기의 작업(시련)과 분석의 작업(경험) 사이에 수립된 변별적인 관계는 생각하고 말하는 바에 관한 것이다.)

욕망 없는 사랑(거세화에 대한 회피)

언제나 애정 생활의 성적인 근저(토양)를 거부하면서 신경증 환자의 감정 면에서의 재능은 성충동(리비도)의 이 편류(틈새)로 열리게 하는 데 집중되어 있다. 서로 **연관 있는** 비적합성, 욕망과 사랑의 구조적인 비적합성을 평가하기 위해 한편으로는 동시에 여성과 남성에게서 다른 한편으로는 남성과 여성 **사이의** 관계를 연구해 보자. 이때 한 의사가 가져올 지극히 자극적인 관찰을 분석하면서 새로이 이론을 전개해 보자. 파트너 각각에게서 우리는 다음과 같은 용어들을 인식할 것이다. 그에게서는 사랑의 이름으로 욕망을 부인하는 것(나는 어떤 다른 여인과 동침하고 싶지는 않다. 왜냐하면 너를 사랑하니까), 그녀에게서는 이중의 도-발, 자기의 남성성을 보여 주려는 남성에 익숙한 독촉(나에게 어떻게 한 여자가 쾌락을 느끼는지를 보여 주려고, 또 네 남자다움을 과시하기 위해 다른 여자와 동침하는 것)과 다른 여성을 향해 자기 고유의 여성성을 인식시키려는 호소(나는 너, 여성적 희열의 신비를 쥐고 있는 너를 다음과 같이 묘사한다. 욕망으로 내가 그 앞에서 옷을 벗지만 그와 희열을 느낄 수 없는 그런 남자로 말이다), 이같은 엉뚱함은 다음의 일화에서 익살맞게 그려진다. "그의 여러 정부 중에서 그녀(마담 P. K.)는 그녀가 정열적으로 사랑하는 한 정부를 만난다. 그리곤 그에게 그녀의 여자 친구와 동침할 것을, 그리고 그 장면을 그녀에게 보여 줄 것을 부탁한다. 그는 거절한다. 왜냐하면 그는 그녀를 진실로 사랑하고 있었기 때문이다. 그녀는 그가 실패를 두려워하고 있다고 말하면서 그를 선동한다. 결국 그녀는 그녀의 여자 친구를 손아귀에 넣게 되고, 그 여자 친구는 그들의 동침 장면을 보여 줄 것을 거절한다. 사건의 마지막은 마담 P. K.를 경악시킨다. 그의 남자 친구는 바로 이 제삼의 여인과 관계를 지속시키기 위해 그녀를 떠나는 것이다……."[62]

이 불상사는 동시에 내가 사랑의 신경증에 관한 불행한 삼단논법('그는 거절했다. 왜냐하면 그녀를 진정으로 사랑하고 있었기 때문에')과 동시에 히스테릭한 선동(그에게 있어 그녀는 스스로 욕망의 대상이 될 수 없기 때문에 다른 여자를 통해 그가 진정한 남자라는 사실을 입증하기 위해서 자기 남자 친구에게 이 '사건'을 선동한 것은 바로 그녀이다)은 곧 일어나게 된다. 순전히 히스테릭한 이 욕망에의 거부와 남성다움에의 선동인 전략은 그 내용을 분석해 봤을 때 결국은 요구이다. 다시 말해서 히스테릭한 선동이 그곳에서 요구하고 있는 것은 다름 아니라 남자가 자기에게 자신을 욕망한다는 것을 보여 주는 데 있다. 대신에 끊임없이 그녀가 그렇게 되기를 용인하지 않는다는 것을 보여 주기 위해, 왜냐하면 그녀가 원하는 것은 남자를 만드는 일 이외에 그 어느것도 아니기 때문이다. 그리고 남자를 만들면서 남근이 되는 것, 다시 말해서 대타자 욕망의 시니피앙을 화신화(化身化)시키는 것이다. 그러므로 그녀는 그것을 통해 자기 파트너가 자기에게 줄 수 있을 것과 자기가 그에게 요구하는 것을 포기한다. 그러나 그녀는 거의 그렇게 되기를 원치는 않는다. 왜냐하면 그것은 그녀가 여자라는 사실을 입증하는 일이기 때문이다. 즉 거세당한 존재라는 것은 대타자는 거세당하지 않았다는 사실을 그녀가 믿고 있었던 것처럼, 여러분이 포착한 이 히스테릭한 전략은 여성성에 동일화되는 것과는 다른 방향을 가질 수밖에 없는 절망적인 사랑에의 탐색으로 한편으로는 남자, 다른 한편으로는 다른 여자와의 이중의 경쟁심/동일화 과정의 성향을 가진 것이다. 이 책략의 실타래를 풀어 보자.

남성과의 경쟁심: 나는 말하자면 내 욕망의 '대상'인 그 자체로서 여

자가 되는 것을 용납할 수가 없다. 왜냐하면 네 욕망은 너의 거세화(그러니까 넌 남자가 아니다)를 보여 주는 동시에 나의 거세화마저 요구하기 때문이다(네가 희열을 느낄 것이다). 나는 여자인 '척' 하고(허위: 나는 여자인 척하면서 나의 여성성을 버린다. 또 이상적인 여성성의 속성들로 잠식함으로써 여자로 가장한다) 그만큼 훨씬 더 잘 남근을 화신화하기 위해 남근을 통해 내가 거세되지 않고 있다는 사실을 보여 주면서 말이다. **남성과의 동일화 과정**: 나는 너를 거절한다. (또는 희열을 느끼기를 거절한다.) 왜냐하면 내가 '말이야' 하는 것으로 알고 있는 바는 너의 '역할'이고(희열을 포기해야 하는 것을 무릅쓰고) 나는 그것을 너보다 더 잘 해내고 있어. 너는 나를 기쁘게 해줄 능력이 없다는 사실을 입증했으니까. 네가 남근을 재현한다는 자격으로 나를 너에게 동일시하면서 나는 희열을 거절한다. (만일 희열이 사랑의 어떤 징조도 아니라면 다음과 같은 일은 충분히 가능하다. 즉 불감증이야말로 절대적인 사랑의 표현 자체일지도 모른다는 사실 말이다. 마찬가지로 남자에게 있어, 발기의 정도가 사랑의 정열을 측정하는 것은 아니다. 왜냐하면 프로이트의 관찰이 그것을 상세히 증명하고 있는데, 무능력이야말로 아마도 보다 명백한 사랑의 표시일 터이다.) 거세화를 거절하면서 나는 희열을 포기하고 남근을 화신화할 것을(나를 너에게 동일화시킨다. 왜냐하면 나는 너를 사랑하니까) 거세화를 받아들이면서 희열에 닿는 것보다도(네가 불러일으킨 나의 욕망을 만족시키는 것) 선호한다.

　다른 여성과의 경쟁심: 우리들 중 누가 '더 여성'인가? 너는 여성적 희열의 비결들을 알고 있니? 내가 내게는 없는 남근으로 너를 즐길 수 있게 할 수 있을까? **다른 여성에 대한 동일화 과정**: 나는 내 속에 있는 여성성의 수수께끼, 나는 그 비밀을 모르지만 너는 그 비밀을 쥐고 있는 그 여성성의 수수께끼를 사랑한다. 내가 사랑하는 남자에게(내가 그렇게 되고 싶은) 내 대신에 사랑을 받아서(왜냐하면 우린 서로 비슷하니까) 나의 희열을 내게 알려 주렴(내 고유의 여성성을 나로 하여금 인식시켜 주렴).

그러므로 히스테리 환자에게 있어 여성성에 동일시한다는 것은 한 남자를 중재로 해서 그녀가 성희를 즐기도록 한 여성에게(그녀의 희열에) 스스로를 동일시하는 것이다. 다시 말해서 그녀 자신이 어느 정도는 동성애적인 동일화 과정으로 접근하는 다른 여성의 희열 속에서 자기 자신의 희열 가능성을 발견하면서 자기 고유의 여성성을 구분짓는 일이다. 결국 이러한 동일화 과정은 그녀의 성을 음미하도록 해주는 것이라 할 수 있다. 다시 말해서 그 동일화 과정은 하나의 경향이다. 즉 이 동일화 과정을 통해 이성에 대한 욕망의 주관적인 용인 과정을 희열로 이르게 하기 위한 구조가 통상 요구하는(이같은 요구는 남자에게 있어서도 물론 그러나 아주 확실한 방법의 **비대칭적인** 가치로서 존재한다) 거세화로부터 피하려는 과정이 형성된다.

말하는 존재의 욕망을 인식한다는 것은 거세화 과정의 법칙에 종속되어 엮인다. 범주가 **다름**으로 인해 생기는 부조화, 그러니까 **불평등한** 구조로 정의된 성적인 특성이 부여된 한 존재의 운명에 관련된 것을 확인하는 일이다. 언어 속에서 성적 특성의 소외화 과정은 남근의 지배(거세 과정)가 성에 내재해 있다는 사실과 그것이 성별 **사이에** 구축된 관계에 앞선다는 사실을 설명해 준다. 모든 성적인 주체는 시니피앙의 행위로 인해 분열된 주체로서(그 속에서 무의식은 언어의 효과이다) 남근의 기능 속에 자리잡는다. 그런데 이 순수하고도 완고한 차이를 스스로에게 주문하는 우주론적인 결정화 과정은 어떠한 상보성이나 안전, 동등성에 대한 모종의 해결책도 약속하지 않는다. 그것은 거기, 성적 관계가 없다는 것, 욕망의 해결, 마지막 분석으로 거세 과정에 의해 계산된 욕망의 조절——희열과 그것의 상징적인 조건 남근, 성적인 시니피앙의 부재를 밝혀 주는 결핍의 표시 사이의 조항——을 이해하려는 방법 중의 하나일 뿐이다. 보다 정확히 말해서 남근은 성적 차이의 표시이며, 스스로를 노출시키면서 그 자신이 아무런 지시 대상도 발화하지 않는 만큼(그렇지 않으면 아버지 이름의 지시 대상: 강박증에서는 죽은 아버지, 히스테리에서는 거세된 아버지) 욕망의 시니피앙으로 자신을 지적한다. 왜냐하면 남근은 존재하지 않음으로써, 아니 차라리 의미하지 않으면서(시니피에가 없으면서), 다시 말해서 그 자신 이외에는 아무것도 의미하지 않음으로써만 진실을 발견하기 때문이다. 상대적으로 남근의 기능은——썩어지지 않음으로써만 언표 속에 존재하는——희망 없이 해결책을 성적인 것에 할당한다. 남근은 어떠한 의사 소통의 전달도 모종의 관계에의 균형이나 성별간의 조화나 일치도 아니다. (신경증은 이 실패의 갱신된 진실을 정확히 재현한다.) 욕망을 조절하면서 거세 과정은 결국 성적 **관계의 절-망** 속에서 **성행위를 가능케** 하는 일을 정의한다. 성행위, 정상적으로는 죽음을 지향하는 희열의 반복으로 표시되는——왜냐하면 바로 그것이 희열이니까——성관계의 실패를 되풀이함으로써 그 결과(그러니까 그 출발)를 취한다. 그 반복이 희열의 여러 방법들을 구축하는데, 목적이 있는 것으로서의 성행위의 반복은 그 반복 자체가 공을 들이고 반복하는——성관계에의 비-포함성에 대한 앎에 의해 촉구된다. 보다 급진적으로 말해 보자. **왜냐하면** 성관계가 없기 때문에 성관계가 있는 것이다……. 그 이후에 적어도 모든 것을 다시 시작하는 것 외에는 아무 방법이 없다. 나는 그것을 말하기 위해 이 거스르는 방법을 쓴다. 왜냐하면 성행위가 다음과 같은, 즉 그 총체 속에서 **한 번만**으로는 끝나지 않는 유일한 행위라는 사실에 그다지 동요되지 않는 듯하기 때문이다. 성행위는 우리가 **끝냈다고** 말할 수 없는 유일한 행위이다. 실제로 현실 속에는 우리가 끝냈다고 말할 수 있는 또 다른 종류의 참여가 존재한다. 제일 먼저 글쓰기가 그러한 성격을 명백히 드러낸다. 그러니까 글쓰기를 멈추기에 성공한 작가들이 존재하지 않는가, 그런데 성행위로 치자면 그것을 포기했다는 소리를 듣는 일은 그다지 쉽지 않음을 곧 발견하게 될 것이다. 그런데 같은 상대와 다시 그것을 하지 않는 것은, 이 사람과는 지식의 부분은 제쳐놓고라도 뭔가를 얻기에 성공하리라는 환상에 대해 정말로 절망한 것이다. 어떤 사람, 그 사람과 절대 두 번 다시 그것을 하지 않는 사람이 있다. 그것은 다시 말해서 그 사람과 이전에 **전혀** 관계를 가지지 않았다는 사실을 전제한다──그러니까 '이 한 번'은 되풀이되는 것이다. 어쨌든 이해 관계의 한계로 인해 이 한 번은 또 **한 번** 실행된다. 욕망을 조절하는(허용하는) 거세 과정을 취하는 기능에 대해서는 가장 공통적인 경험이 그 기능을 확인하기를 계속한다. 사실상 남근이 구현될 때, 다시 말해서 주체가 자기 파트너에게 충만히 주었다고 자인할 때(이래서 사람은 자크 라캉이 그렇게 말했듯이 우리가 없는 것을 주려 하는 행동에서 그 농도를 지닌다) 행위는 실패로 돌아간다. 그녀가 남근을 구현할 때는 그가 불능이 되고 그가 남근을 구현할 때는 그녀는 불감증이 된다. 그 속에서 성적인 형식이 구조화되는 차이의 힘겨운(다를 수 없는) 계열체는 그 속에서 체제를 기능할 만한 하나의 시니피앙으로 인해 조정되지 않고서 그것의 결과로 일어날 일을 포착하는 데 적합하다. 이 계열체는 썩어지지 않는다. 왜냐하면 관계없는 하나의 차이로 구축되어 있기 때문이다. 달리 말해서 통합될 수 없다고 말해지는 성관계는 동시에 a) 글로 **된** 지시 대상만이 있거나(비교. 담론의 구조에서 진실임직함의 기능), b) 이 글쓰기를 지탱시킬 시니피앙이 존재하지 않거나──특히 남성 쪽에 여성 쪽보다 덜 존재하는 사실을 지시한다. 결국 여기서 대조 성차(性差)는 타자(표시된/표시되지 않은)와의 '관계'에서 표시된 개념의 특권 속에 있는 게 아니라 반대를 표시하는 빗금 자체에 있는 것이다. 다시 말해서 불일치의 측정과 비교 불가능성이라 불리울 수 있는(비상보적이고 참고 가능치 않은) 차이의 분열성의 순수성 자체에 있다. 기능의 진실이 양화(量化)된 변이체만을 결정짓는 반면(자크 라캉이 제안한 성적 의미 부여 원칙들의 양적인 글쓰기와 비교) 여기서 빗금은 연결되지 않은 두 변이체를 대립시킨다. 기능의 정수는 우주화된 변이체에 의해 정의되는 반면, 그 존재는 특별한 부정만으로 정립된다(그것은 씌어지지 않은 것으로 언술된다)——반대로 남근적 기능이 특별히 성적 특성이 부여된 주체를 결정지을 수 있음은 씌어질 성질의 것이 아니다.

그같은 것은 여러분이 주목했듯이 기술적인 층위(현상학적인)에 밀착되어 있지는 않다. 그것은 다시 말하면 내가 상대적으로 소설적인 방법으로 지금 막 펼쳐 보인(대화 형식으로) 유희, 사랑의 움직임과 욕망의 움직임 사이의 간격이다. 그것은 구조를 시침질하듯 펼쳐 나가는 동안 다음과 같이 드러난다. **무의식적인 욕망은 수사학, 즉 삼단논법적인 수사학에 따라 구조화된다.** (삼단논법의 위엄이 그것에 요구하듯이 언제나 그 결과는 절름발이의 진행 과정을 따른다.) 사실 구조를 말하기 위해서는 그것을 쓰든지(형식화하기: 수학·유형학 등등) 서술화하든지(소설화하는 것: 따라서 또한 글쓰기는 문학 그것이다) 해야만 한다는 사실을 여러분은 강조했다. 나는 자크 라캉의 두 텍스트를 이용하여 다음의 논지를 전개하려 한다. 즉 이 사랑과 욕망 사이의 틈을 여러분이 포착함에 있어 그들의 힘든 분열/결합이 중첩되지 않는 복잡한 결합 구조를 밝히는 데 주력하는 것이 그 하나이다. 그 다음으로 부드러운 움직임과 성적인 움직임의 불일치가 상대에 의해 배가된다는 것——이때 이 불일치는 양성 사이의 두 흐름에 대한 보완 불가능한 배치에서 기인한다. 그것을 프로이트는 처음으로 '남성과 여성에 있어서 대상 선택 유형의 엉뚱함'[63]라고 밝힌 바 있다. 만약 사랑과 욕망이 자연스레 일치해 나가거나 결합하기 위한 아무런 실제 이유도 갖지 않는 경우를 가정해 보자. 이때 나는 각자 관찰하는 것, 그러나 정신분석가는 다음과 같이 추론하는 것을 강조한다. 다시 말해서 성적인 것과 '감-성적인 것' 사이의 불일치가 남성과 여성에게서 그들 각자 억압의 서로 다른 구조화 과정과 충동의 서로 다른 원동력, 또 다른 리비도적 체제(말하자면 남근적인 시니피앙 기능의 견지에서 성별간 각각의 자리 속에 있는 회귀하지 않는 이타성)에 복종하면서 엮어진다고 정신분석가들은 추론하는 것이다.

　다음 두 개의 읽기는 우리로 하여금 우리의 공식을 확인할 수 있도록 해줄 것이다.

　1. '남근의 의미화 과정' (《작품집》에서)이 문제를 가장 가까이에서 접근하는 이 부분에서 나는 다음과 같은 분절 과정을 끌어낸다.

　a) 여성은 남성의 육체에 그녀 욕망의 시니피앙이 기입된 사실을 발견한다(물신적인 가치를 취하는 욕망의 대상에 대한 더 큰 가치 부여). 동시에 남근의 시니피앙은 그 욕망에 위치하는데, 그는 가지지 않은 것을 준다는 입장에서 이 욕망에 자기 사랑의 요구를 펼친다(사랑의 대상과 욕망의 부합). 이밖에도 자크 라캉은 이 일치에 대해 다음과 같이 관찰하고 있다. "성적인 필요에 대한 자기 충족의 실패, 다시 말해서 불감증은 욕망에 내재하는 억압이 남자에게서 보다 감소되는 경향이 있는 반면 여자에게서는 상대적으로 한층 더 내성을 보인다."

　b) 그와 반대로 한 남성에게 있어서 만약 한 여성에 대한 그의 사랑의 요구가 남근이 사랑 속에서 그녀는 없는 것을 주는 것으로서 잘 구성되는 것에 스스로 만족할 수 있다면, 그의 고유한 남근의 욕망은 다른 여성들에게서 시니피앙을 솟아오르게 함으로써만 만족된다. (프로이트의 표현에 따르면 욕망이 쉴새없이 대상들의 '지속적인 연속'이라 부를 수 있는 것을 모색하는, 이러한 환유적인 갈망을 이루는 사랑의 대상과 욕망의 대상간의 이접, 프로이트는 처음에 몇몇 자기 환자들에게서 이러한 경향을 발견해내곤 놀라움을 금치 못한다.(1910) 반복되는 변화에의 열정, 한 연속의 인접성에 따라 끊임없이 다수의 여성 사이를 옮겨다니는 것으로 열려진 이같은 욕망의 요구는 그 자체로 자기 고유의 경향이 나타나도록 내버려두거나, 또한 사랑하는 여인을 향해 극단의 충실함을 보이는 것과는 양립 불가능하다.) 남성의 성생활 속에서 이같은 리비도의 원심 분리적인 경향은 일단 그 범위가 정해지면 사실상 "보다 최악의 견디기 힘든 성적 무능과 동시에

욕망에 내재하는 억압의 특징을 나타낸다."

결국 남성의 성생활에 생명력을 부여하는 리비도의 발전 과정도 여성에게서처럼 유일하기 때문에(남성 유형에는 리비도만이 있다) 남성에게 있어서의 사랑과 욕망 사이의 긴장은 원심력의 분출을 통해 자발적으로 해결된다. 반면 여성에 있어 구심력의 집중은 정상적인 방법으로 접근 가능하다. 이같은 사랑의 양태와 욕망 체계의 엉뚱함을 리비도 단일성의 원칙에서 반박하듯이 분석해서는 안 된다. 반대로 이같은 비적절함은 의미 생산 과정에서 억압된 양성 차이의 결과로서 인식해야만 적합하다고 할 것이다. 리비도 유일의 원칙은 시니피앙으로 조절된다. 남근, 유일한 남근 또한 비대칭적인 방법으로 의미화되기 위해 다시 한 번 양성간의 비동등한 방법으로 새겨진 차이의 구성이다.

텍스트의 총체로부터 추론된 독서는 다음과 같은 정리된 도표를 가능케 한다.

여성적인 이성애: 사랑의 요구와 욕망 사이의 잦은 집중.
남성적인 동성애: 사랑의 요구와 욕망 사이의 가능한 집중 가능성.
남성적인 이성애: 다른 여성들을 향한 욕망의 잔류 가능성.
　　　　　　　　　사랑의 요구에 대한 만족 가능성.
여성적인 동성애: 욕망에 대한 실망; 사랑의 요구에 대한 확대.

어떤 방법으로 구조가 교차되는지 살펴보자. 남성적인 동성애는 여성적인 이성애에 기울어져 배치되었는가 하면(사랑의 요구에 부합하는 욕망의 대상에 대한 가치 부여) 여성적인 동성애는 남성적인 이성애와 같은 운명에 처한다(욕망의 불만족, 사랑의 대상에 대한 과잉의 가치 부여). 욕망을 이루는 남근적인 표시에 부합하여 이렇듯 구조를 묘사하는 것은 우선 수수께끼 같은 자크 라캉의 다음과 같은 정의를 밝혀 준다. "결과적으로 고유의 성이 어떻든간에 여성들을 사랑하는 사람, 이성애자를 다루어 보자. 그러면 그것이 보다 명확할 것이다."[64]

다른 한편 만약 이성애가 여성들과의 관계에 있어 이같은 사랑과 욕망의 요구 사이의 분출 결과에 따라 결정된다면 반대로 사랑과 욕망의 일치에의 경향이 자크 라캉이 'hommosexuelle' 또는 '성-밖의(hors-sexe)'[65]라고 부른 가정 속에 나타난다. 이같은 라캉의 용어는 우리로 하여금 사실상 우리가 남성의 동성애에서 관찰할 수 있는 사랑을 위한 성의 가치 절하를 상기시킨다(또는 고유한 의미의 욕망에 대한 가치 절하). 두 개의 m으로 된 **동성애(Hommosexualité)**; 그러니까 그곳은 사랑의 방책 뒤로 욕망을 방치시키고, 한 여성이 남자를 사랑하면서 다른 성 속에서(남자를 만들기 위해서이거나 그녀 자신이 그 속에서 스스로를 발견하기 위해서 히스테리의 이름으로 지시되는 것) 스스로를 '스스로화하기'[66]로 이끌려지는 곳이다. 그러므로 그곳에서 남자를 사랑하는 위치에 놓여지기 위한 구조적인 대응(여기서는 하나의 'm'만이 가능하다)이 결정된다. 성차이를 시니피앙의 견지에서 볼 때 나는 이성애적인 위치에 존재한다. 동성애적인 위치에 있는 것을 정의하는 것은 내 욕망의/사랑의 대상의 성이다. 이성애, 여성을 사랑하는 것/동성애, 남성을 사랑하는 것——내 고유의 성은 '어쨌든간에.'

2. 결국 양성간의 사랑과 욕망 변조의 비일치성에 대한 이 글을 완성하기 위해 자크 라캉의 또 다른 관찰[67]인 이중의 가정을 살펴보자. 그녀는 그를 욕망한다. 바로 그 때문에 그녀는 그를 사랑하고 있다고 믿는다. 그는 그녀를 욕망한다. 바로 그 때문에 그는 그녀를 사랑한다.

사랑 또한 욕망과 동일하게 간주되는 한, 성별의 차이는 절대적인 비-대칭 속에 위치한다. 사실상 여러분은 여기에서 다시금 다음과 같은 공식 속에 교차되는 한 관계에 주목하게 된다. 그는 사랑한다. 그녀가 사랑하고 있다고 믿을 때: 그녀가 욕망할 때 그는 욕망하고 있다고 믿는다. 함정은 각기 다른 곳에 있다. 그곳 타자가 없는 곳에 말이다. 이같은 '교차하는' 형관 속에서 주체는 두 갈래로 분열된다. 왜냐하면 타자의 분열이 그를 매혹시키니까. 그것이 그를 동시에 그리고 차례로 또 연속적으로 그러나 타인과는 다르게 비-욕망하지도 비-사랑하지도 않고, 욕망하지도 사랑하지도 않게 만드는 것이다. 그리고 특히 여성에 있어 여러분은 욕망이란 사랑을 가로질러서만 진실임직함의 방법으로 인식된다는 것, 그러니까 사랑은 여성적인 **욕망의 진실임직함**일 것이라는 점을 주목하게 된다. 난 그를 욕망한다. 그러니까 그를 사랑한다. (나는 그를 사랑하지 않고는 그를 욕망할 수가 없다.) 그 때문에 나는 그를 사랑한다. (그를 사랑한다고 믿는다.) 또 그 때문에 그를 욕망한다. 반면 남성에 있어서는 사랑의 욕망에 대한 확신을 가로질러서만 진실임직하게 될 것이다——욕망은 남성적 **사랑의 진실임직함**인 것이다. 나는 그녀를 욕망하(고 있다고 믿)기 때문에 그녀를 사랑한다. 그러나 정확히 말하면 내가 그녀를 사랑하기 때문에 그녀를 존중해야 한다.

각자는 **타자를** 낳는다는 사실을 전제하고서 양성(兩性)은 다음과 같은 한 점에서 일치한다. 그 둘 사이에서 차이를 강조하는 것은 관계 없음이다.[68] 반복되는 것, 그것은 변함없이(빗나감 없이) 그 효과를 원칙 자체, 거세를 피하려는 가능성에 대한 문제의 형식·항·욕망의 법칙에 대한 문제 제기인 것이다.

*

거짓 남근

의식을 통한 행위, 진실임직함을 통한 말에 대한 강박적인 상상화 과정, 강박성은 행위와 사고에 대한 상호적 글쓰기의 폐지와 사랑과 욕망, 서로를 통한 상호간의 쇠퇴를 부른다. 한 이상적인 여성에 대한 사랑을 보존하면서 강박증 환자는 욕망을 약화시키고 부드러움을 억제시킨다. 증오도 죄책감도 더 이상은 억압된 사랑을 속박할 수 없을 때, 성행위는 도달할 수 없는 것이 된다. 왜냐하면 부드러움에 접합하면서 그것은 금지된 관계를 실현시키기 때문이다. (억압은 넘쳐나고 행위는 금지된다.) 반면 성적인 것은 어느 정도 덜 성적인 것으로 탈바꿈한다(성행위의 탈가치화 과정). 사고는 성적인 것으로 채워진다. (이런 방법으로 강박성은 현실 속에 존재하는 것보다 훨씬 약한 저항성의 도움을 받아 쾌락을 향한 길을 축소시킨다.) 그리고 의미(욕망)가 비워짐에 따라 말은 불가항력적으로 전존재적이고 선험적인(진실임직함) 무 속에서 사라져 가는 지시 대상과 주체 없음의 공허함 속에서만 발화될 뿐이다. 진실임직한 담론의 법칙은 끊임없는 풍부함의 모든 유희, 닮은꼴이나 유사한 것들, 금지들의 반복, 체계의 단상들, 희열의 유상화들이다. 그것들을 통해 욕망은 가차없이 다양한 일련의 언표들을 나열하면서 분해시키고 동시에 욕망을 하나의 움직임 속에서 해체시킨다. 그런데 이 움직임 속에서는 공포(미래)와 그것이 욕망의 진실(성적인 것에 다가가는 가능한 유일한 접근 방법)인 한에서 거세의 치유할 수 없는 요구로 결정되는 불행(현재)과 혼동된다. 욕망을 변질시키면서 환각적인 예방의 이름으로 세워진, 진실임직함의 법칙은 사회성(존재-의무)과 신성성(의무-믿음)의 이질적인 언어를 대타자의 결핍(성관계의 비가입성, 신의 부재)으로 대체한다. 상징적 결핍에 부응하는 상상적인 것으로의 보증. 이 자리, 시니피앙이 참을 수 없어서 균열되는 이

자리에서 신경증은 대타자(그곳에 신, 독단론, 광적 사랑 등을 놓으면서)의
추론된 담론을 필연적으로 가져다 놓도록 한다. 대타자는 그의 특수한
언술을 씻어내리고 순수한 언술화 과정의 공허로 채워진 주체의 말에 대
한 무의미화 과정에 바치면서 영원한 자질로서 모든 진실의 화신화를 이
상적으로 재현하는 것인 우주론적 방법을 설명할 터이다. 바로 여기서 이
같은 체제는 하찮은 말, 플라톤적인 능변, 진실임직한 웅변을 약화시키는
것이다. 강박증은 손상된 진실임직한 말을 안정적인 문체로 우회시킨다.
그래서 강박증 환자는 침묵 속에서 말하고 욕망(의미)에 논박하기 위해
언술화 과정의 층위가 고립이라는 문체의 과정 —— 그 모든 효과로부터
말을 해방시키는 이상적인 요구(진실의 위험, 의미의 모호성, 욕망의 우연
성들)를 통해 사이를 벌려 놓은 언표들을 비우는 것만을 확신하면서 그
자신에게 의사를 밝힌다.

  강박적 담론의 수사학은 밀접히 집단 문화(라고들 하는)와 개인 문화
(라고 내가 믿는) 사이의——한 관계로 엮이는 모든 예배(문화)의 범위를
넉넉함 속에서 밝히면서 특히 진실임직함의 범주를 이용한다. 담론의 공
간 속에서 시니피앙의 결핍이나 비외연적인 시니피앙을 거부하면서 진실
임직함은 사랑 속에서 욕망은 금-지라는 한도 내에서 욕망의 억압을 앞
당기고 강화시킨다. 사랑과 욕망 사이의 대립 관계는 리비도적 추진력을
도우면서, 억압과의 협약은 돕지 않으면서, 주체가 대타자의 균열 속에서
지시 대상(언어의 지시 대상, 성적 차이의 지시 대상)의 결핍을 탐험하면
서 그곳, 언어의 저편에서 하나의 의견(독단론)을 가지고 있다고 추정되
는 대타자, 그리고 그 결과로 남근적인 진실임직하지 않음의 시니피앙 결
정권 밖에서 약속된 희열의 보증인을 발견한다고, 아니 특히 발견하리라
믿는 것에서 그의 신경증적인 해결 방법을 찾는다. 따라서 주체는 그를
보증하기 위해 그 자신이 스스로 관계된 그러나 그를 마치 타인으로 여기
는 그것을 통해 그는 자신이 시니피앙의 법칙으로 도망쳐 나오기 불가능

함에 처해 있다고 보는 이상한 의미를 발견한다. 그 스스로의 기호를 원하면서 대타자의 욕망에 대한 원인 없는 효과에 머물면서 자기 자신의 말(자기 문체)을 빼앗겨 필연적으로 자신의 욕망을 단념하는 것이다.

억압(진실로서의 욕망)과 권력(독단론) 사이의 도덕(초자아적인 명령)과 믿음(대타자의 증거)간에는 그 속에서 언술화 과정이 욕망을 반박하는 담론의 상상계 영역, 즉 진실임직함이 자리잡고 있다. 그곳, 상징계와 상상계 사이의 너무나 느슨한 유희 대신에 신경증적인 증상의 형성 과정의 이 지점에서 그것은 그 진실임직한 언표로 이루어진다. 상상계는 사람을 전복시키고(억제시키고) 욕망을 말소시킨다(금지시킨다). 왜냐하면 **성적인 것의 억압은 우선 상징계의 거부이기 때문이다.** 원칙상 진실임직함은 언어의 상실을 낳는다(그것은 명백한 일이다). 그리고 그 속에서 욕망을 위해 억압(신경증)과 신앙(종교) 사이에 집중된 포기들이 그 결과로 나타나는 권력의 훈련[69]의 조건들을 정의하면서 사역-믿음에 대해 말한다. 그럼직함(담론의 자의적인 관습)과는 아주 다르게 진실임직함은 의무(말해야만 한다, 도덕)와 가능성(우리는 말할 수 있어야만 한다)에 기대고 있다. 그것은 사실 자연 언표('우리')로 나타나면서 능력의 전략을 드러낸다. 다시 말해서 '우리'는 굴복이 항상 시니피앙의 현실적인 결핍의 비상징화된 효과이기 때문에, 대타자는 소유하고 있지 않은 지식의 이름으로 능력에 종속된 것처럼 진실임직함에 굴복한다. 진실임직함은 희열(거세화)의 진실을 파기하고 믿음 속에서 욕망을 흡수한다.

욕망과 희열 사이의 회복할 수 없는 분열은 의견 속에서 성적인 욕망에 그 변증법적인 이유를 부여하는 남근의 기능에 의해 지배된다. 희열의 진실은 즐기는 척하는 게 아니라 남근의 기능에 다가가는 유일한 길인 그런 척하는 것을 즐기는 일 이외의 어느것도 아니다. 이렇듯 히스테리 환자는 적어도 이 이점, 즉 '그 자신을 위해 사랑' 받는 척하지 않음을 보여준다. 왜냐하면 그녀는 자신이 남근에 제공하게 될 화신(化身)을 위해 유혹하기를 원하기 때문이다. 그것은 그녀가 자신이 그런 척하는 성향을 지니고 있는 듯 보이는 일이다. (그러나 상상적인 남근——현실계에서는 어떠한 방법으로도 참고할 수 없는——그것을 그녀가 신용하고 스스로 그러한 존재라고 상상하는데, 왜냐하면 분명히 그녀는 남자를 위해 그렇게 할 수 없으면 그것을 향유할 수 없기 때문이다.) 달리 말해서 이 남근에 부응하는 시니피앙, 존재의 그럼직함은 담론의 원인 그러니까 욕망의 원인을 재현하는 것이다. 그것은 성행위의 시니피앙이라고 할 수 있다. 따라서 명백히 그것은 의미가 없다고 말할 수 있다. 그 속에서 어떤 종류의 실패만을 상징화시키는 성관계의 보완물로서 나타나지 않는다면 말이다. 외관은 흉내일 뿐이고, **존재하지 않는** 것과의 유사성이라는 가치 외에 아무런 가치도 지니지 못한다. 그럼직함의 진실에 대한 가치는 이 제동 장치(비성관계)에 귀착된다. 그것이 성관계를 허용한다는 것은 마치 현실의 가장자리를 스스로 지탱하려는 하나의 시니피앙이 되는 것, 또는 상징계의 길을 통해(신경증의 시니피앙과의 관계는, 특히 **외관을 현실의 이해 관계에 투입시키려** 움직인다는 점에 주목하자) 그러니까 현실 속에서 상상할 수 없는 것(자크 라캉의 현실계)에 접근하기 위해 상징계를 떠나는 하나의 운동에 따라 현실 속에 주체가 참여하는 일이다. 고통받는 영혼들을 위해 반복해 보자. 입맞춤은 물론 완전히 '자연스러운' 행위이다. 그러나 이 행위는 시니피앙에 도움을 청할 수밖에 없는 행위임은 명백한 일이다. 말하는 존재에 있어 성적인 것은 **근본적으로** 언어 속에서 취해진다. 그것의 성취는 그럼직함의 경사, 상징계의 근저로부터 현실계의 **가장자리까지** 가는 도정의 전개 과정을 성공시킬 것을 요구한다. 이 텍스트에서 나는 이 '자연스러운' 도정의 변천에 대해서만 말했을지도 모른다. 그곳에서 우리는 말하는 존재에게 있는 자연스러운 것은 **우선** 상징계라는 것과, 성적인 운명을 변화시키려는 유일한 희망은 주체를 결정짓는 주체의 자의적인 이중성에 대한 충성이자 시니피앙에 대한 충성이라는 사실을 포착해 낼 것이다.

그럼직함은 남근을 밝혀내려 할 때만 그것을 감내하고 좌절시키기 위해서만 그 기능을 실현시킨다. 반대로 진실임직함의 기능은 남근의 한계에 구실을 마련한다. 왜냐하면 이 진실임직함의 기능 실행은 남근의 기능을 언술하는 주체가 그것을 부정함으로써만 가능하기 때문이다. 이 주체는 죽은 아버지로서 이름을 물려주는 아버지이다. 그리고 이러한 명목으로 그가 부정하는(그리고 그것을 긍정하기 때문에 부정하면서 그것의 기초를 세우는) 남근적 기능에 복종하지 않는다. 자크 라캉은 성적인 곤경을x. $\exists x, \overline{\Phi x}$라고 논리적으로 설명하면서(글쓰기를 통해) 표현하고 있다. 그럼직함은 그가 구축한 바(특히 부정적인) 이것을 부정하는 **듯한** 이 특이한 언술에 앞선다(솟아오른다). 아버지의 이름 소지자인 이 특이성은 정확히 말해서 거세화 과정에의 실패에다가 자기 존재를 기입하려는 것에서, 다시 말해서 그 소멸과는 다름없는 지시 대상 기능으로서의 남근을 구축하는 것에서 찾아볼 수 있다. 여기서 남근은 존재에 대한 한 나타남(한 사라짐)과 그것에 대한 **그럼직함**을 드러낸다. 왜냐하면 기능의 창시자로서의 주체가 그에게는 부족하고, 담론은 진실의 가치를 전혀 드러내지 않는 것이 아니기 때문이다. 거짓이라는 가치(falsus), 그러니까 그럼직함이 솟아오르는 때에——결국 거짓 남근(phalsus)이라 부르기에 적합한 것이다. 시니피앙 같은 것의 위상을 정립하는 거짓 남근은 기능에 논박하면서 그의 우주론적인 가치로부터 회피하는 주체의 존재에 전체적으로 근거한다. (합법론자는 항상 그가 언술하는 우주 속에 존재한다. 아버지는 그들 이름의 항으로 축소시키는——또는 그를 세우는 어쨌든 그 둘은 마찬가지인데, 죽음(살해)으로써 그가 기초한 법칙으로 제한될 수밖에 없다.) 그것은 하나의 거짓 남근으로 변모되면서이다. 다시 말해서 담론의 구조와 같은 단계로 열리면서 말이다. 그러므로 남근은 구조 속에서 시니피에가 존재하는 시니피앙, 언술되지만 씌어지지 않는 시니피앙의 기능을 폭로한다.

상징적 재현화 과정과 주관적인 언술화 과정 사이에서 이 진실로 가득 채워지지 않은 공간은 그것의 분열——전통적으로 고전적인, 왜냐하면 그 분열은 아리스토텔레스로부터 출발하는 고전적 판단에 부속되는 것이니까——로 열린다. 그리고 하이데거와 더불어 이 판단이 정확히 **언술되는**(또는 말하기) **재현화 과정**이 될 때 삼각담론의 **지형도**를 재현한다. (이해를 통해 발화된 판단은 진실과 왜곡 그리고 그것들에 대한 차이의 장소이다.[70]) 그런데 담론 구조 속에서 진실과 왜곡 사이의 차이, 그렇지 않으면 담론의 관계들을 해체하고 다시 조립하는 이 분리를 벌려 놓고 다시 통합시키는 담론의 기능이란 과연 무엇일까: 거짓 남근의 기능? 그 장의 축을 고수하기 위해 이 차이(판단)나 그 비-장소(착란)를 취하면서 담론은 그것의 두 가장자리를 결정짓는다. 사회적 관계의 성공이나 위태로운 관계로부터의 해방, 그것이 그들의 광기를 정의하기 위한 것이건 그들의 판단의 결핍을 지시하는 것이건 파르메니데스는 인간들을 **미친 종족**이라고 선언한다.[71] 그런데 시니피앙에 내재하는 변함없는 유머와 더불어 모호성은 이 용어가 두개의 상반되는 해석, 그러나 물론 그 둘이 완전히 함께 하는 두 개의 해석으로 밝혀지도록 철학자들을 촉구한다.

1) 사람들은 미쳤다——왜냐하면 신들만이 진실에 접근할 수 있기 때문이다. 그것은 공감할 만한 것이다.

2) 사람들은 맞는 언표들과 맞지 않는 언표들을 구분할 능력이 없다. 결과적으로 진실과 그럼직함[72]의 유희는 스스로 결정을 내리게 될 것이다……

토 론

줄리아 크리스테바——당신의 발표를 통해 강박 담론의 특이성이 명백히 나타난 듯합니다. 잘리운 현실——죽음과 거세화를 스스로 보존하는 것은 머리(당연히 담론)를 넷으로 자르는 것입니다. 그것이 문학적인 허구와 유사성을 지닐 수 있다는 사실이 내게는 설득력을 가진 것으로 보였습니다. 당신이 개진한 바대로 효과 속에 존재하는, 말하자면 수사학적 창조나 문학 속의 서사 등을 증언하는 **문체**의 각 규모 차이를 정확히 한다는 조건하에 강박증 환자는 그같은 각각의 문체 효과에 어쩔 수 없이 매혹되는 동시에 그것을 빼앗깁니다.

왜냐하면 그것은 강박증 환자와 작가를 구별하는 어머니와의 근친상간이라는 현실에 관련되어 있기 때문입니다. 만약 그들의 담론이 이 관점에 집중된다면, 강박증 환자는 그의 불가능한 언어에의 편입에 애도를 보내지 않을 수 없게 됩니다. 그것이 그의 말을 추상적인 만큼 정확하게, 그의 접근 불가능성으로 인해 무겁게 힘겨운 만큼이나 사물에 가깝게 그와의 접촉에 겁에 질려하는 만큼 그것에 스스로 동화되게 합니다.

반대로 문학 담론은 아마도 유일한 근친상간의 담론인 듯합니다. 모성적 거세화의 마스크 벗겨내기, 비-의미의 쇄도와 보완하는 망의 다시-짜내기, 다소 만족스런 물신, 의미화 과정, 언제나 결정적이지 못한 의미화 과정 또한 상징적인 존재를 부여하는 것이 문학이니까요. 이때 문학은 상징적인 존재를 성관계에 부여하는 것이 아닙니다. 문학은 라캉 이전에 그 고유의 방법으로 성관계란 존재하지 않는다는 사실을 끊임없이 말하고 있습니다. 반대로 레비 스트로스가 말한 바 의미와 사회의 기반이 되는 근친상간 금지의 위반에 다름 아닌 이 불가능성에 부여하는 것입니다.

이 강박 담론과 문학적 창조 사이의 분산은 또한 결과적으로 그들 진실의 효과 속에서 나타납니다. 진실을 **은닉하면서** 그것을 갈구하기를 멈추지 않는 것입니다. 문학적 창조는 그 동일성 내에서 독창적으로 진실에 의해 위협당하면서 그들을 **유포하기를** 멈추지 않습니다. 그것은 말하자면 강박증 환자가 진실(어머니의 거세화로서)을 지향한다는 사실을 의미합니다. 번민에 차 있지만 그것에 끌리면서 그는 최대한 진실에 접근합니다. 이유를 아는 **신비**의 파수꾼처럼 말입니다. 그가 숨겼다고 믿고 싶어하는 이 신비를 위한 그의 욕망에 다름 아닌 그 신비를 말입니다. 그러니까 당신이 말한 바대로 음-란이죠. 만약 강박증 환자가 어떤 의미에서 장인이라고 한다면, 그것은 은닉에 있어서입니다. 발견해 내고 공들이고 진실의 '문제'를 증명해 내기 때문입니다.

작가는 신비가 정면으로 다가드는 순간——폴리쉬넬[73]의 비밀——에만 시작합니다. 그러므로 진실은 그에게 문제가 되지도 그렇다고 그가 그로부터 멀어지는 것도 아닌 그것의 한 부분인, 그러니까 그것을 갈구할 필요가 없는 것입니다. 그가 해야 할 일은 진실이 존재토록 하는 것, 왜냐하면 진실이란 언어의 부정적/외연적인 위력(부인)에 대해서만 만들어질 수 있기 때문이죠. 따라서 진실이란 언어 속, 그 작은 의미 단위들——말들·리듬·멜로디·은유……——속에서 유포되고 분산되며 도망합니다. 은닉, 유포——그러나 혼동되지 말아야 할 이 두 기재는 글쓰기 행위 속에서 명백히 연합될 수 있는 실천인 것입니다…….

장 프티토——초월적 증상(있을 수 없는)의 위상을 지닌 현실이 적어도 진실의 장소로 간주될 수 있다고 가정하면서, 나는 당신의 텍스트에 대한 감정으로 다음과 같은 위상적 정리를 나름대로 해보았습니다.

참/그럼직함/진실임직함

현실계/상징계/상상계

그러니까 중요한 것은 상징계 편에서의 그럼직함의 나타남입니다. 특히 그럼직함의 부인으로서의 진실임직함에 대한 가정은, 비록 내가 부인이라는 용어보다는 의미론적 고정화라는 용어를 선호함에도 불구하고 내게 매우 설득력 있게 보였습니다. 그럼직함은 현실(그러니까 무)에 대한 상징적 현실 모사, 진실의 지시 대상 밖에 존재하는 것에 고정된 글쓰기의 가장자리입니다. 이런 의미에서 그럼직함은 불안정한 개념들 **알로공**(비논리로부터)이라 부른 것을 가로질러 설명되는데, 그것의 예 자체로서는 현실계(그것이 상황을 순환적인 그러니까 악습에 젖은 것으로 만듭니다)에 대한 라캉의 명명화라고 할 수 있습니다. 말하기를 지나면서 그것은 의미론적 고정화를 지나치고 스스로 상상화, 즉 스스로 진실임직화되어집니다.

그것이야 어쨌든 상징계에 속하는 것으로 그럼직함의 이론만이 유일하게 정신분석가로 하여금 현실계의 신비주의와 그 고유 담론 속의 진실임직함의 독단론 사이의 시계추 같은 모습을 피할 수 있도록 해줄 수 있는 듯 보입니다. 즉 그럼직함이라는 용어는 그외에도 내게는 매우 중요한 문제로 보이는, 즉 신경증과 과학을 가장 미세한 방법으로 위치시킬 수 있는 방법으로 보입니다.

정신병에서 이 개념은 사실상 내재적인 진실의 관점들을 **결정된** 현실계로 **연역시키고**, 이렇게 연역된 것(상징적으로 까지)이 신경증 속에서 조작되도록 해줍니다.

과학에서 이 개념은 도표화할 수 있는 절대적으로 옳은 그럼직함과 관련된 것이라 말할 수 있도록 합니다.

그것은 그곳에서 우리가 어찌해야 할 줄을 모른다는 사실을 의미합니다. 왜냐하면 이같은 이론의 언술은 그 자체로 생산적인 행위와 비판적인 몸짓을 밝히는 강제적인 윤리학이기 때문입니다. 생산적 행위는 선험적 증상으로서의 행위, 현실에 부응하면서 닮은꼴의 논리에 대한 가공 과정의 행위이며 비판적 몸짓이란 우선 닮은꼴의 기막힌 재주(대학에 의해 진실임직함으로 침식되는)로서의 철학적 재건의 몸짓이고, 다음으로는 맥락에까지 그 진실임직함을 왜곡하기 위해 고통 속에 있던 실존을 배반하면서 정신분석가가 진실임직함(라캉적 어휘의 약호 속에는 통로) 속에서 선택한 의미에서의 정신분석가 자체에 대한 비추정의 비판적 몸짓 말입니다.

신경증과 궤변론

나는 이 세미나의 주제를 다양화시켜야 할 필요성을 절감한다. 내 차례에 진실과 진실임직함, 그리고 **해체된** 또는 **해체된** 담론, 즉 언어 고통의 증상들, 고통에 처한 언어들로서 내게 이해되는 몇몇의 정신병적 현실들의 현행 개념들을 상호 관계 속에 놓는 것, 시작부터 그 이야기를 꺼내는 만큼 이 주제는 내 취미에는 맞지가 않다. 표현해 본다면 그것은 너무나 빈번히 덫이 발견되는 토양이다. 진실, 진실임직함, 정신병. 이처럼 발밑에서 금방이라도 터질 준비를 하는 폭탄 같은 단어들이 또 있을까? 지식의 곡사포와 낙하물에 주의! 이 단어들이 폭탄들일지라도, 아니면 뇌관에 불과할지라도 어쨌든 나의 주제가 될 것이다. 문자 그대로 폭탄 같은 단어를 집어올리는 것이다. 나는 신중을 다할 것이다. 그것이 내 연구의 한계가 될지라도 말이다. 왜냐하면 폭탄에 맞아 발도 얼굴도 잃어버리고 싶지가 않기 때문이다.

무지한 방법론일 것이 분명함에도 불구하고 정신병 같은 진실에 대한 첫걸음으로서 경험이 부족한 나는 정신병의 담론과 진실에서의 그것에 관한 가치를 상기시키기 위해 다음과 같은 우회로를 택할 터이다.

——아리스토텔레스의 문제 제기에서 이미 제시된 바 언어 및 담론과의 관계에 있어 참과 진실임직함의 범주는 감탄할 만하다. 왜냐하면 이 문제 제기는 현시점에도 여전히 문제로 남아 있고——그것이 개념과 영혼의 상태, 시니피에에게 자리를 마련하는 최초의 문제 제기라는 점에 있어

서 언어 상태에 대한 모든 방법론들이 거기에 소쉬르와 프로이트도 포함해서 거기에 기반을 이루기 때문이다.

——형이상학의 서두에서 우리를 아리스토텔레스로 회귀시키는 이같은 범주들 속에서 어떤 담론의 형식들을 이해하기 위한 시도——아마도 신경증적인 **와해**——담론의 형식들이라 할 수 있는 실패하도록 운명지어진 시도, 적어도 유일하게 부정적이기만 한 방법으로 신경증적인 **와해**를 묘사하는 한에서만 성공할 수 있을 시도. 나는 반대로 이 병리학들이 참과 진실임직함의 스스로를 긍정적으로는 포착할 수 없음을 스스로 증명하는 아리스토텔레스적인 개념들의 엉뚱함을 묘사하기 바란다.

——실패는 언어(전(前)소크라테스적인, 위장적 혹은 냉소적인)의 또 다른 개념론, 아니면 이론들에의 연구를 요구할 것이다. 그같은 것들은 전술의 병리학적 현상들과 관련된 한에는 아리스토텔레스적인 이론보다 더욱 강해서 정신병적 현실에 보다 가깝게 접근한다.

끝으로 나는 정신병 담론(과 언어, 그리고 그것을 이해하기에 적합한 진실의 위장 개념들)과 프로이트가 아리스토텔레스의 문제 제기에 명백히 동의하는 것으로 보이는 〈부인〉이라는 논문에서 이야기한 바와 같은 현실의 구축을 연결시키도록 노력할 터이다. 만약 그것이 아리스토텔레스적인 것도 위장적인 것도 아니라면 프로이트의 진실은 어디에 있을까? 대답은 연기된다. 계획의 서두는 도정의 한계를 가능한 제일 먼저 인식하고 고정시킴으로만 의미를 지니게 될 것이다.

I

상기시키는 것만으로 만족할 오랜 주석, 즉 아리스토텔레스에게는 변별적인 다시 말해서 모순적인 진실에 대한 두 제안이 존재한다.

1. 한편 참과 거짓은 연합과 속사, 주어의 분리나 제안 속에, 혹은 판단 속에 존재한다. 표준 인용에 따르면, "사실상 참과 거짓은 사물 속에 있는 것이 아니라 [⋯] 사상 속에 있다."[1] 참의 의미에서 볼 때 존재는 넓은 의미에서 또는 고유한 의미에서 형이상학적인 대상이나 존재 의미의 복수성을 포함하는 유일한 의미(힘으로 그리고 행위로 우연히 참의 의미로서 등등)[2]와는 다를 것이다. 참의 의미에서 존재는 사고의 관계 속에, 그리고 사물들 속에가 아니라 전제 속에 존재한다. 그같은 것이 다음의 두 원칙(판단은 참의 장소이고, 참은 정당한 지성의 대상이다) 속에 놓여진 진실의 중세적·전통적 개념의 출발이다. 그러나 아리스토텔레스가 지적하고 있듯이 그것은 단순히 비구조화된 특성과 관련된 것이 아니다. 따라서 사유는 재결합되는 것도 분리되는 것도 아니다.

2. 다른 한편 아리스토텔레스는 다른 곳에서는 더 이상 논리적이 아닌 진실의 존재론적인 개념을 발전시킨다. 참의 존재를 위해 사유 속의 관계는 사물들과의 관계와 더불어 개진되어야 한다. 개념적인 예에 따르면, "그것은 참의 방법으로 네가 희다고 생각하기 때문이 아니다. 네가 희다는 것은 단지 네가 희기 때문이고, 네가 그렇다고 말하면서 우리는 진실을 말하는 것이다."[3] 단순하고 비구조화된 특성에 있어서 판단을 받을 형질의 것이 아닌 진실은 단순한 언술화 과정 속에 있다. 비구조화되기 위해서는 '참, 그것은 우리가 쥐고 있는 것을 포착하여 언술하는 것이다.'[4] 판단에 대칭하는 언술적인 포착으로 비구조화된 존재의 진실은 왜곡 또는 실수에 대응되는 것이 아니라 무시나 맹목에 대응되는 바이다. 이같은 사물들 속에서 판단의 진실에 선행하는 것으로 보이는 진실의 이차적 의미는 더 이상은 황당함이 아닌 폭로라고 할 것이다. 하나의 전제를 위하여 구조화되고 비구조화된 존재의 관점에서 진실 속에 있는 존재는 보다 근본적인 말 이전의 그러니까 존재론적인 진실과의 합치, 그리고 이 진실을 밝혀내는 데 있다.

진실의 아리스토텔레스적인 의미 속에서의 이중성은 여러 무질서한 원칙들을 이끌어 낸다.

1. 하이데거는 아리스토텔레스적인 의미의 이중성에서 판단은 진실의 장소라는 것과 그 정의는 **합치로** 합당하다는 사실을 부정할 고유의 주장을 펼친다. "진실이란 판단 안에서 그 고유의 자리를 가지지 않는다."[5] 그리고 즉시 아리스토텔레스의 이차적 의미에 따라 혹은 인식론에 따라 폭로의 의미로서의 **알-레데이아**(a-léthéia)에 의해 진실의 정수 탐색에 특권을 부여한다. "폭로는 진실이다. 진실과 로고스는 같은 것이다."[6] 나는 존재 속에서 혼재하는 이 **진리와 진실**의 동일성 개념으로 다시 돌아올 것이다.

2. 진실의 개념에서 책 Θ가 《형이상학》의 책 E와의 관계에 의해 가져오는 차이점에 관해 아리스토텔레스와는 거의 거리가 먼 관점에서 현대의 주석자들처럼 '또 다른 관점'에서 혹은 '정확성' 뿐만 아니라, 엄밀하게 존재 의미의 다수성에서 유추된 **진리 의미의 다수성**에 대해 언급하는 일이 가능하지 않을까? 존재의 이중성은 명확히 아리스토텔레스적인 연구의 기본 개념인 존재의 모호함으로 되돌려진다. 아리스토텔레스는 조화를 암시한다. "참이 비구조화된 존재 또한 그 둘의 경우 같은 것이 될 수는 없다."[7] 각각의 개념들이 품는 의미의 복수성과 거짓을 기술한 책 Δ에서는 여러 가지 방법으로 그 사실들을 설명한다. 즉 사물들에 대해, 언술화 과정(로고스)에 대해, 인간에 대해[8] 말이다. 진실로부터 벗어난 것(거짓된 것, 거짓 언술화 과정)에 대한 두 가지 선도적인 방법은 진실에의 두 가지 정의로 되돌려진다(폭로·합당성). 그러니까 진실이란 그 복수적인 의미가 유일한 원칙에 앞서는 동음이의어, 동의어적 의미가 아니면 이도저도 아닌 존재 같은 것일까? 진실이란 철저히 모호한 단어일 테지만(진실은 필연적으로 합당성과 폭로로 동시에 이끌릴 것이다) 어떤 합당성에서는 유일의 원칙, 진실의 정수 혹은 진실로서의 진실에 기인하는 듯하다.

3. 피에르 오벵크는 그의 《아리스토텔레스에서의 존재의 문제》에서 진실에 대한 아리스토텔레스의 '관점의 이중성'[9]에 대해 강조한 후 적합성과 폭로 사이의 공존과 견제, 상호간의 팽팽한 맞섬을 보여 준다. 적합성과 폭로는 교대가 아닌 수학적 의미에서의 이중성 그 자체, 다시 말해서 같은(제시된) 기능을 지시하는 두 개의 서로 다른 표현들인 것이다. "진실에 선재하는 어떤 것이 있는데 그것은 우리의 담론에 의해 진실이 존재하게끔, 그러니까 마치 이미 존재하고 있는 것으로서의 진실을 포착하는 순간으로부터 기인하는 바이다."[10] 덧붙여 진실의 아리스토텔레스적인 적합성이 이중성의 관계 속에서 서로 관계를 맺고 있는 것들로 공통점을 가질 수 있을 것이라고 시사한다.

사실상 아리스토텔레스가 판단 속에서 진실을 상기시킬 때에는 항상 주어와 속사의 결합으로의 절이나 속어·술어의 판단과 관련되어 있다. 그러나 아리스토텔레스가 간과하고 있는 것은 핵심 속어적 판단이다. 그는 주요 속어적 판단과 동일성의 판단을 혼동하고 있다. 그것은 다음과 같이 설명될 수 있는 것이다. 즉 아리스토텔레스는 소피스트들 그 중에서, 특히 동일성 판단——소크라테스는 소크라테스이다——만을 인정했던 안티스테네스[11]에게 응수하면서 존재론적 판단과 핵심 속어적 판단 사이의 혼돈 속에 나타날 수 있는 부수적인 속어적 판단——음악가 소크라테스——가능성을 확신하기에 이른다. 아리스토텔레스가 안티스테네스에게 응수하여 핵심성의 언술화 과정과 부수성의 언술화 과정을 구별하면서——"한편으로는 각 사물의 유일한 언술화 과정만이 있는데 그것은 사물의 본질에 대한 언술화 과정이고, 다른 한편으로는 동일성의 개념을 포함하는 이유로 사물 자체와 속성으로 영향을 받은 사물 사이에는, 예를 들면 소크라테스와 음악가인 소크라테스 사이에는 여럿의 언술화 과정이 있다."[12]——선택한 예를 통해 그는 스스로 존재론적 판단과 특수 속어적 판단을 혼동하고 있다는 사실을 보여 주고 있다. 소크라테스[13] 그러니까 핵심 속어적 판단이 빠져 있는 것이다.

그렇다면 진실의 두 의미는 이 두 종류의 판단, 즉 속어적이거나 존재론적 판단에 귀속되지 않는 것일까? 아리스토텔레스가 이 경우에 판단과 대립시킨 바 있는 판단 상태와 언술 상태 두 가지는 그 의미상 가장 많은 혼돈을 불러일으키는 용어들이다. 순수한 언술적 포착 속에서의 폭로 같은 진실은 존재론적 판단에는 부합하지 않는 것일까, 또는 핵심성의 속어적이라 할 수 있는 함축적 속어성을 가정하지 않는 것일까? "이 분리될 수 없는 '포착하기'는 바로 소크라테스이다. 그 핵심을 포착하는 것에 다름 아닌 것이다"[14]라고 P. 오벵크는 적고 있다. 또한 진실에 대한 아리스토텔레스적인 두 의미는 속어적 판단과 존재론적 판단, 다시 말해서 부수적 술어와 핵심적 술어와의 차이점을 설명해 줄 수 있을 듯하다. 그러니까 진실의 다양한 의미와 합류할 수 있는 것은, 더 이상 부수적 술어 기능에 제약받지 않고 미래의 분석적 판단으로 펼쳐지는 판단일 터이다. 가장 높은 추상화 과정의 층위에서 볼 때 모든 절은 한 주어에 대한 술어의 속어적 기능의 유일한 형식을 표현해 낼 수 있다. 그리고 그 다양성을 포함하는 것이 'être' 동사(계합사 또는 존재 양식)이다. 또 여기서는 존재의 의미에 대한 복수성과 진실의 의미에 대한 복수성 사이에서 발견되는 듯하다.

4. 진실에 대한 두 아리스토텔레스적 의미들 및 속어적 판단과 존재론적 판단의 아리스토텔레스적 의미들에의 접근은 일시적인 접근이기는 하지만 내가 조금 후에 논지를 전개할 부분을 강조하고 있는 한 짚고 넘어갈 만한 가치가 있다. 사실 앞으로 나의 논지 전개는 틀림없이 속어적 판단과 존재론적 판단으로부터 심리 구조를 포착하고, 속어적 판단의 존재론적 판단에 대한 논리적 그리고 구조적인(심리적이거나 발생론적이 아닌) 선조성을 보여 주는 프로이트의 〈부인〉[15]까지 가는 논리상의 비약일 것이다. 그러니까 우선 쾌락 원칙의 자아는 사물의 질(좋거나 나쁘거나 먹을 것

인지 뱉을 것인지 등등)을 결정함으로써 현실을 제한하고, 그 다음 단계에서 현실 원칙의 자아는 한 사물의 외부 효과라 할 수 있으며 이미 자아 내에서 재현된 존재를 결정짓는다. 거기까지는 시작에 불과하다.

이 조응소적인 주의들을 넘어서 나는 아리스토텔레스와 그의 참에 관한 두 의미들로 되돌아온다. 이 양가성 균형은 틀림없이 그의 언어 이론과 그의 존재 및 언어와의 관계의 관점으로부터 비롯된 듯하다. 사실상 진실은 (속어적) 판단이나 (폭로된) 사물들 속에 존재하고 모든 것은 담론과 말들 속에서 이루어진다. 아리스토텔레스에게는 담론의 출구가 없는 반면, 플라톤은 언어의 외부를 향한 것처럼 사상들을 향해 담론의 출구를 제시한다. (이 장들의 모든 문제들은 언어의 이러이러한 이론이 가정하고 부과하는 안팎의 관계를 다룬다.) 아리스토텔레스가 거짓된 사물로서의 거짓을 말할 때가 이런 경우이다. "예를 들어 만약 대각선이 통분 가능하다거나 네가 앉아 있다라고 말한다면,"[16] 사물의 왜곡은 그 자체 언어 속에 담겨 있다. 그러니까 그 자체 속에는 사물의 왜곡이 존재하지 않는다. 게다가 아리스토텔레스는 눈속임이 존재하는 그림의 경우와 그 외양이 실제로 존재하지 않는 것에서 기인하는 몽상의 경우를 덧붙인다. 그러나 도금한 구리로는 진짜인 가짜 금에 대해 예를 든 하이데거에게서와 마찬가지로 여기서는 **신빙성 없음**[17]에 대해 논지를 전개하는 편이 나을 터이다. 도금한 구리, 눈속임이나 몽상은 그 진정성을 확인할 언술화 과정과의 관계에서 볼 때는 거짓이 아니다. 말하자면 사물이란 그것이 언어적인 포착을 위해 말들로서 나타날 때만 거짓인 것이다.

그런데 아리스토텔레스에게 있어 언어란 근본적으로 실패한 것, 적합치 않은 것이다. 즉 언어와 그 대상과의 거리는 환원 불가능하다. 플라톤이 언어의 도구적 개념을 이 믿음에 대치만 시킨 반면, 아리스토텔레스는 말과 사물의 유착으로 고대적이고 궤변론적인 믿음에 대한 단상을 부인한 첫

사상가이다. 아리스토텔레스는 정반대로 **기호**의 개념을 통해 말과 사물의 점착성을 부인하고 **의미 생산성** 이론, 또는 그 둘의 무가항력 분리에도 불구하고 언어와 존재와의 관계를 제안한다. 그것은 다른 어디도 아닌 《해석론》 논론의 첫 페이지에 아주 잘 나타나 있다. "목소리를 통해 발설된 소리들은 영혼의 상태들을 보여 주는 상징들이고, 씌어진 말들은 목소리를 통해 발설된 소리들의 상징이다."[18] 다시 말해서 언어와 존재 사이에는 어떤 즉각적이거나 투명한 관계도 없기 때문에 즉각적으로 존재를 설명해 주는 것은 영혼의 상태이다. 발화된 말이 영혼 상태의 상징('sumbolon')이라 할 수 있는 상징인 반면, 씌어진 말은 기호(sémeion) 또는 사물들의 이미지이다. 아리스토텔레스적인 상징, 즉 우리는 기호로서 매체의, 협약의 상징은 **의미 생산화 과정**(모든 의미 생산화 과정)으로 반면 즉각적이고 사실에 근거한 아리스토텔레스의 기호는 **닮은꼴**이라고 간주할 수 있다. 간단히 말해 존재에서 근본적으로 분리된 것으로서의 언어는 무언가 근사치의 것이나 모호한 것이다. 언어로부터 논리의 원칙들을 정립하기 위해 동음이의어나 동의어들의 근원을 그 축소된 예로 제시하고 있다.

언어에 내재한 무능함의 예증, "이름들은 그 수에서 제한되어 있다. […] 반면 사물들은 무한하다."[19]

이같은 언어의 불완전함을 확언함으로써(말과 사물과의 관계는 항상 논쟁의 여지가 되어 왔고) 그야말로 당연히 언어란 진실의 장소가 아니라는 바를 시사하게 된다. 명제에 다름 아닌 이 특수한 말(logos)만이 진실일 수 있다. "모든 담론은 하나의 명제가 아니라 단순히 그 속에 참과 진실이 공존하는 담론일 뿐이다."[20] 우리는 어떻게 가장 추상적인 형식 속에 속어적 판단과 존재론적 판단을 포함하는 명제가 아리스토텔레스의 두 가지 의미와 진실을 결합시킬 수 있었는지를 이미 살펴본 바 있다. 게다가 명제는 담론이나 의미 생산화 과정의 전부가 아니다. 언어는 그것이 존재와 부합하는 것이 아니기 때문에 명제보다 더 또는 동시에 덜 의미화할 수 있다. 다소간 다시 말해 허구적인 동시에 사실인 것이다. 그 때문에 언어(와 변증법)는 진실의 장이 아닌 **진실임직함**의 장이 된다. 의미 생산화 과정은 진실임직함이다. 그래서 진실의 장소로서의 명제 속에서 언어를 정확하고 일의적인 것으로 만들기 위해 언어로 재정립된 것이 모든 분석과 논리의 대상이 된다. 말, 근사치의 모호한 그것은 근본적으로 진실임직함의 장소이다.

다음의 두 아리스토텔레스의 용어들은 전통적으로 프랑스어에서 진실임직함을 수식하는 표현들로 전의되었다. **그럼직함**(eikos)과 **독단론**(endoxes). 만약 진실임직함이 그 총체(의미 생산화 과정의) 속에서의 언어의 속성이라면 다음의 두 정확한 담론은 무엇을 보여 주는가?

에이코스(eikos): 이것은 아리스토텔레스의 《분석론 전서》와 《수사학에 관하여》 두 저서에서 정의된 바 있다. 이는 **기호**와는 명확한 대립을 이룬다. "에이코스는 하나의 가능한 명제이다. 대부분의 경우 우리는 무슨 일이 일어날지를 알거나 알지 못하거나, 있거나 있지 않거나 […] 그것은 예를 들어 샘내는 사람들을 미워하는 것, 사랑하는 사람들에게 애정을 보여 주는 것이 될 수 있다. 반대로 기호(세메이옹(sémeion))는 필연적이거나 가능한 것, 공증 명제가 되려 하는 것이다."[21] **에이코스**와 **세메이옹**의 분석적인 논리적 정의, 전제의 개념을 제외하면 **에이코스**의 수사학적 정의는 완벽히 합치한다.[22] **세메이옹**이 인과적(인과 관계 속에서 필연적이거나 가능함)인데 반해 **에이코스**는 상황론적(접속 속에서의 가능함)이다. 그러나 **세메이옹**과 **에이코스**에 공통적이면서 여기서 중요한 것은 그들의 **기능**이다. 그 전제들은 필연적인 따라서 결론이라 할 수 있는 증명 삼단논법과는 반대로 생략 삼단논법적 전제, 다시 말해 수사법이나 변증법의 불완전한 삼단논법에 쓰인다. 증명 삼단논법적 전제는 필연적인 참의 명제이다. 생략 삼단논법의 전제는 진실임직함이다. 로고스의 경우와 마찬가지로 틀림없이 에이코스를 번역하기 위해서는 진실임직함의 용어와는 다른 말을 사용해야 할 필요성이 절실해진다.

독단론(endoxos): 《토피카》의 서두에서 제시된다. "이 관점은 우리로 하여금 엉독사(endoxa)를 강조하면서 나타날 수 있는 모든 주제들을 귀납적으로 추론할 수 있게끔 하는 하나의 방법을 제시하고 있다."[23] 그러므로 엉독사의 기능은 에이코스의 그것과 같다. 출발점으로 불완전한 귀납적 추론을 이용하는 것; 변증법적 귀납법이나 수사학적 생략 삼단논법 그 둘 모두 전제들이 그 속에서 필연적인 분석 삼단논법에 대치된다. 그런데 엉독사란 무엇인가? "모든 사람들이 공유하는 아니면 거의 모든 사람들, 또는 이미 밝혀진 의견을 대표하는 몇몇 사람들 그런데 이 경우에는 모든 사람 또는 거의 모든 사람들, 아니면 권력과 같이 가장 잘 알려지고 잘 받아들여진 사람들에 의해 공유된 의견들이다."[24] 우리는 이같은 정의가 해석을 어렵게 하는 요인이 된다는 사실을 장차 깨닫게 될 터이다. 엉독사를 받아들여진 사상으로 해석하는 일을 정당화시킴으로써 문제를 훌륭히 요약하고 있는 자크 브룅스빅을 인용해 볼 것이다. "하나의 의견이나 사상의 '엉독사적' 성격은 원칙상 그 내재적 내용을 위해 권리에 속하는 속성을 지니는 것이 아니라(그것이 가능한, 진실임직함, 그럴듯한 아니면 또 다른 형용사들로서 유추적 성격을 띤 접미사들로 이루어진 용어들로 번역될 수 없게끔 하는 까닭이다) 공중에 속한 속성을 가진, […] '엉독사한' 언술들은 그러니까 우리가 공인된 의견이라 명명할 수 있는 것(Sophoi)이 재현물들에 대해 실제로 보증을 가진 인간들의 총체성 또는 준총체성이거나 효과적인 동의를 통해 허가되고 신임된 바를 말한다."[25]

결과적으로 두 가지 중요한 엉독사의 성격이 나타난다. 그 하나는 합법성이 내재적이 될 수 없다는 것(그 자체로는 충분치 않고 외부의 권위를 필요로 하는), 다른 하나는 그것을 보증해 줄 권위란 공통의 의견이나, la 'vox populi' 아니면, 특히 [그리스의] 7현인의 준칙 같은 선량들의 의견, 밝혀진 의견이어야 한다는 것이다.

에이코스나 엉독소스의 번역으로 어떤 것을 선택하든간에 중요한 것은 참과의 관계에 있어 서로 같은 거리감을 지니는 사실을 보여 주는 공통의 기능에 있다. 이 둘은 모두 증명의 삼단논법, 최초의 확언이나 참들(프로타이(prôtai) 또는 진실)의 필연적 전제와는 대립된다. "그것 자체의 외부 이유에서가 아니라 그 자체로 확신을 품고 있는 명제들이 참이거나 최초의 명제들이다."[26] 에이코스와 엉독소스가 참과의 거리를 나타내고 그것들이 그 합법성을 증명하는 권위를 가정하고 있다는 점에서, 나는 그것이 논쟁의 여지를 품고 있음에도 불구하고 진실임직함이라는 용어를 견지할 터이다.

이렇듯 수사학적이거나 변증법적인 담론들의 출발점과 마찬가지로(근저에서 볼 때 논리성을 제외하고 모든 언어적인 현상의 출발점) 진실임직함은 **타자**에 명백히 기대고 있다. 그것은 타자의 아니 틀림없이 대타자의 담론인 것이다. 타자들을 사회화시키는 것 같은 의견·선량·권위, 대화상대자 등 아리스토텔레스는 《토피카》에서 엉독소스가 의문문의 형식으로 나타나 있다는 사실을 명확히 한다.[27] 변증법론자는 엉독소스를 대화 상대자에 대한 찬성으로 간주한다. 대화의 두 상대자들에 의해 받아들여진 확인의 형태하에 언표가 전제를 이용할 수 있을 때는 단지 이 대화 상대자가 동의하고 보증을 내세운 후에만 가능하다. 진실임직함, 에이코스나 엉독소스는 그러니까 타자·대타자를 전제로 하고 또 그를 부과한다. 대타자의 사상, 즉 인정된 사상과 더불어 내 입을 통해 말하는 그것은 대타자인 동시에 대타자가 아니다. 나는 그의 언술화 과정을 받아들인 것이다.

그것은 아리스토텔레스적 언어 개념이 부과하는 양자택일이다. 논리적이거나 분석적·명제적인 참의 경우는 그 자체가 보증이 되고, 수사학적·

변증법적 근사치의 진실임직함 경우는 그것을 떠받쳐 줄 만한 권위를 가정한다. 이 두 가지 경우를 통틀어 자기 말로부터 제외되는 것은 주체 자체이다.

아리스토텔레스적인 진실임직함의 원형은 인정하고 인정하도록 시키고 반복한다. 그것은 **최상의 진실**인 그노메(gnômé)로 중세적·선언적 막심(maxime)이 될 잠언·격언·인용이다. 그노메는 행위에 대한 일반성을 지칭하는 원칙으로서 당연히 그 기능으로 생략 삼단논법에 전제를 이용한다.[28] ——자유로운 인간은 하나도 없다. 즉 그 존재 전체가 행복한 인간은 하나도 없다. 죽을 운명에 있는 인간은 영원불사의 원한을 품지 않는다 등등.

그것은 인정된 사상들, 완성된 원칙들, 진실임직함, 로고스의 의미 생산화 과정 전제를 위한 판단과는 반대로 필연성의 장, 참이나 거짓의 장이 아닌 그 로고스와 함께 도달하려 하는 모든 것이다. 그러나 아리스토텔레스에게서는 진실임직함, 그 예로 **에이코스**나 **엉독소스**에 대한 그 어떤 유형의 가치 절하나 가치 비하도 찾아볼 수 없다는 사실을 짚고 넘어가야 할 것이다. 그와는 반대로 진실임직함이 **로고스**의 운명을 지니고 있다는 사실은 확실하다. 그러나 무엇보다도 그것은 아리스토텔레스가 작동시킨 조작적인 개념이다. 그것은 **테크네**(techné)의 바탕, 변증법적·수사학적·시적인 진실임직함의 찬사이자 기념물이다. 아리스토텔레스는 《시학》에서 다음과 같이 주장한다. "신빙성 없는 가능성보다 진실임직한 불가능성을 선호해야만 한다."[29]

Ⅱ

존재와 참, 필연성을 말하는 데 있어 필연적으로 무능함으로 특징지어진 언어 그리고 받아들여진 사람들, 대타자의 담론, 그러니까 진실임직함의 우발적이고 담론으로부터만 그 추론 가능성을 제약받도록 특징지어진 아리스토텔레스와 그의 유산이 보여 주는 언어의 개념을 볼 때, 어떤 언어병리학들, 어떤 심리적 **와해들** 아니면 존재 및 언어와의 급진적인 분리, 또는 진실과 대타자의 담론과의 아니면 논리 그 자체와 일반적인 담론의 급진적인 분리를 어떻게 자리매김할 것인가? 그것은 유일한 사물들에 대한 일반적인 담론만이 존재하고, 그에 따라 말들 또한 항상 근사치의 것이 되기 때문이다. 이때 아리스토텔레스적 의미로 주체가 말로부터 제외되는 까닭에, 진실임직함처럼 고통은 참보다도 훨씬 고통스러운 것이 된다.

나는 어쨌든 자주 강조된 한 가지를 자세히 짚고 넘어갈 터이다. 마치 의미의 성처럼 판박이 문장들과 기성의 공식들이 넘쳐나는 정신병적 담론의 상투성에 대해서 말이다. 그것은 틀림없이 한 번 발병한 후에 재구축이 되어지는[30] 정신병의 두번째 단계에 부합할 것이다.

그런데 이 상투성이나 판박이는 그 자체로 **그노메**나 엉독사에 다름 아니다. 정신병 환자는 인정된 생각들의 의미로서 엉독사로 말한다. 그러나 이곳에서는 진실임직함으로 간주되는 바가 아닌 광기의 범주에 들어가는 것이다. 이 생각들은 참의 확언들이나 전제들 혹은 필연적인 추정처럼 겪어진다. 칸트는 그의 글에서 이미 그것에 대해 언급하고 있다. 즉 잠언은 이성을 이성 자체에 스스로에 부여한 것과는 다른 법칙에 복속시키는 것이다. 따라서 사상의 자유에 반하고, 이성[31]의 법칙이 없는 사용으로 회귀되는 바이다. 다시 말해서 그것이 참인 양 진실임직함을 취하는 것은 필연 명제로서 엉독사를 취하는 것으로, 자유롭지 않은 마치 치명성으로서 작용한다.

그렇게 하는 것이 통상적이 되기 때문에 그것은 정신병에 과학을 합류시키는 이유들 중의 하나가 된다. 과정들과 가공들 속에서 정신병과 과학 모두가 그들의 전제를 필연적 확언과 참들로서 간주하는 데 있어 그 둘은 형식적으로 유사하다. 다시 말해서 그것은 진실임직함의 범주 자체나 대타자 담론의 범주에 속하는 바, 만약 우리가 그것의 정체를 구별할 수 있다면 정신병에는 존재하지 않는 부재하는 것이다.

그 때문에 영향 착란이나 소유적 착란, 청각 환각, 생각의 전이들은 마치 정신병 환자가 타자들로부터 오는 부유하는 생각들에 침략당한 듯이 그리고 문자 그대로 그것들이 들어오고 나가는 데는 아무런 저항도 하지 못한 채 받아들이는 것처럼 되어 버린다. 그러한 증상들은 그를 점령하고 있는 타자들에 의해 환자 내부에 정착하여 그의 이름과 위치에서 말하고 그를 뒤흔든다.[32] 정신병 환자는 그 보증인이 외부의 권위, 즉 공동 의견, 선량, 유명 인사, 자기 어머니, 이 생각들과 목소리('vox'는 그리스어 그노메 또한 라틴어로 번역할 것이다)의 보관자일 것이다. 어머니의 담론은 참으로서 부과된 **엉독소스**의 전형이다. 그리고 이 생각들이 정신병 환자에 이어질 테고, 그를 속박할 것이며 일인칭으로서의 그 자신의 생각과 말을 금지할 터이다.

E. 크리스가 분석하고 자크 라캉이 다룬 바 있는 생뇌수를 가진 사나이의 경우를 보자. 정신병의 일화로서 표절에의 환상이나 그 영향에의 환상이 전이 폐지의 실행으로 전환되는 경우. '표절 강박,' 그로 하여금 출판하는 것을 막고 그의 지적 경력에 연루된 자크 라캉은 다음과 같이 쓰고 있다. "속박은 스스로 타자들의 생각을 취하도록 강요하는 강박이다."[33] 크리스의 세심한 조사 이후에 그는 자신이 그 안에서 아무것도 아니었고, 그 책들은 바로 그로부터 나왔다고 고백한다. "그는 아무것도 훔치지 않는다." 자크 라캉은 덧붙인다. "그것은 그가 훔친다고 그로 하여금 믿게 만드는 훔친다는 생각에 대한 방어가 아니다. 그것은 그가 자기는 생각해 내지 못할 거라는 생각을 그 자신이 가질 수 있다는 바이다."[34] 그러나 강박적 환상은 선동자이다. 그것은 압박하고 앞서간다. 미리 그것을 알

고 있는 사람을 통해 발화되기 이전에 그것은 급박한 글쓰기에의 명령이다. 사실상 생뇌수를 가진 사나이는 정말로 책 한 권을 썼었다. 크리스의 개입이 현실 속에서 환상 및 강박적 명령들과 정면으로 대치될 때 실행을 개시시키고, 또 다른 명령으로 축소시킨다. 즉 뇌수의 삼킴, 외부에서는 완전히 다른 관계로 더 이상 선재성이나 긴장이 아닌 점령, 소유이다. 다시 말해 침범한 담론의 존재를 깨달을 가능성조차 지니지 못한 안팎의 혼동, 강박적 해석에 어긋나지 않은 정신병 일화가 여기 있다. 어떤 생각도 나로부터 나온 것은 아닌 채 어찌할 도리 없는 상태에서 내게 부과된 생각, 그것은 단지 내게 속하지 않은 말들이 아니라 내가 말할 수 있는 모든 담론인 바이다.

파리 광장의 소음으로 인해 정신병 환자는 무의식을 갖지 않는다. 틀림없이 그것은 또 한 번 싫증나도록 되풀이된 파생 명제, 받아들여진 그리고 막지 않은 채 유포된 상투성(그렇다면 정신병 환자는 누구인가?)일 터이다. 무의식은 언어처럼 분절된다. 그 우주론적 성격이 기만인 계명, 즉 언어란 존재하지 않는다. 언어의 다양한 개념들이 존재할 뿐이다. 그렇다면 말할 것이 뭐가 남아 있단 말인가? 언어의 남용으로 언어의 여러 다른 개념들을 알려 하는 아무런 의지도 없이 말이다. 이 언어, 아리스토텔레스와 그 계보들의 의미에서 볼 때 실패로 간주되는 이 언어로 그리고 존재의 참을 말하는 데 치명적인, 실패한, 어쩔 수 없이 근사치에 다가가야 하는 그 기능이 기호와 의미 생산화 과정으로 정의되는 이 언어로 말이다. 그런데 이 기호와 기호 생산 과정이야말로 아리스토텔레스에게 있어 언어의 근본적인 부적합성에도 불구하고 말하기와 이해시키기를 가능케 하는 것으로써 공증된다. 정신병 환자에 대해서는 다음과 같이 정의하는 게 나을 듯싶다——그것이 더욱 진실에 가까운 데다가 개념을 모서리 없이 둥글릴 수 있을 듯하니까——즉 그의 무의식은 아리스토텔레스 이후 서구 전통에서 받아들이고 있는 의미에서의 언어, 다시 말해서 말과 존재, 기호 생산화 과정과 진실을 동시에 결합시키고 분리시키는 기호들의 체계로서 분절되지 않는다는 사실을 말이다. 왜냐하면 정신병 환자에게 있어서 의미 생산화 과정과 진실은 단지 하나일 뿐이기 때문이다. 그렇기 때문에 그의 담론은 진실보다 더한 의미를 지니지 않고——항상 아리스토텔레스적인 의미에서——프로이트가 환각에서 끌어낸 개념인 불가항력의 치명적인 필연성인 바이다. 다시 말해서 그의 담론은 이 언어의 필연적인 불구성 아니 차라리 그 근저에서 아무것도 밝혀지지 않은 아리스토텔레스의 가정으로 귀착되지 않는 것이다. 왜냐하면 언어는 그 자체로 적합한 만큼 적합치 않기 때문이다. 정신병 환자에게 있어서 모든 언술화 과정은 필수적이다. 그것들은 참으로 간주되는데, 그 반대가 거짓이어서가 아니다. 불가능, 일인칭으로는 있을 수 없는 **받아들여질 수 없는** 것이기 때문이다. 받아들여진 생각이 필연적(보증인·참)인 것으로 존재하는데, 왜냐하면 그 반대는 받아들여질 수 없기 때문이다. 다시 말해서 그것은 그 자체가 어떤 외부의 보증인도 동반됨을 받아들이지 않기 때문이다.

두 가지 간략한 강조 사항:

1. 정신병 환자는 아리스토텔레스적인 언어 개념이 그 추정된 비적합성을 기술하기 위한 기호를 가정하는 것으로서의 언어를 논박한 듯이 보인다. 그런데 우리 모두는 정신병에 있어서 기호들, 기호들로서의 환각, 기호의 점령하에 있는 삶에 대해 끊임없이 말하고 있다. 그러니까 여기서는 기호라는 개념을 소쉬르나 아리스토텔레스의 전통과는 다른 의미에서 이해하는 편이 나을 듯싶다. 즉 그것은 사물과 부합하는 말, 존재에 점착된 언어, 그 자체로 완전히 적합한 말이다. 만약 기호와 모호성이 필연적인 것, 따라서 참이고 유일한 것으로 취해진다면 그것은 더 이상 기호가 아니다. (아리스토텔레스는 그 개념을 상징이라 명명한다.) 아니면 그

것은 아리스토텔레스가 전개한 바 상징(슘불롱sumbolon)의 의미에서가 아니라, 닮은꼴이나 즉각성인 기호 **세메이옹**으로서 헤라클레이토스의 단상에서 보여 주듯 언어와는 대립되는 것이다. "델포이의 신탁은 말하지 않고 감추지 않는다. 그것은 **의미한다**."[35] 그같은 것은 슈레베의 **기본 언어**, **언어 망상들**이다. 그것은 말하지 않는다. '의미할 뿐이다.' 명령을 내린다. 행동한다. 왜냐하면 그것들은 투명하고 즉각적이기 때문이다.

2. 정신병 환자는 진실임직함, 그럼직함, 가면, 억압을 무시한다. 그러나 그렇다고 해서 그것이 반대로 받아들여진 또 다른 현재의 생각이나 진실을 말하는 바에 도달하지는 않는다. 진실임직함이 필연적인 것으로 취해진다고 할지라도(그것은 스스로에게 부과하고 자기의 생각을 수용한다) 그것이 그 자체로서 참이라는 사실을 의미하는 것이 아니라 내가 말했듯이 그 반대가 불가능하고 상상할 수 없는 것이라는 사실을 지정한다. 진실의 개념(논리적이고 존재론적인)은 진실임직함을 미리 앞선 것, 다시 말해 현실에서 분리된 언어로 간주한다. 진실임직함의 필연성을 확신하는 것,[36] 진실임직함과 참을 구별짓는 것은 언어로부터 존재로 분리시키지 않은 것, 담론에 그 의미 생산화 과정의 위력을 위임하는 결핍을 위치시키지 않는 것에 다다른다. 그럼으로써 이 결핍의 항상 부분적이고 덧없는 해결책으로서 진실의 가능성을 도입시킨다. 받아들일 수 없음, 생뇌수를 가진 사나이가 훔친 것은 이같은 무나 공허이다. 신경증에서 진실임직함은 그러니까 현실이고 억압의 주체의 **영독사** 또한 현실인 바이다. 정신병의 필연적인 진실임직함의 모순(개념들 속의 모순, 그러나 그것들이 정신병적 개념들은 아니다) 그것은 긍정도 부정도 견뎌내지 못한다. 그것은 진정한 것, 다시 말해서 **진정화되었다.**

틀림없이 우리는 정신병 환자에게 있어서 무의식의 부재가 의미하려는 바를 보다 잘 포착할 수 있을 터이다. 자기 자신의 생각과 다르거나 그것들로부터 추방된 담론으로 가득한 채, 그는 그 자체로서 진실임직함을(받아들일 또는 거절할), 다시 말해 대타자의 담론을 무시한다. 결국 그것이 같은 것임에 따라, 즉 주체 속에 존재하는 다른 생각들이 결국 같은 생각들임에 따라 대타자란 있을 수 없다. 자크 라캉이 현실계의 배제 또는 아버지의 이름으로 분석한 바 그것은 현실계의 그 어느것도 프로이트가 쾌락의 자아로 인한 안팎의 분리 속에서 발견해 낸 바의 이 가설에 따라서는 현실 속에서 포착될 수 없는 것이다. 현실계의 그 어느것도 현실로서 일어나지 않는다는 사실, 다시 말해서 진실임직함 그 자체이다. (그것은 현실의 가설이 인정하는 바이다. 왜냐하면 현실의 가설이 그 안에서 찾아내는 것이 진실임직함이기 때문이다.) 그것은 모든 현실계가 즉시 증상처럼 또는 언어와 존재의 유착처럼, 대타자 없는 같은 것과 같은 것으로 회귀한다는 사실을 암시한다. 결국 증상이란 행위로 구현된 필연의 진실임직함이다.

그러나 프로이트나 라캉이나 그들의 이 모든 현실 구조에 대한 설명들은 아리스토텔레스의 기호에 대한 가정, 즉 정신병적 **와해**와 상반되는 언어 및 존재와의 분리에 기초한다. 따라서 이러한 설명들이 부정적인 것, 즉 부인·배제 등에 대한 이해에 놀랄 만한 이유가 없다. 이제 아리스토텔레스의 언어 개념에서 벗어나서 소크라테스 이전의 이론이나 소피스트들의 이론, 정신병에서 다루는 언어 개념들로 시선을 돌려 볼 필요가 생긴다. 왜냐하면 이 이론들은 언어의 무능함과 부적합성을 속단하기 이전에 언어를 있는 그대로 받아들이기 때문이다. 따라서 진실은 모든 다른 언어 개념들 속에서 다른 가치를 띠게 될 것이다.

III

소피스트들에게 있어서——《무-존재에 대해서》의 고르기아스, 플라톤의 대화 속에 등장하는 크라틸로스와 헤르모게네에게서——언어는 존재로부터 나오는 것으로 자기 안의 현실이다. 때문에 고르기아스에 따르면 의사 소통이란 불가능한 일이다. "말이 주어지고 존재하는 한 그것이 우리에게서 주어진 바와 존재하는 바를 밝혀 준다는 것은 불가능한 일이다." 존재들 사이에서의 존재, "말이란 대부분의 주어진 사물들을 밝혀 주지 않는다. 마찬가지로 주어진 사물들도 자연을 서로 전혀 밝혀 주지 못한다."[37] 다음의 문장에서 섹스투스 엠피리쿠스는 우리의 주체에 대해 적절하게 결론짓는다. "그러니까 이러한 것들은 고르기아스가 제기한 어려움들이다. 그것들은 진실에 대한 모든 판단 기준을 전복시키기에 적합하다."[38]

그런데 소피스트들이 그 자체 현실로서의 언어나 사물에 부합되는 말의 개념으로부터 가져온 논리적 궁지 또는 모순적 결과들은 미국의 정신과 의사들이 **더블 바인드**,[39] 즉 이중의 제약으로 말 그대로 번역하면 미치게 만드는, 그러니까 그것이 여러 층위의 언술화 과정 사이에서 분리되지 않을 때는 마치 거짓말쟁이의 모순과도 같은 정신병적 특징을 정의하는 전제들과 이상할 정도로 많이 닮아 있다.

예를 들면 《에우티데모스》에서 소크라테스와 반대의 입장을 편 소피스트들은 직접적으로 말과 표현된 사물의 동일성으로 그들의 의견을 좁힌다. 거짓이라고(거짓말이거나 속이거나[40]) 하기에 불가능한, 반박하기에 불가능한 것 말이다.[41] 왜냐하면 말한다는 것은 존재하는 어떤 것을 말하는 일이기 때문이다. 존재하지 않는 것은 아무것도 표현해 낼 수 없지 않는가?

보다 민감한(예민한) 것은 《에우티데모스》의 또 다른 궤변론으로, 이 책에서 클리니아스에게 예지를 가르쳐야 함을 권유하는 소크라테스에게 디오니소도로스는 이같이 응수한다. "이렇게 해서 그가 (지혜롭지) 않은 것은 선생님은 그렇게 될 것이라고 바라세요. 또 그가 지금 (무지한) 것은 더 이상 그렇지 않으라고요. [⋯] 선생님은 그가 지금 그 자체의 상태에 있는 것을 바라지 않고 있어요. 그렇다면 결국 선생님은 그의 죽음을 원하고 계신 거예요."[42] 설명하건대 디오니소도로스는 우발적 속사와 필연적 속사와의 구별을 빠뜨리고 있다.――무지하거나 현명한, 클리아스 또 클리아스 인간――우리가 대상이나 그것의 질(무지하거나 현명한)이라 부를 수 있는 것과 대상 그 자체(클리아스)를 혼동하는 사실 말이다. 존재가 겪는 사건: 또한 사건을 제거한다. 그것을 바꾼다. 그것은 존재를 제거하는 죽이는 일이다. 엄청나게 많은 소피스트들의 논리적 궁지는 이같은 모형에 따라 움직인다. 그것은 아리스토텔레스 정수와 우발성(사건)이라 구별한 바를 논박하기 위한 것에 다름 아니다.

그러나 우주적인 것으로서의 사상과 개념, 개인적 결정에 대한 배타적 인접, 그리고 정수를 거부하고 술어 기능과 정의의 불가능성을 확신하는 단계에까지 그 생각을 몰고 간 것은, 소크라테스와 동시대 인물로 견유학파의 창시자이며 틀림없이 고르기아스의 제자일 안티스테네스이다. 아리스토텔레스는 안티스테네스와의 긴 공박에도 불구하고 술어 기능의 가능성을 견유하면서 미리 언급한 바 있는 《형이상학》의 장에서 그의 이론이 거짓이라고 공박한다.[43]

안티스테네스는 "그 자체의 언술화 과정(로고스)이나 단 하나의 술어가 단 하나의 주체를 뒷받침하는 사실 이외에 어느것도 하나의 존재를 설명할 수 없다"[44]고 생각한다고 아리스토텔레스는 말한다. 안티스테네스의 모든 주장을 들면 각각의 사물에는 각각 하나씩만의 언술화 과정이 존재하고, 각 주체에는 하나의 속사가 그가 존재하는 바를 언술하는 것――그의 개인적인 정수, 그의 본질――만을, 우발적인 방법으로 사물을 특징지을 모든 것을 배제한 채 확신한다. 이 각 주체에 해당하는 유일한 언술화 과정은 같은 것의 같은 것을 나타낸다. 즉 그는 소크라테스이다. 또는 A는 A이다처럼 말이다. 이렇듯 언어는 의미 생산화 과정에서 제외된 채 지명이나 명명화 행위로 축소된다. 그 때문에 실수란 불가능하다. 그 사물에 고유한 것이나 그 동일성을 확신시키지 않는 다른 모든 언술화 과정은 그 사물에게는 이질적인 것이 된다. 거짓된 언술화 과정이 아니라 다른 대상에 대한 언술화 과정 말이다. 마찬가지로 모순 또한 불가능하다. 하나의 대상에 대해 두 명의 대화 상대자는 필연적으로 같은 것을 말할 터이다. A는 A이다라고——그렇지 않으면 그들은 같은 주체에 대해 말하고 있는 것이 아니다.

　이 모든 모순들은 고르기아스의 언어 개념에 가까운 그러나 동일하지는 않은 개념으로부터 온다. 고르기아스에게 있어서 언어는 **하나의 존재**(un être)이고, 안티스테네스에게는 **존재**(l'être)이다.[45] 그러나 결과는 같다. 왜냐하면 두 가지 경우 모두 존재에 관한 것이기 때문이다. 프로클로스는 정확히 그것을 지적한 바 있다. "반박해서는 안 된다고 안티스테네스는 말한다. 모든 언술화 과정은 사실상 진실한 것이다. 왜냐하면 언술하는 것은 무엇인가를 언술하기 때문이다. 그러니까 무언가를 언술하는 것은 존재를 언술하고 존재를 언술하는 것은 진실을 언술하는 것이다."[46] 아리스테네스의 원칙에 준하면 **말**과 **존재**는 일치한다는 것이 확실하다. 《에우티데모스》에서 플라톤은 소피스트 프로타고라스학파에 반박의 불가능성에 대한 안티스테네스 논지의 원인을 결부시킨다. (모든 언술화 과정 또한 우리가 위치해 있는 곳의 관점에 따라 참인 동시에 거짓이다.[47]) 그리고 디오게네스는 그것을 인정한다. "안티스테네스의 반박 불가능성을 입증하려 안간힘을 쓰는 논지는 처음으로 프로타고라스가 대화에서 사용한 바 있다."[48]

　궤변론적인 주장들은 안티스테네스의 밑바닥까지 그것이 진실임직함을 참에, 언어를 존재에 동일시할 때 정신병과 가장 많이 근접해 있음을 보여 준다. 아무것도 말하지 않기 혹은 참을 말하기 사이에는 어떤 용어도 자리를 차지할 수도 없고 말할 그 어떤 방법도 발견할 수가 없다. 실

언·거짓말 혹은 반(半)-말하기 같은 안티스테네스에게 있어 거짓을 언술하는 일은 아무것도 언술하지 않은 바와 같다. 그러나 프로클로스의 단상에 따르면 모든 언술화 과정은 진실하다. 다른 말로 하면 아무 말도 하지 않는 것, '하나도 말하지 않는 것' 그것 자체가 불가능하다. 정신병 환자를 사로잡는 일은 이같은 자명성이다. 진실 이외에는 아무것도 결코 말할 수 없는 것이다. 그가 말을 뱉는 한 그것은 진실이다. 마치 버스 정류장 앞에서 한 동료에게 이같이 선언하는 남자의 경우처럼 말이다. "내가 담배 한 개비에 불을 붙이기만 하면 버스가 도착할 거야." 자 이것이 엉독소스, 상투성이다. 그러나 정신병 환자와 궤변론자는 그것을 믿는다. 그는 버스가 도착하도록 담배에 불을 붙인다. 그리고 버스는 도착할 것이다. 그것은 아마도 환각은 아닐 터이다.

소위 말하는 것, 그가 말하듯이 내가 말하듯이 정확히 말하기, 빙 돌려 말하기, 사이를 말하기(상호-말하기), 모두 말하기 또는 반-말하기: 그것들은 말하는 것, 의미 생산화 과정의 여러 방법들 혹은 진실임직함이다. 억압과 부정, 무턱대고 말하기와 진실을 말하기, 즉 목적을 가지고 말하기를 동일시하지 않는 정신병 환자에게서 호칭과 비의미 생산화 과정의 단 하나의 가능한 언술화 과정은 아리스테네스에게서처럼 존재하지 않는다. 그러니까 무턱대고 말한다는 것은 참을 말하는 것이다. 결국 아무것도 말하지 않기 위해 말한다는 것은 있을 수 없다. 그것으로부터 말과 사물, 즉 육체가 서로 만나는 언어의 개념, 마치 동전의 안과 밖처럼 자폐증의 침묵과 언어 분열증 사이의 양자택일이 나온다.

정신병과 신경증을 구분하려 애쓴 한 글에서 프로이트는 다음의 예를 인용한다. "자기 형부를 사랑하는 한 처녀가 언니의 임종을 지켜보는 자리에서 다음과 같은 생각——그는 이제 자유로워, 너와 결혼할 수 있어——으로 심히 동요되었다."[49] 히스테리 반응이 이 장면에 대한 망각과 형부에 대한 사랑의 억압을 거친다. 프로이트는 "정신병적 반응은 언니의 죽음이라는 사실을 부인하는 데 있다고 결론짓는다."[50] 언니의 죽음을 부인하는 것, 그 생각이 죽음을 진실임직함으로 다시 말해 정신병 용어의 필연적이고 참인 것으로 만들기에는 부족한 환자의 언술화 과정의 조건들을 형성할 수, 아니 생각조차 할 수 없다는 사고로 되돌아온다. 그 생각이 확인되기에는 한 번 생각하는 것만으로 충분하다. 생각이란 죽음에 대한 염원 자체이고, 그것이 죽음을 부르기까지 이른 후에 살인은 즉각적으로 실현되는 것이다. 유일하게 그녀의 언술화 과정만이 폭로시킬 이 염원, 이 받아들일 수 없는 욕망으로 정신병, 침묵의 무정함이나 현실의, 다시 말해서 진실임직함이나 언어의 재구축으로써만 그 출구를 찾을 수 있다.

거짓을 말하거나 허구적인 것을 표현할 수 없는 것, 이같은 것은 아리스토텔레스가 교정할 크라틸과 헤르모게나 또는 아리스테네스의 공통된 명제이다. 말은 절대적으로 주체가 지시하려는 바와 같은 것이어서 말과 사물 사이에 어떤 간격도 있을 수 없다. 그것은 또한 볼프슨이 그의 《정신분열증과 언어》[51]에서 고유 언어에 대한 연구로 조명한 바와 동일한 특징을 지니고 있는데, 그는 말의 투명성과 말과 존재의 유착을 보여 준다. 분명한 점은 그럴 듯함이나 진실임직함 또는 술어 기능에 대한 개념들에 대해 어떠한 가치도 부여하지 않는다는 사실이다. 모든 언술화 과정은 진실이다. 그러나 적합성이나 폭로가 항상 언어의 투명성 속에서 존재에 이미 주어질 때, 어떤 진실이 논리적이거나 존재론적이지 않을까? 문제는 정신병과 소피스트의 진실에 관한 것이다. 그리고 다음과 같은 전제가 의미하는 바를 이해하기 위해서는 위의 정신병과 소피스트 진실에 문제를 제기해야만 한다. '광기는 심리학의 진실을 말해 준다.' 심리학(논리와 존재론)의 진실과 광기의 진실은 어떤 공통의 척도도 가지고 있지 않다.

정신병의 진실은 언어의 내재적인 결핍에 근거하고 있지는 않다. 아니보다 적합하게 여기서 프로이트적 패러다임은 그 독창성 내에서 재구성하기 위해 주체의 언어와의 관계 속에서의 결핍에 근거해 있지 않다. 정신병의 진실이 부인하는 바가 바로 이 결핍이다. 반대로 정신병 환자에게 있어 언어는 오히려 넘쳐난다. 이 속에서 언표와 언술화 과정은 하나만을 이룰 뿐이다. 그렇기 때문에 궤변론이 그들의 논리를 진실로 삼고 논리를 배제한 채, 다시 말해서 우리 육체에 부과시키는 진실은 이같은 주체의 분열(언표와 언술화 과정 사이의)의 부재로부터이다. 정신병 환자에게서는 위와 같은 궤변론적 논리의 구멍이라거나 에피메니데스적인 모순을 끌어내기란 불가능하다. 덧붙여 거짓말이란 불가능하다. 다시 말해서 정신병 환자나 궤변론자의 진실은 참과 거짓의 상반성 속에 있지 않다. 그것은 거짓말이다. 또한 실수를 무시함으로 역사적일 수도 개념적일 수도 없다.

의의를 제기할 수도 입증할 수도 없는, 확신에 차고 치명적인 이 진실은 물질적 세계에 속하는 자연적인 현실로서 인식되는 바 종교적이거나 신화적인 사상에 직결되는 고대적인 말에 기댄다. 그의 본질적인 무능함으로 특징지어지는 아리스토텔레스의 언어에 반해 고대적인 말은 힘과 효력을 그 본질로 가진다. 마르셀 데티엔느가 '진실의 주인들'[52]이라 명명한 것은 고대 그리스의 시인과 신성 또는 법을 집행하는 왕의 말이다. 그들의 말은 실현하고 완수하며 돌이킬 수 없고 즉각적이다. 그것은 힘이자 행위이고 절대 공짜도 헛된 것도 아니다.

그런데 이 행위의 말은 다음의 한 쌍이 되는 두 특징에 의해 정의된다. 그 말은 참(알레데스, aléthés)과 진실(압소데스, apseudés)이다. 알레데스, 말하자면 진실 혹은 진실된 것은 망각 속에서 끌어내기 아니 차라리 있게 하는 것이다. 그 언술화 과정은 존재의 구축과 등가이다. 압소데스는 진정한 것을 의미한다. 마르셀 데티엔느가 강조하고 있듯이[53] 확연한 대조는 플라톤에서처럼 기만(프조데스, pseudés)과 알레데스에 있는 것이 아니라 바로 프조데스와 압소데스에 있다. 알레데스에서 레테스(léthés)가 거짓이 아니라 망각, 불투명성, 침묵 그러니까 비존재인 것과 마찬가지로 프조데스도 기만적인 것이 아니라 그럼직한 것, 착각, 미끼, 속임수이다. 왜냐하면 오류나 거짓말은 고대적인 말의 세계를 드러내 주는 것이 아니라, 언어의 본질로서의 효력 대신에 진실임직함으로 대체하는 범위 내에서 플라톤 혹은 아리스토텔레스의 로고스 세계를 밝혀 주기 때문이다. 플라톤은 《크라틸로스》에서 다음과 같이 말한다. "로고스는 이중적인 것, 알레데스와 프조데스[54]이다." 덧붙여 플라톤이 엉독사의 필연성에 대한 궤변론자들의 확언에 반대하여 진실임직함의 알레데스와 프조데스[55]를 특징짓는 것은 독사이다. 로고스와 프조데스 같은 독사, 그것은 진실의 존재와 부재 사이의 유희이자 진정성과 비진정성 사이의 교대이다. 이같은 각각의 쌍(알레데스와 압조데스) 그리고 (알레데스와 프조데스) 사이의 통로에서 언어의 순서를 정의하기 위해서는 관례로서의 효력 상실과 진실임직함의 도입, 그러니까 진실임직함의 프조데스로만 나타나게 될 개념적 진실의 가능성 도입이 필요하다. 그것은 그럼직한 것으로, 그러니까 미끼 혹은 유사물로서의 언어로, 진실에 민감한 참이나 거짓에 민감한 그럼직한 것으로 말이다. 알레데스, 왜냐하면 그것은 프조데스이니까.

그래서 플라톤은 특히 위장과 가면 또는 속임수의 협잡꾼으로 궤변론자의 담론을 비난하고 있다. 왜냐하면 그들의 담론은 그 개념들 자체 속에서 모순이 되는 공식에 따라 알레데스와 압조데스를 아전인수격으로 사용하고 있기 때문이다. 알레데스와 압조데스, 혹은 소위 그같은 것은 플라톤에게는 모순의 원칙을 무시하는 열광하는 자, 신들린 자 또는 미치광이의 말이다. 그러나 그 말이 논리적 진실을 무시할지도 모르기 때문에 마치 폭로나 계시처럼 존재론적 진실인 채 가장한다고 섣불리 결정내린다거나 종교적인 근원을 가지고 있다는 생각은 그다지 정확한 판단은 아닌 듯싶다. 이 말이 종교적인 근원을 가지고 있는 것은 사실이지만 그 근원은 궤변론자에게는 이미 상실된 지 오래이다. (프로타고라스에게 있어 모순은 불가능하다. 왜냐하면 '인간은 모든 사물의 척도이기 때문이다.') 따라서 **알-레데이아**(A-léthéia)는 망각과 죽음을 끌어내는 것이 아니라 매우 세속적이고 교회 바깥의 것으로 여러 유형들, 적어도 평판이 있는 유형들에 따라서 존재와 진실을 부여하는 바이다. 찬사는 궤변론적인 주요한 주제이다. 또한 궤변론적이고 정신병적인 담론의 세속적 진실을 폭로나 계시로 해석하기보다는 차라리 **되어 가도록**──내버려두기 아니면 하이데거가 로고스와 진실의 헤라클레이토스적 동일성에 주석을 붙이는 방법에서처럼 보여질 수 있다. "로고스는 존재 안에서 그 앞에 놓여지고 존재하는 사물을 현재 속에 놓는다. 다시 말해 다시──제시하는 것이다. […] 로고스 또한 앞에 놓여지는 만큼 그처럼 앞에──놓여지는 것, 그것은 존재 안에서 존재하는 사물을 폭로한다. 그러므로 폭로하기는 진실이다. 진실과 로고스는 같은 것이다."[56]

그같은 것은 정신병적 진실, 필연적인 진실임직함, 진실과 압조데스로 여겨지는 로고스와 독사일 터이다. 슈레버가 말하는 **근본 말**과 **회고적 사상**, 신적인 범주가 그 실체인 말들, 의미 생산화 과정이 존재하지 않는 그러나 창조의 힘이 존재하는 그러한 말들 말이다. 그러나 이러한 가정이 정신병을 고려하는 데 있어서 아니면 소피스트에게서처럼 절대적으로 고대적이고 세속적인 방법에서 효력의 말이나 고대적인 진실에 대한 향수 어린 존속으로 돌아올 수는 전혀 없다. 정신병 담론과 같이 소피스트의 담론은 항상 증상들이 또 다른 모든 것들 아니면 모든 다른 담론적 실천들──예를 들면 과학 같은──과 나누는 이상인 언어 투명성의 탐색에의 유형적 증상들이다.

IV

내가 이미 앞서 밝힌 바대로 우리 도정의 마무리를 짓기 위해 프로이트가 제기한 **부인**과 **파기**의 개념과 정신병 고유의 언어 개념을 연결지어 보도록 시도할 것이다. 정신병 고유의 언어 개념이라면 말과 존재에 대한 집착, 즉각적 효력 같은 진실에 대한 언어의 투명성, 진실임직함이나 프조도스(pseudos) 같은 기호와 의미 생산화 과정의 부재. (이 속에서는 진실과 진실임직함의 의미가 틀림없이 정신병적 담론에 적합치 않지만, 그것들이 그것의 비적합성을 생각하는 일을 허용하는 한은 언어를 참이나 거짓의 또는 허구적인 의미 생산화 과정의 위력의 접근 과정으로 조명할 수 있을 터이다.)

제이의 지형학에서 프로이트는 쾌락의 자아 단계에 앞서는 단계인 안과 밖 사이의 근본적인 동일화 과정의 발현 속에서 현실과 주체 그리고 욕망의 동시적인 구성 과정을 기술한다. 불안을 자아내는 **실타래 놀이**는 부재와 존재의 리듬에 따라 구성되고 이것은 여기에서 언어의 기능이 중요하다는 사실을 보여 준다.[57] 〈부인〉이라는 글은 주체의 분리 경험으로부터의 현실 구축 과정을 이야기한다. 다른 말로 하면 이같은 분리 과정이 없다면 진실은 있을 수 없고 오직 절대적이거나 개인적인, 오직 같은 존재만이 있을 것이다.

프로이트는 현실의 구축 과정에서 심리적이나 발생론적이라기보다는 논리적이고 구조적인 두 단계를 구별한다. 그것들의 연대기는 신화론적이라 할 수 있다. 첫번째 시기는 주체가 "모든 좋은 것을 그 안으로 내부 투사하고 모든 나쁜 것은 외부로 버리려 하는 것"[58]이 된다. 두번째 시기는 현실의 시련 속에서 쾌락의 주체로부터 발전된 현실 주체의 활동에 부합되는 시기로, 그가 결정을 내릴 때 더 이상 "만약 포착된 어떤 것(하나의 사물)이 받아들여지거나 아니면 내 안에 없는 것이 아니라 재현화 과정으로서 내 자아 안에 있다면, 아마도 인식(현실) 속에서도 발견될 수 있을 터이다."[59] 그런데 프로이트는 두 조작 과정, 즉 쾌락의 자아와 현실의 자아, 두 판단의 기능들, 술어 기능과 존재의 그것에서 하나의 유추 관계(균형)를 내려야 할 두 가지의 결정을 가진다. 그것은 하나의 사물을 말해야 할 의무를 지니거나 하나의 속성을 부인해야 한다. "그리고 하나의 재현화에 찬성해야 하거나 현실 속에서 존재를 반박해야만 한다."[60] 술어 기능은 좋거나 나쁜 상태에 따라 내부 투사나 밖으로 축출하는 것의 기원으로 되돌려질 터이다. 그것이 존재론적 판단에 대한 술어적·기능적 판단의 우월성, 논리적 선재성으로 인도할 것이다. 프로이트가 명확히 하고 있듯이 여기서는 가장 오래 된 욕동 행위의 언어 속에서 논리의 해석에 연관된다. 여기서 그것을 명시해야 했는데, 왜냐하면 프로이트의 텍스트 또한 그것이 처음으로 정수의 술어적 기능과 유일하게 아리스토텔레스의 조상들이 인정했던 우발성의 술어적 기능을 형식적으로 구별지었던 아리스토텔레스적 논리의 심리학적·발생학적 또는 정신분석적인 정당화 과정으로 이해되어지고 있기 때문이다. 그러나 프로이트의 글 속에서 위상의 모호성은 그대로 남아 있다. 그것에 대해 장 이폴리트는 주석서에서 다음과 같이 명시한다. "(부인)에 대한 이 지적은 프로이트를 무모함으로 가득한 일반화 과정으로 몰고 간다. 부인이 지성 자체의 기원이라고 인정할 수 있는 것으로서 그는 부인에 대해서 문제를 일으킬 것이 틀림없다."[61] 지대한 부적합성, 그것은 지성과 궤변론자들 그리고 그들의 후계자들의 생각을 거부하는 데 있다.

술어 기능적이고 존재론적인 이 두 판단의 한 쌍은 이렇듯 주체에 있어 현실을 구성하는 데 필수적이다. 다시 말해서 구축되지 않은 지각 반응의 반복을 통해 자아 속에서 이미 재현된 바의 한 대상을 효과적인 존재로서 재발견하는 기능에 필수적인 것이다. 언뜻 보면 궤변론자들이 간과했던 것은 두번째의 판단, 다시 말해 고유의 조작 과정으로서의 그리고 현실 자아의 구성 요인으로서의 현실 실현일 것이다. A. -J. 페스투지에르가 지적하고 있듯이 안티스테네스의 모든 논리적 궁지는 그들에게 같은 것이였던(소크라테스는 존재한다 또는 소크라테스는 앉아 있다) 조동사 'être, einai' 속에서 존재론적 판단과 술어적 판단을 혼동하는 데 기인한다. 페스투지에르는 "모순은 두 가지의 판단을 동일시하면서 존재를 나타내는 'est'와 계합사로서의 'est'를 혼동하는 데서 명확해진다"[62]고 적고 있다. 술어 기능적인 판단으로부터 존재론적 판단을 구별짓지 않는 것은 현실에 대한 또는 언술화 과정에서 효과적 존재를 만나는 것에 대한 궤변론자들과 정신병 환자들의 공통된 무관심을 보여 준다.

그러나 바로 그 지점에 멈춰 있어서는 안 되는데, 왜냐하면 안티스테네스의 논리적 궁지는 그 원천으로서 보다 근본적인 혼동을 안고 있기 때문이다. 만약 존재론적 판단에 속하는 'être' 동사가 술어적 판단의 계합사로서의 'être' 동사와 혼동되었다면, 동일성의 판단에 속하는 계합사의 명확한 의미 속에서인 것이다. 'être' 동사가 계합사의 의미를 지니는 세 가지 종류 중에서——본질적 술어 기능: 소크라테스는 인간이다. 우발적 술어 기능: 소크라테스는 음악가이다. 동일성: 이 사람은 소크라테스이다.——안티스테네스는 한 가지만을, 즉 그가 받아들이는 유일한 기능이 동일성의 기능인 A는 A이다라고 할 수 있다. "이번에도 역시 모순은 두 판단을 동일시하면서 동일성을 나타내는 계합사로서의 'est'와 우발성을 나타내는 계합사로서의 'est'를 혼동하는 데서 나타난다."[63]

그러므로 현실의 자아와 존재론적 판단과 관련해서 궤변론자들이 간과했던 바는 프로이트적인 구축 과정에서의 두번째 시기만이 아니라 쾌락의 자아와 술어적 판단에 관련된 첫번째, 즉 원초적 시기에도 이를 것이다. 만약 그것이 사실이라면 궤변론자는 술어적 판단을 동일성의 판단, 또는 명명화 과정 행위의 판단으로 국한시키는 것이다.

가능한 단 하나의 판단이 동일성, 즉 같은 것과 같은 것 사이의 술어 기능, A는 A이다일 때에는 다른 어떤 것도 가능할 수가 없다. 예를 들면 A는 좋다 같은, 다시 말해서 안과 밖의 나뉨이란 있을 수 없는 것이다.

타자의 출현은 관련된 비존재(좋거나 나쁜, 존재하거나 부재하는 대상)의 존재 가능성을 보여 준다. 플라톤이 파르메니데스와 메가라학파[64]에 반박하기 위해 《소피스테스》에서 정의하고 있듯이 혼합된 여러 종류는 비-존재를 타자로서 말한다. 결국 그것이 주체에 대해 타자를 정의하는 한 A는 B이다. 혹은 좋거나 나쁘다. 혹은 이롭거나 해롭다──그것은 바로 속사, 즉 우발적 술어 기능이다. 그런데 그것이야말로 안과 밖을 분담하고 타자의 존재와 관련된 다른 타자에 대한 재인식을 가능케 하는 기능인 것이다. 이것이 바로 프로이트가 최초의 내부 또는 주체에 있어 존재하는 것을 구성하는 최초의 **확립**이라 부른 것이다. 이 최초의 **확립** 없이는 현실이나 진실임직함(현실상의 것처럼 그-밖에서 발견될 수 있는 것) 구성 과정의 우발적인 그러나 최초의 술어 기능처럼 그것의 어느것도 현실 속에서, 다시 말해서 진실임직함으로서의 언어 속에서 포착될 수 없는 이해타산을 위해서 현실계 전체는 버려질 것이다.

선재하고 필연적으로 그것으로부터 유래하는 **확립**이나 술어적 판단의 **부재**는, 프로이트에 따르면 그 속에서 주체가 모든 존재와 사물을 **부인**함으로써만 받아들이는 모든 부인이나 존재론적 판단이다. 프로이트는 그것을 파기라 명명하고 자크 라캉은 배제라 부른다. "배제는 모든 상징적 질서의 출현에 종지부를 찍는다. 다시 말해서 프로이트가 일차 과정[65]이라 부른 술어적 판단이 그 뿌리를 찾아볼 수 있는 또 현실 속에서 무언가가 존재의 계시를 제공받기 위한 근본 조건에 다름 아닌 확립의 근본부터 말살시키는 것이다. [⋯] 그 무엇이든간에 존재하는 것으로 발견될 수 있게 하는 것은 그 이후의 단계로부터이다"[66]라고 라캉은 주석을 붙인다. 배제는 그것이 **확립**과 서로 대치될 때는 상징화 과정, 즉 진실임직함의 질서로서 언어 밖에 머무르는 것을 구성하거나 현실계로부터 기인된 것은 주체를 위해 현실로부터 축출되는데, 다시 말해 효력 상실과 같이 무관심 안에서 군집하는 것에서처럼 증상 속에서 재발한다.

자크 라캉이 프로이트의 용어들인 **확립**이나 **부인** 또는 **배제**를 설명할 때, 그는 그것들이 시니피앙을 지니도록 고집한다. 시니피앙의 최초 확립, 그것이 취소시키는 시니피앙에 의한 고백으로서의 부인, 시니피앙의 배제,[67] **확립**과 **배제**는 시니피앙에 대한 긍정과 부정처럼 서로 대립되는 듯하다. 여기서 시니피앙의 질서는 주체에 있어 현실의 수립자 역할을 한다. 기호의 구성 단계, 사실 아주 명백하게 원초적·우발적 술어 기능의 유형으로 포-다 속에서 재현된다. 반대로 다음의 안티스테네스의 그 유명한 전제가 나타내듯이——"나는 이러이러한 말을 본다. 그러나 그 어디에서도 말의 성질을 보지는 않는다"——**배제**는 기호의 부재로서 정의될 것이다. 그것은 사상이나 개념, 시니피에이다. 그러므로 그것은 안티스테네스에게 있어서는 같은 것에 시니피앙의 배제보다는 시니피앙의 배제를 언급하는 데 이를 것이다. 여기서 같은 것이라면, 왜냐하면 배제된 것은 그것이 동시에 언어와 존재(아리스토텔레스와 반궤변론자들에 있어서) 그리고 주체와 현실계(프로이트와 반정신병에 있어서) 사이의 거리와 관계를 사유하게끔 만드는 존재로서의 기호이기 때문이다. 아니면 좀더 나아가서 우리는 효력 상실의 시니피앙 대신 안티스테네스에게 있어서 시니피앙만이 존재한다고 말할 수 있을 터이다. 그런데 이 시니피앙이란 시니피에도 기호도 의미화 과정도 없는, 다시 말해 진실임직함이 아닌 필연성의 것, 존재 자체이다. 그리고 사실상 우리는 언제나 말을 볼 수가 있다. 기호는 프조도스 자체이다. 언어 이론이 스스로에 기호를 부여하는 것을 삼가는 한 언어와 존재를 뒷받침할 수 있는 유일한 관계란 기호 생산화 과정을 배제한 채의 명명화 과정 또는 지시화일 뿐이다. 그와 같은 것이 바로 여러 다른 것들 중에서 궤변론자들, 명목론, 논리적 경험주의, 정신병의 이론들이다. 안티스테네스가 유일하게 인정하고 있는 지시, 고유 명사 같은 동일성의 판단이야말로 사물의 속성에 다다를 수 있는 단 하나의 방법으로 여겨진다. 그러나 기호가 가공물이며 이론적인 가정에 불과한 만큼 가정하기를 삼가는 이론들이 다른 이론들보다 덜 적합하다거나 덜 훌륭한 이론이라 할 만한 근거는 어디에도 없다.

유일한 결정적 질문은 이것이다. 만약 우리가 기호의 가정하기를 삼간다면 말과 존재의 판단들과 동일화 과정 사이의 혼동은 필연적인 결론인가? 궤변론자들과 정신병 환자들에게 있어서 대답은 긍정적으로 보인다. 그러나 그래도 프로이트의 현실에 대해 거의 만족할 만한 정의를 발견할 것으로 보이는 고르기아스에게서는 완전히 긍정적이라고 볼 수는 없다. "외부 대상의 존재를 제기하는 것은 언어가 아니다. 단지 외부 대상 그 자체가 언어 속에서 발현되어지는 바이다."[68] 고르기아스에게 있어서 언어란 **하나의 존재**(아리스토텔레스와 다르게)로서의 언어이지, **정해진 존재**(안티스테네스와 다르게)도 정해진 존재에 공외연적인 것도 아니다. 그러니까 아마도 언어와 현실 그리고 현실계의 프로이트적 관계에 대해 가장 가까운 암시를 주는 사람은 그인 듯하다.

어쨌든——중간 단계로서 기호의 부재로서 나타나는 이 빈번한 결과(그 필연성의 문제를 열어 놓은 채)를 강조해야만 한다——만약 동일성이 유일한 끈질긴 명제라면 만약 말과 **존재**, 로고스와 **진실**이 오로지 하나만을 이룬다면, 만약 안티스테네스에게서처럼 로고스가 자아 안에서 정해진 존재라면, 그 어느것도 이 필연적인 진실임직함, 신경증적 담론의 필연성이 말-존재-진실, 이같은 바를 표상하는 대타자처럼 도래할 수 없다. 대타자의 배제가 그 기원을 발견하는 곳은 사실 언어와 존재의 합작 안에서이다. 왜냐하면 같은 것은 결코 대타자를 연루시킬 줄 모를 터이기 때문이다. 현존과 부재 사이의 교대 속에서 언어와 존재 교대의 부재가 기호를 이룬다. 그곳에는 타자도 순수한 비-존재인 대타자도 존재하지 않는다. 나누지 않는 존재 속에서——프로이트가 쾌락의 자아 활동 속에서 그 실마리를 탐지해 낸 바, 안과 밖의 분리화 과정 없이는 그 속에 진실을 있을 수 없다. 그 속에는 존재만이 있을 수 있다. 이런 의미에서 프로이트의 교환은 궤변론자들의 논리적 허점에 반해 소크라테스의 비판에 완벽히 합치한다. 술어 기능 없이는 존재는 나누어질 수 없다.[69]

분리화 과정의 원칙과 **진실 요구**의 원칙으로서의 속사나 술어 기능에 (논리적이고/거나 존재론적인, 프로이트적인 만큼 아리스토텔레스적인) 안티스테네스의 동일성 또는 참여화 과정으로서의 원초적인 동일화 과정이 상반된다. 여기서 이 참여화 과정으로의 원초적인 동일화 과정이 상반된다. 참여화 과정은 그로부터 전혀 소외되지 않은 존재에 대한 관계, 존재와 절대 끊기지 않는 그런 관계로 간주된다. 엠마누엘 레비나스는 "참여하다. 그것은 대타자에 의거하는 하나의 방법이다. 그와의 어떤 연결고리도 끊지 않으면서 자기 존재를 유지하고 나아가는 것, 참여화 과정 자체를 끊는다는 것, 그것은 틀림없이 연결을 유지는 하되 이 연결로부터 전혀 그 존재를 끌어내지는 않는 것이다"[70]라고 적고 있다. 그리고 참여화 과정의 마지막에는 분리화 과정을 가정하는 진실의 개념 시초로 대타자가 착오와 진실의 양가적 가능성 속에서 도래한다. 그곳 타자로부터 분리된 한 존재가 그 속으로 빠져 들어가지 않으면서, 그러나 "그에게 말을 하는 그곳에서 진실이 솟아오른다"라고 E. V 레비나스는 다시 한 번 쓰고 있다.[71]

그런데 참여화 과정은 정신병 환자가 그를 침범하는 필연적인 진실임직함으로서의 언어와 맺는 관계의 양태이다. 정신병 환자의 말하는 바의 양태들을 무시하면서 '진실을 말하는 것'은 대타자가 도래하지 않은 같은 것으로서의 존재에 대한 참여화 과정이다. 분리화 과정이나 모순도 없이 정신병 환자 담론의 **진실**, 동일한 것이나 대타자의 관계처럼 진실도 아니고 그 둘 모두 분리화 과정을 전제로 하는 진실임직함은 더더욱 아니다. 그 때문에 정신병의 담론, 그 **로고스 알레테스**와 **압조테스**는 진실(논리와/또는 존재론적인)의 다른 곳에 존재한다. 로고스와 혼동되는 헤라클레이토스의 진실, "로고스는 그 자체로 폭로인 동시에 가리기이다. 그것은 진실이다."[72] 정신병 환자의 '진실을 말하기,' 그러니까 하나의 '나, 진실, 나는 말한다'의 신탁이라 할 수는 없다. 이 문장은 이미 진실과 말 사이의 차이를 품고 있다. 또한 뭔가 '말하면서 나는 확인한다' 같은, 말-존재-진실의 앙금 같은 하나의 증상이다. 현실계가 너무나 진실임직하지 못하고 허용할 수 없는 어떤 것일 때, 새로운 투명한 세계에 대한 필연적인 화신으로서의 심사숙고한 두 면이 바로 환각과 언어망상인 바이다.

토 론

줄리아 크리스테바──당신께서는 이제 막 어떻게 정신병이 **존재와 언어의 부적합성**으로서의 **기호** 위에 그 근거를 둔 언어의 실천과 그 이론 속에서만, 또는 그것을 위해서만 나타나는가를 증명해 보여 주었습니다. 진실에 못지않게 진실임직함을 이루면서 이 기호가 의견의 **권위**(아리스토텔레스에서) 또는 지혜의 권위(스토아학파에서) 위에 서 있다고 할지라도, 플라톤은 기호로 하여금 논리적인 말로부터 그것을 방어케 하면서 로고스의 진실을 미리 엿볼 수 있게 하였습니다. 그러니까 정신병은 인정하지 않는 권위 말입니다. 압박하는 것일까요, 안녕을 나타내는 것일까요? 질문은 도덕적인 동시에 의학적일 수 있습니다. 그러나 구조적인 사실은 그곳, 법칙으로부터의 회피에 있습니다.

아리스토텔레스의 기호론으로부터 잘 새겨두어야 할 또 다른 특징이 있는데, 그것이 정신병을 설명해 줄 수 있을 것입니다. 만약 아리스토텔레스에게 있어서 불가능함이 진실임직함이라면, 그것은 단지 의견이 그것을 말하기 때문만이 아니라 불가능함이 스스로 반복하여 되새기고 의견이 그것을 반복하기 때문입니다. 따라서 권위의 담론에 의거한 반복은 프로이트가 해독하고 있듯 죽음의 충동이 폭로이기를 멈추고 진실임직함을 구축합니다. 진실임직함의 모형으로서의 인용, 그러나 인용은 권위를 세우는 하나의 반복입니다. 반대로 정신병의 담론이 반복하지 않으면서 말을 담론의 정의내릴 수 없는 **회귀**, 그러므로 한 타자의 중성화되고 상투적이 되는 그러한 말로 체념하는 것은 권위가 결핍되어서입니다. 정신병 환자의 반복은 진실임직화하기가 아닙니다. 그의 반복은 그러니까 엄밀한 의미에서 반복이 아닙니다. 그것은 타자의 그리고 대타자의 담론을 중성화시키도록 운명지어진 효력을 상실한 공명입니다.

반대로 소피스트의 담론은 내가 보기에 완전히 또 다른 원동력인 듯해 보입니다. 그것은 소피스트들이 **존재-로고스**와의 합치를 구하면서 내미는 미끼입니다. 왜냐하면 그들의 시니피앙은 이 시니피에의 합치로부터 항상 의미의 과잉 속에서 환원된 비의미의 효과들이 되는 유희나 산술만을 유지합니다. 그 어떤 순간에도 대타자의 권위나 화자의 동일성은 적어도 **로고스**의 진실 같은 이 요구된 존재의 현실계 속으로 침몰해 버리지는 않습니다. 내 생각으로 우리의 입장은 여기서 프로이트의 **배제**보다는 **부인**에 더 가깝습니다. 그리고 만약 여기에서 시간적인 척도를 배제하고서 논리를 발전시켜 나간다면 나는 정신병보다는 도착증에 대해 더욱 중점을 두겠습니다……. 바로 이런 이유로 내게는 소피스트들이 학자들이나 또는 그만큼 유혹을 무시하지 않는 정신병 환자들보다 예술가들에게 보다 가까운 듯 보입니다…….

그것의 참진실 절정에까지 포함하는 진실에 관한 최대치의 열망이 이렇듯 거세화 과정에 대한 넓은 의미에서의 **부인**으로서 이해되는 도착증을 폭로하는 담론 속에서 언술되는 데서, 그것은 첫번째 모임에서 내가 **부인**을 모든 언어적 표현, 그러니까 틀림없이 모든 상징화 과정에 대한 부인이라는 부분에 강조하면서 이미 발표했던 바입니다. 그러나 소피스트의 담론이 명백히 하고 있는 것은 **제도화 과정**, 아니면 한편으로는 그 합리화 과정을 통해("기호는 사물이 아니다. 그렇지만 어쨌든…… 그것은 하나의 사물이다. 유일한 욕망의 장소인"), 또 다른 한편으로는 그것의 수사학을 통해서 우리가 이 도착화 과정에 대한 성공을 원한다면 말입니다.

다른 방법으로 하나의 언술화 과정 진실에 대한 탐색 속에 참여하는 정신분석의 조작 과정이 자주 도착화 과정에 인접해 있다는 사실을 상기해 볼 기회입니다. 그렇다면 이것이 또한 사실인가? 그것으로부터 나는 우리가 보통 분석적인 도착성이라 부르는 개인이나 제도의 권력이라고 잘 알려진 사용뿐 아니라, 보다 더 근본적인 어떤 것으로서 이 도착성 자체가 하나의 부대 현상에 지나지 않는다는 사실을 이해합니다. 여기서 나는 분석 과정의 전개 과정마저 이해해 보려 합니다. 주체가 자아 전이의 암초에, 아니면 더욱 깊이 들어가 보면 항상 어느 정도는 합리화시키는 이데올로기적인 해석/과정의 구조들에 포착된 대체물에 불과한 동일화 과정 속에서 참진실을 엿보면서 그것을 막으려 할 때, 이러한 분석 과정 내의 동일화 과정은 문제가 되는 이 '분석받는' 주체 속에 희열을 부여합니다. 그런데 이 희열은 더 이상은 진실에 대한 분석적인(풀릴 수 없는) 연구가 아니라 부분적인 충동들을 움직이는, 그러니까 나르시시즘, 거세화 과정 없는 보완, 언제나 이미 점유된 하나의 대상에 대한 환상을 동반하는 그런 나르시시즘을 주체에 부여하는 것입니다.

내가 보기에 이 분석의 '도착적인' 문제에서 그 실천은 이제까지 단지 두 가지만의 균형된 논리를 발견한 듯해 보입니다. 정상화 과정, 적응화 과정, 사회에 합류시키는 과정들에 대한 모색 또는 언어에 고유한 속성인 의심과 더불은 신비적 융합이 그것입니다. 이 두번째 방법에서 W. R 비온의 모험은 어쨌든 비평 부분에서 볼 때 본보기가 되는 동시에 근본적인 시도였습니다. 우리 언어와 정신분석에 대한 질문의 장소에서 다음과 같은 주목들을 눈여겨보도록 합시다. "진실에 일치하는 하나의 생각은 그 어떤 표현도 사상도 필요로 하지 않는다." "거짓말은 표현이나 사색이 필수적인 하나의 생각이다."

자 이것이 모든 분석적인 소피스트적 논리를 파헤치는 실마리입니다.

명백히도 이 공식들이 그 가치들을 발휘하는 것은 정신병에 귀기울일 때입니다. 분석적인 **모든** 귀기울임 속에서 그들을 경청하고 가공화 과정과 분석 과정의 작업 내부에 필수 불가결한 지역, 그로 하여금 합리화 과정과 사회에 통합하는 과정, 습득한 것을 통한 자신에 대한 확신, 행복감, 앎에 대한 치료를 함으로써 그 여정 자체와 그것을 가로질러 그의 내부에서 **언어의 지배**, 그러니까 시니피앙의 영향력에 대한 **불가능성**을 재정비하는 영역을 재구축시키는 일이 내게는 중요한 사실로 보입니다.

그러나 위와 같은 언어 영향력의 불가능성을 의미하는 담론이야말로 우리가 글쓰기라 부르는 것이 아닐까요? 그것을 물신적인 것이나 과학 담론, 특히 수학 공식 같은 주체의 분석 과정에 대한 또 다른 봉합 과정의 은유라고 할 수 있는 글쓰기로 변형시키지 않는다는 조건하에서는 틀림없이 그러할 것입니다. 그렇지만 이 점에 대해서는 장 프티토와 함께 다시 살펴보도록 하겠습니다.

장 미셸 리베트——당신은 모든 참과 거짓의 개념이 언어 이론, 그 속에 그것의 물질성(여기서 소리나 철자 같은 기호)과 충동적 실체(목소리나 몸짓)을 포함하고서 언어 이론을 그 본질 속에서 정의하고 있다는 사실을 잘 보여 주고 있습니다. 만약 아리스토텔레스가 도구주의적 이론[73]을 반박하면서 목소리로부터 나온 소리에서 영혼의 상태를 인정하고, 글로 씌어진 말에서 목소리로부터 나온 말의 기호를 인정했다면 성 아우구스티누스[74]는, 예를 들어 플라톤 개념과의 단절을 더욱 강조합니다. 즉 우리가 믿고 있는 바와는 반대로 그에게 있어서는 말이 사물을 가르치는 것이 아닙니다. (반대로 '알려진 대상을 통해 스스로 가르치는 기호' 입니다.) 근본적으로 하나의 소리를 가르칩니다. "말들은 우리에게 말들만을 가르친다. 더욱 발전하면 소리와 목소리가 내는 단순한 음인 것이다." 《통솔에 대하여〉는 이미 고르기아스가 개진한 바 있는 언어와 사물 사이의 분리를 더욱 확고히 해준다.) 아우구스티누스에게서와 마찬가지로 아리스토텔레스에게서도 마치 영혼의 상태에 알맞은 개념인 듯한 매우 현대적인 '이론' 개념이 비교적 잘 나타나 있습니다. 말하자면 그 이론 자체가 스스로 '과학적인 것'이라고는 믿지 않지만 언어의 움직임 속에서/의 생산물, 또 주체가 그 속에 포착됨으로써 끼친 영향의 생산물로서, 즉 참여하는 언어학적 움직임으로 스스로를 간주할 것입니다. 또 그는 주관성——언술화 과정을 포기하지도 않습니다. 결국 아리스토텔레스에게 있어 또 다른 접근 방법들, 유사본, 회화나 몽상은 그것의 진정성을 확신시켜 줄 하나의 언술화 과정이 함께 할 때만 거짓으로 판명될 수 있습니다. 반면 전제나 거짓 이미지(거울·회화·몽상)는 그것들이 닮아 있는 바와 같은 것들이 되지 않고서 닮아 있을 때만 거짓이고, 믿음에 대한 확신으로 포착될 때만 속임수가 된다는 사실을 덧붙입니다. "그러니까 단순한 언술화 과정을 통해 거짓 전제는 참전제를 모방한다. 만약 우리가 그것을 믿지 않으면, 거짓 전제는 표현의 단순함으로만 참전제들을 모방한다. 그것은 거짓이다. 그러나 속이지 않는다. 신앙의 경우를 보자. 그것은 우리가 참이라 여기는 것까지 모방한다."('*Soliloques*')

이토록 언어의 모든 것이 명백히도 타자에 의거하고 있다는 사실은 추측, 동일화 과정 아니면 환상에까지 이르는 상상적인 것의 불가피한 포착을 의미합니다. **독단론**이 **타자의 것으로 추측되는** 바로서의 공동 의견을 형성하는 것은, 내가 그것을 진실이라 추측하는 것으로부터 나온 생각입니다. (나는 그때부터 그 앞잡이이다. 그래서 진실의 자리에 독사를 가져다 놓으면서, 그러니까 진실을 독사 이하의 것으로 비하시키면서 독사 밑에 놓는다. 왜냐하면 그것은 타자에 의해 이미 지지되고 인정되었기 때문이다. 그때부터 그것이 의견을 형성한다.) 그곳으로부터 사실상 정신병 환자에게 있어 **엉독소스**란 완전히 다른 영역을 발견한다는 사실을 강조할 중요성이 나타납니다. 진실로서 **부과된** 어머니의 의견, 자크 라캉은 다른 방법으로 독사를 현실 속에서 진실로 정의된(종교가 그 역할을 한) '참의견'으로 해석합니다. 그것이 **오르도독사**(orthèdoxa)의 '고정시키기'로서의 구조와 그것의 수리성과 대치될 때 말입니다. 이런 경우에 참의견은 위조될 수 있는 존재에 대한 참전제들에 대한 담론으로 과학(과학이 리센코[75]적인 과장을 할 때는 아닌)과는 구별됩니다. 비록 그것들이 그들의 전제들을 마치 참이나 필연성으로 언술코자 하면서 그 둘 모두 엄정함을 지향한다고 할지라도 정신병과 과학은 동일한 것이 아닙니다——위조될 수 있는 성질의 과학적 판별 기준의 요구는 정신병의 언술화 과정의 확신을 부드럽게 해줍니다. ("역시 문화를 이루는 과학적 생산물, 철학적·예술적 중세 조각들의 생산물들이 '성공'하고 있다는 문제를 고려해 보아야 할 터이다.")

　게다가 정신병이 연속성, 다소간 투명하고 즉각적인 진실과 그럼직함 사이에서 이루어질 수 없었던 균열과 단절, 그 속에서 정신병이 담론의 구조를 가지지 않는다는 것만이 확실한 존재와 말 사이의 합착을 보여 주고 있다는 사실을 분명히 해주었습니다. 그러나 반대로 이처럼 직접적으로 사실 프로이트가 "거기서 중요한 것은 강박적 신경증의 한계들을 넘쳐나는 환각이라는 바를 발표하려는 욕구에 사로잡힐 수 있습니다"라고 적고 있다고 할지라도 전형적으로 강박적인 증상에 다름 아닌 생각일 정신병을 신앙에 결부시키는 일은 내게는 어렵게 보입니다.(《다섯 개의 정신분석》,[76] 호텔의 손님을 향해 레르 박사가 품은 '효과적'인 죽음에의 희망 비교) 환각에 사로잡혀 있건 그렇지 않건간에 자기의 온 마음으로 전능함을 믿는 사람의 믿음과 같은 위치에 처해 있지 않은 담배를 문 사나이가 **버스**에 품었던 믿음(다시 말해 담배에 불을 붙이면서 실제로 버스가 도착하는 것을 보게 될)처럼 말입니다. 사실상 언제까지나 버스가 도착하지 않는 것을 보면서 강박증 환자로서는 자기의 믿음을 그런 대로 유지하기 위해 의심을 지니는 것으로 충분할 터입니다. 버스가 도착할 수도 **있었을**

텐데라고 생각하면서 이 믿음을 위반할 강박증 환자는, 예를 들어 자기 소원의 주문을 잘못 옮겼다고 생각할지도 모릅니다. 그러니까 담뱃불을 잘못 붙였다든가, 또는 담배나 라이터의 상표를 잘못 선택했다든가, 아니면 관계 대로의 버스 정류장이 아니었다든지 하는, 그것도 아니라면 아마 즉시 자기의 주문 자체를 거꾸로 뒤집어 버릴지도 모릅니다. 어떤 조건에서는 버스가 도착하지 않게 하려면 담뱃불을 붙이기만 하면 된다라고 말입니다.

같은 방법으로 '자기 언니 죽음의 사실'을 부인하는 사랑에 빠진 처녀는 자기 언니를 향한 죽음의 기도를 억압하는 것에 등가될 수가 없습니다. 왜냐하면 그 소원이 착란적이어서가 아니라 죄책감을 줄 수 있다는 의미에서 '허용될 수 없는' 것일 터이기 때문입니다. 여기서 그러니까 정신병 환자는 죽음을 파기하고/부인하는 반면 히스테리 환자가 억압하는 바는 성적인 욕망이고 강박증 환자는 죽음에의 소원을 억압합니다.

장 프티토——진실의 내재적 긴장으로서의 아리스토텔레스와 소피스트의 대립 관계에 대해서((술어 기능적으로 볼 때) 진실은 가능하다. 왜냐하면 언어란 **프조데스**, 진실임직함의 장이므로 혹은 진실은 현실적인데(비술어 기능적으로) 왜냐하면 언어가 **압조데스**하므로) 나는 존재로서의 언어라는 전제가 소피스트적 이론과 정신병을 동화시킬 수 있는가에 대해 자문해 봅니다. 사실상 소피스트적인 이론의 현실적인 재활성화란(거기에 그들의 '존재론'과 세속적인 실천 사이의 공백도 포함하여) 의심할 여지없이 라캉식의 정신분석입니다(말을 활성화시킨다).

B. 카셍의 형식을 다시 취한다면 소피스트와 정신병 사이의 차이는 사물에 있습니다. 소피스트에게서 그것은 말과 사물 사이의 유착에 있는 것이 아닙니다. 또한 술어적 판단과 존재적 판단 사이의 혼동 속에 있는 것도 아니고 엉독사가 언술화되자마자 사실이 되는 것도 아닙니다. 그것

은 다음 두 전제 사이의 양자택일에 있는 바입니다. 사물이 존재하는 것으로 그러니까 사물과 말 사이의 권리에 대한 절대성이 존재하는 것이 그 하나이고, 다른 하나는 사물이란 말하기의 결과이고 따라서 그것은 실천과 동일시됩니다. 보다 정확히 하면 소피스트적인 것은 이중의 부정과 같은 '존재하면서 있는 것', 존재론적인 확신을 과시하는 유일한 지협일 터입니다. 다시 말해서 하나의 의미론적 중성적 의미가 아닌 말라르메식 비-장소인 '저 너머'에 대해 자기에의 이타성을 존재의 원칙인 순수한 시니피앙으로 체제 전환을 한 무(無)에 대한 가정을 소피스트들은 표방합니다.

덧붙여 소피스트적인 것과 정신병의 동화 과정은 **물리성**과 같이 신화의 고대성에 대한 소피스트들의 종속 관계를 확신케 합니다. 이 기원이 이미 또 항상 그것을 위해 세속적 실천처럼 상실된 것을 확신하면서 말입니다. 이같은 부인화 과정은 실천 과정의 '전논리적' 고대성처럼 '진실에 대한 그 자체의 선조성'에 대한 최후의 모습(인류학적이고 비존재론적인)을 생산해 내면서 **진실의 유희**를 스스로 발견해 내기에 이릅니다.

따라서 그것은 정신분석이 부정적인 방법으로만 정신병을 정의한다는 사실을 확실히 해줄 것입니다. 반대로 우리로서는 정신병을 긍정화시키는 것에 가깝습니다. 그러나 그렇게 하기 위해서는 소피스트를 담론의 도착적인 실천으로 활성화시키는 것만으로는 충분치 않다고 생각합니다. 그러니까 활성화시키되 그것이 되고자 하는 단계에까지, 즉 담론의 물질성(문법의 문제)에까지 이르는 것을 말합니다.

그런데 내가 보기에 진실에 대한 아리스토텔레스의 논리와 하이데거의 심연으로 밀어넣기식의 방법을 가지고 두 양태(논리적이고 소피스트적인) 사이의 한 **상보성**으로 대체할 만한 것으로부터 유래된 담론의 소피스트적 물질성간의 차이를 기능하는 것이 주요한 어려움일 듯합니다. 여기서 이 논리적이고 소피스트적인 두 양태 사이의 상보성이란 다음과 같은 속성들을 지닐 것입니다.

Ⅰ. 논리적 양상의 인식론적 동일성은 소피스트적 양상의 배제로부터 유래된다.

Ⅱ. 소피스트적 양상은 비일치적인(모순적인) 방법이 아니고서는 논리적 양상(그들에게는 이질적인) 속으로 회귀할 수가 없다.

그러므로 상징적인 질서 속에서 세속적인 실천으로의 소피스트적인 빈번하는 쇠퇴로부터 기인할, 문법의 원초적인 퇴행으로의 소피스트적 양상을 모방한다는 것은 불가능한 일일 터입니다.

보다 발전해서 내 생각으로는 이런 가정의 형식으로 도입된 상보성은 구조들 속에서 용어들과 위치들 사이의 원초적인 상보성으로 되돌려지는 듯합니다. 따라서 나는 담론의 물질성은 우선 지역화 과정의 변증법적 논리이고, 소피스트식의 무(無)는 의미론적 동일성의 의미에서 설명할 수 없는 탈지역화 과정 그것이라고 믿고 싶은 마음이 강합니다.

이렇듯 소피스트식의 '기원'은 우리로서는 이분법적 논리, 또는 문법의 논리적 양상과 위상학적 양상 사이의 상보성의 논리로 이어진다.

따라서 소피스트와 정신병의 연결부는 다음과 같은 방법 이후에 고착될 수 있을 듯싶습니다(역사 속의 소피스트에게는 이질적인 현대적 개념들로부터 출발하여).

Ⅰ. 담론의 물질성으로서 소피스트적인 것은 문법의 '네스파스[nespace, 신조어로 부정의 공간]'에 대한 추론성의 불가능을 강조한다.

Ⅱ. 정신병에서 이 '네스파스'는 육체의 현실로부터 갈취한 원천적(고대적) 의미에서 표면으로 나타난다.

이런 의미에서 소피스트적인 것은 중성화된 심리주의 속에서의 그것에 대한 명상으로써 임상적 정신병을 진정화시키면서 때늦게 역사 속에서 **초월적**(적절함으로 진실의 '정신병-에-놓기'), '정신병적'인 조작에 동일시된다.

문학의 악마

　문학에 대해 말하면서 다른 것들과 같이 하나의 담론에 관계된 것은 아
니고, 그렇다고 해서 하나의 '언어'나 '말' 아니면 '심리'라고 이름 붙일
만한 도표(히스테리·강박증·도착증·편집광……)로 분류할 만한 '주관
적 구조'의 언술화 과정조차 아닌, 이 문학에 대해서 생각한다는 것은 우
리에게는 언제나 그리고 역시 한 번 더 어려운 일인 듯하다. 그러나 '심
리'라는 유형의 것들과는 완전히 외부에 위치한 하나의 특이한 체제가
한편으로는 그의 **현실 효과**로 동시에 다른 한편으로는 그것이 대타자와
맺는 **절대적인 욕망**의 계약을 통해서 프로이트에게 꼬아야 할 실을 마련
해 주고 있다. 그러한 것은 소위 '한계들에 대한 경험들'이라 불리는 텍스
트들을 통해 다시 한 번 상기될 수 있을 터이다——바타유·아르토·파
운드·조이스. 그러나 역시 틀림없이 셀린의 경우는 그것이 정치적이기
때문에 보다 거북스러운 것이 되고 만다. 그렇지 않으면 이 텍스트들을
그것들의 이념적인 공모주의나 쓰레기, 나약함, 원초적인 것, 다시 말해서
악마적인 것과 더불어 환희의 보다 결백한 그리고 보다 즐거운 것들로
환원시키려는 유혹이 강하다. 여러분도 알다시피 우리의 주제에 있어 서
로간에 약간의 차이점을 제외하고는 항상 같은 자리에 있다. 그러나 질
문해야 할 바에 관한 것은 차이가 엄청나다. 왜냐하면 문학의 악마는 항
상 미쳐 있기 위해 아름다운 자태를 유지하기 때문이다. 그것은 그 참존
재에 베일을 던져 놓을 수 있다. 그러나 그것으로서 더욱 잘 보이기 위해

서…….

악마적인 것에 대해 그 한계(한 모서리)를 알고 있었던 사람에 대해 다시 생각해 보자. 도스토예프스키와 그의 《악령》[1]에 대해서 말이다. 그곳에는 잃어야 할 것도 많다. 특히 우리가 참진실이 아닌 진실을 모색하려 하면 말이다. 〈누가복음〉 8장을 인용해 보도록 하자. 그건 다름 아닌 예수에 대한 이야기이다. 그가 단순히 말씀의 힘으로 그의 이름 붙일 수 없는 정열, 그 악마들로부터 귀신들린 자들을 구하는 이야기이다. 처음에는 막달라 마리아라는 귀신들린 여자의 문제가 있다. 다시 한 번 살펴보면 그녀가 남자임이 증명된다. 그러나 귀신들은 남자이건 여자이건간에 그렇게 불린 자로부터 떨어져 나온 후에 모두가 알다시피 결국은 터부의 육축인 돼지들 속으로 들어간다.

이 장면은 우리들에게 아주 중요한데, 왜냐하면 나의 상식으로는 《성서》 속의 행위가 문학적으로 도입되고 마찬가지로 귀신의 해방도 문학적으로 표현된 복음의 유일한 장소이기 때문이다.

그리스도가 바다를 건너고(그의 메시지를 알리기 위해) 신전 안으로 자기 가족을 들이지 못하게 하고("내 모친과 내 동생들은 곧 하나님의 말씀을 듣고 행하는 이 사람들이라 하시니라") 만나고 추구하고 해방시키는 곳은 여행과 경계선 획정, 그리고 이별의 서사인 〈누가복음〉에서이다. 그것들은 모두 말이라는 유일한 행위를 통해 이루어지고 청자들은 그 말의 외견상으로 드러나는 모습만 볼 뿐이다. 하나의 속담, 씨앗과 비목의 서사로부터의 담론에 대한 암시로 말이다. 그러나 그들은 단지 말의 진정한 의미를 포착할 만한 눈도 귀도 지니지 못한 자들일 뿐이다. ("다른 사람에게는 비유로 하나니" "감추인 것이 장차 알려지고 나타나지 않을 것이 없느니라.") 그들은 암시나 이중의 의미, 비밀로서 그 말씀을 이해한다. 비유·신화·생식·비옥함·계보(씨앗) 이야기들의 매우 강렬한 이 경계선 획정, 어머니의 유령이 떠도는 사회, 생식과 물질적 생존을 폭로하는 모든 종류의 담론은 그 어떤 모호성 없이 언술된다. ("그러므로 너희가 어떻게 듣는가. 스스로 삼가라. 누구든지 있는 자는 받겠고, 없는 자는 그 있는 줄로 아는 것까지 빼앗기리라 하시니라.") 그리고 **다른 담론**을 구축한다.

어떤 담론 말인가? 비유 그 자체 내에서 말씀되어진 것, 비옥하고 깊은 땅에 떨어진 씨앗처럼 그것은 자란다. **'저항함으로써'** 귀신들린 자에게 예수의 말은 효과가 있다. 민중의 경험과 욕망에 봉인하면서 복음이 그 존재를 드러냈지만 그리스도교의 전체 역사를 통해 부인되고 망쳐지고 무시되고 절단된 그 이야기 말이다. 결국 그리스의 고대성 이후에, 그리고 현대 서구에 와서 **문학**처럼 그것은 지금에 와서야 인정되는 것이다. 그것이 문학이 아니라면 그 어떤 것일까, 기다려지고 욕망되어지고 정화적인 대중적 효과가 아니라 각자에게 개인적이고 특별한 경험인 이것이 말이다. 정신분석학은 이 모든 이야기에 자물쇠를 걸면서 그것은 아마도 그 중심부를 차지하는 프로이트가 그리스도교의 유대교 출신이었기 때문에 문학이 다루기를 멈추지 않았던 그 효과를 설명해 준다. 우리 자체가 독자로서 귀신들린 사람들이고, 귀신들린 사람들처럼 청자들이다.

귀신들린 사람, 그것은 무얼 의미하는가?

도스토예프스키가 인용한 〈누가복음〉에서 귀신들린 사람은 **벌거벗은 남자**이다. (의복을 입지 않았다는 것, 자기 안의 모든 부분을 육체 밖과 한계지어 줄 표시가 없는…… 의심스러운 '억압'의 사나이?) 그는 **무덤에서 산다.** (죽음과 삶, 자연과 문명의 차이를 거부하면서 집과 가정, 사회 계약을 거부하는?) 그러나 그는 **이미** 그리고 **항상** 그 자신이 효과를 보여 주는 데 참여할 새로운 복음의 청자이다. 자기를 모르는 청자이지만 그를 **부르면서** 복음을 **생산해 내는,** 마치 프로이트와 히스테리 환자들이 정신분석을 만들어 냈던 것처럼 말이다. 사실 그 때문에 그는 단도직입적으로 프로이트에게 말을 건넨다. "지극히 높으신 하나님의 아들 예수여, 나와 당신과 무슨 상관이 있나이까? 당신께 구하오니 나를 괴롭게 마옵소서 하니." 다른 말로 하면 '나를 괴롭게 해주시옵소서'이다. 그렇다면 왜? '내'가 당신 속에서 나를 재인식하기 위해서, 당신의 욕망을 위해 그리고 그것을 통해 새로 태어나기 위해서일까? 어쨌든 그것이 바로 예수가 듣고자 하였던 바이고, 이 물음에 대해 예수는 제공도 아니고 설명은 더더욱 아닌 귀신들린 사람에게 결핍되었던 것, 다시 말해서 재-인식을 가능케 할 다른 하나의 문제가 있는 것이다. "네 이름이 무엇이냐?" 사실 바로 그곳에 모든 문제가 집약되어 있다. 그가 괴롭힘을 당하는 조건에서 또 괴롭힘을 당함에도 불구하고 말과 '잠재적인 협정' 단계에 있는 타자, 그러니까 귀신들린 사람은 이름이 없다. 그는 그 스스로의 한계를 긋지도 그 속에 위치해 있지도 않다. "내 이름은 군대입니다." 그 때문에 군대가 그를 침범했던 것이다. 너무 혼자서 모든 이를 대항하여 있었던 까닭에 군대가 그를 점령하였던 것이다. 여기서 우리는 이 진실의 재발견 이후에 그 과정의 개념들에 직면한다. 귀신들린 사람은 그 상태의 원인이 아니라 너무나 자문했던 나머지 '저항함으로써' 그에게 회귀했던 담론을 알고 있었다. 그 담론은 씨앗의 비유처럼 땅을 떠날 수 있는, 다시 말해 몸을 떠날 수 있는 그래서 병합될 수 없는 육체 속으로 들어갔던 것이다. 터부의 육축이라고들 하는, 그러니까 어떤 의미로는 비-육체인 돼지 속으로 말이다…….

셀린 또한 귀신들린 자와 같다. 그의 글쓰기는 동일성들의 한계를 지우고, 그것들을 쓰레기로 변신시키는 환상들의 군대로 말을 환원시킨다. '세 개의 점'을 통한 생략법, 의미가 모호하고 음침한 그의 단어를 그가 말하듯 증오의 말들, 속어들……에까지 통사론을 박살내는 리듬들의 군대들 말이다…….

셀린의 텍스트들, 소설과 선전 전단들은 '한계의 경험'이라는 부제하에 더욱 알려진 바의 다른 글쓰기들과 마찬가지로 주관적인 그리고 몰염치한 언어의 체계──문학에 다름 아닌──로 접근하기 위해 그 자신의 영역을 내버리면서 말과 정신병, 말과 귀신들림이 가능한 만남의 장을 여는 장소로 정확히 우리를 불러낸다. 그것은 우습게 볼 만한 그런 글은 아니다. 이런 경우 악마적인 것에는 언제나 무언가 어떤 것, 특히 **사물**에 대한 믿음이 있기 때문이다. 사물들, 즉 실체, 쓰레기, 혀를 자르는 이름 붙일 수 없는 어머니, 부성적인 모든 승화를 짓밟으면서 수만의 레이스로 갈가리 찢긴 채 문학적 글쓰기에 다름 아닌 이 묵시록적인 '폭소와 공포의 소용돌이' 속에서 이젠 그의 차례로 조롱거리가 된 나치의 가마 속과 같은, 그리고 비밀 집회의 음울한 불빛 속에서 수많은 불똥으로 터뜨려진다. 지옥에서 셀린의 내려옴, 특히 무엇보다도 어떤 종류의 치명적인 또한 모순에 가득 찬 그를 향한 호의의 몸짓은 한밤의 베일처럼 내던져진 오물들이지만, 그것이 비참한 만큼이나 내밀하고 희열에 가득 찬 그러한 비밀처럼 셀린과 우리를 연결짓는다.

하나의 문체(셀린식의 호흡들, 문장·서사체·리듬)를 창조함으로써 언어 속 **바로 이것**에 존재를 부여하는 것은, 그의 신 없는 허무주의가 무시하는 천국으로의 도피는 아니다. 그러나 이 문체주의적 작업은 적어도 독자가 독자를 셀린의 텍스트에 연결시키는 욕망의 협정 이후에 그가 진실처럼 느끼는 하나의 말인 것이다. 신비스런 '수화 과정'의 깜짝 놀랄 만한 효과.

사실 귀신들린 사람을 절대적 담론에 엮는 것이 아닌 그 자체로서 하나인 절대적으로 유일한 담론에 엮는, 여기서 다룬 바의 계약 속에서 2천 년 전부터 현재의 한계들에 대한 경험에 이르기까지의 문학 담론들, 진실임직함의 수사학적 효과들은 위의 독자에게는 **현실계**의 절정을 포착하는 효과들이 그러니까 **현진실**의 효과들이 된다. 문학이 그리고 실천에 **옮긴** 이 진실의 곁에서 작가——이념과 역사는 요구한다——그의 진실한 힘이라 주장한 하나의 이념에 대한 편집광적인 덫 속에 스스로를 가둔다. 자, 또다시 문학의 귀신인 것이다. 문학 속에서 진실의 문제.[2]

■ 지슬렌 메프르

셀린의 진실임직한 파시즘

> 예술은 현실 세계에의 포기라는, 즉 자유를 대가로 치르고 행위 밖에서 작은 자유의 영역을 구축한다. 이 대가는 지대하다. 그리고 아주 소수의 작가만이 이 잃어버린 현실을 되찾는 데 성공할 뿐이다. 그러나 이 작가들은 또 다른 의미에서 자기가 되찾은 현실의 대가를 치러야만 한다. 즉 자유를 포기하고 선전에 몸바쳐야 하는 것이다.
>
> 조르주 바타유[1]

셀린의 반대 입장에 선다는 것은, 아무 탓할 바 없는 셀린의 작품을 겨냥해서라기보다는 **좌익**이라고 불리는 그의 성향에 대해서이다. 전복이라 불리는 모든 것은 언급되어서는 안 된다. 그런데 글쓰기의 전복이 있다. 사람들이 우리가 위치해 있기를 바라는 바로 그 장소에 우리를 가져다 놓기로 해보자. 보미 바우만의 텍스트[2]에서 우리는 반항——혁명의 호소 같은 긴 머리와 팝아트식 기쁨의 모드, 이런 것을 생각해 보자!——은 아마도 개혁론자보다는 파시즘 쪽에서 보다 선호한다고 말한 바 있다. 바우만의 글은 어느 정도 대중적이다. 대중적인 글은 그것이 학술주의를 모방하려고 하지 않는 때는 언제나 거북살스럽다. 대중의 전복 위력, 그것에 대해 말하는 것과 어떻게 그것을 말하는가 사이의 간격 속에서 셀린이 그 위력과 맺는 관계, 그의 말의 구성, 차라리 말하지 않았으면 좋았을 모든 것들과 더불어 말이다. 그것이 적합치 않다고 말하려다가 결국은 셀린의 글쓰기라고 해본다.

이 거절이 상상조차 할 수 없는 것을 은닉하고 있다는 사실이 솟아오르도록 하는 데 한 번 주력을 기울여 보아야겠다. 우선 이 거절이란 이중적이라고 못박아둔다. 글쓰기와 정신병의 분절화 과정을 고려에 둔 그러나 이번에는 유대성이라는 특수한 신경에 엮인 글쓰기에 대한 한 단상, 그것은 또 다른 글쓰기를 위해 열린 출구를 지시해 주는 것으로서의 반유대적인 표현은 아닐까? 그러나 법을 어기고서 반유대적인 음란한 마스크 밑에서 골육상쟁하는 글쓰기라는 것은 공모——배제, 그 형식 자체 속에서 치명적인 아브젝시옹[3]을 통해서만 결과가 나타난다. 이렇듯 타자의 모색이 타자에 대한 부인으로 전복되는 곳, '꼭두각시'적인 언어의 극단에서 셀린의 인종 차별주의적 글쓰기는 셀린으로 하여금 특히나 법원의 서기들에게 잊혀지기 불가능한 것으로 만드는 사회에의 통합 불가능성의 위험과 끊임없는 동요를 증언케 한다.

과잉은 어떤 것을 간직하기보다는 전달하는 경향에 기울기 때문에 우리는 셀린의 선전 전단들을 덮고 있는 조심성을 걷어 버릴 것을 제안한다. 그의 능변에 대한 증오, 모든 '매개적인 것' 들의 추방이 튀어오르게 할 그의 선전 전단들에 대한 독서에 대해 말이다.

우리는 '이해심 있는' 주석자들과는 반대로 그의 진실에서 중요한 역할을 하고 있는 한 부분을 생각해 보도록 할 터이다. 가까이 다가가면 갈수록 셀린의 본질이 우리가 생각하고 있었던 바와는 거리가 먼 것이라는 사실을 한층 깨닫게 된다.

글쓰기에 다름 아닌 이 독창적인 실천이 앎의 이념 주위에서 구축된 진실과 진실임직함의 이율 배반 같은 몇몇 오래 된 철학적 모순들을 지나치면서 전복시켜야만 했다면 그 증거가 여기에 있는 것이다.

진실에 대해 변질된 글쓰기라 말해도 좋을까?

수사학에 대한 비판

'부르제'[4]의 문체

온 힘을 다해 '부르제'의 문체를 표방하는 것, 다시 말해 부성적이고 제도적인 유산을 표방하는 것은——그는 문학 교수의 손자였지 않은가?——모든 유명한 작가들을 고발하는 바야말로 셀린의 지치지 않는 목표였다. 그의 무기는 추문적인 성격의 것들, 음모, 공격적인 것인 신조어, 형용사들, 별명들이다. "종국에 가서 그가 나를 훈련시켰다. 난 상당히 잘 논술했다. 준-프루스트처럼 거의 지로두에 가깝게, 클로델 뺨치게 애매한 난해성으로…… 완곡한 어법을 써나갔지. 유대식으로 우리 시대의 유행에 맞는 고귀한 정신으로 말이지…… 변증법적으로 말하면서…… 생략적이고 나약하게 보이도록 주저하면서 생기 없는 고등학교식의 흐물대는 모든 똥덩어리의 프랑공쿠르의 아카데미 회원들, 연보들의 균열들처럼 우아하게 말이다……"[5] 수사학적 학술주의의 계보, 또 다른 파기와 형태인 황금, '못된 선동자들, 살찐 몸으로 외쳐대는 치들, 사물에 쏟아붓는 외침들'[6]에 필요 불가결한 것으로 고발된 황금, 셀린이 단순한 형식하에 거절했던 바의 요점이 벌써 그 윤곽을 드러낸다. 예를 들어 수사학+금=유대인. 또한 그는 유대 배척주의자로 평판이 난 모라스[7]를 '악의 섞인, 거짓 증인의, 유대적인' 문체의 전형으로 인용한다. 진실임직함의 그러니까 돈과 관련된 기법, 틀림없이 반셀린적인 기법이 그의 원동력이다. 유대인 그들은 궤변론자이고 변호사이며 웅변가이다. 그들은 사물들을 변모시키되 실수 하나 하지 않는다. 그의 간섭은 담론의 기예면 기예였지 진실을 겨냥한 담론은 아니다. 그것은 유혹하고 기만하고 현실 속에서 효력을 지니는 담론이다. 그렇다면 셀린은 이상주의자의 철학을 전파시킨 것일까?

그의 문체, 직접적인 감정, 진실은 '부르제'의 문체인 진실임직함의 담론에 대립될 터이다. 따라서 한편에는 분석가·궤변론자·돈과 협상 가능한 것이 존재하고, 다른 한편에는 무의식 담론과 감정, 공짜 담론이 존재한다. 그의 명료한 논리는 문학뿐 아니라 사회까지 정화시키기 위해 끊임없이 감정에 호소할 것이다. 셀린의 감정 이론은 그의 실천에 대한 이념으로, 또 글쓰기 행위의 명함으로 기능한다. 그의 수사학에 대한 비판은 실질적이다. 그것이 그의 글쓰기이고, 제도들의 파산에 대한 셀린의 유일한 답변이다.

문체에 대한 어떤 개념

'도치.' 셀린은 순수 낭만주의와 그랬던 것처럼 자연주의적 기술 방법과도 인연을 끊고 반대로 도치된 현실을 상기시키려 한다. 그는 더 이상 세상에 참이미지를 주려는 것이 아니라 '현실주의를 노래 부르게' 하려 한다. "나는 마치 음악이 표현하듯이——준비 과정도 중재도 없는 운율처럼 음악처럼 태어나는 운율을 써보려 했다……."[8] 그런데 여전히 너무 강한 셀린의 취향을 풍기는 《밤의 끝으로의 여행》으로부터 레이스같이 짜인 생략적 작품인 《리고동 무용》에까지 이르는 역정 위에는 그 평판이 문장을 마멸시킨 선전 전단들이 있다. 셀린식 문장을 일종의 음악적인 범위로 변형시킨 속에서 선전 전단들은 틀림없이 많은 일들을 했다. 1936년부터 계획되어 선전 전단들의 가장자리에서 씌어진 후, 1944년에 출간된 《인형악단》을 살펴보자. 우리가 생각하기에 그것이야말로 가장 희극적이고 카니발적이며, 아마도 셀린의 가장 성공한 작품 중의 하나일 것이다.

선전 전단들의 문체. 더 가까이에서 읽어보고 일단 시니피에들의 충돌을 경감시킨 후, 우리는 그 폭력의 근원이 도대체 어디에 있는지를 자문하게 된다. 확실히 시니피앙 밑바닥의 형태를 이끌어 내는 형태의 폭력,

여기서의 문체는 과격과 선동에 결합된다. 이 과격과의 선동은 이미 그의 첫 두 소설에도 존재하고 있지만 그 사이에 그의 선전 전단들의 분석에도 나타나 있다. 그 과격과 선동은 선전 전단 속에서 소설적 구조의 그 어떤 제약에도 더 이상 제한받지 않으면서 물 만난 생선처럼 팔딱거린다. 이 묵시록적인 공간에서 셀린은 진실을 **유지하고 있다**고 자신한다. 그는 본능으로 글을 쓴다. 마치 치명적인 위험을 향해 치닫는 사람처럼 거리낌없이 극도의 속력으로 써내려간다. (《진퇴양난》은 3개월 만에 완성되었다.) 바로 그것으로부터 그의 문체의 테러리스트적인 근본적 양상이 나온다. '이 미친 페르디낭'은 차례로 변두리 의사였다가 작가였다가, 어떤 때 독자를 가면 속에 학대자로 놓으려고 해도 마지막에 가서는 독자를 까무러치게 하는 것은 항상 그이다.

　틀림없이 욕설이 점차로 격렬해짐에 따라 풍자와 유머에의 양보는 점차 흐릿해진다. 그러나 그것은 선전 전단들이 문학적인 성공을 거두는 바를 가로막을 뿐이다. 우리는 여기서 글쓰기가 띠는 새로운 경향을 보여 줄 몇몇 부분만을 제시할 터이다. 《시체파》에서의 감탄사와 대문자들은 그의 초기 소설들의 생략표를 대치한다. 거기로부터 이미 셀린식의 문체가 될 바의 싹이 움트기 시작한다. 그의 문체는 이미 이때부터 웅변의 시기, 베르나노스나 모라스·발레스 등의 또 다른 선전 전단 작가들의 과장적 능변술의 은유들과는 하등의 상관이 없는 것이었다. 《진퇴양난》에서 속어는 대중적인 말들의 교환으로서 친숙한 통사론과 결합하고, 문장은 짧고 중세기적인 형식들이 많이 눈에 띈다. 문체의 동일어 반복과 사상의 상투성[9]을 혼동해서는 안 된다. 이 텍스트들 속에서 형식의 반복을 찾아볼 수 있겠는가? 동일어 반복보다는 주술적인 반복들이나 '문체화된' 동일어 반복들에 대해 이야기해 보아야 할 필요가 있다. 셀린이 우리를 그곳에 초대하듯 말이다. "모든 것이 이미 씌어졌다. 난 아무것도 발견하지 않았다──어떤 의도도──단순히 대중화시키거나 난폭하고 문체화된 그런 것."[10] 왜냐하면 만약 셀린의 글쓰기가 근본적으로 동어 반복이라면 시니피앙, 통사나 음소에 관련된 것뿐 아니라 주체 그러니까 그의 모든 글들에 관한한——그것이야말로 모든 문학적인 중복을 제거하는 데 보다 용이하다. 그것은 사전 예고 없는 담론이다. 끊임없이 독자에게 직접적으로 말을 건네는 일을 서슴지 않는 담론이기도 하고, 언제나 노동자·인본주의자·패탱파[11]·프티 부르주아·문학가의 목소리로 말할 준비가 되어 있는 담론이다. 이 담론은 병치와 각색의 방법으로 인용을 뒤집는 담론이며, 정권으로 유포된 당대의 동일한 말 반복증의 신비를 폭로시키는 담론들이다. "'점령…… 수탈…… 살인자의 마음을 가진 이들…… 정당한 분노들…… 영혼 속의 죽음 등등……' 타르튀프 애국자는 무시할 사람이 아니다." 게다가 모든 해석을 피해 가는 맥박이 뛰는 이 담론은 내용의 층위에 음악과 리듬의 주제를 취함으로써 이같은 맥박을 재도입한다. 한 노파에 대한 서정적인 비약 이후로 하나의 상상적인 음악이 길 위에 펼쳐진다. 《진퇴양난》의 마지막은 음표로 끝을 맺는다.

　문학적 형식론에 대한 그의 서툶은 진실에의 경험, 글쓰기에서 기인한다. 그러나 이러한 시적 진실은 진실임직하지 않은 사회 현실화 과정인 파시즘과 만난다.

　이제 이중의 문제가 남아 있다. 셀린의 파시즘이 그의 텍스트 실천에서의 감속 장치인가? 그리고 어떻게 그는 작업하는가?

진실한 것의 제조

어떻게 감정을 출발점으로 하여 말할 수 있는가?

대중성. 셀린의 유일한 자본, 그의 예언적이고 신화적인 시야는 언제나 일상성과 대중성의 배경 속에 합류된다. 과장·부풀리기는 구체적인 현실, 대중에 대한 친숙함과 수 년간에 걸친 의료 경험을 토대로 한 지식과 합류한다.

　단순과거는 거의 눈에 띄지 않는다. 3인칭의 사용도 마찬가지로 거의 사용하지 않는다. 텍스트를 객관화시키고 합리화시키는 모든 것에 대한 거절일 것이다. 진정한 작가의 "그가 묘사하는 조건의 끈끈한 불투명 속으로의"[12] 하강, 셀린의 글쓰기는 대중적·희극적 문화가 꿈틀거리는 장이다. 가치 절하, 분뇨담적인 욕설들, 사회의 카니발화, 비다스, 비스트로 왕, 타바랭, 호르텐스와 미밀, 엘리트, '합류한 털보들의' 오두막집들이 리고동 무용의 세계에 등장하는 배우들이다. ("내 무시무시한 무용은 끝없이 박장대소를 자아내는 소극처럼 나를 즐겁게 한다.")

　유머. 선전 전단들은 희극적이고 라블레적이다. 잡다한 논박의 연대기 작가들의 시리즈 속에 열거하기보다는 차라리 W. 버로스처럼 우리는 셀린이 무엇보다도 희극 작가였다는 사실을 받아들이자. 그리고 유머는 그의 텍스트들을 구성하는 도전에 따라 존재할 것이다. 유머는 공격적이다. 그 유머는 강한 나르시시즘의 경향을 지닌 주체의 소산이다. 그리고 만약 현실에의 거부와 쾌락 원칙의 해방이 정신의 근본적인 특징들이라면, 어떻게 유대인 배척주의가 모든 것을 설명해 주는 장소로 인식되는 순간을 셀린이 보여 주지 않을 수 있겠는가? 현실계에 대한 '편집광적인' 두려움, 다시 말해서 매개되지 않은 통합될 수 없는 것에 직결된 유머, 그로부터 통합의 과정——병렬과 불규칙적인 열거들 같은——이 새로이 연합된 단락들·재현들 사이 발견의 상관 관계들을 조작해 낸다.

　합리성을 유보한 채 번뇌에 찬 의미의 사라짐에 대한 유희, 유머는 끝을 보게 될 죽음에의 한 위험일 수 있다. '죽음에로의 허구적인 접근'은 "만약 그의 대상이 현실이라면 우리를 채울 유일한 즐거움을 예고한다."[13] 셀린에 의한 체계적인 죽음에로의 접근으로서 유머는 증명성의 허무함과,

드러나게 하는 동시에 주체의——존재를 뒤흔들기에(웃어젖뜨리기에) 적합한 다른 힘들을 엿보게 해준다. 주체와 의미 그리고 그것들을 함께 연결시키는 담론들은 모두 심판대 위에 올리는 작업의 예비 교육, 수동적 유머와 텍스트의 리듬에 그 욕망들과 배제들을 덧붙인 결과 이것은 그 고유한 의미 자체를 파기하는 텍스트가 된다.

서술자. 우선 앙리 고다르의 주목[14]을 눈여겨보자. 그에 따르면 선전 전단들은 작가의 자기 텍스트에 대한 위치 전환에 결정적이었다. 처음으로 화자가 전반적으로 현존한다. 그리고 이 현존이 독자가 차지하는 불변하는 부분을 가능케 한다. 문체를 해방시키는 '청원' 가능성, 이같은 독자와의 계약 요구, 이 '나' '여러분' '우리' 사이의 균형은 '나의' 셀린식 욕망의 한 진실의 단면을 보여 주고, 사실상 이러한 셀린식의 진실에서 '나'는 언제나 종국에 가서는 '여러분'과 '우리'에 종속된다. 전체주의적인 글쓰기로서 독자와 합의하지 않거나 그의 공모가 없이는 발설될 수 없다.

수사학을 글쓰기에서 철저히 배제한다는 사실은 아마도 창조의 투쟁적인 체험을 추측해 볼 가능성을 보여 준다. 셀린의 모든 작품은 마니교적[15] 개념과 같은 것으로부터 구축된다. (장 폴 사르트르는 셀린을 카타리파〔중세 그리스도교 이단의 일파〕와 비교하곤 했다.) 그렇다면 다음과 같은 이원론이 특히 드러나는 곳이 전단의 재앙적인 세계 속에서 만이라면 그것은 우연일까?

아리아인	유대인
그리스도교인	신교도들
무정부주의자, 물을 마시는 사람들	술주정뱅이 졸병들
자연스러운	인위적인
리듬을 따르는	형이상학적
등등	

이같은 이원론적인 대립 구조를 가로질러 셀린은 나쁜 대상, 부분적인 대상을 통해 그의 모든 박해의 환상을 그의 외부 세계로 투사시킨다. 모든 것은 마치 부분적인 대상, 마니교의 생산자가 ‘해방시키는 자’인 듯이 나타난다. 시적인 승화 과정의 체험은 비록 무의식 삼중의 기록 속에서 유희하면서 삼각 구조를 가지고 있다고 할지라도 이원적일 것이다.

고착의 문제: 파시즘적 세계의 셀린

주체/대상의 분리 저 너머의 ‘잠재적 공간’(위니코트) 속 동일한 곳으로 회귀한다는 것,[16] 그것은 유대인으로부터 셀린까지 상상적으로 그가 박해자인 만큼 박해당하는 자이기도 한 위치에 놓여져 있다. 과거의 종교적 희생 제의의 연장, 이 강렬함이 사는 끓어오름과 혼동이 사는 순간은 눈에 보이지 않는 기계인 박해자로부터 피박해자가 끊임없이 고문당하는 박해의 지형학 경계선을 긋는다. 이같은 유대인(또는 공산주의자, 흑인, 프리메이슨[17] 단원, 중국인 등)의 신비화시키기는 상상주의적, 그러니까 하부 상징주의적 집중화를 보여 준다. 그런데 이 과정 속에서 특수화와 가능성은 대상이 다음에 설명할 효과에 의해 준-자연 속에서 고립될 수 있는 상태를 지시한다.

——여럿의 개인에 공통된 파기-증오 요소들의 만남이 자아내는 효과, 이같은 만남은 한 집단 사회에 있어서 하나의 특정 시기에 증오를 당하는 한 특수 공동체의 근원에 대해 문제를 제기한다. 이러한 경우 이념의 분석은 이 특정 시기에 있어서 천한 것의 형태들에 대한 분석이 된다.

——개인들의 집단화 과정 효과, 이 집단화 과정은 상징적인(‘진실임직함’) 관계들을 폐지하고 이같은 신비화된 공동체의 부재하에도 모든 관계조차 끊어 버린다.

——전이 과정의 특징적 비합리성이 내는 효과, 다시 말해서 전이 과정

은 이같은 상황 속의 주체들로부터 어쨌든 의사 소통 가능성을 책임지는 비합리성의 형식들과 의식들로의 전이 과정이다.

모든 다른 의식들 사이에서 희생제의 의식, 그러니까 그것 자체로서의 사교성을 좀먹는 저주를 구체화하기 위해[18] 전통에 따라 희생양을 희생시켜야 한다.

현실계와의 거리 좁힘

현실계는 증명될 수 없는 어떤 것으로 정의된다. 말하자면 현실계란 증명의 담론 대상이 될 수 없다는 바를 의미한다. 그렇다면 어떠한 담론 속에서 현실계가 튀어나올 수 있을까? 예술 담론이란 '현실을 말하는' 담론이 될 것이다. 이 장소에서는 상징적 공간 밖으로 파기된 한 요소와 그것을 구축하는 또 다른 공간에서 파기된 요소의 받아들임, 동시에 구축되고 자가 파괴되는 새로운 담론의 생성, 바로 이같은 성질 속에서 현실과 너무 가까워지는 경우 상징적 생산성과 그 동요의 특수한 성격상의 문제가 제시된다. 셀린의 선전 전단 속에서 이 현실과의 가까움은 증명 불가능성과 과잉 효과의 특징적 마스크 아래 최대로 실현된다. 이 증명 불가능성을 노출시키기 위해 셀린은 자신의 선전 전단들 속에서 그의 언술들 중 가장 급진적인 것을 취하면서 파시스트적인 이념으로 포착된 진실임직하지 않은 진실임직함, 상투적인 논리를 전개시킨다. 그러므로 글쓰기는 새로운 '진실'(현실을 말하는)의 제시를 운반하는 수단이 된다. 다시 말해서 글쓰기가 영속시키는 현실에의 희열이 현실의 **자유로운 장**에 다름 아닌 진실의 착란을 넘쳐나게 한다. 유대인 배척주의는 현실 속에서 구축된다. 그리고 이 구축은 그것에로의 뚜렷한 어떤 접근 방법도 가능치 않을 상징계를 침범한다. 그러나 이 고착이 만약 셀린의 경우 쉴새없이 써대는 다시 말해서 정신병적인 위험을 늘려 나가는 셀린의 경우에 있어서 기능적인 것에의 청산 과정이라면, 이 고착은 시적 언어에 고유한 '충동 언어'의 성격을 조금도 좀먹지 않는다. 기호계의 리듬은 셀린의 선전 전단 속에 존재한다. 그것은 어떤 의미로는 일종의 직접적 즉각적인 현실계와 기호계의 관계를 통해 가속화되기까지 한다. 이같은 극화 과정의 골조, 즉 현실계와 상징계의 융합, 이 골조의 구멍, 그것은 상상계이다. 또한 셀린은 자기의 상상계를 대치하기 위해 나치의 담론을 취한다. 가장 단순한 전시로 축소된 중재할 만한 그 어떤 장식도 완전히 제거된 셀린의 진실은 나치의 담론을 **가로질러** 그것에 왜곡을 삽입시키면서 말한다. 이 왜곡들은 그를 변질시키고 그에게 하나의 비현실, 즉 그의 고유의 증명화 과정을 부인하는 데까지 이르는 비현실을 위임시킨다.

동일화 과정의 단계에서 차단당한 채 유대인으로 인한(나쁜 대상) 그의 재개에 대한 참을 수 없음에 맞닥뜨려진 채, 셀린은 내재성의 환상적인 판단 기준들이 제거된 기호계적인 대홍수를 생성시킨다. 그리고 그것은 그의 자아 문제 자체에 의의를 제기한다. 이 구조를 무시하면 우리는 셀린의 글쓰기에 맞서서 위험 속에 내던져진다. 즉 하나는 실제로 존재하지 않는 셀린의 '메시지'에 대한 아니면 선전 전단의 허구적인 얄팍함의 충격하에 그에 대한 정치적 판단을 내리는 것이고, 다른 하나는 그의 글쓰기 천재성을 간과하는 것이다.

진실임직하지 않은 한 파시스트

그것이 어떤 논쟁이나 어떤 형식의 틀 속에 놓여지건 셀린은 파시즘의 '잘 짜여진 지식인들'과 비교해 볼 때 그 독창성이 돋보인다. 그의 글쓰기는 쳐부순다. 즉 파시스트적 독사의 파괴 그 자체인 것이다. 민족주의자, 사회주의자들은 그것에 속지 않으면서 다음과 같이 《진퇴양난》을 비판한다. "그는 인류가 긍정적인 가치를 두는 거의 모든 것에 이의를 제기하고 그것들을 진흙탕에 처넣는다. 유대인의 국경을 초월한 위력에 대항하는 세계적인 전투에서 그것이야말로 결정적인 방법으로 논쟁하기 위해 제시된 인물의 특성인가?"[19] 무솔리니의 체제를 지나온 이탈리아 미래학자들과는 반대로 그는 광란에 찬 산업화 과정이나 행위, 전쟁의 우월함의 편에 가담하지 않았다. 기계들의 체계적인 와해와 현대성의 서로 뗄 수 없는 한 쌍인 산업과 전쟁으로 인해 찢겨진 몸뚱아리들이라는 이미지 속에서 다다이즘에 보다 가까운 이념의 비극에 찬성한 적은 없다. 그래도 만약 그가 대중 전통 속에서 그 자신을 발견한다면, 아마 나치 정권하의 유일한 미학——판별 기준 속에서이다. 그러나 그것은 그 형식과 톤의 대담함을 퍼뜨리기 위한 어휘 체계와 공식적 통사론 사이의 와해를 도입하기 위한 것이었다. 전체주의 국가로부터 소환된 새로운 유형의 예술가와는 거의 부합되지 않을 약력이다! 사실상 이 영혼의 엔지니어에게 바쳐진 주요 임무는 과잉 동질화가 아니었을까? 즉 회화 속에서 그리스 로마 신화의 범주가 그 특징상 거짓된 사실주의적 전원의 풍경을 그린 그림들로 대체된다. 문학 속에서 같은 고정성과 상투성, 같은 체제에 대한 변론, 이 같은 위협적인 단조로운 작품들과는 반대로 재현된 진실임직함은 셀린의 글 속에서는 거의 발견되지 않는다. 만약 우리가 "진실임직함이란 하나의 작품 또는 담론 속에서 그 어떠한 권위(전통·독사·대다수 등)에도 이의를 제기하지 않는 것이다"[20]라는 사실을 인정한다면 말이다. 그리고 틀림없이 모든 지배 담론들은 선전 전단 속에서 철저히 근본부터 부인된다. 그런 면에서 그의 선전 전단들은 유대인 배척주의인 만큼 '아리아인' 배척주의이기도 하다. ("썩어빠진 아리아인이 유대인보다 나을 건 하나도 없다. 못하면 못했지.")[21] 비록 셀린이 호소할 곳 없는 그의 번민 속에서 일관성과 동일성을 유지하기 위해 인종차별주의에 집착했다 할지라도 말이다.

정신분석을 통해 증명된 확신은 담론 밖의 진실은 존재하지 않는다는 것이다. 실수의 잔치 없는 진실이란 있을 수 없다. 허무의 분노와 공포하에 씌어진 페이지들로부터 노출된 부분적인 진실——거짓, 그 속에서 기본 원칙은 벌거벗은 자신을 노출시킨다. 필연적으로 셀린식 자아는 인정하지 않는 모든 공동체를 구성하는 살인적인 진실에 다름 아닌 진실을 노출시키는 바이다.

전 기

참고와 진실

아마도 우리는 여기서 동일한 참고로 정보를 얻는 과정에서 근본적인 실패를 맛보게 될 것이다. 사실상 이 위장——정치적 언어를 가로질러 불명확해 보이는 것은 자아의 해체 과정뿐 아니라 그 계층과 문화에 적응하지 못한 소부르주아지의 해체 과정이다. 셀린은 바로 이같은 그의 계층에 대한 와해를 종의 사라짐(멸종)처럼 겪는다. 아리아식의 환상에 걸맞은 현실에의 접근, 그의 문체가 보다 효과적인 한도 내에서('나는 국민 봉급을 1백 프랑으로 공포한다' '나는 국민화된다' 등등) 그의 확언들은 모든 시도를 좌절시킬 또 그것들에 참이나 거짓이라는 딱지를 붙일 만큼 충분히 커다란 결핍을 내포한다.

진실이란 참고 사항으로 축소된 다른 이같은 논리학자의 확신에 따라 그것의 진실 가치들에 대한 체계 자체 속 하나의 결합과 관련될 터이다. 셀린에게 있어서의 참고의 위상은 말하자면 주체/대상의 분리 문제가 모순적이게도 그의 '정치 참여' 시기, 그러니까 가장 지시 대상의 영향하에 있었던 시기 동안 문제의 핵심이 된다. 그의 작품은 어떤 면에 있어 우연성의 부재를 자인한다. 그로부터 그의 모든 도덕주의나 인본주의도 등록되기를 거절하는 바의 근원이 나오는 것은 아닐까?

동일화 과정의 문제

1933 : 아버지의 죽음과 '함께 머무르기'의 불가능성에 대한 번민에 찬 공식들이 출현한다. 다음과 같은 추측을 해볼 수 있다. 그때부터 히스테릭하고 유대인 배척주의자인 아버지에 대한 동일화 과정이 가속화되었고, 이같은 아버지상은《저당잡힌 죽음》에서 풍자적인 모습으로 이미 나타난 바 같은 다른 인물들을 제치고 내부 투사된 이미지이다.

1936 : **나의 죄**는 정치적 혼란의 표시. 소련에서 2개월 동안 체류한 후 셀린은 공산주의자들에 대한 그의 공감을 끊고 사회주의 국가에 반대하는 폭력적 반박문을 쓴다.

위의 몇몇 요소들은 이같은 셀린의 유대인 배척주의의 이상하고 예사롭지 않은 성격 앞에서 방향을 잡는 데 도움을 준다. 유대인 배척주의의 습성은 언제나 외부의 요소이자 유랑인이고, 무척추 동물인 유대인이 와해시킬 위험이 있는 그러한 자명성의 밀도로 요약된다. 그렇다면 셀린, 그는 보수주의자편에 가담하는가? 그와는 반대로 그는 배제된 자, 독불장군으로 자리잡는다(그리고 실제가 그렇다). 그는 스스로 동료들로부터 추방당해서 인종 차별주의자라고 자기 자신이 선언했던 사람이다. 그것을 설명해 주는 모순을 보자. 유대인에 대한 경사진 반향,《밤의 끝으로의 여행》주인공인 바르다뮤가 그것을 대표한다. 여기서 두 가지 방법으로 상반된 동일화 과정을 폭로해야만 하는가? 그 하나는 원초적인 억압 기재와 가까운 근본적인 파기의 범주에 속하는 것이고, 다른 하나는 이중 긍정의 특징하에 나타나는 것이 아닐까? 그것은 폭로가 국가의 공동의 적으로 정의한 바 이 두 인물의 셀린식 도가니 속에서의 기이한 만남이다.

텍스트의 진실은 여기서 역사적 진실과 '자리바꿈한' 그의 억압 회귀에 보다 가깝다. 유대인 살해자, 아버지에 대한 마지막 도착적인 형상화,

진실로부터 진실임직함으로의 균형잡기의 실패, 따라서 셀린은 죽음 충동의 사회를 보존할 수 있는 유일한 능력을 우리에게 '폭로시킨다.' 그것은 신앙이다. 유대인들에 의해 부추겨진 가톨릭교 말이다. 그러니까 '전설의 인물들'의 시대, 《성서》 이전의 시대로 돌아가야만 한다. 그런데 "재현될 수 없는 것으로써 부성적 기능을 유지시키는 거대한 구조[22]가 아니라면 《성서》는 과연 무엇인가?" 이 기능에 맞닥뜨려진 셀린은 그의 배제와 투자 사이에서 헤맨다. 그의 편집광적 과정은 도착성에 의해 제동이 걸리고, 셀린 그 자체는 그의 유대인 배척주의를 정의하기 위해 자기 편으로 이 도착성의 개념을 끌어들인다.

셀린적 진실의 공간은 신비의 장(선전 전단들)이다. 우리는 어떻게 선전 전단들이 고착인 동시에 빗장풀기인지를 보여 주었다. 그러나 그것에 대한 대가는 분명히 남아 있다. 즉 타자와 자기 육체와의 어떤 관계, 어떤 절망 말이다.

"책의 쪽수들 속으로 다시 몸을 숨기시오…! 페이지들! 페이지들! 구두법…! 말들…! 다시 한 번 심오하게…! […] 숨을 내쉬는 끝에 당신은 결단코 그것에 대해 잘 알지 못하고 있소…!"[23]

――"당신은 결단코 그것에 대해 잘 알지 못하오!" 파시스트 공동체 환상의 해체 결과: 타자 그러니까 이 타자에게 말해야 한다. 사실 이 타자는 셀린이 말할 수밖에 없다는 사실을 증명하기 위해 그 자리에 있는 것이다.

――셀린의 육체: 고행의, 고통받는, 무시당한, 거식증에 걸린 육체, 기차의 기적 소리가 반향하는 메아리와 글쓰기의 침울 그리고 그의 병적 수다증의 정면에 선 폭음들의 메아리.

――묵시록 이후의 시간: 전쟁의 결과로 셀린은 그의 것에 다름 아닌 글쓰기 경험인 도정 위의 걸림쇠로서 작용했던 일정수의 요소들을 체험

한다. 해결해야 할 문제가 있는, 그러니까 그것은 뭔가 이야기해야 할 바의 문제가 아닌 이야기하는 것 자체의 문제인 순수한 절망의 시기로 열려지는 것이다. 여러 가지 핑계하에(갈리마르가 독촉해 대고, 먹여 살려야 할 아내가 있다는 등등) 셀린은 순수하게 그리고 단순히 글쓰기를 해나간다. 따라서 전언의 문제는 완전히 축출된다. "나는 전언을 전달할 만한 인물은 되지 못한다. 나는 뭔가 사상을 가진 사람은 아닌 것이다. 문제를 지닌 작가라고는 볼 수 있을 테지만."[24]

임시로 이것을 계획 없는 주체라 부르기로 하자.

토 론

장 미셸 리베트——당신은 그 자체로서 상상적인 동일화 과정이라 볼 수 있는 작가들의 정치적인 입장들에 대해, 어떻게 그같은 입장들을 가로질러 일시적으로 작가들이 처신해 나가는 문제가 글쓰기를 수정해 나가면서 글쓰기의 유희가 그것을 최선으로 보여 주는 것에 대한 문제로 자리바꿈하는 일이 적합한지에 대해 정확히 해주고 있습니다. 당신이 보여주고 있듯 이 언어에 대한 문제는 정신분석의 장을 넘쳐납니다. 왜냐하면 사실 언어는 임상적인 범주를 논박하고 한 작가의 언어는 분석가에게는 어려운 문제로 남기 때문입니다. 그런데 아무쪼록 글쓰기 속에서 문체를 이루는 것에 대한 질문은 분석 이론 내에 항상 존재합니다. 그렇다면 이 분석 이론이란 무엇일까요? 그것은 그 근저의 소설적인 바탕으로 인해 자백된, 그러니까 저어하는 몸짓으로 이루어진, 쉴새없이 문학 속에서 그 윤곽을 헤아리는 것입니다. 다시 말해서 문학 속에서 문학 혼자서 말할 수 있음과, 동시에 문학이 문학 자체에 말하지 않고 독창적인 방법으로 상징적인 재현화 과정의 체계 속에서 마치 일련의 고착과 절단 과정처럼 생산하는 것이 위로 떠오르게 하는 바입니다. 그런데 만약 한편으로 프로이트가 예술이나 인류학 같은 임상학과는 이질적인 분야에 정보를 구하는 것이 그의 임상 실천 과정 속에서 제기된 특수한 문제들에 대답을 구하려는 목적, 그러니까 자신 고유의 이론화 과정(허구의 도움을 얻는 것, 모세 신앙도 포함하여)을 진행시키기 위해서, 다른 한편으로 자크 라캉이 논리적 궁지들이 지니는 어려움의 움직임 속에서 논리적으로 진보해 나가기 위해 책임을 지고 인척 과학들에 도움을 구할 것을 촉구했다면, 분석 이론이 그 어떤 정신분석학을 막론하고 그것들을 정당화할 수 있을 만한 어떤 이유도 가지지 못한다는 사실을 보여 주고 상기시키는 일은 기본적인 동시에 바람직한 일일 듯합니다. 다시 말해서 프로이트 이론의 개념들이 그 특수 임상 실천 범위를 넘어서 전파되는 것들 말입니다. 사실 현재 그의 이론은 특정 계획을 정당화시키시 위해 위험 수위의 성공을 거두며 각처에서 적용되고 있습니다.

'문학적 담론,' 그러니까 분석가에게 있어 이성적인 것으로 비치지 않는 이 담론은 그렇다고 해서 이념가에게서 보다 잘 해석될 수 있는 성질의 것은 아닙니다. 그러나 우리는 '문학과 정치'에 대한 만담들이 증식하는 바를 지켜보고 있습니다. (그것은 사실 마르크스주의의 세계주의적 보급의 소명이다. 즉 사회적 장의 여지없는 행정.) '정신분석과 문학적' 주제의 확대와 계속하여 서로 견주면서 말입니다. (그것은 정신분석학의 **거꾸로의** 승리이다. 《성서》의 라틴어 역. 통과와 분석 개념들의 엉독살한 도착성.) 만약 정신분석학이 어떠어떠한 가정들을 보급시키기 위해 문학 텍스트의 도움청하기를 저어하지 않았다면, 그 반대의 운동(정신분석의 보급)은 문학과 동시에 정신분석에 있어서 그와는 역으로 감속 장치입니다. 원래부터 그 둘 모두 언어의 죽은 부분들과 사회의 상투적 지대들을 되살리기 위해 생겨난 바 마르크스주의와 정신분석학은 급기야 서로가, 그리고 뚜렷한 **명분**을 가지고 그 둘 모두 문학과 예술적인 실천을 개진할 수 없다는 사실을 자인하기에 이릅니다. 그러나 보다 위험천만한 사실은 거기에 있지 않습니다. 우리는 사실 아브젝시옹 속에서 그 지점에 다다릅니다. 그러니까 문학의 바로 위를 거쳐서 정신분석이 정치인 양 나타날 때 말입니다. (프로이트-마르크스주의와 그 제국주의적 급변은 카타리즘, 페미니즘 또는 그 아류들 외에도 '정신분석적 정치학'이라는 사상 또한 존재한다. 익살극으로부터 항상 드러났던 아브젝시옹 외에도 그 속에는 정신분석을 시험삼아 시도하기 위해 구소련 국민 감시위원들이 있었던 것으로 보인다.)

그러므로 정신분석이나 마르크스주의의 이름으로 문학 작품을 말하는 것, 그 두 경우 모두에서 산출되는 왜곡들뿐 아니라 비평은 필연적으로 글쓰기와는 전혀 다른 층위, 즉 전기가 도입되는 층위에 도달하게 된다.

당신은 셀린에게 있어 소설과 선전 전단들 사이에서 좌절된 것, 아니 차라리 스스로 버려진 것에 대해 정당하게 보여 주었습니다. 문학과 정치 사이에서 끔찍한 것이 됨을 서슴지 않는, 그러나 동시에 무시할 수 없는 이 언어의 운동은 그 작품이 참여하고 있는 한 지역(작품이 그 속으로부터 끌어 내어지는 지역)을 그리고 있습니다. 그래서 정확히 전기적인 요소에 도움을 청해야만 합니다. 틀림없이 바로 그곳이야말로 지속적인 어려움이 있는, 그리고 이 부분에서 우리는 어떤 장소에서 어떤 방법으로 한 작가의 정치적인 참여가 그의 고유 작품에 부가되거나 그곳으로부터 잘려야 하는지에 대해 자문하게 됩니다. (그러나 어떤 지점에서 우리의 상상적인 요구가 작가의 육체에 매혹당하는가.)

어쨌든 한 작품을 정치적으로 판단하는 바에 대해서는 그 전언만을 참고하는 것은 충분치 않다는 사실은 확실합니다. (만약 전언이 있다면 로트레아몽이 주는 전언은 무엇인가? 말라르메는?) 그럴 수밖에 없는 것이 가장 진보적인 언술이란 끝없는 다양성으로 반동하는 그 어떤 것이 됨을 주저치 않기 때문이고(졸라의 개념들은 현재는 보수적인 것이다), 글쓰기는 메타 언어학자(마르크스주의자, 프로이트주의자)를 해독하는 체하는 언술 속에서 고갈되지 않기 때문입니다. 이같은 목적하에 사회적 관계를 재고 찰하면서 작가를 해독하는 데 큰 기대를 하는 일 또한 그다지 효과적이라고 볼 수 없습니다. 왜냐하면 문체(style)라는 것은 정치와는 완전히 다른 밀도를 가지고 있기 때문입니다. 다시 말해서 문학 비평이 한 문학 작품의 이념적 내연을 **입증하려** 할 때 작가의 전기를 필연적으로 참고해야만 합니다. 특히 그것이 그 작품의 시니피에를 재현하는 한에서는 말입니다. 그러니까 마치 존재 조건들이 작품에 최상의 참고 가능한 최후 정박지를 부여하면서 문학적 생산 과정을 정의하는 것처럼 말입니다. 따라서 내 말은 문학에 있어서 허섭스레기로 간주되는 선언문들이나 기사들 또는 정치, 종교 선전 전단들이 중요한 가치가 없다는 것이 아닙니다. 그러나 나는 특히 내가 좋아하는 이러저러한 작가들의 정신적 휴식과 환각 같은 것의 소산인 글쓰기에 많은 관심을 기울입니다. 사실 이러한 전기적인 변천이 글쓰기를 설명할 수는 없다는 사실을 잘 새겨둔다는 바를 그 조건으로 하고서 말입니다. 왜냐하면 그같은 사실들은 사실 문학 작업의 찌꺼기를 나타내기 때문입니다. 그런 의미에서 당신이 '셀린의 파시즘에 나타난 진실임직함'이라는 주제로 작업한 일은 특히 모순적이라고 할 수 있겠습니다.

만약 내가 이 전기의 영역에 대한 문제를 잠깐 그 자리를 바꾸면서 다시 취한다면, 그것은 작가의 정치적 입장 포착이 아마도 그의 **사진들**과 동일한 가치들을(같은 체계에 참여하지 않을까 하는) 가지지 않을까 하는 것을 당신에게 제한하고자 하는 바입니다. 사실상 일련의 작가들은 사진 촬영이나 인터뷰, 각색당하는 것을 마다하지 않는 반면 또 다른 작가들은 다소간 투쟁적이거나 취미로서 아니면 열광적으로 또는 선견지명을 가지고서 정치에 참여를 합니다. 그같은 것이야말로 작가에게 있어서 **나는 글을 쓴다, 그렇지만 말을 할 줄도 안다**라는 것을 표현하는 한 방법이 아닐까요? 아니면 나는 창조한다, 그렇지만 동시에 나는 존재하기도 한다. 또는 나는 생산해 낸다. 그리고 그럼에도 불구하고 나는 키스한다. 다른 말로 바꾸어 말해 봅시다. 그러니까 나는 작가이다. 그렇지만 나에게도 육체가 있다. 대중 선언이라든가 진부한 사건들은 마치 연애 행위처럼 생산성을 가능케 하는 육체를 그 도구로 하는 사진적인 변천사를 지니고 있는 것입니다. 이같은 견지에서 볼 때 정치 담론은 그의 이미지를 선전에 붙이고 나르시시즘을 재평가하면서 작가의 육체(고통받는)의 일부가 됩니다. 전기적 층위는 육체를 묘사할 것입니다. 이 육체를 통해(또는 이 육체에도 불구하고) 문학과 사교적인 몸짓이 이루어집니다. 아니면 전기적인 조심성은 단순히 서로 다른 생산의 체계들을 결정짓기도 합니다. 다시 말해서 한 작가는 더군다나(계속하여) 쓸 수 있기 위하여 자신의 전기를 확신하거나 지울 수도 있는 바입니다. 전기는 한 작가가 글을 쓰기 위해 억지로 살아나가는 것으로 이루어진 것일 터입니다. (바로 여기서 한 작가의 인생이 요약되는 것 아닐까요.)

적어도 나는 **문체**의 행복이 절대적으로 분석 불가능한 것이라고 말하지도, 예술적인 독창성의 성공이 근본적으로 비평 불가능한 것이라고 말하지도 않습니다. 어쨌든 그것은 마르크스주의적 문학 비평이나 정신분석적 문학 비평으로 분석 가능한 성질의 바가 아닌 것만은 확실합니다. 단 한 작품 자체의 생산성을 하나의 정신병적 **증상**으로 간주하는 경우 정신분석적 비평은 가능한 것일 테지만요. 이 모든 것에도 불구하고 한 작품이 발전적 담론인지(아니면 발전적 담론이 아닌지), 또는 광적인 담론인지(아니면 광적 담론이 아닌지)를 입증하기 위해 문학 비평이 내용적(이차적) 측면에서 언제나 변함없이 전기에 접근하는 것은 빈번한 일입니다. 이때 우리는 문체 속에 작가의 생애를 가져다 놓을 수는 없습니다. 그리고 우리는 한 작가의 정치적 입장들에 굉장한 중요성을 부여하면서 정작 작가가 사랑했을 여성들(남성들)에 대해서는 전혀 언급하지 않습니다—— 아니면 완전히 다른 방법으로 언급합니다. 내가 말하려는 바는 그의 다소간 의심스럽거나 항상 상상적인 것인 정치적 **동일화 과정들이** 아마도 그의 글쓰기라는 측면에서 볼 때 그가 사랑에 빠졌던 여성들보다 더(아니면 덜) 중요하지는 않을 것이라는 점입니다.

덧붙여 한편으로 정당들이나 이념들에 의해 지배당하는 작품들이 존재한다면, 다른 한편으로 여성들(과부, 여자 형제, 그러니까 어머니)에 의해 지배당하는 작품들이 있습니다. 그리고 만약 우리가 아직도 연애 생활에까지 비평적 검열에 대한 판별 기준을 가지도록 하는 바를 알지 못했다면, 그같은 검열이 이루어지는 것은 시간 문제일 터입니다. (잊지 마십시오. 모든 것은 정치적입니다.) 근래 이념적 진전 상황의 폭증에 대해 깊이 생각해 보면서 나는 어떻게 해서 한 작품이 작가가 인생을 같이했던 한 여성, 즉 여성들에 대한 측면에서 판단되지 않는가를 자문해 봅니다.

또한 모든 가능한 한 작가의 경험을 정의할 수 있는 바가 정치 담론이 아닌 만큼 그의 연애 생활은 더더욱 아닙니다. 그 둘 모두가 언제나 속되고, 다시 말해 덧없는 것입니다. 게다가 정치나 연애나 글쓰는 핑곗거리가 아닐까요. 작가에게 있어서 윤리는 그의 글쓰기이고, 나머지 모든 것은 도덕으로부터 기어올려진 것입니다.

조이스의 당대와 역사에 대한 철저한 무관심에 대해 생각해 봅니다. 그가 깨어나려고 했던 악몽은 2백 년 후에야 올 그의 작품의 운명에 대한 걱정이었고, 그의 《피네건의 경야》[25]를 읽는 대신에 세계 전쟁에 접어든 세계의 분노에 대한 놀라움이었던 것입니다. 문학사의 절대적인 스캔들입니다. 따라서 우리는 **문학이** 이 작품은 무엇이 어찌되었든간에 살아서 **지속한다는** 사실을 다시금 깨닫게 됩니다.

그리고 또한 호르헤 루이스 보르헤스[26]에 대해서도 생각해 봅니다. 그러니까 아르헨티나에서 열린 월드컵 대회 동안 사람들이 그에게 강제수용소의 고문에 대항한 국제적인 서명 운동에 그의 필명으로 압력을 넣을 생각은 없는지 물어 왔을 때 말입니다. 그 질문에 대해 그는 그가 유일하게 참여하는 문학 외에 존재감을 '거의' 느끼지 '못한다고' 대답합니다. (그는 그의 유일한 '신앙'이라고까지 덧붙입니다.) 또는 사람들이 그에게 꼭 대답한 것을 부추기면서 그가 반나치주의 진보주의자라는 점을 상기시킬 때, 그는 이 모든 것으로부터 아무것도 그 작품 속에 나타나지 않는 것이 그의 바람이라고 말합니다. 작품의 밖에서는 모든 것이 아무 소용 없고 덧없다고 생각하므로 그의 정치적 의견은 작품 밖 그의 인성에만 관여하는, 따라서 거의 아무것도 아닌——것이라고 말합니다. 게다가 그는 절대 신문을 창조하지 않습니다. 왜냐하면 그는 아무리 우리가 매일 같은 사설을 읽는다 할지라도 그것이 당시에 일어나는 시사에 관련되기 때문에 그만큼 다른 것이 된다고 합니다. (다시 말해서 사건들을 소화하면서 신문은 항상 같은 텍스트를 되풀이합니다. 이때 각각의 시니피에를 조정하는 것은 역사입니다.) 덧없지 않은 문학만이 존속하는 것입니다. 결국 한 작가는 무언가에 서명하면서, 그의 **서명**이 그가 자신의 저서를 명명하는 바와 같은 것이라는 환상 속을 오갈지도 모릅니다. 이러한 견지에서 호르헤 루이스 보르헤스는 내가 전기적 환상이라 부를 경향이 매우 희박한 작가입니다. 그러니까 어쩌다가 한 번씩 그가 인터뷰에 응할 때면, 그것은 다른 작가들처럼 항상 작가를 강요하는 현대인들의 집요한 요구에 응하면서(체념하면서)입니다. 얼굴 좀 잘 보여 주십시오. 몸 좀 보았으면 좋겠습니다. 텔레비전의 '문학' 방송들에서 작가들에게 대담할 것을 강요합니다. 문학에 **대한** 방송들은 작가의 육체를 화면에 담기 급급한 나머지(그의 생리, 그의 일상 생활 환경, 그의 목소리의 음색), 문학에 **대해** 말하기에는 적합하지 않습니다.

정신병으로 회귀하는 것에 대해

발췌

나? 나는 왕(Oi).
R은 사라졌다.
그것이 이유이다.[1]

익명

여기서 우리가 확언하는 바는 광기의
드라마를 재인식하는 것이다.
이유는 그 자체 속에 있다. 'sua res agitur'
왜냐하면 이 드라마가 위치한 곳은 인간이
시니피앙과 맺는 관계 속에서이기 때문이다.

자크 라캉[2]

전제 조건

1

틀림없이 신경정신과적 결정도 메타심리학적 결정[3]도 인류학적인 결정도 정신병에 대한 정치적 결정도 존재하지 않는다. 그러므로 기술들·조사들·병원들, 즉 설득들이나 지역적인 점유들은 존재하지만 결정은 존재하지 않는다.

2

신경정신과적 결정도 메타심리학적 결정도 존재하지 않는다. 왜냐하면 그 두 방법론은 정신병을 구체적인 주관성에 대한 특수한, 지정된 발현으로 그리고 심리적 현상으로써 겨냥한다. 그런데 이곳에서 이 심리적 현상은 한편으로는 과학, 인공 두뇌적인 동인, 다른 한편으로는 욕동-상징적 동인으로 포착된다. 그 둘을 엮는 이 공유는 틀림없이 그 둘을 분리하는 것보다 더 근본적이다.

만약 내가 역사적으로 항상 적대 관계에 있던 두 개의 모델들을 서로 맞대어 놓는다면 다음의 두 가지 이유 때문이다.

I. 내 생각으로 이 적대 관계는 현대 과학의 조작 과정 속에서 서서히 사라질 것으로 보인다. (심리적 자동 조정 이론, 체계 이론, 자동 조직화 과정 이론, 자가 작동 이론 등.)[4]

II. 나는 여기서 정신병이란 **여지없이** 심리 현상이라는 명백한 진리를 부수고자 한다.

나는 다음과 같은 철학적 자명성으로부터 출발하고자 한다. 경험적 주관성은 모든 현실의 **구성**이 주체의 소급적 효과를 암시하기 때문에, 또 모든 가능성의 조건들에 대한 역으로의 **질문**이 주관적 반전의 형식을 띠고 주체의 **형식**을 지니기 때문에 비객관화적인 것이다.

나는 이같은 효과를 **관념적**(일반적으로 핵심을 피해 가는, 그리고 유토피아적인) **주관성**이라 지칭할 터이다.

여러 유형의 관념적인 주관성이 있다. 예를 들어 경험적 구체적인 주관성에서 '화신' 작용적인 주관성은 다양한 구성주의들(칸트로부터 피아제까지)의 대상이다. 또는 문법의 그룹 속에서 '인간이 접근 가능한'[5] 문법들의 하위 그룹을 선택하면서 생성적인 외관으로 결정되는(프로그램——기관으로서의 언어에 대한) 형식 언어학적 '주체'이다.

그것들과는 전혀 다른 관념적 주관성의 유형, 과학과 역사적인 '주체'와 같은 초월적 주관성의 유형이다.

4

나는 정신병이란 경험적 주관성을 드러내 주는 것이 아니라는 전제를 뒷받침할 바를 제안한다. 반대로 정신병은 들뢰즈의 통사론을 빌리자면 '분리적인 종합'이자 후설의 표현을 빌려, 경험적 주관성과 관념적 주관성 사이의 '동일성과 차이의 근친상간'인 바이다. 이 전제는 내가 결정이라 부른 것으로 정의될 수 있다. 이 전제는 이성의 틀 속에 존재하는 진실로서 정신병을 다루는 것과, 만약 성공할 수 있다면 실제 지역 내부의 임상적 고찰 속에서 이 틀을 **진실임직한** 우주성으로 유지하는 것을 그 기능으로 가진다는 사실을 보다 확고히 하는 데 있다.

5

그런데 우리는 인류학이 구체적 논리와 상징적인 효과의 근원이 된다는 사실에 주목함으로써 단순히 정신병에 다가갈 뿐 아니라 결정지을 수도 있다고까지 믿어 볼 수가 있다. 그러나 그것은 사실이 아닌데, 왜냐하면 인류학은 진실이 **현대성**에 바탕을 두고 있다는 사실에 부딪히기 때문이다.

그러므로 정치적인(사실 윤리적인) 답변들이 남아 있다. 그러나 그 답

변들이 합리성과 의식적 억압을 인정·동화하고 수정 작업의 기능을 하고
정신병적인 것을 희생자로 만드는 한, 정치적 답변들은 정신병에 대해 애
수적인 방법으로 대답할 것이다(인본주의자나 혁명주의자). 만약 그 답변
들이 이유를 설명하기를 회피한다면 그것은 그것이 옳다는 사실을 입증하
기를 거절하는 것이다. 그런데 바로 이런 점이 결정의 핵심이 될 것이다.
즉 정신병의 이유를 설명하는 것이 아니라 정신병이 옳다는 사실을 입증
하는 것, 그것이 나온 그 자리로 그것을 돌려보내는 것 말이다.

이렇게 해서 가장 현명한 방법론인 들뢰즈의 그것이 남았다. 그것은 약
호풀기 과정의 일반화된 주요 과정의 **가장자리의 효과**로써 정신병을 이
해하는 데 있다. 들뢰즈는 임상적 정신병으로 나타나는 것이 관념적인 주
관성을 밝혀 주고 우리에게 정신병의 이론적인 **동시**에 윤리적인 유일한
답변인, 아직 일어날 하나의 합리적인 **행위**를 알려 준다는 점을 잘 이해
하고 있다.

내가 그 초안을 잡고자 제안하는 것이 바로 이같은 행위에 대한 가능
성인 바이다. 그러니까 그것은 어찌되었던간에 사실적인 정신병을 입증
하는 것과는 아무런 상관이 없다. 그것은 객관화 과정의 합리성을 생각 불
가능한 것인 채(그리도 많은 사람들이 입증 불가능한 것이라 예측내릴) 남
아 있는 **내재적 조작 과정**으로 다시 쪼개 보는 것이다. 그 작업 자체로 인
하여 이 조작은 몇 개의 요구 조건을 전제로 한다.

요구 조건들

1

그것을 환원시키건 소설화시키건 정신병은 우리의 인식론적인 카드 게

임에서 조커로서 존속한다. 나는 사실상 그것에 대해 아무 할 말이 없다. 아니면 그것은 그것의 생긴 그대로의 가혹함이다. 반대로 나는 동일성에 있어 일반화된 약호풀기의 한계와 우리에게는 과학에 내재하는 것이 된 명료함의 위기 사이의 그 정수에 있어서의 공모를 더욱 동일성 안에서 굳건히 하려는 작업을 해보려 한다.

위기가 내재적인 것이고 그 위기가 과학 제도 사회학의 내재적/외재적인 공증으로 해결 불가능한 것으로부터 출발해서 또 다른 현실의 측량법을 인준해야 하는 단계에 도달했다는 사실을 깨닫게 된다. 그런데 그것은 그 상관항인 주체의 효과로부터만 명료한 것이 그러니까 가능한 어떤 것이 될 수 있다. 아직 먼 그럼직한 우리가 미리 선수를 치는 한, 그러나 이 효과 자체는 '정신병에 위치시킬'[6) 수 있는 것이다. 따라서 정신병을 관념적인 주관성으로 판단하기를 제외하고 이 효과는 용납할 수 없는 것이다. 두 가지의 작용은 서로 밀접하게 연관되어 있다. 즉 정신병은 표준적인 합리성에 존재하는 장소로부터만 판단되어질 수 있다. 뒤집어서 말해보자. 이같은 장소에서의 존재 자체는 그 존재가 그것의 상관항으로 정신병에 대한 판단을 받아들이지 않는다면, 자가-참고적이고 판단 불가능한 것이 될 수밖에 없다.

매우 독창적인 이 동기는 과학의 신빙성(관념적 우주론)을 확신시키는 진실임직함의 최종적인 자리바꿈을 통과한다. 다시 말해 이 동기는 **담론**처럼 과학에 대한 선결 제소 기간을 거치는 바이다.

2

첫 단계는 라캉이 정신병의 근저에 가져다 놓은 배제의 '개념'을 담론적인 조작자로 옮기는 일에 있다. 모든 담론이 그럼직함/진실(알레데이아의 문제)의 분리에 근거하는 한, 그것은 그 뿌리로부터 존재의 층위(존재론적 차이의 문제) 배제의 주제에 있다.

이같은 전제는 J. -D 나시오[7]가 이미 제안한 바 있는데, 그에게 있어 배제적인 작용은 담론의 근원에 있는 것이다. 하나의 파기는 장소와 그것들 주체의 생산 과정에 있어서의 위치 그리고 순간을 구성한다. 다무레트와 피송이 소개한 바 배제적/불일치적인 대립 관계를 재포착하면서 나시오는 현실계의 모호한 분열, **비존재하는** 것으로써(한 담론의 근원을 이루는 배제) 모순성으로서의 불가능함(현실의 불일치로의 회귀) 사이에서 생산되는 결과를 제안한다.

과학에 있어서 나시오의 제안은 더 이상은 구성적인 방법(지식의 이론)으로 과학을 정의하는 데 있는 것이 아니라 분리에 의한 **부정적인** 방법(여기서 말하는 부정성이란 내재적인 것을 의미한다)으로 과학을 증명하는 것으로 귀결된다. 여기서의 **분리**란 그 방법론들과 후설이 '의미'라 부른(매우 부적절한 방법으로) 바 사이의, 그리고 그럼직함과 진실 사이에 고유한 분리이다. 바로 이같은 분리로 인해 진실이 과학 담론을 '나타내고,' 그 진실이 기초적 원리로 대체되며 '주체'가 그 속에서 여지없이 순수한 조작적 주관성을 위해 배제되는 스스로를 발견하는 것이다. 우리는 또한 다음과 같이 말할 수 있을 터이다. 즉 과학은 '발생 기원'[8]이고 '탈보로메오적인'[9] 육체의 상상적인 것은 그것에서 나타내며, 그때부터 상상적인 것의 해체됨이 현실계로 대치되는 것, 즉 갈릴레오 이후로 줄곧 우리가 현실이라 부를 것이다.

그러므로 만약 다음과 같은 즉 위기가 한편으로는 이 탈바로메 성의 구체적인 세계화 과정에 동일시되고, 다른 한편으로는 약호풀기의 한계점으로서의 정신병 생산화 과정에 동일시된다는 그런 가정을 받아들인다면, 우리는 정신병에 대한 모든 사실적 접근 방법이 다음과 같은 사항을 요구하기 때문에 몰이해로 받아들여질 수밖에 없다는 사실을 발견한다. 즉

Ⅰ. 방 법론을 진실로 간주할 것과 줄바꾸기.

Ⅱ. 형 식적인 현실과 육체의 상상적인 것의 계면에 적합한 그 어떤 존재론적 형식도 존재하지 않는다는 '증명'의 비준을 요구하는 것.

Ⅲ. 또 주체를 자연적인 자세로서만 구체적인 주체이고, 또 사실상 구체적인 주체와 정확하게는 정신병의 배제인 코기토[10]로서 정의되는 관념적 주관성 사이의 분리적인 종합에 다름 아닌 주체를 (메타)심리학적인 주체로 축소시키는 것을 요구한다.

3

그러니까 간단히 데카르트를 짚고 넘어가 보자. 명백한 것은 광기의 파기야말로 이념적인 위치는 아니라는 점이다. 경험적인 주체로 하여금 관념적 주관성의 형식 속에 종속시키도록 하는 것은 조작 과정이다. 마치 코기토가 하나의 효과인 것처럼 말이다. 그 속에서 초월적 자아가 재포착을 도맡고 있듯이 그것은 나의 형식만을 가질 뿐이다. 그리고 데카르트식의 물신화 과정 '코기토(cogito) → res cogitans'은 매우 정확하게 이같은 형식, 이 근원적인 모호함을 이 경험적 자아의 효과에 부합하기 위해 이용하기에 이른다.

조작 과정이란 욕망을 희생시키고 이루어지는 것이다. 말하는 것은 무척이나 진부한 것이 되었다. 그것은 주체의 코기토에의 관념적인 주관성에 대한 합치가 주체의 억압적인 규범에 대한 속박·혼동된 것을 확신시키는 곳으로 이끌고, 더 나아가서는 코기토가 그 희열을 비우면서 규범적인 법칙에 따르는 판단적(강박증적) 주체라는 것을 확신하도록 한다.

그러나 여기서 문제가 되는 것은 반-진실이다. 한편으로 관념적인 주관성은 규범이 아니다. 다른 한편으로 의미 작용중의 재분할 주체($)로서 욕망의 주체에 대한 라캉의 그것으로써 억압이나 몰이해에 관련된 바를 **때늦게** 확신시키는 장소는 경험적 주관성과 관념적 주관성 사이에서 성공을 거둔 '근친상간'의 원형 자체이다. 라캉식의 주체는 프로이트의 메타 심리학적 주체(경험적인)의 틀에 들어가기 위해 일반적으로 기호의 소쉬르적인 **객관화 작용**으로 뒤늦게 축소되는, 잔류하는 주체의 효력을 발생시키는 데 있는 작용을 선택한다.[11]

4

정신병으로 다시 돌아오기 위해 정신병의 형태일 관념적 주관성에 대한 가정은, **정신병은 신경증에 있다는 코기토의 그것일** 주체의 효력에 대한 가정과 동일한 가치를 갖는다. 분명치 않은 이 '주체'는 아마도 시니피앙의 주체일 것이다(정신병적인 무의식이란 존재하지 않는다). 그것은 아마도 뒤늦은 **환원의 효과**일 수밖에 없는 **역사적 주체**이다. 즉 객관화과정이 배제시키는 원시적인 현상학적 층의 효과 말이다. 나는 이 단정지을 수 있는 주체의 원시적 잔류성을 **논리적-현실계**라 지칭할 것을 제안하는 바이다.

그러니까 가정은 우리가 현실계의 삼단논법이라 명명할 수 있는 **삼단논법**에 부합한다.

a) 정신병은 관념적 주관성의 표면으로의 노출이다(들뢰즈적인 의미에서).

b) 정신병은 사실 논리적-현실계의 층위에서 **계보학적 구성**의 뒤늦은 효과이다.

c) 이 층위에 대한 가능한 단 하나의 정의는——부정적인 정의에 대한 과학의 긍정적 구성주의식 정의의 응수를 그 속에서 조작하면서——그것의 배제가 객관화 과정을 이룬다는 것으로 이해하는 데 있다.[12]

d) 만약 코기토가 진실로서 객관성의 상관항이라면(그것이 단지 명백히

논증 가능한 진실임직함일 때만) 그것은 이 층위가 코기토에 있어(원초적
으로) 억압되어 있다는 사실을 의미한다.

따라서 모든 문제는

Ⅰ. 현실계를 상징화된 객관성 속에서 배제된 것으로 **나타나도록** 하는
데 있고,

Ⅱ. 그 억압의 주관적인 조작 과정을 **의미 생산화** 과정의 조작 과정으
로 정의내리는 데 있다.

5

그것이 나타나게 하는 문제는 여기서는 완전히 비관적이다. 이 문제는
라캉이 **명명한 바** 현실계의 성격을 갖는다. 사실 성적 차이(그곳에는 성관
계란 없다)의 심리적인 재현으로서의 비존재에 대한 자명성을 지형적 심
급(불가능한 것으로서의 현실계, 글로 씌어지기를 스스로 멈추는 것)으로 변
환시키는 일은 단순한 재형성 과정보다 훨씬 복잡한 문제라는 사실은 명
백한 일이다.

프로이트적인 주관성(욕망의 리비도적 주체)을 후기 소쉬르식 주체의
효과 형태 속에 집어넣으면서 라캉은 분석을 대타자의 담론이나 존재의
역사에 대한 전환점으로 간주했다. 이로부터 기호들이 드러난다. 예를 들
어 시니피앙의 주체는 무의식적 주체나 (코기토의) 과학 '주체'의 분리
적인 종합인 바이다.

그러니까 라캉이 실천과 재활성화 과정의 교착 어법의 구조적 정신분
석을 할 수 있었던 모든 사실성을 넘쳐나는 것은 이론적인 행위를 통해
서이다. 그의 조작 과정은 한편은 언어에 내재하는 존재론적-지형학적인
형식(그가 언어에 의해 숨겨진 '부정형(不定形)'이라 부르는 것)의 폭로에
있고, 다른 한편은 현실계에 대한 개념적인 '독창성' ——나는 그것을 알

로공(탈논리)이라 부를 터이다——에 대한 명명화 작업에 있다. 현실계에 대한 **알로공**은 아마도 라캉의 주요 작업일 것이다. 그러나 그것의 위상은 치명적인 이유들로 인해 위태로운 것으로 드러난다. 라캉 자신이 다음과 같이 말하고 있듯이 말이다.

"이것이야말로 하나의 사상인가, 현실계에 대한 이같은 사상? 그것은 근거 있는 하나의 사상이 아니다 (…)."

"나의 현실계가 (…) 현실을 조건짓는다는 일은 덧없는 가정이다. 그곳에는 하나의 심연이 있고 그 때문에 그것이 넘어선다는 것(…)을 확신하기에는 참으로 어려운 것이다(…)."

"바로 거기에 내가 말할 수 있는 어떤 것, 그것을 나의 증상보다 더하지 못한 어떤 것으로 여기는 바가 있다. 증상을 그 자체의 제이 단계에서 취급하는 것은 내 고유의 방법이다(…). 그러나 그것을 증상적인 것으로 축소시키는 일, 그것은 또한 모든 발견을 증상으로 축소시키는 것이기도 하다."

그것은 그 근본으로부터 문제를 야기한다. 그러므로 만약 우리가 현실계를 한편으로는 **알로공**으로서 과장하여 말과 글쓰기에 이질적인 것이라고 하고, 다른 한편으로는 현실계가 배타적으로 무의식 그 자체만을 정의한다고(주체의 프로이트적 결정론, 즉 욕망처럼 그 모순적인 회귀의 결정인), 그러니까 간단히 말해서 그것이 절대적으로 결정적인 방법으로 나타나고 절대적으로 그 기원이라고 한다면(절대적으로 심연이라는 의미에서), 존재(내부-이론적 죽음의 충동)의 초정지로서 초월적인 공허에 그것을 존**재화시키고** 동일화시킬 수 있을 뿐이다. 그런데 현실계는 과장된 이질성이 아니다. 그것은 그 속에서 근원적인 모호성을 펼쳐야 할 '초월적 증상'이다.

비록 상징계가 현실에서 그 효과들을 갈취한 것으로부터 기인한 불가능으로 간주된다고 할지라도 그것에 대한 라캉의 명명화 과정은 그것을 존재화시키고, 그것을 쓰지도 않는 현실에 대한 수련 과정 자체 속의 불확실한 **알로공**을 그 속에서 나타나게 하는 데 있는 하나의 **연역법**(삼단논법)으로 이해하도록 한다.

요컨대 만약 존재-밖의 것(또한 파르메니데스에게 있어서 비존재의 길만큼이나 불가능한)이고 담론의 배재적인 판단 과정에 의해 산출된 결정내리기 어려운 이질성이라면, 그것은 그것으로 하여금 과장된 이질성으로서가 아니라 이질성으로 **결정된** 형식으로서 또 구성 과정의 **내재적인**(계보-형식적인) '전환점'으로 차후에, 그리고 **관념적인** 방향으로 선회하게 할 제한된 행위를 부른다.

다시 말하면 우리가 현실계라 결정내리는 것은 미리 필연적으로 하나의 불가능성을 그 속에 유희시키면서이다.

'현실계를 판단하는 일'은 무엇보다도 먼저 하나의 모순적인 표현이다. 그렇지만 모든 담론의 인식론적인 동일성은 결정된 하나의 현실계와 등가이다. 그것은 바로 이 동일성의 불가능함을 결정짓기 때문이다. 그런데 이 불가능성은 모든 담론 속에서 또 생산 과정에 앞서는 **오래 된** 그럼직함/진실을 가르는 구조가 있다는 것이 불가능성이 현실의 동일성처럼 여겨지는 이유인 것이다. 그러니까 우리는 분석이 미결정의 현실계를 유지시키고, 이 사실 자체가 모든 담론 속에서 진실에 대한 부족함을 폭로한다는 바를 믿어 볼 수 있는 것이다. 그러나 분석이 담론 그 자체라는 점은 잊혀질지도 모른다. 사실상 분석은 현실계를 결정짓는다. 분석은 절대적으로 그것을 명명하기(성관계의 불가능함)까지 하면서 현실계를 결정짓는다. 그러나 이 명명화 과정이 일반적으로 언어의 자연적인 유희를 통한 객관화 과정의 '정신병에 놓기'에 명백히 상관되어 있지 않는 한, 그것은 존재-신학적인 입장을 향한 분석 담론의 편류로 이끌 수밖에 없거나, 객관성을 조정하면서 어떠한 분석 행위의 외적 모습도 갖추지 못한 하나의 **행위**에 부응해야 하는 현실계에 대한 분석적인 명명화 과정밖에 이끌 수가 없다.

여기서 문제가 되는 행위가 하나의 강제력을 밝혀 준다는 사실이라는 것은 명백한 일이다. 그렇다면 그 논리적 위상은 어떤 것일까?

나는 여기서 형상적 환원에 관련된 가정을 해본다.

현상학적-형상적 환원은(일반적으로 대상의 잔류 같은 현상을 낳는 과학적 객관화 과정에 대한) 그 상관항으로 과학의 주체를 나타내는 초월적 자아를 지닌다. 그리고 일반적으로 기호의 잔류로서 시니피앙을 낳는 의미화 과정의 형상적 환원과 (기호에 대한 소쉬르적 객관화 과정에 대한) 무의식의 주체를 나타내는 시니피앙의 주체($)를 그 상관항으로 가진다.

가정: 정신병의 주체를 나타내는 관념적 객관성을 그 상관항으로 하는 형상적 환원은 (문법) 구조의 형상학적 환원이다.

6

이 과도기적인 부분을 정확히 짚고 넘어가자. '구조의 환원'이라는 표현은 여러 가지 문제를 책임짓는다.

I. 객관화 과정을 향한 것으로의 환원인 구조의 환원은 그 구조의 배제가 객관적인 명증성 속에서 통사론을 특징짓는 구조의 원초적 존재를 명백히 나타나도록 해야만 할 것이다. 우리는 이 원초적 존재가 공간적인 (논리-현실적) 존재이다. 산술적이거나 반복적이고 회귀적인 존재에 상반된다는 바를 보게 될 터이다.

II. 그 논쟁으로서 근원적으로 재분할된 잔류물을 가지고 있는 환원은 이론상으로 관찰이라는 방법에 호소할 수가 없다. 따라서 구조의 관찰 불가능한 우주적-존재는 선험적으로 차후에 인식론적인 단절로 환원되어야 할 것이다.

Ⅲ. 이 우주론적 존재는 구조에 **적합한** 단순한 '지형화 과정'(이것은 상상적인 것이 될 수밖에 없는데, 왜냐하면 경험상 거짓으로 판별될 수도 원칙으로부터 우회 가능한 것도 아니기 때문이다)보다 한층 이상의 것이다. 우리는 한편으로 이 우주적 존재가 경험의 대상에 대한 후설의 환원을 수정하는 다른 한편으로 그 속에서 한 존재론적 형식이 우주, 그러니까 절대적으로 말해서 **기호계를** 이루는 바를 폭로시키는 생물학적 '대상'에 적용된 보다 일반적인 환원에 대한 여러 양상들 중의 하나인 것이다. 이러한 까닭에 **통사론 속에는** 상상계와 육체의 현실계 조작화 과정이 연관되어 있는 것이다.

Ⅳ. 그것이 논리-현실계의 층위에는 통사론과 의미론 사이에 엄격한 분리가 없도록 하는 것이다. 그곳에서 구조들은 물질적인 지시적 의미 생산화 과정에 존재하는 함축성 있는 **표준 의미로** 배가된다.

V. 코기토의 근원인 '억압'은——현실에서 구조의 우주적 존재, 그의 기호계적 육체에 대한 행위, 그의 표준적인 의미를 쇠퇴시키면서——한편으로는 그 자동성에 대한 언어의 규범적인 폐지와, 다른 한편으로는 주체의 합리적인 결정을 가능케 하는 의미 작용의 조작 과정이다.

Ⅵ. 정신병은 억압이 일어나지 않는(의미 작용 과정적인 조작 과정의 배제) 장소이다. 이 우주적인 존재, 육체와 그 표준적인 의미에 대한 행위가 **표면에서** 계속해 일어나는 그러한 장소 말이다. 정신병을 구조의 결과라고 간주하는 일은 그 구조를 '물색하기'가 아니라 정신병으로부터 출발하여 구조의 환원을 조작하는 것이다.

지시 사항들

1

가설의 형태에 대한 초안을 잡고 나서 그것이 확증해야 하는 바에 대해 자문해야만 한다. 만약 그 가설의 형식이 우리가 '정신병'이라는 명명 하에 모아 놓은 사실성에 관한 경험적인 다중성을 발견하지 못하는 것이 명백하다면, 그 가설의 형식이 몇몇 특징적인 성격들을 증명해야 하는 것 또한 명백한 일이다.

몇몇 특징적 성격들을 인용해 보면,

I. 논리적 조작 과정들의 비표준화한 사용.

II. **이중 제약의 효과들**(모순적인 명령).

III. 시간적 순서의 침해(특히 계보학의 뒤집기).

IV. 양분의 효과 그리고 보다 일반적으로는 우주적 동일성의 차단 효과.

V. 환상으로서가 아닌 상징적 표식으로서, 또 통사론의 '정신 신체화 현상'으로서의 잔혹성(아르토식 의미).

VI. 자발적 언술로서의 표준 함축적 구조(자연 발생적 사상에 대한 구체적 논리).

VII. 주체가 세상과 맺는 관계에 대한 이러이러한 구조를 통한 '포착'과 '비우기,' 마치 주체가 타자와의 교환 속에서까지 포함하여 함축성을 끊임없이 활성화해야만 하는 듯이 말이다(자가 붕괴의 위험을 무릅쓰고).

가설은 더 이상의 것을 착란적인 믿음이나 세상의 고대적 재현들로 포착하는 데 있는 것이 아니라, 다음과 같은 사실들을 증명하면서 논리 현실적인 표면의 효과로 포착하는 데 있다. 그 가설이 증명하는 여러 사실들을 살펴보면,

Ⅰ. 그 함축성 속의 구조들은 심리의 자가 조정에 참여한다.

Ⅱ. 이 구조들은 또한 충동적-관념적 '독창성'을 펼친다.

Ⅲ. 그 동위성들은 (빈번히 종교적인) 단순한 의미 생산화 과정을 밝혀 주는 것이 아니라 모든 지시 사항에 존재하는 표준적 의미를 밝혀 준다.

Ⅳ. 그 표면에의 유지는 다시 말해서 그 언술적인 집착은 구조화된 구조를 지닌다.

Ⅴ. 일반적으로 (신경증 환자에게 있어) 그들의 시니피앙의 억압은 욕망의 환유를 (재)약진시킨다.

2

그러므로 그것은 우연성을 우연성으로 내버려둔 채 독창성의 효과기적인 힘을 형식화시키는 것에 관련된 일인 것이다.

그것은 더 이상 유형화하는 일에 관한 것이 아니라——일반 원칙들로부터 출발하여——형식적인 조립을 실현시키는 일에 관한 것이다. 그런데 이 조립의 해체, 즉 자연 언어에서의 해체는 이론적인 틀의 배치와 등가물이다.[13] 이 조립 과정은 필연적으로 **유토피아적** 위상을 갖는다. 내 생각에는 이 질서에 대한 유토피아야말로 정신병에 대한 유일한 구조적·정치적·윤리적인 답변일 것이다.

구조에 관하여

1

우리가 구조(문법의)라고 부르는 것의 환원으로부터 시작하자.

구조란 무엇인가? 원시적인 의미에서 또 명백한 의미에서 그것은 자리들의 체계이다. 그러나 이 체계는 단숨에 한 논리 결합적 계열체에 종속되는 것은 아니다. 왜냐하면 그 계열체는 이중의 '명증'을 통해서만 뒷받침되기 때문이다.

I. 통사론/의미론 분리의 그것, 즉 구조의 자리들은 그 용어들의 동일성(어휘적인)이 지시 사항에 의해(그리고 특별-구조적인 방법에 대해) 공고히 되고, 유지된 용어들에 의해 투자된 동일성의 위치들인 것이다.

II. 생성주의의 그것, 즉 최초의 구조 중심 핵으로부터 시작하여 우리는 파생과 변형의 규칙을 통해 이차적 구조들의 총체(무한한)를 귀납적으로 발생시킬 수 있다.

이 두 명증은 통사론을 자동주의로 환원시키면서 그 객관화 과정(그것이 엄밀한 의미의 통사론이건 서사적 통사론이건간에)을 담당한다. 그런데 형상적 환원이란 객관화 과정과 정반대의 것이라는 사실을 상기해 보자. 이 형상적 환원은 그 기능으로 명증을 파괴하고, 또 여기서 논리-결합적 계열체의 이탈을 선동한다. 그것은 또한 다음과 같은 원초적 장소가 나타나도록 한다.

I. 그 장소 내에서 통사론/의미론의 분리는 일어나지 않는다. 왜냐하면 그 속에서는 '아직도' 구조가 대수학적으로 구축되지 않았기 때문이고, 그곳에서 곧바로 의미론이 의미 생산화 과정에 부합되지 않고 **통사론의 효과**에 부합되기 때문이다.

II. 구조들은 그 가치로서 단지 자가 조정적인 함축성을 지닌다.

자동적 기관으로 여겨지는 언어에 존-재하는 이 장소는 그러니까 독창적인 방법으로 조작하는 독창적 존재-구조인 바이다. 그 속에서 구조들은 여전히 장소들의 체계이기는 하지만 '전-대수학적 체계'의 방법에서이다.

자리들의 체계가 있다고 말하는 것이 곧 그 체계가 주어진다는 바를 의미하는 것은 아니다. 그것은 우선 자리들의 체계가 다음과 같은 특징을 지니는 자리들의 다툼을 통해 유지된다는 사실을 의미한다. 그 특징을 살펴보면,

Ⅰ. 자리들은 그것들이 '함께 위치하는' 것으로써만, 또 구조 하부에 기저하는 공동 국지화적인 '공간' 속에서 공동 국지화됨으로써만 하나의 체계를 이룬다.

Ⅱ. 이 자리들은 그 어떤 내재적인 동일성도 지니지 못하고 단지 위치의 동일성만을 가질 뿐이다. 즉 그것들은 차이에 의해 결정되는(구조주의의 공리론) 변별적 한계와는 분리된다.

Ⅲ. 이 공동 국지화 과정은 자의적인 것은 아니지만 구조적인 안정성의 일반적인 문제의 특성인 답변을 물질화시킨다. 거기에서는 결정적인 요소에 관한 것이다. 배정된 공간 속에서 안정된 방법으로 '함께 위치하는 것'은 지금까지 우리가 그 중요성을 의심하지 않았던 형식적 제약이다.[14] 그것에 대한 몰이해는 선험적으로 구조에 대한 모든 형상적 환원을 금지시켜 왔고, 그 객관화 과정의 규범적 명증을 의식화(儀式化)했다. 이 이론화 과정은 반대로 하나의 환원에 직면하고 합법화하도록 만든다. 구조적 안정성에 대한 명백한 원칙으로부터 출발하여 우리는 자리에 대한 공동 국지화의 문제에 기본적인, 그리고 그 숫자에 한정되어 있을 수밖에 없는 '해결책'을 가진다는 사실을 보여 주고 그것들이 기본적인 구조에 동일시된다는 가설(사실상 공증)을 세울 것이다. 이같은 작용은 구조를 '공간화하기'를 필요로 한다. 만약 우리가 구조를 '대수학화' 시키면 형태 발생의 제약처럼 구조적인 안정성을 작용케 하는 일이 불가능해진다.

나의 가설은 **구조의 환원을 그 우주적-존재의 결론(선험적으로)과 동일화시키는** 데 있다. 더 나아가서 이 우주론적 존재의 속성을 공증하는 일은 (안정성의 제약 결과에 다름 아닌 속성들) **구조의 원시적 기능**(그 속에서 구조가 객관화되는 이차적 기능 안에서 '억압된')을 정의한다.

3

나는 따라서 톰의 주요 결론, 즉 현실주의적 방법(플라톤적인)[15]으로 그것을 해석하면서, 자리들의 구조상 안정된 공동 국지화 과정의 문제에 기본적인 해결책의 분류에 대한 톰의 주요 결론으로부터 출발할 터이다. 여기 몇몇의 결론을 적어 본다.

3-1. 그 우주론적 존재에 관한 한, 구조는 시니피에의 총체적 '형식'(가정된 바 그러니까 관찰되지 않은 '내재적' 공간에 대해 정의된)의 구조의 '공간'('외재적' 공간을 말하는)에 의해 발생된 **불연속성의** 체계로 축소된다. 그러니까 통사론/의미론 사이의 분열은 존재하지 않는다. 만약 구조가 여지없이 객관화할 수 없는 것이라면 그것은 그 구조가 외부적 윤곽을 물질화시킨다.

3-2. 시니피에에 원인으로도 그리고 가정된 것으로서도 시니피에에 대한 총체적 형식에의 개입은 모든 것에도 불구하고 그 어떤 시니피에의 '탁월함'과는 아무 상관도 없다. 사실상

I. 이 형식은 가정된 것일 뿐이다.

II. 이 형식은 그것이 생산한 구조(거기에 관한 것은 톰이 개진한 바 주요 결과들 중의 하나이다)와의 관계에서 초결정된다.

III. 그곳에서 시니피에가 비워지고 공동 국지화적인 자리들에 동화된

최소한의 유형이 존재한다.

　Ⅳ. 이 구조에 스스로 투사되면서 모든 형식은 이 최소한의 유형에 대한 '복잡화'(내재적 공간에 대한 복잡한)로 해석될 수 있다.

　3-3. Ⅲ의 결과는 특히 중요하다. Ⅲ의 결과는 **의미의 원뿔주름**(époché)의 독창적 개념이다.

　3-4. **이처럼 공간화된**('지형화된') 구조들은 의미론적 동일성의 원칙과 공간적 동일성의 원칙(용어들과 공간들 사이에서) 사이에서 환원될 수 없는 **투쟁을 나타낸다.** 만약 의미론적 동일성들이 하나의 구조에 의해 의미가 부여된다면(그 외부적 공간 속에 국지화된), 그 동일성들은 그것에 존재하는 변증법적 효과들에 의해 전복된다. 그러므로 우리는 이 효과들이 언어의(한 주체가 그곳에서 언술되는 한은) 자연적인(이차적인) 기능 속에서, 그 자리에서 무한히 부족한 그리고 의미를 이질화시키는 하나의 공백을 환유화하고 전파한다는 가설을 세울 수가 있다.

　3-5. 만약 우리가 원초적 공동 국지화에 대한 현실주의적 가정을 인정한다면, 동일성의 원칙은 **구조적으로 모순적**이라는 것과 개별화 과정의 '발생'에 있어서 동일화 과정은 동일성과의 관계에 있어 최초의 것이라는 것, 아니면 동일성은 차이로 인해 의미가 부여된다고 결론지어야만 한다.

　3-6. 논리적 현실의 '주관적'인 함축성은 주체의 거리들이 생물-상징적으로 의미 작용의(무의식적인) 구조에 기초를 둘 때 이 주체의 위치들을 지배하는 특수한 역동성으로 표현이 된다.

3-7. 우리가 구조를 하나의 기본적인 문장[16]과 동일한 것으로 간주할 때, 하나의 구조를 환원시키는 불연속성의 체계는 동사(원형)에 부합하는 하나의 독창성을 펼친다. 그때 우리는 문장의 방출을 위해 톰의 모델을 사용하면서[17] 구조의 원초적인 행위를 정확히 설명할 수 있다. 구조는 공동 국지화된 장소들을 주파하는 한 '진동자'에 의해 떠받쳐진다. 이 **분열 불가능한** 자리들은 **지시소들처럼** 구조화된 '대역기호적인' 행위소들이다. 진동자의 차단은 구조의 이차적 행위, 다시 말해서 공동 국지화 과정의 탈국지화, 그것의 세분 그러니까 지시소적인 분리의 발동을 건다. 그 각각의 과정들은 특별한 지시 사항(표준적인 의미에서의 하나의 행위소)을 선택할 것이다. (그것의 상징-색인 특성의 기능에 따라) 서로 **동일화된** 행위소들은 어떤 우주론적 존재도 그것에 더 이상 의미를 부여하지 않고 그 자체로 어떤 재분할의 효과도 알리지 않는 객관화된 주체 속에서 서로 모인다.

4

그때부터 우리는 관념적인 주관성으로서의 정신병에 대한 가설을 펼쳐 보일 수 있다.

4-1. 심리적 개별화 과정은 프로이트가 진실임직화시킨 마치 억압된 서사적 구조와 같이(신화들과/또는 재현들) 해석될 수 있는 함축적 기본적 구조들(생물-상징적으로 의미 작용된)에 대한 원시적 행위에 근거한다. 그러나 언술과/이나 재현들에 대한 억압의 개념은 전-구조적인 분석에 속한다. 구조 분석은 기호(시니피앙)의 이중적인 환원과 구조(논리-현실적)의 틀 속에서 그것을 확실히 설명할 것을 요구한다.

4-2. 무의식의 구조처럼 함축적 구조는 원시적 체제를 따라 기능한다. '행위소들'은 그 속에서 그들의 의미론적 동일성이 국지화의 동일성에 의해 전복되는 것을 보게 된다. 현실적인 행위소에 반대되는 개념으로서 원시적 체제의 대역기호적인(지시소적인) 행위소에 의해 형성된 관념적 동일성들을 **상징적 행위들**이라 명명할 터이다. 따라서 상징적인 존재와 실제의 중재 사이에는 **충돌**이 생긴다. (죽은 아버지로서의 상징적 아버지와 비교.)

4-3. 원시적 기능은 그 어떤 동일성의 원칙도 견디지 못한다. 억압의 과정은 그 기능으로써 그것들의 공동 국지화적 공간을 폐지시키고 그곳에 그들의 동일성을 고정시키면서 상징적인 행위소들을 분리시킨다.

4-4. 정신병에서 이 과정은 일어나지 않는다. 원시적 기능은 세상에서 주체의 관계를 도려내는 '신화들'의 모순적인 찌꺼기의 형태하에 **표면에서부터** 계속하여 우세해진다.

4-5. 그러니까 지배적인 어려움은

Ⅰ. 상징적인 행위소들을(기저를 위해서 선재하는 것은 현실적 행위소를 지니는 것 속에서 포착된) **시니피앙**의 '논리'로 우회시킨다.

Ⅱ. 구조의 원시적 기능을 **충동적** '독창성들'에 대한 전개로 정의하는 일이 그것이다.

첫번째 지적에 대해서는 다섯번째 항에서 접근해 볼 것이다.

두번째 것은 논리-현실과 육체 사이의 관계에 대한 것이다. 그것은 사실 그것의 접근 방법이 틀림없이 톰의 주요 개념에 근거하고 있을, 특히 조심스러운 문제이다. 톰의 개념을 다시 살펴보면, 생물-상징적인 의미 생산화된 구조들의 조직 중심부는 사실상 **상호 충위적인 불변성**에 다름 아니다. 이 충위란 형태 발생적 충위의 **박리**에 의해 나타난 논리-현실적 함축성의 층위이다. 사실상 구조적인 전망 속에서 볼 때 충동은 생물학(다시 말해서 신진대사 기능 속)에 그 뿌리를 박고 있는 것이 아니라 가장자리·절단면·불연속성의 효과를, 다시 말해서 배태발생론적 신체적인 흔적들을 물질화시킨다. 따라서 그것은 의미의 **원뿔주름** 상관항으로서의 생물학적 **원뿔주름**에 관한 것이라 할 수 있다.

그러니까 **재현 표본**의 문제(이 글에서는 다루지 않을)는 신체적이고 구조적인 **이중** 독서의 여지가 있는 상호적 층위 조직 중심부의 전개와 후퇴에 대한 변증법적 문제이다. 충동과 원시 우주론적 존재 사이에는 구조적 상관 관계가 있다. 즉 그것의 **공통적인** '내부화 과정'에 신경증 환자에게 있어서 의미 작용적 환유와 욕망의 변증법을 배태시킨다. 또한 그것의 공통 '외부화 과정'은 정신병 환자에게 있어 신체 기관 없는 육체와 당연히 구조를 통한 지시 대상에 대한 충동적 '표면'을 배태시킨다.

5

구조적으로 안정된 공동 국지화 과정의 가장 기본적인 경우에 선재하는 것, 다시 말해서 차이의 경우(이항 대립의 위상화 과정)를 적용시켜 보자.

5-1. 우리는 이항 대립을 이루는 **우주적인** 것은 다음의 기본적인 파국, 그러니까 **첨각적인** 파국이라는 사실을 보여 줄 수 있다.

이렇듯 재현된 이 '수학적 시니피앙'은 하나의 이미지를 이룬다.[18] 어떻게 그것을 읽을 것인가? Ω는 구조의 외부적 공간이다. 그것은 이차원에 존재한다. 그것은 첨각점 ω와 이웃한다. 차이점은 그곳에서 차이는 불연속성의 체계, 다시 말해 파국적 총체로 환원된다. K로 씌어진 것은 부분으로 나누어진다. 한편은 **분기점**이라 할 수 있는 총체(K_b)이고 다른 한편은 충돌의 **총체**(K_c)라 할 수 있다. 분기점의 총체인 K_b는, 즉 주둥이

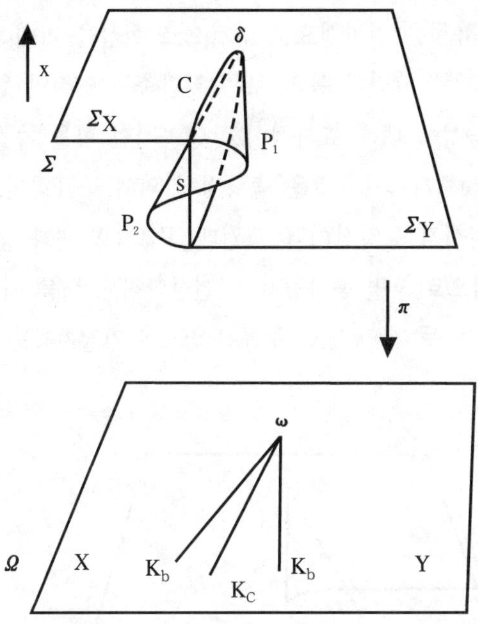

표면의 **외연적 테두리 Σ**(투사, 즉 **π**와 비교할 때)이다. 이 표면(질적인)은
K_b의 **첨각점인 ω**점으로 투사되면서 두 주름(P₁과 P₂)이 **δ**점에서 함께 사
라짐으로써 생긴다.

　따라서 이제 '상태들의 표면' 역할을 하는 표면 **Σ**를 해석하는 일이 중
요한 것으로 보인다.

　표면 외부 공간 오메가(**Ω**)과 일차원의 내부 공간(X축)으로 구성된 세
차원의 공간 속에 빠져든다. **Σ**점은 하나의 상태를 나타낸다. 이 세 개의
점괄적인 상태들 사이에서 어떤 것은 안정적이다. (**Σ**x면과 **Σ**Y면이 조직
화 중심부인 **δ**의 우회로써 서로 교환되면서 다른 것들은 불가능하다. 매개적
층인 S는 **Σ**x와 **Σ**Y 사이의 한계이다.) 그 나머지 것들은 구조적으로 불안
정하거나 파국적이다. (주름 P₁과 P₂, 충돌선인 C 그리고 주름의 점인 **δ**) 이
다양한 점괄적인 상태들은 외부적 변이체(옴에 있어서의 좌표들)와 내부

적인 변이체(x좌표)에 대한 명확한 잣대가 존재할 때 변별 가능하다. 이 런 경우 파국적 유형은 일반적으로 **양적으로** 현상을 지배하면서 등식들을 미분할 수 있다.[19] 그러나 톰의 모든 절단축은 양적인 **원뿔주름**을 통해 그러한 불연속성에 대해 효과적이고 인과적인 힘을 자동화시키는 데 있다. 그때부터 첫째가 되는 것은 측량법에 의해 좌표화되고 고정된 동일성이 아닌 **현상학적 동일성**이다. 그런데 Σx면(ΣY면과 상관하여)의 모든 층은 현상학적으로 **구별 불가능하다.** 현상학적으로 볼 때 동일성은 서로 교환될 수 있는 두 개의 면들(주름진 면으로 가장자리를 두른)에서 Σ로 환원된다.

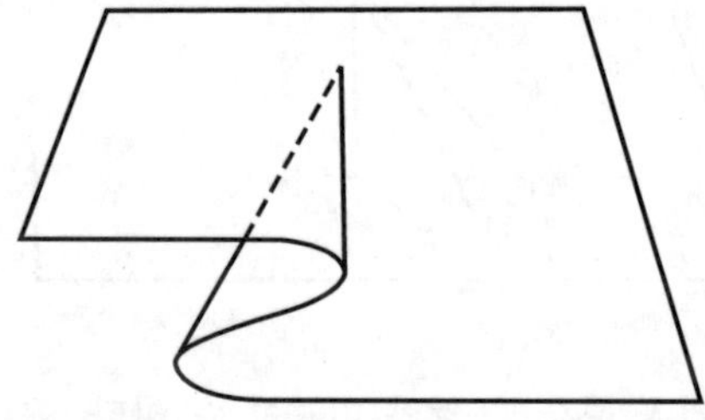

각 면은 질적인 결정론에 부합한다. 그러므로 내가 여기까지 하나의 가정으로서 소개한 것은 이 기본적인 경우에서 **공리**에 부합한다.

공리(A): 첨각적 형태론은 차이에 대한 형상적 환원론으로 설명된 우주적인 것이다.

5-2. 이 공리의 의미를 정확히 규명해 보자.

5-2-1. 이 공리는 차이에 대한 우주론적 존재를 끌어내면서 환원이 대상화 과정의 '이면'이라는 사실을 명확히 보여 준다. 그런데 이 객관화 과정은 대립의 논리 **관계**에서 차이를 감소시킨다.

5-2-2. 톰에게 있어서의 중요한 결과를 살펴보자. 만일 우리가 x축에다

가 내적인 변이체들(y_1……y_n)을 덧붙이면, X/Y는 서로 벌려진 채 드러나면서 지역적 형태학은 첨각의 **형태학으로 남아 있다**는 것이다. 표면Σ는 더 이상 단순히 3차원의 공간(x, Ω) 속에 있는 것이 아니라 3차원+n(x_1, y_1, ……, y_n, Ω)의 공간에 있는 것이다. 이 결과는 그것이 의미의 **원뿔주름**(3-3)을 형식화하는 한에서 매우 중요하다. 그것은 다음의 두 가지 사실을 의미한다.

I. **원뿔주름**은 차이의 객관화 과정(3-3)을 공고히하면서 통사론/의미론의 분리를 좌절시킨다. 그것은 상징적 동일성을 떠받치면서 국지화 과정의 동일성에 대한 의미론적 동일성의 통로를 조작하고 내재적 공간을 그 최소의 차원으로 그러니까 의미를 하나의 흔적으로, **지시 대상 없는 잔류하는 의미로, '영도'의 의미로 환원시키는 데 있다**.(비교. 4-2)

II. 내재적 공간의 복잡화 과정을 통해 차이에 대한 우주성은 X/Y의 질적인 대립 관계로 기호화된다. 초결정 과정이 있다는 바는 바로 이러한 의미에서이다.(비교. 3-2 II) 그러나 우리는 이 형태론적 방법론과 구조적인 의미론적 방법론 사이에 존재하는 근본적인 차이를 본다. 만약 X/Y가 서로 다른 것이라면 그 둘 사이에서 불식[20] 대립 관계를 유지하면서 X와 Y로부터 의미소 S_x와 S_y를 추출할 수 있는 것이 아니다. 그것은 X와 Y가 차이에 대한 위상학적 도식의 형식으로 된 의미 작용 과정이다. 또한 그것들의 지시 대상과 그것들이 잔재하는 의미를 '거듭 제곱'한다는 사실 사이에 충돌이 존재한다는 바를 의미한다. 의미에 존재하는 이 영도의 의미는 그 의미를 심연으로 밀어넣고 모든 긍정적인 방법론에서 선험적으로 제외된다. 그러니까 **부정성이란 차이에 대한 우주론적 존재 의미 속의 작업일 뿐이다**.

5-2-3. 우리는 이 도식을 복잡화시킬 수 있고 또 그 도식을 하나의 환원론적인 가정에 일치시킬 수 있다. 그것을 위해서는 점괄적인 상태들을 **내재적 구조**가 갖추어진 상태들로, 예를 들어 신경망의 내밀한 역동성의

차별적 근사치라 할 수 있을 추측적인 심리적 역동성의 유인자로 대체시키는 일로 충분하다.[21] 따라서 우리는 시니피에를 유인자들의 **위상학**과 동일시할 것이다. 그러니까 그것의 질적인 동일성에 부합하는 의미론적 동일성인 바이다. 우리가 내재적 공간 속에서 이동할 때 하나의 시니피에에 연합된 하나의 유인자는 양적으로 변형된다. 그러나 이 유인자는 우리가 파국적인 점을 가로지를 때만 그 질적인 동일성을 바꾼다. 그러므로 시니피에들 사이의 '관계들'은 외재적 공간들 속에 마치 불연속성처럼 새겨진다. 때문에 의미의 **윈뿔주름**은 구조의 환원화 과정을 용인한다. 반대로 그 객관화 과정은 구조의 논리-결합체적 **이산화 과정**과 내가 표준적 의미라 부른 바를 정의하는 박리의 과정에 대한 점착인 영도의 의미 배제를 통해 나타난다.(III. 7. IV)

5-3. **첨각** 형태론의 몇 가지 특성을 간략하게 다시 추려 보자.[22]

5-3-1. 하나의 유형은 충돌 Kc의 층에서 W를 가로지르고, 상호간에 서로를 전제하는 두 가지 결정 과정인 X와 Y 사이의 **질적인 대립**이라 불리는 것을 도식화한다.

5-3-2. **첨각적인** 형태론은 그 대립의 한계를 짓는 분기점의 파국들이라 할 수 있는 논리적으로 기록 **불가능한** '관계들'과 함께 이 질적인 대립을 공동 국지화한다. 즉 주름 P1을 따라 X가 Y로 '포착되기'와 주름 P2를 따라 X가 Y '포착하기'가 그 예이다. 객관화 과정을 배제하고 위상학적인 환원 과정이 나타나게끔 하는 것이 바로 필연적으로 이 동일성의 분기점의 현상이다.

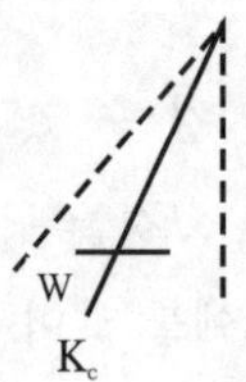

5-3-3. 그것의 주요 결과는 행위소들의 원시 구조적 모호성이다. 즉 우리가 조직 중심부 둘레 δ를 회전시키면 결정소인 XY는 서로 뒤바뀐다.[23]

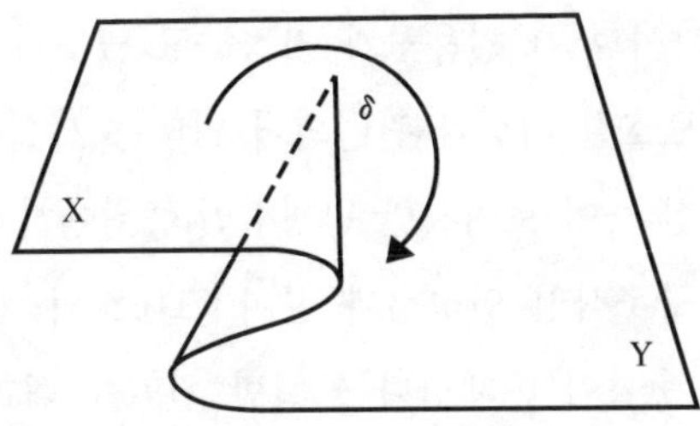

그러므로 δ을 둘러싸고 있는 끈은 표준적인 원형이 아닌 **표식된 원형**이다.

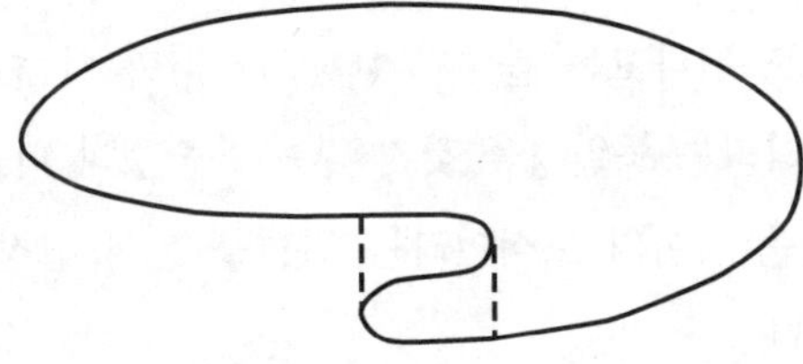

이 모호성의 현상이 **통사론적** 우주론과 언어에 존재하는 우주론을 나타낸다고 하는 것이 톰의 주요한 발견들 중의 하나이다.

5-3-4. **첨각의 형태론은** 하나의 질적인 대립과 두 개의 대칭적인 분기점뿐 아니라 의미론자들이 **중성적 개념**이라 지칭하는 바에 부합하는 중성적인 지역을 공동 국지화한다. 그러나 이 중성적 개념의 두 가지 귀결, 즉 논리적이고 파국적인 것 사이에는 커다란 차이점이 존재한다. 의미 논리적 전망 속에서 우리는 그것의 심층 논리적 대립이 X/Y의 표면에 대한 대립을 지배하는 의미소 s_X와 s_Y를 X와 Y로부터 삭제함으로써 생기는 X/Y의 대립과 연결된 것으로 정의한다. 그러므로 중성적 개념은 X∪Y라는 이합 관계에 대한 불식 위상을 지닌다. 우리는 X∩Y인 접합 관계

의 불식 위상을 가지는 복합적 개념을 그것에 대립시킨다. 그러나 가장 기본적인 기호학적 실천은 일반적으로 이 개념에 대해서 이접 관계와 합접 관계의 위상을 일원론적으로 정의하는 일이 불가능하다는 사실과——이제는 거의 고전이 되다시피 한 인용구가 지적하고 있듯이——그리고/또는 유형이 보여 주는 모호한 위상과 관련되어 있다는 사실을 보여 준다.

이같은 관찰은 진부한 듯이 보이지만 원칙적인 층위에서는 매우 중요한 것이다. 그것은 사실 **구조적인 안정성과 문자 그대로의 형식화 과정 사이에는 피할 수 없는 충돌이 존재한다**는 일반 원칙에 대한 부분적인 예를 제공한다. 그런데 의미는 구조적인 안정성의 원칙에 따라 기능한다는 가정을 하는 것은 자연스러운 일이다. 그것은 틀림없이 X/Y의 차이를 중성화하는 가능성을 내포한다. 그러나 그 **어느것으로도** 선험적으로 **이 중성화 과정이 서로 동일한 것으로 가정된 X와 Y의 개념들 사이의 형식적인 관계로 기술되어도 된다고는 볼 수 없다.** 그러니까 이 중성화 과정은 X와 Y의 개념이 분리되는 동일성을 갖지 않는다는 것과 다음으로 그 둘이 상호간에 자유로운 차이의 도식이라는 전제를 통해 결정된다는 가정의 결과이어야만 한다.

그런데 **첨각적 형태론**을 나타내는 것은 아주 정확히 이 결과인 것이다. 중성적 지역(X와 Y 사이를 벌리면서 한계가 사라지는 것으로 정의되는) 그곳에 **X와/또는 Y의 안정**($X \cup Y$와 $X \cap Y$는 의미론적으로는 불안정하다)을 위치시킨다. 나는 다른 글[24]에서 **대립적인 일치**에 다름 아닌 변증법적인 우주론의 구조적 원인으로서 **첨각적 형태학**을 간주할 것을 제안한 바 있다. 분기점의 여러 층을 가로지르면서 우리는 사실상 결정들은 더 이상 차이로 정의되는 것이 아니라 절대화되고 '무한화되고' 그것들의 대립항과 동일시(의미론적 축의 투사화 과정)된다.

5-3-5. **대립적인 일치**는 톰이 **정태적 종합**이라 명명한 바에 부합한다. 어쨌든 **첨각적 형태학**에 내재하는 또 다른 종합의 형태와 모든 논리적인

기록에 저항하는 형태가 존재한다. 그것은 톰이 **대사적 종합**이라 부른 것, 또는 두 결정론(베이슨의 **이중 제약**)[25]을 역동적으로 순환하는 **이력 현상의**[26] 주기와 관련된 것이다.

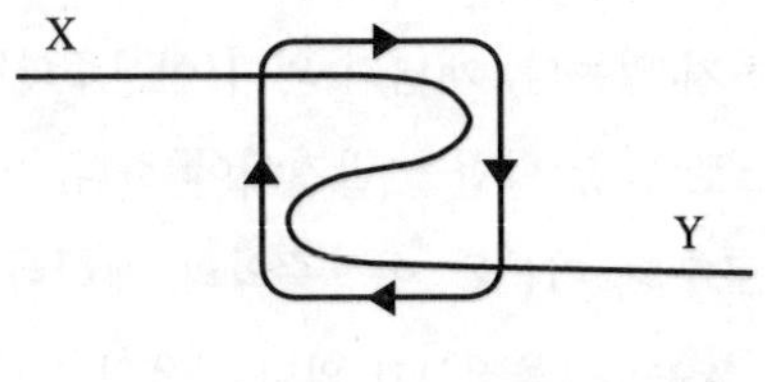

6

6-1. 파국적인 도식들(차이의 도식과 보다 복잡한 다른 도식들)은 언어에 존재한다. 이 도식들은 언어 속에서 절대 고정되지 않은 채 언어를 고집한다. 그 때문에 이 파국적인 도식들을 **언어**(logos)에 접목시키는 고정 작업은 객관화 과정(환원)의 유예이다.

그것은 개념/논리/언어라는 삼자적 관계의 명료함을 위해 매우 중요하다. 사실 그로부터 우리는 서사[27] 속의 재현과 이야기 속의 개념이 구조의 원시적인 개념을 지탱한다는 이중의 가정을 해볼 수 있다. 그것에 대한 증거는 셀 수 없을 정도이다. 즉 변증법적 분산 과정, 상징계와 상상계의 일반화된 충돌, 부정적인 것의 분산되고 감속되고 다층화된 작업, 이 반복적이고 끊임없이 함축적인 환유는 마치 성운처럼 언어의 표면에서 분산된다.

Ⅰ. 이 환유의 망각은 언어(신화적 형식적 논리의, 서사적 또는 변증법적 모순 속에서)의 모든 형식화 과정 속에서 작업중이다.

Ⅱ. 이 환유는 언어의 섬세한 구조 속에 한 부분 침전되어 있다. (기술적 방법에서나 특히 부인의 다양한 양상들 허사적·배제적·부조화된 부인,

부정과는 다르게 구조들을 형식화하는 것은 불가능하다.)

Ⅲ. 이 환유는 논리와 언어 이쪽에도 저쪽에도 포함되지 않으면서 논리와 언어 사이의 거리를 물질화시킨다.

Ⅳ. 이 환유의 존재는 그럼에도 불구하고 스스로에게 **말할 방법과**(말로 할 수 없는 것은 존재하지 않는다) **개념과 의미**(이상주의)**에 대해 성찰하지 않고** 일의적으로 스스로 말할 방법을 발견해야 한다.

Ⅴ. 기호의 환원으로부터 미분된 이상주의의 궤변적인 해체는 그것을 언어의 표면에 '펼쳐 놓는다'(물질성과 의미 작용의 우연성).

Ⅵ. 공리의 임무(A, 5-1)는 구조에 대한 위상학적 환원을 밝혀 주는 논리 현실체의 내적-담론 반향의 정의내릴 수 없는 실패에서 계보학적 대단원을 그것의 숙련과 효력 상실(그것의 추측과 추측의 해체)로 환원시키는 데 있다. 또 이 공리의 임무는 그 속에 한 조각의 현실을 가입시키면서 상징-지리학적인 은유를 자연 언어로 표현된 그것의 사변적 근사치의 산만한 환유로 대치시키는 데 있다. 다시 말해서 이 공리의 임무는 잔존하는 구조가 마치 시니피앙이 말(parole)로부터 '파생되는' 것과 마찬가지로 말(logos)로부터 '파생된다'는 사실, 또 이 나머지는 객관화할 수 없는 하나의 울타리에 있다는 사실, 또 그럼에도 **불구하는 언어는 논리 현실적인 핵 위에서 작용한다는 사실을** 증명하는 데 있는 것이다.

이 핵의 '수학적 기호'로의 통로가 부재하기 때문에 논리는 다음의 사실이 아닌 양자택일 위에서 멈출 수밖에 없다. 즉 논리적 현실(실증주의적 규범성)을 근절시키든지 아니면 손해보고 그 파생어(궤변론적 의미 작용)에 주석을 다는 것이다.

6-2. 그 하나의 예로(그러나 예는 사실 그 자체이기도 하다) **양성성과 성의 차이**에 대한 《새 정신분석학회지》[28]를 들어 보자. 이 글은 범분야적인 담론, 즉 정신분석학적 · 신화지적 · 논리적 · 역사적 · 사회학적 · 생물학적

등등 담론의 전형적 예이다. 오비디우스의 《변신》[29]에서 남녀 양성을 가진 퇴폐적인 형상으로 양성성에 대한 이론으로부터 동성애와 성전환에 대한 프로이트의 분석에 이르기까지 그것은 하나의 **독단론**이 지닐 수 있는 다양한 양상을 교차한다. 그것은 하나의 내용에 대해 어떤 생각을 발산하는데 의미가 있는 것이 아니라 그것의 담론적인 **위상**을 정확히 하려는데 중점을 두는 것이다. 그러니까 내 생각으로는 여기까지 나를 좇을 독자들은 내가 예로 든 이 글이 정의내릴 수 없는 환유, 일반화된 은유, 언어 속에서 일의적으로는 새겨질 수 없는 차이에 대한 한 **형식**의 다층화된 부연을 분석하려 하는지를 증명할 수 있을 것이다. 이 글은 메타 담론을 통해서만 각각에 맞게 그것을 환유화하고 은유화하고 부연할 것이다. 이 글은 갈수록 추상적이 되는 의미론적 동위소를 사용하면서 **그것이 절대 그 자체로 주체화시키지 않는** 통사론적 도식의 효과들을 설명한다. 차이에 대한 환원 과정은 그 목적으로서의 **담론처럼** 그것이 객관화하려는 실천들의 텍스트적인(이념적인), 다시 말해서 실제적으로 이동인 것으로 이 통사론적 도식을 환원시키는 데 있다. 차이에 대한 환원 과정은 그것의 위상이 완벽히 명확한 **담론의 변화**를 강요한다.

I. 이 환원화 과정이 기입하는 현실의 한 조각은 인류학 속에서 프로이트의 **인용**을 위해 포착 작용을 명확히 한다. 성적 차이가 모든 차이의 근원이라고는 말할 필요조차 없다. **수학적 도식화**가 성적인 차이의 자리가 아닌(그것을 쓰는 사람을 위한 경우는 제외하고) **성적 차이의 언어 속에서의 조작 과정**(그리고 신화지로부터 프로이트까지의) 자리를 차지한다. 차이에 대한 수학적 도식화는 성적인 비관계를 기입하는 것이 아니다. 그것은 그것의 원초적 억압이 **재현화 과정 속에서** 성적 차이가 정의할 수 없도록 차이를 위한 계열체적인 것을 이루는 우주적인 존재를 기입한다.

II. 그러므로 그것은 더 이상 고대적인 사유 방식들의 잔재들을 재활성화시키면서 이 비관계를 정의할 수 없게 부연하는 바에 관한 것이 아니다.

중요한 것은 어떤 독창적인 **동위성**이 우주론적 존재의 원초적인 억압을 성적 차이의 심리적인 재현자의 부재에 대한 프로이트의 공리와 연결시키는 데 있는가를 이해하는 것에 있다. 또 어떤 상징적인 흔적과 기억의 매우 독창적인 유형이 구조의 원시적인 기능을 현실화시키는가를 이해하는 데 있다.(충동에 대해서는 4-5 비교) 이같은 이론적인 운동은 만약 우리가 구조에 대한 이차적인 객관화 과정만을 고려한다면 단숨에 왜곡된다.

7

앞에서 전개된 바를 명백히 하기 위해 개별화 과정 **개념**에 대한 차이 도식의 구조적 영향을 매우 초보적인 방법으로 그 골격을 잡도록 하자.

명제: **동일화 과정에 대한 수학적 기호는 차이에 대한 도식으로 환원될 수 있다.**

명제의 전개 과정:

7-1. 주체는 동일화 과정의 모순을 가로질러 개별화된다는 (앞서의) 전제로부터, 따라서 동일성은 모델인 동시에 적수라고 간주되는 지시 대상으로 하나의 인물(아버지의 그것)에 스스로를 동일시한다는 조건하에서만 그 지시 대상에 동일시된다는 전제로부터 시작하자. 이 시나리오(오이디푸스의 시나리오)는 그녀의 욕망인 남근적인 시니피앙을 가르치는 현실적인 어머니를 그 매개자로서 소유한다. 이 우주는 근본적 서사 구조에 대한 무의식적 연극화 과정으로 자인할 수 있다. 그러나 그 도식화 과정은 서사적인 양상의 환원을 거친다.

우선 구조 속에서 개입하는 하나의 형상은 상징적 아버지(죽은 아버지),

말하자면 그것 속의 현실적 아버지가 인간 형체의 마스크를 한 상징적 동일성이다. 그 다음으로 문제가 되는 것은 아버지 이름의 시니피앙과 남근적 어머니의 욕망적 관계이다. 그런데 시니피앙의 욕망, 남근성은 재현화 과정의 등록에는 속하지 않는다.

다음 단계에서는 시니피앙의 문제에 다가가 볼 터이다. 그 방법에 있어서 나는 예비 단계에서 멈출 것이다.

7-2-1. 동일화 과정의 단계가 주체와 상징적 아버지의 동일성에 다름 아닌 두 개의 상징적 동일성을 구조적인 단계에서 이용한다는 가정을 취해 보자. 이 동일성들은 ('나는' / '그는') 지시소처럼 구조화된다.

동일화 과정은 **이러한 동일성들이 자동적이지 않고 차이에 의해 결정되지 않는다**[30]는 이 모순을 위한 이름이다. 동일화 과정의 구조적 개념을 정의하는 이같은 논리적 궁지에 대해 어떻게 할 것인가?

명제 1. 상징적 주체/아버지라는 두 상징적인 동일성의 '관계,' 차이에 대한 위상학적 도식으로 형성된다.

그것은 이 동일성들이 4-2에 나타난 **의미에서 상징적이라는** 바를 의미한다. 이 동일성들은 인간 형체의 아버지/아들 관계의 환원에 의해 얻어진 잔류 의미를 고정시킨다. 문제는 왜 이 잔류된 의미가 지시소적 형식(비교. 5)을 취하는가를 이해하는 데 있다(시니피앙의 이론으로부터).

명제 1(가정적이고 사변적인)은 강한 명제이자 내가 이 초안 속에서 환원을 통해 이해하려는 것에 대한 한 예를 제공하는 명백하지 않은 명제이다. 이 명제는 개념의 지시적인 조절 속에서 나타나는 하나의 **알로공을** (필연적으로 허구적인 방법에) 고정시키도록 한다.

그 유일한 유형을 고찰해 보자.

Ⅰ. 동일화 과정의 천연 개념(전구조적인, '자연적 방법'의 개념)에 지지대 역할을 하는 아버지/아들의 **통시성**(상징적인)으로부터 출발하자.

Ⅱ. 우리는 언술적인 층 속에서 마치 지시소/지시 대상의 차이에 대한 **논리-언어학적인** 효과(모순적)로서 구조적으로 겨냥하기 위해 이 통시성을 '밝힌다.'

Ⅲ. 우리는 지시소를 이렇듯 상징적 '행위소의' **현실 모사**로서 해석한다.

Ⅳ. **연동소들의** 전통적인 계열체적 해석 과정을 심연에 넣는 이같은 현실 모사는 이전의 고찰(무의식은 언어처럼 구조화되어 있다. 그러나 그것의 언술적 층을 포함한 언어에 존재한다)을 **가장자리 효과**로서 다시 고찰하기를 강요한다.

Ⅴ. 환원은 그 기능으로 이 절단면을 등록한다. 이 환원은 즉,

　a) 의미를 놀라게 한 후에 매달기 위해 (**원뿔주름**) 의미를 (상상적인 것) 통과시키는 데 있다.

　b) 마치 시니피앙이 말에서 '나온 것'처럼 의미로부터 '나온' 논리적 현실적 도식에 그 잔존하는 흔적을 동일화시키는 데 있다.

　c) 연동성의 **동시적** 구별적 차이의 형식으로(언어학적으로 바로크적인) 의미의 교차 속에서 이 도식을 작용시키는 데 있다.

Ⅵ. 우리는 서사적 상상계를 넘쳐나면서 형식적 상징계 속에서 나타나면서 현실적 논리적 고정을 얻는다.

Ⅶ. 우리는 이렇듯 동일화 과정의 **개념**(명백히 부합하는 심리적 과정의 그것은 아닌)을 안정된 동일성의 개별화 과정을 위해 공동 국지화 과정의 원시적 제약 효과로 지역화시키면서 이 동일화 과정을 결정하는 데 있다.

그러므로 우선 구조들의 환원 과정 기능은 **현실 모사**에 다름 아닌 도식주의를 통해 논리적으로 불안정하고/하거나 개념적으로 불안정한 분석적 **알로공**을 안정시키고 결정하는 데 있으며, 다시 말해서 그것의 구조 분석이 필연적으로 사용하는 사변적인 언어를 일원화시키는 데 있다. 예를

들어 죽은 아버지의 신화는 언술화 과정의 이상적인 주체가 상징적인 '그'(명제 1)와의 이합적인 종합만을 떠받친다는 사실을 설명해 준다. 그런데 이 상징적 '그'는 존재론적으로 볼 때 모든 지시 대상(죽은 아버지)과 이합하는 성격을 지니며, 남근(부성적 은유)을 **조응소화시킴으로써만** 설명된다. 아버지 이름의 라캉적 **알로공**은 논리-현실적 층위에 존-재하는 지시소의 **위상학적 시니피앙**의 도식주의로 환원되고, 언어학이 지시 대상을 갖지 않는 지시소로서의 '그'와 조응소[31]로서의 '그'를 표현하는 모호성의 주체(거기에 origyne이 접착된)에 대한 조작 과정으로 환원된다. 상징 '그'가 현실의 한(일반적인 아버지는 아닌) 아버지의 색인처럼 기능하는 한, 이 상징 '그'는 틀림없이 그의 차례에서 주체가 그곳에서 조응소적 '그'를 발견해 내자마자 상상적인 아버지로서 기능한다. 그러나 상징적 동일성으로 '그'는 발견되지 않은 하나의 연동소로 남아 있다. 메를로 퐁티의 《텍스트 읽힘, 반복 어법》에 대한 J. -F. 보르드롱의 형식화 과정을 다시 들어 보면 '그'는 그러니까 자가 영향하에 있다. '그'는 애도에 잠겨 있다. '그'는 절대 그곳에 없다. '그'는 사후에 있다. '그'는 그 본질상 그 자신의 이후에 존재한다. '그'는 무, 즉 남근의 조응소이다. 전략, 그것은 '그'는 바로 모든 것을 말하기 위해 거기에 존재한다는 것과 그것은 무한히 계속될 수 있다는 사실이다.[32]

7-2-2. 나는 동일화 과정을 조직하는 원형이 차이에 대한 위상학적 도식이라는 바를 제안한다.

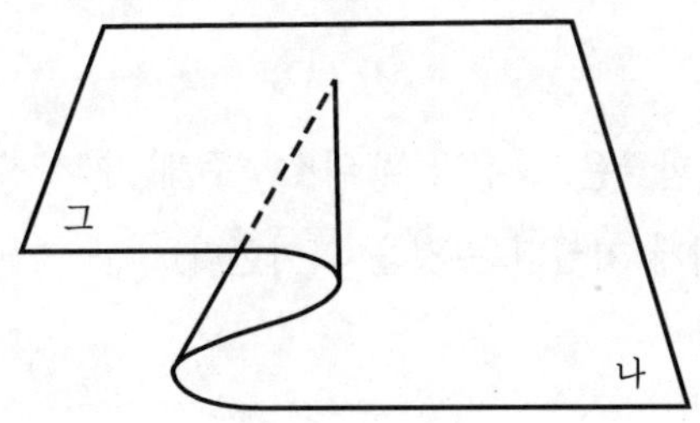

문제: 구조 전개의 매개자는 무엇인가? 그 외재적(이상적) 공간을 분극시키는 요소는 무엇인가? 아니면 그 분리 작용의 요인은 무엇인가?

명제 2. 구조를 펼치고 그의 외부적 공간을 분극시키는 분리 작용의 요인은 어머니에 대한 욕망이다.

문자로 포착된 외부적 공간에 대한 하나의 '매개 변수'에 어머니에 대한 욕망을 동화시키는 것은 분명히 부조리하다. 여기서 그 초안을 잡은 수학적 기호는 그 기능으로 실효의 가정된 심리 과정을 유형화시키는 데 있는 것이 아니라 비논리적 상징적 구조와 그것을 표현하는 개념적인 핵 사이의 관계를 지형화하는 데 있다. 그런데 이 층위에서 어머니에 대한 욕망은 동일화 과정의 단계에 있어서 운반 수단이라는 명제를 뒷받침할 수 있다.

7-2-3. 일단 펼쳐진 다음 동일화 과정의 구조는 행위소의 혼동 개념을 통해 의미론적 동일성과 국지화 과정의 동일성 사이에 나타나면서 **부각된 순환**(5-3-3) 구조의 자연적인 역동성으로 취한다.

우선 동일화 과정의 파국을 고려해 보자.[33]

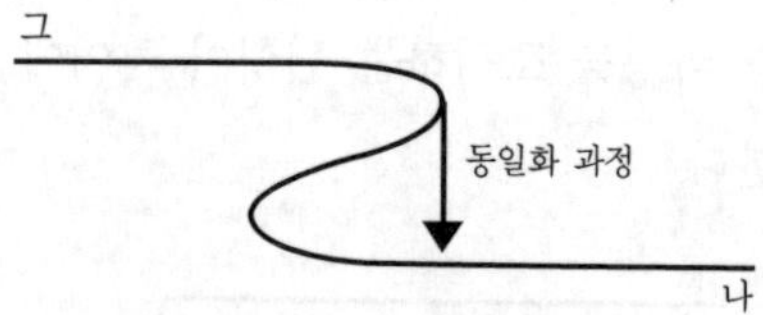

동일화 과정의 파국은 상징적 행위소 '주체'가 상징적 행위소 '아버지'의 자리로 틀리게 기입되는 것을 의미한다.

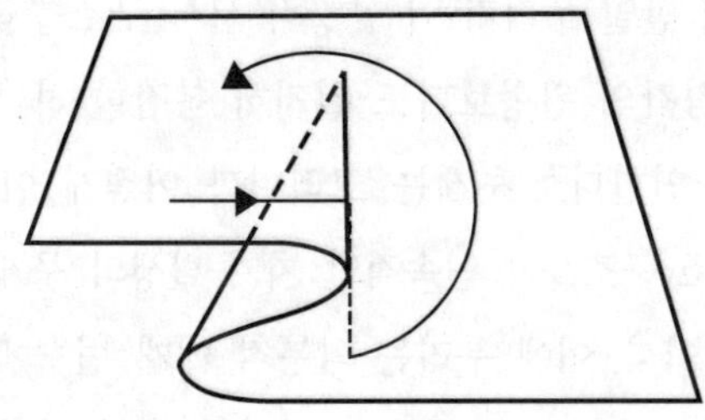

　　따라서 개별화 과정은 그 물질적인 원인에 대한 구조적 결과에서 일시 정지하기를 강요한다.[34] 개별화 과정은 '나' / '그'의 구조적 모호성 속에서 소외된 상징적 동일성인 '주체'를 다시금 일원화시키면서 이중의 파국을 요구한다. 여기서 '그'는 자체가 지시소로서의 '그'와 조응소로서의 '그'로 이중화되어 있다.

　　이 상징적 파국은 거세화 과정의 파국이다. (그 매개자로서 현실적인 아버지를 가지는.)

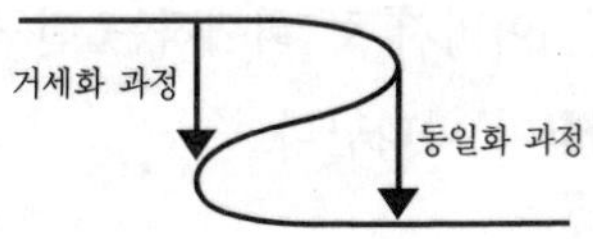

　　명제 3. 동일화 과정 / 거세화 과정의 변증법은 동일성을 고정시키고 그들 관계의 이차적인 기능을 허용한다.

7-2-4. 이 이차적인 기능 속에서 잔존하는 의미일 뿐인 상징적인 아버지는 반-주체 속에서 상상적으로 비대해진다. 주체와 반주체는 더 이상 공동 국지화 과정으로 조정되지 않고, 상위 복잡성의 구조 속에서 충돌로 들어가는 의미론적 동일성들 속에서 용해된다. 이 고전적인 구조는 어머니에 다름 아닌 가치 대상의 획득을 위한 오이디푸스적 경쟁심에 대한 서

사적 구조이다. 그런데 만일 우리가 이 삼항적 서사 구조를 파국적으로 유형화하면 이 구조가 **첨각**의 원형보다도 철저히 복잡한 하나의 원형을 기호화한다는 사실을 확인한다.[35] 문제는 그러니까 어떻게 이 구조가 동일화 과정의 원시적 구조(구조들의 연속적인 자가-발생의 문제)로부터 파생되는가를 이해하는 일이다. 이에 우리는 외부적 매개 변수에 대한 **내부화** 과정으로써[36] 외부 공간 속에서 다시금 펼쳐지는 보다 복잡한 하나의 단수성을 유인하는 통로, 즉 내부적 공간 속에서의 이 매개 변수에 대한 '통로'로써 간주할 것을 제안하는 바이다.

　　명제 4. 오이디푸스적인 경쟁심의 대상으로서 어머니에 대한 이차적인 (상상적인) 기능은 그의 욕망의 내재화 과정, 그러니까 행위소로서의 그 기능에 부합한다.

　　이 층위에서 전구조적인 분석, 그러니까 이미 항상 남근적 승리를 상징하는 **의미론적** 동일성인 '아버지'로 회귀하는 전구조적 분석으로 기술된 거세화 과정에 대한 위협이 나타난다.

　　7-3. 심리적 기저의 **원뿔주름**으로서 획득되었음에도 불구하고 앞의 기본 구조는 자동 심리 조절의 세계로 여겨져야만 한다. 요점은 무엇으로 지시적인 의미론적 동일성에 함축적인 상징적 동일성에 대한 일차적 통로로부터 이차적인 통로가 시니피앙의 행위에 놓여 있는가를 이해해야 하는 것은 너무도 명백하다. 동일화 과정에 그 진정한 위상을 부여할 것이 바로 이 질문에 대한 답변이 될 터이다.(비교. 5)
　　그러나 그에 앞서 우리는 톰의 다음에 이어지는 주목으로부터 앞서의 기술에 대해 조금은 명확히 해두고 넘어갈 수 있다.[37] 만일 우리가 도식의 구조화하는 기능을 받아들인다면, 주체는 더 **이상 잔재하는 의미가 아**

니라(언술화 과정에 대한 연동소 '나'로써 구조화된) 존재로서 **이 구조 속에 자리잡아야 한다는 사실**, 다시 말해서 그 속에서 지시 대상의 위치를 차지해야만 한다는 것을 가정해 볼 수 있다.

그것은 내가 **표지붙이기**에 의한 동일화 과정이라 부를 매우 다른 동일화 과정의 한 형식으로 열린다.[38]

우리는 아래와 같이 각각의 주체의 심급에 따라 비가치의 필수적인 표지붙이기가 존재하는 것을 확인할 수 있다.

Ⅰ. 행위소 '아들'에 대한 주체의 동일화 과정: 야간적 형상적 유형의 입장과 상상계.

Ⅱ. 행위소(아버지)에 대한 주체의 동일화 과정: 주간적 형상적 유형의 입장과 상상계.

Ⅲ. 아버지/아들의 **충돌적 대립**(정태적 종합)에 대한 주체의 동일화 과정: 신비적인 유형의 입장과 상상계(대립의 중화 과정과 한계의 폐지화 과정).

Ⅳ. 동일화 과정의 불가능성: 주체는 하나의 동일성과 또 다른 동일성을 제대로 분간하지 못하면서 구조를 유지한다. (이력 현상의 순환, 대사적인 종합, 주체의 상징적 표지붙이기에 대한 **이중적 제약**.)

8

8-1 앞의 도식화는 우리로 하여금 다음의 층위가 제 위치를 찾는 것을 허용했다.

Ⅰ. 지시소의 충돌인 상징적 층위(논리적-현실적인 그리고 동시적인) '주체' / '죽은 아버지,' 즉

Ⅱ. 사변 포착으로서의 동일화 과정인 상상적 층위.

Ⅲ. 어머니에 대한 욕망의 내부화 과정(주체 속에서가 아니라 구조 속에

서)으로 얻어진 서사적 구조로서의 오이디푸스적 층위.

Ⅳ. 표지붙이기를 통한 동일화 과정의 층위.

형상적 환원으로 얻어진 이 층위들이 순수하게 구조적이라는 것, 그러니까 기능들을 통합하는 심리주의로 추정된 존재에 있어 선험적으로 모든 환원주의자적 가정에 독립적인 동일성에 대한 '논리'를 드러낸다는 사실을 강조해 보자.

이같은 방법론적 자리매김은 그의 차례에서 또 다른 조작 과정들을 전개하도록 한다. 층위 Ⅱ와 Ⅲ(고전적인 그러나 여기서는 비고전적인 것으로 기술된)에서 명백한 문제는 층위 Ⅰ과 Ⅳ에서 뒤얽힌다.

예를 들어 라캉의 두 주장에 대해 고찰해 보자. 그것에 따르면,

Ⅰ. 어머니의 욕망을 향한 욕망에 지배당하는 어린이는 "어머니 자체가 남근 안에서 이 욕망을 상징화하는 한, 이 욕망에 대한 상상적인 대상에 동일시된다."

Ⅱ. 남근은 "주관적인 체계 속에 있다. 우리가 그것의 무의식에 의해 조정당하는 바를 보는 것처럼 의미화 과정은 우리가 은유, 정확히는 부성적인 은유라 부르는 것에 의해서만 상기된다."[39]

만약 지시소의 충돌(층위 Ⅰ)이 그 요인으로 어머니에 대한 욕망의 전개와 분극화 과정(7-2-2, 명제 2)을 허용한다면, 구조 속에서의 주체의 표지붙이기(층위 Ⅳ)는 부성적인 은유에 다름 아닌 조작자를 거친다고 풀이하면서 여기서 이 주장은 초안을 잡은 도식주의 안에서 해석된다. 모든 시니피앙처럼 상징적 남근 Φ은 하나의 지시소(비교. Ⅴ)처럼 구조되고, 따라서 그의 조작 과정은 한편으로는 상징화 과정과 다른 한편으로는 지시화 과정을 요구한다는 것을 의미한다. 그러니까 Φ의 조작 과정은 어머니를 향한 욕망의 내재화 과정(층위 Ⅲ)과 아버지에 대한 상상적인 포착, 다시 말해서 상징화되고 표지붙은 남근에 대한 상상적인 동일화 과정(층위 Ⅱ)을 허용한다. (어떤 의미에서는 그것과 등위의 가치를 지니고.)

그것으로부터 명제:

    명제 5. 부성적 은유(아버지의 이름)는 '나' / '그'의 지시소적인 충돌 속에서 주체의 표지붙이기에 대한 조작자이고, 남근의 조응소에서 '그'에 대한 일원화 과정의 조작자이다.

이같은 명제에 대한 두번째 부분은 단순히 잔존하는(상징적인) 의미 '그'가 존재를 지니지 않는다는 사실과 그 견고함이 색인적 측면의 상상화 과정과 상징적 측면에서의 조응화 과정을 거친다는 사실을 의미한다.
    그것은 **첨각 도식 안에서의 사변적 관계(행위소들의 혼동)가 육체적 현실의 고대주의 속에 계승 발생론적으로 '뿌리박고' 있다는 것을 발견할 것**(9-2)이라는 사실을 의미한다. 이 고대주의(비록 그것이 상상적인 포착을 표면에서 지탱한다고 할지라도 상상적인 것이 아닌)는 **구조의 원시적 기능에 참여한다.** 어쨌든 '의미'는 (자리들이 아닌 개념들인) 잔재적인 의미에 있는 것이 아니라 내가 **표준적인 의미**(II. 6. IV)라 부른 것에 있다. 포식의 함축성 동일화 과정 속의 어떤 종류의 기억(흔적)인 이 표준적인 의미는 아마도 생물-상징적으로 함축적인 형태(비교. § 9)에 대한 톰의 이론으로부터 접근될 수 있다. 이 의미는 부성적인 은유에 의해 **억압된다.**

    명제 6. 아버지 이름의 의미 작용은 육체의 현실 특징을 보유하면서 동일화 과정의 표준적 의미를 억압한다.

8-2. 그러니까 우리는 이 수학적 도식화 속에서 어떻게 현실계/상징계/상상계의 지형학이 분배되는가를 본다. 그때부터 우리는 배제에 대해, 그 속에 자연적으로 등록된 것에 대해 자문할 수 있다.
    명제 5에 의해 아버지 이름의 배제는 구조 속에서 주체의 표지붙이기를 폐쇄한다. 그러므로 주체는 상징적인 충돌 '나' / '그'를 유지함으로써 그의 존재를 감수하여야만 한다. 여기서 주체는 대사적 종합을 통해 자리를 바꾼다.(이중의 제약 또는 이력 현상의 사이클, 7-3. IV 비교) 어떻게 이 같은 종합의 견고도를 생각할 수 있을까? 명제 6에 의하면 아버지 이름의 배제(그리고 표지붙이기의 상징적인 양상의 배제) 마치 동일화 과정의 표준적인 의미(억압되지 않은)가 표면에서 조작하는 것처럼 벌린 틈을 열어준다. 이 표준적인 의미는 세상에서 주체의 관계를 '포착하고,' 모든 지시 대상을 비우고(자폐증) 현실계 속에서 상징계를 자리바꿈하며, 주체는 마치 언어가 현실적으로 대타자의 먹이(슈레버와 아르토 비교)가 되기까지 신체 증상을 나타냄으로써만 이 '나'를 언술할 수밖에 없는 것처럼 '나'의 파산한 구성에 대한 어떤 종류의 전환된 은유가 된다.

그러나 그것은 '내'가 의미 작용의 육체 현실로부터 돌아오는 함축적인 형식이 되는(상징적인 동일성도 상상적인 동일성도 아닌) 대타자 속에서 애매해지는 경우에만 가능하다. 틀림없이 거기에는 대타자의 목소리의 환각 작용에 대한 구조적인 방법의 가능한 실마리가 있다.

그것은 만약 구조가 하나의 우주라면 문제가 되는 논리-현실적 두 동일성이 주체에 있어 공존하기 때문이다. 주체가 구조 속에서 등록되고 고정될 수 있도록 하기 위해서는, 그러니까 주체가 우선 조응소화된 후에 여러 동일성 중 하나를 하나의 외부 지시 대상에 투사할 수 있어야만 한다. 만일 이와 같은 가능성이 실패하거나 구조가 펼쳐지면 그것은 이력 현상의 사이클 아니면 환각적인 투사 과정으로 끝맺는다.

게다가 보다 비관적인 또 다른 가능성이 존재한다. 구조가 상징적인 동일성 '아버지'에 대한 분극화 과정 없이, 다시 말해서 주체와 같은 대상 위에 펼쳐진다는 것(어머니에 대한 욕망의 행위하에)을 가정해 보자. 그때부터 그 가능성은 하나의 분리 작용, 또는 분신에 대한 환각 작용[40]으로 귀결되는 경향을 가질 것이다. 이같은 전제를 따라 만일 대타자의

목소리에 대한 환각이 조응화 과정과 상징적 동일성 '아버지'에 대한 상
상화 과정의 실패에 대한 표시라면, 분신에 관한 환각은 외부적 공간의
탈극화 작용에 대한 이 동일성의 배제의 표시일 터이다.

　그것은 당연히 원시적 구조에 대한 펼쳐지지 않음에 관계될(그 원인으
로 어머니에게 있어서 남근의 상징화 과정의 실패를 가지는), 또 상징적 동
일성에 대한 모든 접근을 금지할(유아기적 정신병?) 보다 '깊은' 정신병에
대한 문제로 이끈다.

9

　앞의 기술은 순수하게 구조주의적인 기술이다. 왜냐하면 그것이 의미의
원뿔주름에 근거하고 있기 때문이다. 이 기술은 사실적 정신병에 고유한
어느 과정도 지형화시키지 않는다. 그보다는 특히 사실적 정신병을 이론
화하는 개념성에 관한 것이라 할 수 있다. 따라서 두 개의 질문이 유예된
채로 있게 된다.

　Ⅰ. 이 지형화 과정은 하나의 유추에 불과한가, 또는 유형으로서(우연히
는 환원론자적) 정확히 그려질 수 있을까?

　Ⅱ. 이 지형화 과정이 무의식의 **고대적** 차원을 설명할 수 있을까? 다시
말해서 한편으로 삼키기와 포식에의 환상에 관한 상상적인 동일화 과정
의 접착에 대해서, 다른 한편으로 내가 구조에 대한 (정신병적인) 신체 증
상화 과정이라고 이름 붙인 것에 대해서 말이다.

　9-1. 첫번째 질문에 대해서는 제만에게 대답을 해줄 수 있다. 제만은 바
로 기술적 과학들에 과학적 위상을 부여하는 것의 **불가능성**을 강하게 지
적한 바 있다. 마치 심리학에서 우리가 그것에 두 가지 모델 유형을 부여
하는 바로부터 그 존재 의미를 찾는 것과 같다. (그 하나는 기초상 신경학

적 층위에 관한 것(좁은 범위) 다른 것들은 심리학적 층위(넓은 범위)) 그 둘을 연결시켜 줄 명확한 형식적 중재 같은 것을 지니지 못한 채 말이다. 바로 그것이 중요한 이론적 문제에 관한 것이다.[41] 만일 환원론적 가정이 하나의 이념적인 청원과 다른 어떤 것이기를 바란다면 그 가정은 중재자적 모델(medium scale)의 문제에 접근해야만 한다. 파국 모델들이 그러한 모델들이다. 만일 우리가 신경 체계의 내밀한 기능 차이의 근사치를 허용한다면(예를 들어 유동액의 역동성 근사치만큼이나 환원주의적 틀 속에서 유효한 근사치), 우리는 심리적 현상학과 그에 따른 방법으로 신경학 사이의 관계를 결정할 수 있다. 우리는 과정의 물질적 원인이 그 지지대로서 뇌해부의 어떤 '기관들'을 가지는 신경적 역동성이나 연결된 역동성의 체계임을 받아들인다. 파국 이론[42]의 일반적 구조를 따르면서 이 역동적 체계의 유인자들은(그것에 대한 설명은 섬세한 분석의 목적이다) 스스로 전개되고 전개의 외부 공간에서 그 장소들의 분극화 과정, 즉 그것에서 우리가 현상학을 해석하게 될 장소들이 나타나게 한 것이다. 이 형태학들(불연속성들의 체계)은 과정의 **형식적 원인**(또는 구조적 원인)이다.

이같은 유형화 과정의 이점은 명백하다. 내재적 역동성의 **원뿔주름**은 '통사론적' 형태학이 나타나도록 하고, 심리학적 또는 과정의 서사적 의미에서의 형성화 과정은 이 **형태학**을 두 개의 새로운 행위소를 통해 스스로 획득한다는 사실을 제시할 수 있다는 것에 있다. 다시 말해서 신경적 역동성의 원뿔주름을 통해 획득된 형태학은 구조 속에서 의미의 원뿔주름을 통해 획득된 노에마(의식 현상학의 대상적 측면)와 동위 형태이다. 파국 모델들과 그것이 그 모델들의 주요 관심사이다——과정과 동시에 그것을 설명하는 개념성을 유형화시킨다. 이 파국 유형들은 그것들의 자연 언어 속의 기술을 지형화시키면서 현상들을 유형화시킨다.[43] 이 유형들은 명확히(내재-이론적인 방법으로) 객관성과 언어를 분절하면서 최초의 **현상학적 계열체**를 물질화시킨다.

동일화 과정의 경우에서 우리는(이상적으로 그리고 효과적이지 않게) 그 도식과 두 가지 방법의 내재적 역동성에(신경생물학과 심리학적) 잔존하는(논리-현실적 층위) 그 의미로까지 '거슬러 올라갈' 수 있다.

Ⅰ. 형태학을 신경학적 역동성의 투사로 간주하거나,

Ⅱ. 아니면 형태학을 인류 형태학적 행위소 아들/아버지의 심적인 충돌의 투사로 간주하는 것.

그것은 '아들'과 '아버지'를 유인자들의 서사적 재현자들, 다시 말해서 '이마고들'이라고 말하는 것보다 한층 큰 의미를 지닌다. 그것은 그들을 구조 속에서 분절하는 파국이 동일화 과정의 신경정신과적인 과정을 알려 준다는 사실과 동위 형태라는 사실을 의미한다.

그것은 명백히 무의식의 '생물학적 뿌리' 문제를 그 근저부터 수정하도록 한다. 파국적 도식주의를 위해 생물학과 분석 사이에 역사적으로 있어 왔던 경쟁심은 그 대상에 관련된 대립 구조가 아니다. 그것은 현실계에 대한 수학의 관계 속에서 역사적 결함을 전개시키는 대립 구조이다.

9-2. 무의식의 고대적 차원 문제에 대해서 대답의 시초는 앞서의 고찰들을 연장하는 데 있다. 여기서는 톰이 제안한 가장 복잡하고 가장 사변적인 모든 이론들 중의 하나를 정하는 장소와는 관련이 없다. 따라서 나는 몇 가지 주목 사항을 통해 내 고찰에 경계를 지을 것이다.

생물학과 무의식적 상징계의 계면으로서 프로이트의 무의식은 언어학적 장에서 신경생물학적 장의 **외삽 과정**을 나타낸다. 이 과정에서 동일화 과정은 다른 층위의 조직화 과정에 대한 한 층위의 조직화 과정 층위의 **형태학으로서** 일어난다. 그리고 여기서 우리는 최초의 장에 잔존하는 '기억'의 두번째 장으로의 유도됨을 가정해 볼 수 있다. 그러나 거기에서는 외삽 과정의 연쇄 작용과 고정적인 논리-현실의 초월 층위적 환유가 있을 수 있다. 계통 발생으로부터 상징계로까지는 세 개의 커다란 덩어리로 나누어질 수 있다.

I. 발생학적 층위. 첨각의 형태학은 식물의 잎 세 개의 배포 형성층, 외배엽/중배엽/내배엽[44]으로 묘사할 것이다. 여기서 중배엽은 외배엽과 내배엽의 경계를 안정화시키면서 **이력** 작용의 순환에 부합된다.

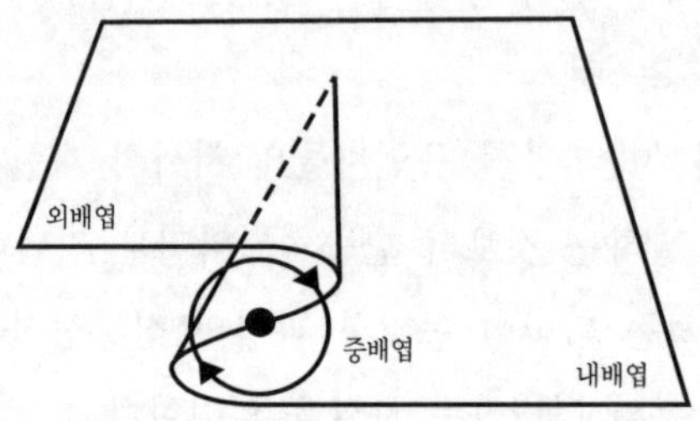

II. 지각적-동력의 층위. 이 형태학은 발생론적 장의 외삽 작용을 통해 포식을 지배하는 것이 될 터이다.

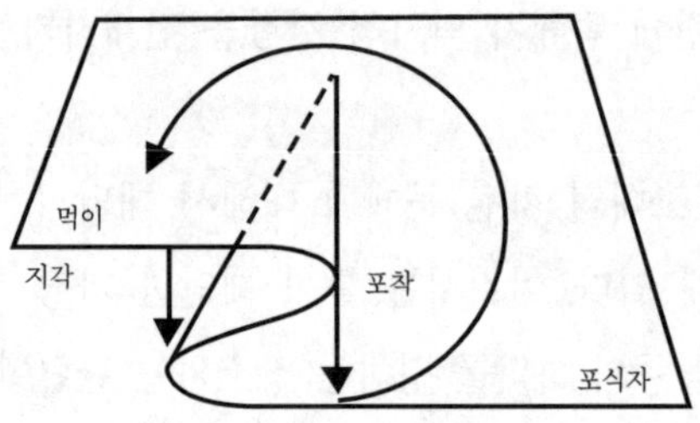

틈에 있어서 포식은 **상상적인 동일화** 과정이다(사변적인 포착). 심리주의의 근본적인 기능은 포식자로 하여금 그 먹이를 환각시키도록 하는 이타 작용이다. 먹이와 포식자는 계통 발생적으로 그 차이로 인해 결정된다. 포착의 파국은 상보적인 파국처럼 지각의 파국을 허용한다. 그런데 이 지각의 파국은 하나의 현실적 지시 대상을 먹이의 엔그렘(과거의 흔적)에 고정시키면서 포식자의 동일성 투사 작용을 통해 정립되고 포착 과정을 발동시킨다.

Ⅲ. 심리적 층위. 포식의 사이클을 다듬는 것은 사회화 과정이다. 포식의 사이클은 심리적 층위에서 외삽법에 의해 재생산된다. 내가 그 초안을 잡은 것이 바로 동일화 과정의 원시적인 사이클이다. 그것은 아버지 이름의 상징-의미 작용적인 조작 과정에 지배당한다. 그런데 이 조작 과정은 의미 속에서 상상계를 탈국지화시키면서 현실로부터 육체를 떼어내고 이 육체를 잔존적인 기억으로 파기시킨다.(8-1. 명제 6)

이렇듯 제시된 동일화 과정의 논리 현실적 비변이체의 환유는 보다 관용적인 유추를 밝히는 듯하다. 사실상 거기서는 하나의 이론이 암시된다. 즉 주체의 생물-상징적인 조절 작용의 대사 작용에 의한 가장이 그것이다.

만약 상징적 질서가 언어적 장에서 상징-심리적 장의 외삽 과정에 점착하면서 잔존적인 기억을 형성한다는 사실을 받아들인다면, 고대성의 문제는 억압된 기억(무의식)으로 환원될 터이다.[45] 특히 포식은 동일화 과정의 표준적인 의미일 것이고,[46] 상상계 속에는 흔적이 있게 될 것이다. 따라서 문제의 영역은 이 부조리함 즉 논리적 현실, 현실로 육체의 상상계가 다시 인도된다는 것, 다시 말해서 구조의 원사 시대(선사 시대와 역사 시대의 중간 지대)는 그 형상적 환원[47]의 조작 작용 자체 속에서만 나타난다.

그것은 라캉의 질문에 대한 대답의 서두 부문을 제공해 준다. 외배엽/중배엽/내배엽의 차이화 과정과 동일화 과정 사이에는 어떤 종류의 구조가 존재하는가?

9-3. 구조의 구체화 과정에 대한 심적인 양상에 관해 우리는 다음과 같은 가정해 볼 수 있다. 외부 공간의 분극화 과정이나 탈극화 과정의 부재는 구조를 표준적인 의미의 '침범'에 의한 구체화적인 장으로까지 퇴행하도록 할 것이다. 이 야만성은 더 이상 그 동일성으로가 아닌 그 고유 육체로의 우회로까지 이를 것이다. 이렇게 해서 나는 늑대 사나이의 잘린 손가락의 환각보다 일반적으로는 상징계로부터 배제된 것이 현실계(육체의

현실)에서 다시 나타나는 사실을 분석하도록 하겠다.

그러므로 문제는 이 형태론적인 고착 어법을 충동과의 관계 속에 적용시키는 것이다.(4-5 참조)

시니피앙에 관해서[48]

1

1-1. 환원 과정과 도식화 그리고 현실 모사의 세 개의 조작 과정(초월적인)에 대한 분절화는 방금 우리가 확인한 바와 같이 동일화 과정(상상적인 포착)을 언술화 과정의 주체 열개와 연결시키도록 한다. 포식의 고대적 차원에까지 지배하는 표준적 의미와 도식의 형식적 차원까지 점진하는 잔존하는 의미 사이의 이 논리적-현실적 접근은, 상당히 많은 수의 구조 사변적 근사치를 흉내낼 것을 허용하는 한도 내에서 꽤 현저한 결과일 터이다.

그러나 그 이해 관계가 어떻다고 할지라도 이같은 접근 방법은 필연적으로 불충분한 것으로 지속한다. 이 방법은 사실상 시니피앙 그 자체에 대한 설명도 포함하지 않는다. 그런데 일반적으로 의미 작용 기능과의 연결만이 구조의 환원 과정에 그 진정한 효력을 부여할 수 있다는 사실을 우리는 이미 여러 번 강조한 바 있다.

이 부분을 라캉의 도식 L로 돌아오면서 정확히 해보자.

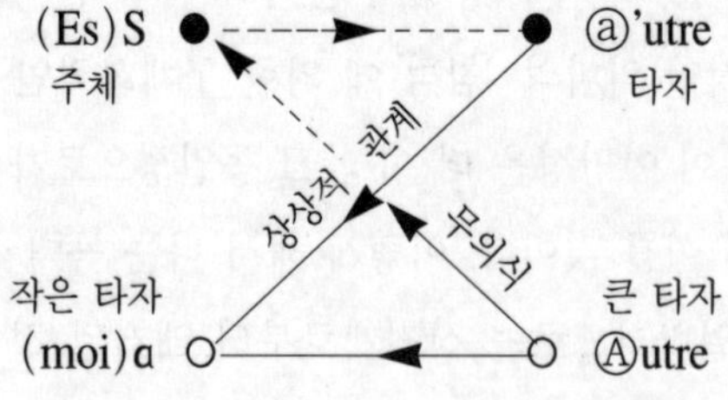

상상적 관계 α──α′ 자아와 (α′)와 그 대상들(α), (사변적 포착) S──
A의 관계에 대한 '나르키소스적인 환영의 베일'로서 나타나고 이 주체의
이편과 대타자의 저편 사이에서 교차된다. 그 속에 사실 말이 삽입된다.
그런데 이 말은 말 속에 기초하는 존재들이 완전히 그의 믿음 덕택에 존
재하는 그러한 존재로서이다."[49] 이 베일은 융적인 점술 속에서 작용한다.
"이미지의 원시 형태적 팽창 속에서, 그 식물적인 팽창 속에서 삶의 발동
으로 충만한 영적인 가장자리에서."[50] 주체에 있어서 그 존재에 대해 자문
해 보는 일은 α′──α의 축이 아니라 S──A 축이라는 사실은 분석적
경험이 입증한다. "그 행렬 중 한 요소에 불과한 또 이 질문이 **자아**의 층
위에서 촉발시키는 일종의 번민이 아니라 다음과 같이 질문되는, 즉 '거
기서 나는 무엇인가?' 그러니까 그의 성별과 존재 속에서의 우연성, 다시
말해서 한편으로는 그가 남자인가 또는 여자인가 하는 것과 다른 한편으
로는 그가 그 둘 모두 아닐 수 있다는 것은 그들의 신비와 접속시키면서
그리고 생식과 죽음의 상징들 속에 이 신비를 접속시키면서 말이다."[51] 그
것은 결정적이다. "그의 존재에 대한 질문이 주체를 잠식하고 그를 지탱
하며 그를 침범하고 따라서 사방으로 그를 갈기갈기 찢어 놓는 것, 분석가
가 만나는 긴장, 서스펜스, 환상들이 바로 그것을 증언한다. 그리고 바로
그것은 이 대타자 안에서의 질문(무의식은 대타자의 담론이다)으로 분절
되는 장소에서 특별한 담론의 요소에 대한 것이라고 말해야만 한다. 왜
냐하면 이 현상들은 그것들이 증상들의 고정성을 지니고 읽혀질 수 있으
며, 그것이 해독될 때에는 용해되는 이 담론들의 형상들 속에 자리잡기
때문이다. 그러니까 이 질문이 그곳에서 문제가 되더라도 또는 모든 분
석 이전에 이 질문이 조심스러운 요소들로 분절된다 할지라도, 이 질문이
형용할 수 없는 것으로서의 무의식에서 제시되는 바가 아니라는 사실을
강조해야만 한다.[52]

1-2. 이 어려움은 또한 인칭의 이상들에 대한 광학적 유형으로 돌아오면서 조명될 수 있다.[53] (논리적으로) 거울 단계의 앞단계가 뒤집힌 꽃다발의 착란으로 그려지는 것을 상기해 보자.

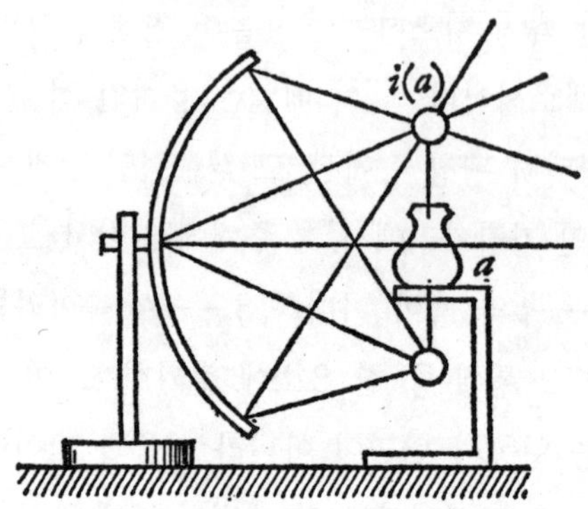

현실적 대상 'a'(꽃병)에 익숙해진 주체(육체의 형성 과정을 재촉하는 부분적인 대상의 기능)는 숨겨진 체로 있는 한 대상에 대한 현실적인 이미지는 i(a)들(거울 속의 이미지)이 나타나는 것을 '본다.' 구조의 주요 대상은 피층의 총체적인 기능을 재현하는 M구형의 거울이다.

그러므로 라캉은 구조를 다른 거울 A(다른 상징계)의 삽입 **효과**로써 형상화시킨다.

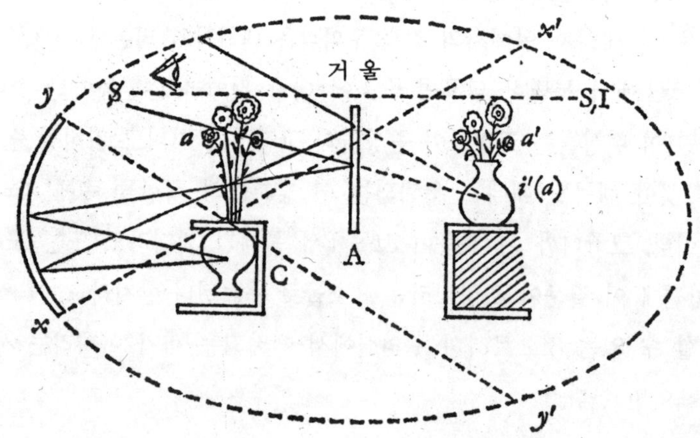

이 새로운 조립의 특징들은:

Ⅰ. 꽃다발과 꽃병은 그들의 역할을 바꾼다. (클라인적인 의미에서 부분 대상의 대상 a의 욕망의 이유 대상으로의 교체?)

Ⅱ. 주체는 그 육체(실내의 꽃병)와 그 현실적인 이미지, 즉 (a)의 현실이 대상 a(꽃병의 실제 이미지)를 떠받치면서 그 지각에서 닫혀진 채로 존재하는 것과 같은 방법으로 위치해 있다.

Ⅲ. "그 하나만이 착란의 잠재적 이미지(a)에 접근한다. 이것은 결정적인 소외화 과정 속에서 그 육체의 개발 과정이 앞질러 가는 상상적인 반향이다. 현실적인 이미지는 잠재적인 이미지처럼 그 둘 모두 상상계에 등록되어 있다는 사실을 주목하고서 그렇지만 잠재적인 이미지(대타자와의 관계에 의해 중재된 지각), 현실적인 이미지('직접적인' 지각——그것 자체로 허구적인)의 착란을 배가시킨다."

Ⅳ. 주체가 A(그러니까 A와 그의 숙고하는 기능)를 구조 속에 '위치시키고' 그의 스스로에 대한 이미지를 '조절하는' 것은 대자아 I(일항적 성격) 이상의 의미 작용의 성좌에 익숙해지면서이다.

우리는 라캉이 그곳으로부터 거울 A의 '회전'으로서 분석 과정을 해석했던 것이 다음의 효과를 지닌다는 사실을 알고 있다.

Ⅰ. 분열된 주체 $를 I로 이동시키는 효과: 분석가가 스스로를 마치 또 다른 상상계로 중성화시키면 주체는 자신의 현실적인 이미지에 접근한다 ('그는 그의 욕망 언어에 다가간다').

Ⅱ. 그 이미지를 현실적 육체의 자리에 다시 형성시키기 위해(A에 잔존하는 행위)[54] 잠재적인 이미지를 용해시키는 효과(나르키소스적 이미지의 용해).

만약 $, I, a, i(a), i'(a)의 개념들이 현실적 육체와 구축된다면, 그것은 '거울' M(피층)과 A(시니피앙들의 보고)의 이중성 기능 속에서 뿐이다. 그것이 기본적인 만큼 이 광학적 모델은 그 기능으로서 그 둘(A와 M)의 차이점과 협동을 보여 주는 것이다. 그렇게 해서 하나의 모순에 부딪히게 되는데, M과 A는 동일한 생물-의미 작용의 객관성 속에 통합됨으로만 구조를 이룰 수 있을 때(모델 속에서 거울들의 공통적 위상을 상기시키는 것) 이질적인 객관성의 등록으로 보내지기 때문이다. 바로 거기에 구조적 정신 분석이 가득 채우지 않는다면 적어도 결정적인 방법으로 이동시켜야 할 논리적인 '구멍'이 존재한다(생물학과 상징계의 차이라는 구멍).

문제는 어느 한도에서 구조의 도식주의가 거기에 참여하는가를 아는 데 있다.

1-3. 앞부분의 초안잡기에서 우리는 한편으로는 육체의 현실(표준적인 의미)적인 측면과 다른 한편으로는 상징적인 측면(잔존적인 의미)의 동일화 과정 도식을 감속시키고 환유화시켰다. 시니피앙의 분열된 주체 $와 위상으로서의 대타자와의 관계를 그만큼 통합시키지 않은 채로 말이다.

이같은 통합 과정은 다음과 같은 조건하에서는 자명한 것이 아니다.

I. 차이와 시니피앙의 도식은 이질적인 두 개의 환원으로부터 '떨어져' 나온다. 첫번째는 통사론의 환원이고 두번째는 기호의 환원이다.(2-5 비교.)

II. 시니피앙의 논리는 그것이 성적 특징 부여 과정의 형태로 이끌어지는 한은 언술화 과정의 '나'의 연동소와 그것의 가장자리를 차지하는 '그' 사이의 '논리적으로' 구별되는 차이를 등록시키면서 형식들을 엮는다.[55]

어쨌든 우리는 다음과 같은 것을 위해 도식주의의 사용에다가 존재의 논리를 접목시키는 것으로 충분하다는 사실을 보여 줄 수 있다.

I. 시니피앙의 라캉식 논리를 추론하기 위해.

II. 성적 특성 부여 형식과 IV에서 초안을 잡은 상징적 동일화 과정의 등위성을 추론하기 위해.

그것은 비록 사변적이라 할지라도 구조적인 정신분석의 수학 기호적 일관성을 증언하는 강한 결과에 관한 것이다. 게다가 이 일관성은 계통학적이다. 또 이 일관성은 일반적으로 인식론자들이 지시 대상의 문제에 관심을 가지면서 무시했던 존재의 상징적 가치를 재활성화시킨다. 우리가 관심을 갖는 지시소적·조응소적·상징적 동일성의 경우, 존재는 진실에 대한 객관적인 가치를 지니는 것이 아니라 언술화 과정의 주체를 위한 조정의 가치를 갖는다.(안셀무스의 입증 비교)

왜 그리고 어떻게 주체의 개별화 과정이 필연적으로 (구조적 필연성의 문제에서) 시니피앙/시니피에의 **분리**를 지나치는지를 이해하는 것은 어려운 일이다. 또한 주체는 왜 그리고 어떻게 재현화 과정의 **구조적 구멍**으로 강요된 **이상적 시니피앙**을 **모르는 사이**에 새기고 결정하고 개별화하는지, 마지막으로 왜 재현화 과정의 나열 속에서 의미 작용의 형식화 과정이 여러 단계로 이루어지는지를 이해하는 일들이 문제가 될 것이다.

Ⅰ. 불연속성의 현실적 실행자 권력에서 기호론적 시니피앙으로 추정되는 효능의 이끎.

Ⅱ. 구조의 이차적 기능이 시니피앙(아버지의 이름) 중심과의 어긋남을 전제한다는 사실의 증명, 여기서 배제는 원시적 함축의 심적인 유지를 함축한다.

Ⅲ. 시니피앙의 일관성 없는 '총체'로서의 대타자의 **논리적** 자가 조정 작용과의 이 시니피앙의 관계맺기.

2

내가 힐베르트[56]의 《양화 과정과 조작자》에서 초안을 잡았듯이 존재론의 맹목이라 할 수 있는 이 어려움들의 집중적이고 교차적인 총체를 매우 기본적인 방법으로 해결하는 것은 가능한 일이다. 이 논리적 현실적인 '해결'의 대가는 어떠한 명증들의 결과적 자리바꿈이다. 그 단계는 다음과 같다.

2-1. 양화 과정 시니피앙의 논리-언어학적인 정의와 재정의 사이의 또는 시니피앙과 판단 사이의 필연적 상관 관계의 확립은 힐베르트에 힘입은 바 있다. 힐베르트는 f(x) 유형의 기본적인 판단은 논리적으로 구조된 지시소(상징-색인)처럼, 또 언어학적으로 'f를 만족시키는 것'으로 표현될 수 있는 하나의 개념이 일관성 있게 참조할 수 있는 가능성에 등가하다는 사실을 보여 주었다. 우주론적 판단은 결과적으로 우리가 **분열된 지시소**라고 부를 수 있을 것으로부터 해석된다. 다시 말해서 그것은 지시소에 상징의 양상과 색인의 양상이 **모순적일** 하나의 지시소로서 구조되는 논리적 개념인 바이다. 시니피앙의 라캉식 결정 과정에 대한 조사가 다음의 가정을 용인한다.

I. 논리적 층위에서 시니피앙들은 분열된 지시소의 구조이다.

II. 그 자체의 생긴 그대로 시니피앙들은 각 주체들을 결정하면서 무의식적 판단들의 핵을 조직한다.

III. 이 판단들은 그것들을 떠받치는 시니피앙들이 그 자체 지시 대상의 **지방색없애기 과정**(상징/색인의 분열)으로 떠받쳐지는 한도에서 우주적인 **동시에** 독창적이다.

2-2. 라캉이 **타자로부터 대타자까지** 제안한 결과들을 시니피앙들의 '총체' A에 대한 형식적 연구를 통해 되찾기, 특히 총체적이 비일관성, 대타자에 대한 구조의 불완전함, 그 속에서 구조화된 (조정자) 모순은 이 모순이 시니피앙을 통과할 때 상징적 남근에 그 자체 분열된 지시소화됨을 설명한다.

2-3. 모순적인 시니피앙을 '남근적 기능에 아니라고 대답하는 자'로서 정의된 연동소에 동일화시키면서 시니피앙의 층위에서 언술화 과정의 층위로 **명료하게** 넘어가는 것.

Ⅰ. 왜 유일한 남근적 '기능'의 '진실' $\Phi_{(x)}$이 언술화 과정 주체의 일관성을 가장자리에 밀어 놓으면서 존재의 **아무 참고도 가능치 않은** 하나의 언술을 지탱하는 데 있는가를 이해하는 것.

Ⅱ. 대타자의 '총체적'인 일관성의 성적 특성 부여의 공식을 **축소시키는 것.**

Ⅲ. Ⅳ에서 초안이 잡힌 상징적 동일성의 충돌을 정확하게 재발견하는 것. (상징적 남근을 조응소화시키면서 정보 없는 연동소로서의 '그'에 대한 논리적·현실적 정의.) **그러니까 의미 작용 과정의 논리를 축소시키는 것이다.**

3

언술화 과정의 주체를 의미 작용의 균열의 주체로서 우회시키는 것은 세번째 층위에서 **주체가 단세(단자)가 되는 상징적 상호 주관성의 층위로** 안내한다.

그것은 꽤 독특한 문제를 야기시킨다. 사실 만약 우리가 철학의 조류들을 가로질러 로고스의 운명에 다름 아닐 결과들의 고리에서 그 도움을 구한다면, 상호 주관성의 사상은 시니피앙의 도식주의에 **동형인 논리적-현실적 도식주의에 좌우된다는** 사실을 증명한다. 특히 '분리된 영혼'들의 싸움은 단자적 주체의 비일관적인 총체 속에서 지방색을 없앤 상징적 아버지를 초월하면서 한 장소로 국지화하는 데 있는 부성적 은유[57)와 동형인 '은유'를 전통적인 '해결책'으로 받아들인다. 아니면 **상징적인 아버지를 조응소화시키면서** 의사 소통적 절대성을 **생산하든지** 말이다.

이 조응소 안에서 제이의 상징적 동일성인 '신'은 남근성에 다름 아닌 상징적인 아버지에 있다. 반면 아버지의 이름에 대한 신앙(믿음이 아닌)은 어머니에의 욕망에 있다. 상호 주관성 속에서 지방색이 제거된 또 인류 속에서 단자화된 '내' 육체의 아토피처럼. 신의 유일 존재성은 분리된 언술화 과정의 정의내릴 수 없는 환유에 도움을 청한다. 이같은 초월적인 주체(언술화 과정의 주체가 아니라)를 한정짓는 유일 존재성에 있어 성적 특성의 공식들은 안셀무스의 입증 증거와 등가이다.

그러므로 인류의 단자적 **생산화** 과정은 언술화 과정 주체의 의미 작용 진실과 같은 존재론적 진실이 질서인 듯 보인다. 존재론과 구조 분석 사이의 가정으로 이끄는 것은 역사적인 **교착 어법**으로 펼쳐질 터이다.

Ⅰ. 초월적 문제 제기 속에서 주체는 하나의 불리한 공격이다. 시니피앙 → 언술화 과정의 생산화 과정의 관계는 그 속에서 단자적 자아의 단순한 독창성을 통해 시야가 가려진다.

Ⅱ. 그러나 분석적 문제 제기 속에서 불리한 공격이 되는 것은 상호 주관성이다. 단자에 대한 의미 작용의 욕망하는 열개의 실천은 상관항에 있어 언술화 과정→ 인류 생산 과정의 관계 **심리에 대한** 투영을 허용한다.

이 불리한 공격에다가 분석 담론의(담론이지 실천이 아닌) 근본적인 실패의 탓을 돌려야 하는 것은 명백한 일이다. 그것이 산출한 고통 속에서 그 때문에 또 동정심으로 문자들을 고양시킬 무능함을 드러낼 그 분석 **담론** 말이다.

결 론

분석은 목적이 없다. 분석은 십자가를 진다. 분석은 그 담론을 뿌리로부터 소외시키는 **이중적 제약**에 종속되어 있다. 그 독창성으로부터 벗어나기 위해 심리주의의 범학문적인 과학이 되기를 스스로 염원하며 그 행위로부터 현실을 소외시키든지, 아니면 그 독창성을 보존하기 위해서 현실에 그 행위를 허용하여 제안과 치명적인 맹목적 미신 속에서 자기의 담론을 소외시키든지 말이다. 분석은 그것이 자기 행위의 현실을 선택할 수밖에 없으므로 자기의 논리에 취하는 수밖에 없다. 분석은 현실의 **알로공**을 존재화시키면 존재의 의미를 자멸시킬 수밖에 없다. 이 **오래 된** 소외시키기는 말의 앙갚음을 적기에 암시해야만 할 것이고, 가정된 것의 층위 그러니까 대상 a의 층위로의 프로이트적 **지표**의 추락을 이끌어 내야 할 터이다. 이같은 실추(마르크스주의적 지표 실추를 뒤이어) 위기를, 다시 말해서 초월적 횡설수설을 낳는다. 이 텍스트에서 나는 여러 지표들의 얽힘과 존재론적 고정으로써 그것에 대답하려 시도하였다.

I. 프로이트의 메타심리학의 정수는 바야흐로 이 파국 이론이 그러했듯이 체계 이론, 바이오 사이버네틱스, 자가 작동, 산재 구조들 등이 펼쳐지기 시작한 새로운 과학 정신, 새로운 물질주의와 수학과 현실과의 새로운 관계 등을 밝힌 것이다.

II. 무지가 문학적 장점으로 되면서 프로이트의 정신분석이 인식론적 단절을 부인한다면 그럼으로써 그 고유의 미래를 불투명하게 한다. 라캉의 단절은 어쨌든 프로이트의 정신분석으로 하여금 그 행위의 현실을 재포착하도록 만들었다.

III. 마치 **로고스** 운명의 순간처럼 라캉식 반만-말하기는 마지막 심급에 가서는 정확한 것이 된다.

IV. 그렇다고 해서 그것이 참조하는 바를 의미하지는 않는다. 오히려 그 반대이다. 학설지가 전달과 일반화된 인용을 낳은 교구에 의한 그 기준론은 분석 행위를 '사람 냄새가 나지 않는 기술'로 '사회적 또는 심리학적 미신의[58] 모호함'으로 왜곡시킨다.

V. 만약 정신분석학이 정말 그대로 아는 바로 추정된 것[59]과 성적 비관계, 담론으로서의 그것의 유일한 독창성은 **탈영토화되는** 것이다.

VI. 존재 문제의 터질 듯한 강렬함은 추측 가능한 영토성을 위한 알리바이가 아니다.

Ⅶ. 만약——구조적이 된——정신분석학이 적어도 영토적이 되고 싶으면——논리적인 대타자의 의식화(儀式化) 과정을 가로질러——비의적 억지의 후방과 속세적 협잡의 전방을 재활성화시키면서 활성화하는 방법뿐이다.

Ⅷ. 그 행위의 현실 속에서 분석은——그 잔존 의미에 대한——의미 작용의 실천, 약호풀기 속의 언술화 과정 생산자의 영도로 환원된다. 앎에 대한 형상적 환원으로써 분석은 역사에 존재한다. 특히 분석은 다른 담론의 무지를 밝혀내는 체할 수는 없다. 배제적 방법에 근원이 있는 의미 작용의 실천들, 그것들에 고유한 무지란 있을 수 없다. 허위 없음이 해설을 다는 무지는 의미 작용 균열의 이상적인 주관성 같은 초월적인 환각의 상호적인, 그리고 내적인 담론에 대한 성찰일 뿐이다.[60]

Ⅸ. 담론의 견고도로서의 정신분석의 전달은 모순적으로 모든 영토성으로부터 정신분석을 분리시키면서 데카르트식의 조작 과정을 전제하고, 무의식(하나의 오류)을 합리화시키고 상호 주관적인 강렬함을 개발하면서 '하나의 방향 전환'을 전제한다.

Ⅹ. 조작 과정은 라캉식의 반만-말하기가 수학적 기호를 '지날' 때만 가능하다. 그런데 그것은 인용의 과장된 의식화 과정으로서가 아니라 불완전함에 대한 일관성 있는 현실 모사로서이다.

Ⅺ. 이렇게 인정된 '수학적' 일관성에의 가공 작용은 형식적 물신 숭배 속에서 분절을 서두르는 것과는 거리가 먼 현대적인 이유로 해서 그 서두를 강요하는 합리적인 행위이다.

Ⅻ. 인식론적으로 이 행위는 정신병에 대해 필연적으로 하나의 결정을 포함한다. 정신병은 그저 단순한 한계의 현상이 아니다. 임상적 범주 전환이 선험적으로 분석의 이유를 방해하는 것이 바로 그것이다. 이상적인 주관성으로서의 그것은 발견될 수 없고 결정될 수 없는 명백성의 조작자 자체이다.

정신병을 결정짓는다는 일은 문법의 형상적 환원(초월적 주체 없는)과
다른 명확성에 동의하는 것과 같다. 이러한 의미에서 이상적 주관성으로
서의 정신병은 효과로서의 그것의 사변적 생산 과정, 다시 말해서 그 논리
없는 개념에 대한 논리 현실적 현실 모사에 동일시된다.

나는 바로 그것을 증명하려 했던 것이다.

참고 문헌

⟨양성성과 성차 *Bisexualité et Différence des sexes*⟩, 《신정신분석지 *Nouvelle Revue de psychanalyse*》, 제7호, 파리, 1973.

J. -F. 보르드롱, ⟨구조적 기능 *La Fonction structurante*⟩, 의미 작용의 기본적 구조 *Structures élémentaires de la signification*》, 콤플렉스, 브뤼셀, 1976.

J. -F. 보르드롱, ⟨철학과 기호학 *Philosophie et sémiotique*⟩, 《문학 잡지》, 127 / 128호, 파리, 1977년 9월.

J. -F. 보르드롱, ⟨전설의 제목 *Le titre de la légende*⟩(《인문 과학에서의 신학 담론 *le Discours théorique en sciences humaines*》에서, 쇠이유).

로요몽 센터에서 피아제와 촘스키의 토론(《인문 과학에서의 신학 담론》, 쇠이유).

G. 들뢰즈, 《의미의 논리 *Logique du sens*》, 미뉘, 파리, 1969.

G. 들뢰즈, F. 가타리, 《반오이디푸스 *L'Anti-Œdipe*》, 미뉘, 1972.

J. -P. 데클레, 《초언어학적 작용 *Opérations métalinguistiques*》, Pitfal, Document 제2호, 형식언어학연구소, 파리.

J. 라캉, 《작품집 *Ecrits*》, 쇠이유, 파리, 1966.

J. -D. 나시오, ⟨주체와 성행위: 현실적인 일⟩, 《프로이트학파의 편지 *Lettres de l'École freudienne*》, 제13호, 파리, 1974.

J. 프티토, ⟨기호학 사각형의 지형학 *Topologie du carré sémiotique*⟩, 《문학 연구 *Études littéraires*》 라발, 1977년 12월.

J. 프티토, ⟨동일성과 파국 이론 *Identité et catastrophes*⟩, 《동일성 *l'Identité*》

그라세, 파리, 1977.

　J. 프티토, 〈성 조르주: 회화적 공간에 대한 주목〉(《명상록 *Médiations*》 전집에서 발췌).

　J. 프티토, 〈파국 이론 개요 *Introduction à la théorie des Catastrophes*〉, 《수학과 인문 과학 *Mathématiques et Sciences humaines*》, 제59호, 고티에-빌라, 파리, 1977.

　J. 프티토, 〈*Quantification et opérateur de Hilbert*〉, 《*Lettres de l'École freudienne*》, 제21호, 파리, 1977.

　R. 톰, 《구조적 안정성과 형태 발생론 *Stabilité structurelle et Morphogenèse*》, 제2판, 벤자민, 뉴욕, 출판과학, 파리, 1972.

　R. 톰, 《형태 발생론의 수학적 모델 *Modèles Mathématiques de la morphogenèse*》, 10/18, 파리, 1974.

　R. 톰, 〈상징성의 생물학적인 근거 *Les racines biologiques du symbolique*〉, 《형태 발생론과 상상계 *Morphogenèse et Imaginaire*》, 〈상상계 연구 노트 *Cahiers de recherche sur l'Imaginaire*〉, 8-9, Lettres modernes, 파리, 1978.

　E. C. 제만, 〈파국 이론 *Catastrophe Theory*〉, 《*Scientific American*》, vol. CCXXXIV, 별책. IV, 1976.

토 론

줄리아 크리스테바——당신이 현실계에 대한 라캉의 논리적 금지에 주의를 환기시킨 데 나도 동감합니다. 그 덕분에 하나의 불가능함, 말해야 할 불가능함을 선언하는 것은 이성을 분류하지 않고서 재인식하도록 합니다. 광기는 바야흐로 이 불가능함, 이 현실을 말할 수 있다고 ——아니면 말해야만 한다고——믿는 것으로 여겨질 수 있습니다.

　그렇지만 당신의 담론은 나로 하여금 또한 그 이외의 것까지 이해하도록 합니다. 현실계와 상징계 사이의 광적인 합치 속에서 하나의 언술화 과정은 으스러지지 않고서 그 둘 사이에서 **가능한 하나의 중계**를 분절할 수 있습니다. 우리는 이 이동을 '상징계의' '진실임직함' 또는 '예술' '비의적'이라고까지 부를 수 있습니다. 당신이 우리로 하여금 납득케 한 바는 또 다른 것입니다. 그것은 현실계와 상징계 사이의 가능한 또 다른 이동이며, 당신이 파국이라고 부른 것입니다. 왜냐하면 그 둘의 합치도 분리도 없기 때문입니다. 그것은 무엇의 파국을 의미할까요?

문제가 되는 경험 속에서 또 문제가 되는 이동 속에서 우선 주체의 파국은 과도기에 다름 아닌 하나의 주름입니다. 자아도 리비도도 초자아도 아닌 것, 나도 타자도 아닌 수신자의 자아가 마치 탈인격화 과정으로 받아들이는 통로이자 가장자리입니다. 예를 들어 형식적 자연 언어에서 나타나거나 아니면 또 다른 방법으로 당신의 말라르메의 독서에서…… 일어나는 바와 같이 나는 특정의 과학 담론 속에서 이 과정의 파열음을 듣습니다.

과학 자체 담론의 파국, 그것은 리듬이나 어휘적 또는 통사론적인 조정으로 언술되지 않고 **응축 작용**으로, 다시 말해서 초과 약호화나 생략으로 언술되는 것입니다. 이렇게 해서 우리는 헤라클레이토스적인 의미에서의 '단상'(그것에서 부분과 전체는 그 자체로 존재하지 않아 왔다. 다시 말해 분리되어서 또는 그 즉자로서 존재하지 않는 바이다)이 아니라 팽창 중의 기억으로 가득 채워진 하나의 언술-단상인 것입니다. 이같은 언술화 과정의 전략은 초과 약호화되고 초과 결정된, 또 그것들의 반송 폭로에 대한 생략적인 단상들에 의해 그 자체 이루어진 의미의 무한으로의 팽창으로서 또는 이 팽창을 통해 현실에 도달하려는 데 있습니다. 그것은 진실임직함의 담론으로 상상적인 것도 현실 계좌로의 광적인 대체도 아닌, 고전적인 진실이 아닌, 모순적이고 과학의 파국에 대한 진실이라 말할 수 있겠습니다. 이런 경우 과학은 하나의 수사학을 제공합니다. 그것은 진실임직하게 하는 자의 항렬로 승진됩니다(환원된다). 그리고 그것은 과학을 위해 잘된 일입니다. 왜냐하면 과학 담론은 객관적이고 논리적인 영역으로부터 그것을 추출한다는 조건에서 가장 막강한 기호들의 자발성과 그것들의 의미의 무한에까지의 확장을 소유하고 있기 때문입니다. 그것들 안에서 자연 언어가 스스로 말하기 위해 분리되는 사물(물론 성적인)과의 관계에서 균형을 잡을 수 있기 위해(그러니까 방어하기 위해), 바로 그것이 그 어느것에 자연 언어가 무한히 초과 약호화되어 있는가를 보여 줍니다. 그러니까 우리는 어떻게 고전적 진실 담론, 따라서 과학 담론이 또 다른 층위에서 하나의 '진실'에 자리를 내어 주기 위해 수사학, 그럼직함과 진실임직한 것이 될 수 있는가를 이해할 수 있습니다. 여기서 이 또 다른 층위의 진실이란 강요된 명명화의 진실(응축된, 단편화된, 초과 약호화된, 생략적인, 무한으로 팽창하는) 이렇듯 불가능한 현실계의 가능함일 뿐인 것입니다. 다른 말로 하면 앎이 열중할 때 그것은 문학과의 관계에서는 향수일 뿐인, 그러나 마치 문학 그 자체가 그러하듯이 기호들의 초과 포화 상태를 통해 현실적인 것의 결핍을 말하려 애쓰는 수사학이 됩니다. 그것이 의미하는 바는 강한 의미에서 수신자를 가지는 의사 소통 과정이 아니라 지형학, 보다 정확히는 당신이 우리에게 보여 준 파국의 지형학인 것입니다.

장 미셸 리베트——당신이 구조를 결정하는 일은 하나의 현상론, 하나의 행동, 하나의 기술을 의미하는 것이 아니라는 사실을 잘 보여 주었습니다. 주관적인 구조를 '형성하는 것'은 심각한 문제를 제기합니다. 원칙적으로는 정신병에 대해 구조가 그 자체를 스스로 지적하지 않기 때문입니다. 사실 정신병이 항상 선언되는 것은 아닌 만큼(정신병은 항상 구조로 선언되는 것은 아니다) 구조는 그만큼 절박합니다. 그 속에 당신이 지적한 바 있는 경험론과 이상적 현실 사이의 차이 또는 분석적 관찰과 그 이론 사이의 분리가 있는 것입니다. 분석적 개념이 즉각적으로 돌리는 임상적 실천에 명백히 연관되어 있는 것은 그 진실임직하게 하는 조작 과정을 나타냅니다. ('마술적' 사상 속에 이렇듯 잠겨 있는 구조의 서사화 과정 기술-중화 과정) 바로 당신이 구조의 형식화 과정과 대립시킨 것 말입니다. (당신이 논리-현실적인 것이라 명명한 그 이론화 과정, 수학적 추상화 과정 또는 언어/논리/개념에 존-재하는 현실의 거대화 과정이 그것이다.) 다시 말해서 한편으로는 자크 라캉을 통해 산출된 **글쓰기의 노력**, 다시 말해서 의미를 환원시키지 않고서(동일성과 차이 사이에서) 희열을 대수화하려는 보로메오적인 엮음인 바입니다. (앎과 진실 사이 무의식과 성적인 것 사이에 잔존하는 이 결합.) 그런데 이것은 은유와 그 자리바꿈들을 적는 데 주체에게 그것을 읽을 **자리**를 부여하지 않습니다. 다시 말해서 이것은 아무 주소 없이 편지를 쓰는 일과 같습니다. (결국 보로메오적인 매듭은 주체의 구조를 말하기 위해 그것을 읽는 자의 자리와 같은, 그것을 쓰는 자의 자리를 지우는 독특한 글쓰기를 정의한다.) 다른 한편으로는 당신의 파국적 '환원'으로 그것은 그 시니피에 지지대의 특수한 성격이나 변형과 집중의 하부 구조가 **어떠하든지** 의미의 형식(아니면 의미 작용의 상징적이고 충동적인 변형의 형식)을 말하면서 구조를 생산하는 것입니다. (그 종합/분리를 통한 그의 위기에 놓기와 더불은 과학적 합리성을 조정하는 이 유토피아적 조립 유형의 상당한 결과는 틀림없이 이질적인 담론 지역과 동시에 다양화된 사회적 실천 지역을 고찰하도록 해주는 것입니다.)

게다가 정신병은 '결정할 수 없는 것'입니다. 그것은 너무도 당연히 명명됨으로써만 다시 말해서 명명되어진 것으로써만 하나의 **사실**이 될 수 있습니다. 정신병은 사회 속에서 (역사적 또는 지형학적인) 담론을 엮는 것들의 가장자리를 의미합니다. (사실 정신병은 현대성처럼 참고 가능한 질문의 대상일 뿐 아니라 지형학적으로도 자리매김을 할 수 있는 질문의 대상입니다. 예를 들어 서구에서는 말레이시아에서 빈번히 찾아볼 수 있는 amok(극도의 흥분 상태), latha(가벼운 착란 상태), Koro(가벼운 심적 교란 상태)와 동형의 무의식적인 교란 상태를 관찰할 수 없을 듯합니다.) 다시 말해서 그 상태들이 서로 다른 담론들의 문화적 전제를 갖는 한 그 선입견들과 광란들을 동위선상에 놓을 수는 없는 것입니다. 적어도 모든 담론들은 그 가장자리가 불명확함, 비-진실임직함-비의사소통성으로 결정되는 그러한 가장자리를 정하는 하나의 그럼직함, 하나의 남근성으로 정의됩니다 그리고 만약 한 착란이 한결같은 의미론적 진실을 품고 있다면(그 과정은 참고 가능한 것과 관련된 것, 조응소적이고 그 전언은 입증 불가능하고 결정 불가능하고 위조할 수 없는 것이다), 그것은 그럼직함의 가장자리를 자르지 않는 것입니다. 그럼직함의 행위는 결국 다음과 같이 작용합니다. 사회적으로 우발적인 정상성은 우주적인 성적 비정상을 다스립니다. (엄밀히 말해서 그것이 **순수한 차이**를 확립한다는 의미에서, 비교할 수 없는 의미하지 않는 절대적인 차이와 결정할 수 없는 것으로서의 성적인 것, 그러니까 공통의 잣대로 관계도 가지지 않는 사적이고 자의적인 차이이다.)

　서로 **이해해야 할** 아무런 **이유**도 갖지 않을 존재들(성적 특성이 부여된) 사이에서 말의 관계가 확립되는 단위(공동체)를 세우면서 담론의 조작자로서 서로 응수하는 **남근성**과 배제화 과정은 바로 그것에서인 바입니다. (만일 배제화 과정이 진실의 단일성을 구멍내거나 자르면서 아니면 진실과 그럼직함을 분리시키면서 배제화 과정의 담론 조작자로 바뀌어질 수 있다면, 아마도 장 우리가 직면했던 방법으로 배제화 과정의 배제화 과정에 대한 효과로서 정신병을 간주해야만 할 것이다.) 정신병이 논증적인 조작 과정을 발생시키는 한 배제화 과정이란 하나의 **확언**에 **자리**를 남겨두는 일, 긍정적인 술어 기능의 부재(원초적인)의 확언에 (빈)자리를 남겨두는 일이라고 말할 수 있습니다. 무모한 것으로 비칠 수 있는 하나의 개념에 대한 다무레트와 피송을 변형시키면서, 이 술어 기능의 부재에 대한 확언을 **배제적인 확언**이라 불러야 할 터입니다——예를 들어 그것이 **아니다** ('pàssa,' 그리스어로: 모든). 그는 내 아버지가 아니다(내 이름은 이름이 아니다). 나의 어머니는 거세당하지 않았다. 아니면 프로이트의 관찰을 빌려서 나의 여동생은 죽지 않았다 등등. (그러므로 부인적인 억압과는 아무런 상관도 없다. 즉 이 꿈속에서 그건 내 어머니가 아니다. 도착적인 부인의 수사학적 형상과 더불은 것은 아니다. 즉 내 어머니가 여성이라는 사실을 난 잘 알고 있지만 어쨌든 그녀는 페니스를 가지고 있다.) 다시 말해서 축출 과정의 통사론적 조작 과정을 통해(완전히 특별한 한 유형, 그러니까 배제하는 부정성—— '그게 아냐'——부인에 대한 똬리 없이) 파기는 서술적이지만 그렇다고 해서 어휘화되어 있는 것은 아닙니다. 배제적인 확언은 술어의 값을 합니다(좋은/나쁜, 등등). 의미 작용의 변형 속에 꽉 조인 확언성은 언제나 아님, 부정의 바탕에서 언술됩니다. 즉 파괴 의지, 부재, 하나의 요구는 모든 확언을 조입니다. 순수한 확언, 순수한 부정성이란 존재하지 않습니다. 줄리아 크리스테바의《시적 언어의 혁명》에서 상기하기 위해 '부정성, 즉 파기'는 반대로 '아니오'과 구별되고 그것을 동반하는 '네'는 없습니다. 즉 네라고 말하는 것은 '아니오'에 대한 자기 확신입니다. 그 속에서 부인 그 자체의 실패가 나타나고 그것은 존재하는 것을 파기할 뿐입니다. 이렇듯 부인하고 배제적인 확언을 하면서 나는 내가 부정하는 바에 어떤 것이 존재케 합니다. (즉각적으로 의미화되어지지 않는 어떤 것, 예를 들어 탐스러운 것이 배제되는 장소인 공포증 속에서 하나의 구멍이 혐오적인/탐스러운 것의 의미론적 대립 관계를 실효시키는 반면 '그것은 좋지 않아'는 먼저 번민이 존재케 하는 것처럼 말이다. 내가 배제적인 확언이라 부른 것을 가로질러 비-상징화된 배제, 하나의 시니피앙을 아버지의 이름과 분리시키는(벌려놓기 · 파기하기) 비술어화된 부인이 작용하고, 마치 현실 같은 이 자리 없음과 시니피앙 체계의 부재함이 강요된다(아니 차라리 노출된다).)

이름의 광기와 주체의 비의성: 수랭[1]

줄리아 크리스테바──정신병 담론의 진실에 대한 우리의 질문에 관해 미셸 드 세르토는 장 조제프 수랭과 그의 글쓰기, 특히 《찬가》와 《실험과학》을 통한 18세기 비교에 대한 흥미로운 지적들을 하고 있습니다.

장 미셸 리베트──이 글쓰기의 전반 상황을 좀 정확히 해주실 수 있겠습니다? 왜냐하면 이 전반 상황들은 장 조제프 수랭의 전기와 밀접한 관계가 있으니까요.

미셸 드 세르토──모든 전기는 전체적인 조명을 위해 마치 퍼즐처럼 사소한 나머지 것까지 소용이 됩니다. 그것은 하나의 허구틀을 세웁니다. 고전 시기의 병리학적이고 비교적인 '한 경우에 대한 역사'를 초안 잡을 도식에서 나는 가십적 일화와 서체의 조각적 단편들, 파괴된 형상을 붙여보기를 선호할 것입니다. 장 조제프 수랭은 18세기에 미치광이로 지칭되었고, '아무도 간직하려 하지 않는 모자 위의 꽃장식'[2] 우를루프에 등장합니다.

보르도에서 태어나 거기에서 죽은(1600-65) 그는 상인에서 법관 귀족을 지낸 가정의 출신이었습니다. 정직하고 능란한 의원이었던 아버지는 성공을 거두었지만, 그것을 조롱거리로 만드는 상처입히고 비밀스런 의식으로 그 성공은 잠식되었습니다. 반대로 어머니는 활동적인데다가 공격적이었습니다. 그녀는 각처에 나타났습니다. 자선가로 독실한 신자, 프롱 드 단원으로, 정치가로, 카르멜회 수녀로, 결국 반-신교 개혁을 기치로 내세우던 도시의 특권층에 자리잡습니다. 60권을 넘기면서 절망 속의 은둔 생활로부터 벗어나 의심할 여지없는 행복을 발견하면서 그는 이 행복을 바야흐로 그의 나의 여덟 살 때 페스트가 고향을 휩쓸자 가족이 그를 어느 가을 시골로 보내 '가정부와 함께 놓아두었던' 시절 그가 발견한 행복에만 비교할 수 있을 것입니다. 이 잃어버린 시간과 '아름다운 장소' '아무도 두려워하지 않고' 그는 어머니로부터 멀리 떨어져 일종의 '자유'[3]를 만끽했습니다. 35세의 젊은 카르멜회 수녀이자 여장부로 성스러운 향기 속에 죽은 잔은 이 비교의 돈 키호테, 그 슬픈 형상에서 달타냥 같은 수랭 속에 그 모습을 감춘 파스칼의 자클린 같아 보입니다. 그는 예수회에 들어가나 그들로부터 밀려나서는 얀센주의자들에 의해 캠파니 예수회의 유명한 파들 중에서 기이한 '광신자'로 낙인찍힙니다.

　천재적인 수재였던 그는 효력 속에 자만심을 감춘 이 인본주의적인 '이성'을 원치 않습니다. '가슴 조여오기,' 미열, 마비, 독서의 불가능성 등은 그의 학창 시절과 존재의, '절망'의 언어에 다름 아닌 최초의 사회 생활을 점철하고 있습니다. 마법사로 낙인찍혀 우르뱅 그랑디에 주교가 처형당한 직후[4] 루뎅으로 보내집니다.(1634년 12월) 끊임없이 귀신들린 자들을 화형대로 보내는 와중에 말입니다. 교회는 화형 후에 그 나머지들을 광신자들로 몰아세웁니다. 그는 귀신 쫓는 임무를 맡고 귀신들린 자들 중의 우두머리인 잔 데 장주를 치료할 임무를 맡습니다. 그는 자신이 성스러울 수 있더라도 구원으로부터 유배당했다고 믿고 있습니다. 3년 동안 그는 신에 대항하여 악마적인 투쟁의 화려한 언어 속에서 자신의 번민을 분절합니다. 귀신들린 여인을 구하기 위해 그는 그녀 대신에 광기로 고통당하는 것을 택합니다. 후일 키에르케고르는 이 '고통당하는 만족'을 보다 특별하게는 우울증적 '만족'을 분석할 것입니다. "나에 대한 군중들의 조롱과 학대가 우회되는"5) 바를 느낄지도 모른다고 그는 말합니다. 루뎅의 공개적 장면에 대해서는 위치 변환이 일어납니다. 귀신 쫓는 자가 귀신들린 자가 됩니다. 타자 육체의 발견(잔 데 장주)과 육체 이타성의 연극화 과정, 결국 그는 루뎅에서 밀려나 보르도의 한 수도원 요양실에 감금됩니다. 거의 말할 수도 글을 쓸 수도 자신의 '미치광이 발작'을 제어할 수 없는 상태에서 말입니다.

"나를 지도하려고 나를 돌보고 나를 위해 일했던 한 사제를 내게 위임했다. [⋯] 아무리 그가 선량했다 해도 적어도 나의 심한 발작들은 그를 화나게 했음이 틀림없다. [⋯] 어느 날 [⋯] 그는 화가 잔뜩 나서 방에 들어와서는 [⋯] 굵은 몽둥이를 들고 내 머리를 여러 차례 쳤다. 신기한 일은 내 머리통이 조금도 상하지 않았던 점이다. 그때는 정말로 그가 나를 때려죽이려나 보다 생각했다. 적어도 나는 그로 하여금 나의 내적인 자유 의지를 알릴 수 있는 그 어떤 행위도 취할 수 없었던 것이다. 그는 내 얼굴에도 여러 차례 매질을 가했는데 그 결과 내 얼굴은 검은 멍으로 채워졌다. 나를 보았던 사람들이 그게 뭐냐고 물었다. 나는 전쟁에서 당한 매질이라고 대답해 주었다. [⋯]"6)

매우 심하게 징벌당했던 그의 '우스꽝스런 행위들'에다가 자신이 '이미 신으로부터 버려지는 것으로 선고당했다'는 '생각이 덧붙여집니다.' 그에게 있어 그같은 생각은 광기와는 완전히 다른 어떤 것입니다.

"이같은 상상력은 다른 사람에게는 정신의 몽상과 같은 속이 빈 것으로밖에 비치지 않는다. 우리의 믿음이 기반을 둔 자연 상식이 너무나도 이 다른 삶의 대상들에 대해 벽을 쌓고 있기 때문에, 일단 한 사람이 그 자신이 저주받았다고 말하자마자 다른 사람들은 그것을 그저 광기로 취급하고 마는 것이다. 그러나 보통 광기는 우리가 그런가 하고 믿는 생각들 속에 있고 보다 자연스럽게 우울증 환자들이 가지고 있는 바와 같은 것이다. 이렇듯 말이다. 하나가 그는 멍청이라고 하자 다른 하나는 자기는 추기경이라고 한다. 이같은 생각들은 광인들에게는 합법적으로 여겨진다. 그렇지만 하느님 아버지가 말했던 것은 그렇지가 않았다."[7] 수랭이 인용한 비교는 그것을 확언하고 실험한다. 다시 말해 그것은 전혀 광기는 아니다. 그렇지만 영혼에는 극단적인 고통이다."

‘기묘함’과 ‘고통’ 사이의 단절은 수랭에서 공존합니다. 이 단절은 단지 저주받았다는 ‘생각’과 광기의 ‘생각들’을 구별할 뿐입니다. 17세기의 개념에 합치하여 우울증적 또는 침울증적 광기는 지속적인 방법으로 하나의 **이미지**(‘생각’ 또는 ‘물상’ 그러니까 그 자신에게서 진짜도 허위도 아닌)를 **확언의 판단**(나는 내가 상상하거나 꿈꾸는 한 대상이다)에 결합시킵니다.[8] 그것은 이같은 판단의 항구성과 그 속에서 우울증을 끌어내는 논리적 결과들 속에서 자리를 지킵니다. 저주받았다는 확신과 더불어 또 다른 것이 개입할 것입니다. **현실로 배제되고 외부로 쫓겨난 시니피에의** 세계에서는 이방인으로 배척당한 종교적인 언어로 말할 때, 신에 다름 아닌 현실로부터 쫓겨나 문 밖으로 밀려난 존재의 위상을 가지는 의식이 바로 그것입니다. 틀림없이 찌꺼기 같은 인간이나 실추된 인간으로서 존재한다는 사실은 주체로 하여금 그 속에서 세상의 앎이 고유 존재의 실추와 더불어 믿고 있는 ‘내적’인 한 지점으로 후퇴할 수 있게 합니다. 르네상스 시대에 천재의 성격을 나타내는 ‘우울증’의 연속성 속에서 피관찰자의 합계는 관찰자의 무와 부합합니다. 극단적인 경우 그것은 다음과 같은 의식을 생산하는 담론 자체에 관한 것입니다. 그가 말하는 모든 것이 아무것도 아닌 것으로 환원되고 풀려진 절-대적인 담론, 현실계로부터 추방된 담론 말입니다. 이런 관점에서 그것은 저주에 대한 생각이고, 그로 하여금 그 속에서 주체의 말하기가 생겨난 배척의 희생양이 되도록 합니다. 또한 수랭은 다음과 같이 적고 있습니다. "그의 의식 속에서 그는 저주당했다고 믿는 것이 광기라는 사실을 한치도 심판하지 않았다."[9] 이같은 ‘생각’은 대상이라기보다는 확언의 원동력이나 그의 확신입니다.

이 생각은 결과를 야기했다기보다는 차라리 '믿음'을 낳습니다. 이 생각은 그러한 존재가 되지 않는 위치 속에서의 의식을 구성합니다. 왜냐하면 존재는 신에 의해 추방당하려는 의지이기 때문입니다.

그러나 살아 숨쉬는 인간으로서 그는 아직도 불법적으로 쫓겨나 땅에 발을 붙이고 있는 것입니다. 그는 그를 배제한 '신의 명령'에 불복종한 것입니다. "나는 또한 이 신의 법칙이 나를 곧 지옥에 보내려 한다고 믿었다. 나는 너무도 강렬한 자살 충동을 가지고 거리를 지나칠 것이다. 네다섯 발짝 더 나아가 그 속에 몸을 던질 우물은 절대 쳐다보지 않았다. […] 내 방에서나 침대 위에서 휴식을 취할 때 나는 언제나 신의 정의가 완수될 수 있도록 물가나 연못 또는 창 밖으로 몸을 던지는 생각을 했다. 아주 빈번히 밤에 창가로 가서 내 몸이 아침 포도 위에서 발견되기를 바라면서 몸을 던질 궁리로 거리를 내다보았다. […] 때로 밤에 일어나서는 내 목에 대기 위한 칼들을 찾으러 가곤 했다. […] 백 번도 더 내 방으로부터 성전으로 가서는 목매단 채 죽어 있는 나를 사람들이 발견하는 기쁨에 떨며 성체의 성막 뒤에서 목매달 생각을 했다."[10] 그 육체로부터 유배당한 자의 육체를 바라보는 어떤 시선의 기쁨일까요?

그것은 1645년 5월 17일 생 마케르 가론 강 언덕에 자리잡은 작은 요양원에서 실행에 옮겨집니다. 그 전에 그는 보르도의 예수회들에 의해 '세상의 눈으로부터 떨어뜨리기' 위해 그곳에 보내졌습니다. 바로 그날 "자기 방 안으로 들어갔을 때 그는 창문이 열려져 있는 사실을 발견했다. 이 심연 때문에 그가 강렬한 본능을 가지게 된 것을 생각하면서 창가에 갔다가 방 한가운데까지 다시 되돌아왔다가 창가 쪽으로 몸을 돌린다. 거기서 그는 모든 의식을 잃고 갑자기 마치 잠들어 버린 듯이 그가 하는 것은 하나도 보지 못하고는 이 창으로 뛰어 올라가서는 밖으로 몸을 던진다. 담장에서 30보 되는 강가에까지. 옷을 입은 채로 실내화와 네모진 실내모도 머리에 쓴 채로 말이다. 사람들은 말하기를 그가 먼저 커다란 바

위에 떨어져서는 그 다음 그 바위로부터 퉁겨져 나와 강가에 위치한, 양
다리 사이 바로 그로 하여금 물로 떨어지는 것을 막은 작은 수양버들로
떨어졌다고 한다. 떨어지면서 그는 엉덩이에 가까운 저 위쪽에 자리잡은
넓적다리 골절상을 입었다.[11]

그의 은둔 생활중 수렝이 지은 시들이 나타나게 된 것은 바로 이 '몸
을 던지는' 행위로부터이다.

> "길 잃은 한 아이처럼 살아갈
> 그런 세상에서 달려가고 싶어라.
> 내 가진 모든 선을 훌훌 베풀어 버리고
> 나그네의 영혼 같은 기분을 가져 봐야지
> 죽건 살건 그건 매한가지
> 사랑한 내게 머문다면 충분한 것."[12]

시는 여행 이야기나 전설 속에서 영웅의 점진적인 자격 부여의 관점에
서 '시련들'을 지시하는 단계의 도식을 취합니다. 그러나 시는 연에서 연
으로 갈수록 승리를 상실로 전환시킵니다. 시는 각 일화가 할당해야 할
수식어들(육체적·지성적·도덕적)을 '나'(여기서는 영웅)로부터 점차로
제거합니다. 서술어들을 풍부하게 지녔던 이야기에서 주요 인물은 그러
므로 점진적인 헐벗은 인물로 탈바꿈합니다. 이야기는 영웅을 비웁니다.
이야기는 '행복한 난파'를 향해 나아갑니다. 그곳을 통해 주체는 모든 수
식어와 구분되어 상실 과정, 가능한 모든 선을 버리는 과정으로 구성됩
니다. 서사 과정은 이렇듯 마지막연이 대타자의 시니피앙인 예수의 이름,
한 아름다운 이름으로 채운 빈 공간인 '나'를 만드는 작업을 하는 것입
니다.

"나는 더 이상 그 광기를 흉내내고 싶지 않다.
이 예수의 광기를, 어느 날 십자가 위에서
기쁨을 위해 명예와 삶을 잃어버렸던
사랑을 건지기 위해 모든 것을 버린 채
죽건 살건 그건 매한가지
사랑만 내게 머문다면 충분한 것."[13]

(스스로) 잃어 가는 '기쁨'은 아마도 극적 흥분 상태와 우울증의 상태를 번갈아 가며 1647-1648년으로부터 수렴으로 하여금 차츰차츰 그의 기능들을 회복하게끔 했던 과정을 준비시킨 듯합니다. 1655년 아직도 스스로를 저주당한 데다가 '모든 선으로부터 축출당한' 것으로 철석같이 믿고 있던 중 하나의 만남이 그의 '완치'를 약속합니다. 그의 아버지가 그를 훈계하려 애쓰지 않고 단순히 그에게 고백하러 올 것입니다……. 그는 내게 말하기를 수렴에게 자기가 나를 향해 강한 연민을 품고 있으며, 그래서 자기의 비밀을 말해야만 했다고 했습니다. "나는 조금도…… 계시를 받은 인간은 아니야." 본능은 신임하지도 않았다고 그는 말했습니다. 어쨌든 이것은 전혀 내 상상력이나 내 자신의 생각으로부터 나오지 않은 나의 깊은 신념으로, 죽기 전에 우리 하느님은 네가 잘못하고 있는 것을 보며 네게 은총을 내려 주시리라는 것을 말해야만 했습니다. […] "나는 네가 평화롭게 눈감기를 진심으로 바란다." 이 말이 나를 감동시켰습니다. 혼자 있게 되어 "나는 우리 하느님이 나를 불쌍히 여기는 일이 정말 가능한가에 대해 생각했다. […], 그리고는 나는 내 가슴속에서 우리 하느님이 다음과 같이 말하는 생생한 음성을 들었다. […] '그래, 그럴 수 있다.' 이 내부로부터 울려나온 말은 내 영혼에 생을 부여하여 내 영혼을 회생시켰다."[14] 서로에 대한 '인상', 상호간의 교환은 체계 속에 균열을 가져옵니다. 그래서 "아마도 나는 저주받지 않았나 봅니다."[15]

글을 쓸 수 없음으로써 요양원으로 그를 방문하던 호의적인 한 친구에게 그의 가장 유명한 저서인 《영적 교리문답》을 낭독했던 일은 벌써 그 전해(1654)였습니다. 필서가가 허락된 중요한 순간들을 기다리면서 여러 날에 걸쳐 머리로 생각해 낸 세 권으로 된 책이 나왔습니다. 책은 '지하 감옥'으로부터 나왔습니다. "당신 편에서 사랑의 말을 전달하는 것이 문제라면, 오 나의 왕이여, 나는 갈 게요. 군중의 한가운데에서 금으로 된 트럼펫을 가지고 말이에요[…]."16) '해방'은 '다시 조이기'로 이어집니다. 1655년, 그는 다시 한 번 고독 속에서 마음을 다하여 《영적인 대화》를 펴냈습니다. 어느 날 어떤 생각에 사로잡혀 주저하며 다음과 같이 말합니다. '내 생각들을 생산해 내려는 내 정신 속의 커다란 열기.' "마치 글을 쓰고 싶었던 것처럼 열정으로 나는 펜을 들어서는 휘둘렀다. 17년 동안 아무것도 쓰지 않았고, 너무나 적게 썼기 때문에 마치 아무것도 아닌 것이나 다름없었다. 이같은 열기 속에서 종이 위에 뉘어진 두세 페이지의 글쓰기를 발견했다. 그렇지만 이런 엉망인 서체로는 도저히 인간이 쓴 것이라고는 여길 수가 없었다. 이럭저럭 한 달 동안 매일 글쓰기를 계속했다."17) 손이 종이 위에서 돌아가기 시작합니다. '내부'는 은둔 속에서 '출구'를 찾습니다.

그들의 작가와 동시에 이 텍스트들이 퍼지기 시작합니다. 전파는 빨랐습니다. 《영적인 교리문답》은 1657년에 출간되었습니다. 편지들과 수사본들은 이 성공을 걱정하는 예수회 '당'의 마음대로 너무 빨리 퍼져 나갑니다. 이 책들은 외국 땅과 그가 속한 파와는 반대의, 예를 들어 얀센주의자들(세상과의 단절인 복음 철학의 과격성으로 표방되는)에게까지 멀리는 중국에까지 절뚝거리며 엉덩이에 절망의 상흔을 짊어진 채 바야흐로 수랭은 말하고 글쓰고 일합니다. 언제나 의심받지만 어린아이의 번쩍이고 순간적인 기쁨을 한 노인에게 영구히 정착시킨 '평화'를 발견합니다. "우리로 하여금 펜에 손을 가져가게 하는 것은 사업들만은 아니다. 협상하는 것이나 대화하는 것도 아닌 그것은 명랑함으로부터만 가능하다. […] 신의 사랑은 신중하게 이용된다. 그러니까 평화 아니면 전쟁인 것이다. 신의 사랑은 신의 친구들과 그들의 충실한 종사자들을 연결하는 일들과 신성한 일거리들을 가지고 있다. 그러나 그것 이외에도 신의 사랑은 그의 유희들, 그 희극들, 그 커다란 기쁨, 그 아름다운 한구석, 왕자들의 불꽃놀이에 회답하는 불꽃들을 가지고 있다. 신의 사랑은 자기만의 영적인 음악과 찬송가를 가지고 있다. 그것은 자기만의 무도회, 춤들을 가지고 있다……"[18]

이 모든 풍경들은 1634년 12월부터 1665년 2월에 걸쳐 루뎅의 그 유명한 귀신들린 처녀이자 이후 영적인 지도자·예언자, 그녀에게 말하는 천사와 죽은 자들의 이름으로 조언하는, 다시 말해서 무당이 되는 잔 데 장주와의 놀라운 '서신'을 가로질러 나타납니다. 비록 수랭이 그녀가 자기 천사와 함께 '가게를 차려' '무엇을 해야 하는지를 알려 주는 점집'[19]을 운영하는 것을 보고 걱정했던 것이 사실이었다고 할지라도, 그에게 있어 그녀는 "내가 내 생각의 밑바닥까지 털어놓을 수 있는 신뢰감[…]을 느낀 유일한 사람이었다"[20]고 그는 말합니다. 잔의 죽음은 한 언어의 종말을 고할 것입니다. "어느 누구와도 그녀와 했던 것과 같은 의사 소통을 하지 못할 것이다."[21] 루뎅에서 육체의 교환(타자 대신에 귀신들린 자)은 말들의 교환을 수립합니다. 그 교환은 타자가 고독한 이의 '내부'를 상처입히고/열기 위해 왔다고 할지라도 하나의 가능성을 창출했던 것입니다. 다시 말해 이 교환은 육체적인 교환을 통해 대화의 신뢰성을 수립시킵니다.

광기로부터 맛보기까지: 주체의 문제

줄리아 크리스테바——수랭(1600-65)은 그러니까 고전주의의 절정에 글쓰기를 했습니다. 나는 일반 병원의 창설 법령의 날짜를 찾아보았습니다(1656). 이 시기는 데카르트가 광기를 이성의 밖으로 축출해 내고, 이런 식으로 이성 속에서 인용조차 되어서는 안 될 것으로 되어 갇히게 될 때입니다. 그것은 우리가 대규모의 감금 시기라고 부를 수 있을 것입니다. 수랭의 글쓰기에서 특히 《실험과학》에서 나를 치는 부분은 그가 이 대규모의 감동 담론을 사용하고 있는 것 같다는 점입니다. 그는 합리화시키고 감각화시킵니다. 그리고 바로 이것이 그를 그 당시에 매우 사회화되었던 신비교와 정확히 구분시키는 점입니다. 그가 말하듯이 '지성적인 시야'가 사랑 속에 개입되었을 때 심한 공포에 사로잡혀, 예를 들어 예수 그리스도에 대한 학대 환상을 펼치게 된 일에서 보듯이 말입니다. 아니면 그의 희열이 배타적으로 실체적인 아니면 감각적인 혹은 감촉 가능한 성질의 것으로 표현될 때, 그는 '신을 맛본다' 또는 '내 혀가 신을 느끼고 신을 맛본다'라고 말합니다 등등. 바로 이 순간에 그가 절감하는 절정에 달한 은총은 그를 그리스도교 공동체의 일반적으로 상징적인 질서로부터 배제시킵니다. 따라서 나는 어떤 한도에서 그가 당대의 담론에 종속되는가를, 또 만약 이럴 경우 그 사실은 이 합리화되고 자연화된 담론이 사실상 보다 나약한 담론, 그러니까 어떤 의미에서 모든 시기를 통틀어 신비교의 지하층이 되는 것 같아 보이는 편집증과 피학증을 승화시키기에 적합지 않은 담론임을 의미하지 않는가를 자문해 봅니다.

미셸 드 세르토——이 두 장면 사이에는 차이들이 존재합니다. 첫 장면에서 '사랑과 더불은 가슴의 유혹'은 환자를 보르도의 거리에서 기술적으로 높은 곳에 가져다 놓은 성체의 한 창문을 보도록 밀어붙입니다. 이 섬광 같은 충동은 수랭이 사랑의 대상을 커다란 공포와 광기에 질려 바라보는 순간 뒤집힙니다. "내 생각에 내가 지성적인 시야와 같이 정신 속에서 한 작용을 가졌던 것 같았다. 이 지성적인 시야를 통해 나는 예수 그리스도를 성체의 무장한 한 남자로 보았다고 생각했다. 거기서 그가 내게 벼락을 쳤다." '보도록' 하는 '유혹'은 그에게 벼락을 치는 이 노한 시선과 만나는 일입니다.[22] 사랑의 그물 속에서 포착될 수 있는 대상이 갑자기 하나의 바라보는 자가 되는 것이지요. 마치 어떤 그림들 앞에서처럼 그 바라보는 인물은 앞으로 툭 튀어나와 반대로 관객을 공포에 떠는 **바라보이는 자**[23]로 변형시키는 인상을 주는 듯이 말입니다. 그러니까 수랭은 '떨어져서' 도망칩니다. '이 무시무시한 신의 등장으로부터 도망쳐서' '시선의 전존재'[24]는 그의 시선을 놀라게 하고 걸신들린 견자를 만듭니다(이미 그는 눈들을 삼켰다). 다시 말해 대타자의 시선에서 제외된 대상으로 이 대타자의 자발성은 분노로 무장된 눈의 형상을 갖는 것입니다.

'지성적인 시선'은 하나의 생각으로 돌아갑니다('보았다고 생각했다'). 하나의 앎 그리고/또는 환각은 우리가 기대하고 있는 바와는 정반대의 것을 폭로시킵니다. 이렇듯 환상 속에서 사물들은 그것들이 대상이라고 믿는 조작 과정들의 작가들을 밝힙니다. 눈앞에서 시선의 틀을 잡는 기대와 다른 한편 대상으로 하여금 행위의 주체가 다시 되도록 하는(그러니까 그는 틀 밖에서 '광기'를 터뜨린다) 생각(또는 '정신의 조작 과정') 사이에는 또 **보는 것**(사물들을 지배하는)과 **본다고 생각하는 것**(대상에 권력의 관계들을 주체로부터 주체까지 강요하는 마법사적인 능력을 돌려 주는) 사이에는 걱정스러울 만한 불안정성이 도입됩니다. 이 불안정성은 주술을 거는 세계와 객관성의 세계 사이에서 포착된 고전주의 시대의 인식론에 초점을 맞춥니다. 그렇다면 본다는 것은 무엇일까요? 수랭은 대타자의 '무시무시한' 외재성을 강조합니다. 그는 그가 보았다고 **생각하는 것**을 계속해서 믿습니다.

보다 자주 재생산된(처음 장면처럼) 또 다른 장면에서 경험은 그 반대입니다. 왜냐하면 경험은 맛보기에 의한 외재성의 내재화 과정에 대한 확신('실수 없는')이기 때문입니다. 그가 성체의 빵과 포도주를 가지고 있다는 지각으로 수랭은 말합니다 "그것이 스콜라학파 철학가들과 반대로 강하다고 할지라도 […] 마치 그것이 사향포도나 살구 또는 멜론을 맛볼 때처럼 나의 혀는 산을 느낀다." 그는 '당연히 신에 다름 아닌 한 존재'에 대한 '육체적인 기호'를 가지고 있습니다. 신의 장점들에 대한 기호가 아닌 그의 '실체'에 대한 기호 말입니다.[25] 그가 아팠던 시절에만 느낄 수 있던 이 '감정'은 시선을 기호와 대립시켜 봅니다. 그가 본 존재는 그를 쫓아내고 벼락을 내리칩니다. 그가 맛보는 존재는 내부에 있고 그를 '치료'합니다. 이 '커다란 환희' '식도락'과 '맛 좋은 조각들'은 조증으로부터 울증으로 이어지는 열광 상태를 문제삼지 않습니다. 이것들은 '기상천외한' '초자연적인' 활홀경의 가치를 지닙니다. 마치 마약 환자의 흥분 상태처럼 이 상태는 타자로부터 축출된 그 자체로 그를 내버려두는 첫 장면의 역명제입니다. 시각(먼 거리를 위한 기관)의 방법이나 입맛(근거리를 위한 기관)의 방법에서 같은 단절이 반복됩니다. 타자의 시니피앙으로부터 육체의 존재를 분리시키면서 말입니다. 모든 것은 마치 두 장면 사이의 차이점이 다음과 같이 여겨지듯 일어납니다. 즉 이 분리 과정이 시각을 통해 타자에 대한 외재성이 되고 입맛을 통해 자기에 대한 외재성이 된다는 것으로 말입니다.

이 입맛은 또한 혀의 관능성입니다. 이것이 다른 촉각적인 지각으로 일반화됩니다. 수랭은 "입맛과 입천장과 위의 내부, 그것의 벽에 의한 민감한 효과"에 대해 말합니다. 성찬식[26]의 그리스도교 개념에서 중요시되는 영성체(다른 의미로는 먹는 행위)에서 지시 대상을 찾지 않고, 그러니까 그 참가자들에게 신과의 연합을 확신시킬 상징적이고 사회적인(교회의) 의사에서 지시 대상을 찾는 것이 아닙니다. 반대로 그는 의식(儀式)을 이중화시키는(그리고 그것으로 대체될 수 있는) 주관적인 앎에서 지시 대상을 찾는 것입니다. 다시 말해서 성적인 형식을 가진 것, 확신을 주는 것에서 말입니다. 이같은 입과 점액들의 경험은 영성체에 데카르트에게서 장님이 앞을 보는 사람의 불확실한 지각에 가져다 주는 촉각과 같은 하나의 보장을 제공합니다. 이 내밀한 촉진과 '만지기'는 엘릭시르제(劑)나 이포크라스[27] 같은 '마실 수 있는' '신성한 존재'를 발견한다고 할지라도 그것은 17세기의 초반에서 중반까지의 (데카르트를 포함하여)[28] 모두 '액체로' 된 전연성의 유동적인 세계에 속합니다. 보다 특징적인 것은 이미 '내막들'이 육체 안에서 외부의 용액에 닿는 부분을 이룬다는 사실입니다. 마찬가지로 내부는 멀리로부터 온 바다에 '닿는' 가장자리를 가지고 있습니다. 쥘 베른의 세계에서처럼(《지저 탐험》에서) 육체는 비어 있습니다. 육체는 '배의 호수들'로 채워진 하나의 동굴입니다.(그로덱)[29] 몸 전체는 하나의 '입'입니다. 그곳에서 맛 좋은 파도가 '입맞추는' 내부의 해안가는 타자로 다가가는 것이지요.[30] 그러나 수렁에게서 필연적인 문제가 되는 일은 절대 실수할 수 없는 어떤 것의 존재입니다.

17세기의 신학 담론은 이같은 확신과 그것의 기능을 우리에게 밝혀 줍니다. 그 중의 근본적인 한 특징을 택해 보지요. 이 현대주의자인 오캄[31] 이후로 일반 교육에서 **인셉터**라고 하는 것은 모든 형이상학적이고 신학적인 합리성에 이질적인 신성한 힘으로 그 개념이 일반화되었습니다. 극단적으로는 신은 어느 날 구원을 원할 수 있다가도 그 다음날 한 민족을 몰살시킬 수도 있는 것 말입니다. 이 결정과 우리 이성간에는 그 어떤 안정된 관계도 있을 수 없습니다. '속세적 산문'의 파산을 고하면서, 다시 말해서 의미의 담론 같은 속세적인 읽기 쉬움의 파산을 고하면서 **인셉터**는 이미 그 결과들(또는 원인들)을 겨냥합니다. 비상식적인 독창적 경험들의 증식이나 독단론의 제도적 힘의 강화 같은 것들 말입니다. 대부분의 신비교들은 이같은 파산과 이웃하고 있습니다. 이 명목론에다가 모든 종류의 감각적인 그리고/또는 영적인 경험주의(그 단수만 알고 있는)가 덧붙여지고, 다른 한편 신학 '긍정적인' 이론들은 '받아들여진'(성경적·종교회의적·교부신학의) 텍스트들의 '이념들'을 발전시킵니다. 이같은 텍스트는 그 내용을 하나도 잃지 않기 위해 그 내용의 아무것도 그들에게 용인하지 않음에도 불구하고 진실을 재인식하려 합니다.

　논리적인 관점에서 볼 때 오캄의 핵심점이라 할 수 있는 **절대적 잠재성**은 그 속에 두 가지 양립될 수 없는 전제를 연합시킵니다. 1) 의미가 있다. 2) 그것은 가당치 않다. 이 모든 지시와 모든 진실에 대한 풀린(절-대적인) 위력에서 사람들은 그 힘이야말로 '신'이라고 계속해서 믿고 있지만 그 힘에 대해서는 더 이상 뭐라고 말할 수가 없습니다. 하나의 시니피에가 되기를 멈추면서 그는 하나의 시니피앙이 될 뿐인 것입니다. 그것은 바야흐로 담론의 부재하는 표시이며, 힘을 다하여 우리의 모든 이성 질서를 교란시키는 영향력 있는 도식입니다. 또한 그 한계 저 너머에서 우리의 개념들과 경험들을 재인도하는 원동력인 것입니다. 수랭은 깊은 곳에서부터 그의 극단에까지 이 논리를 밀어붙입니다. 반면에 그에게는 능력 없는 것들인 제도적 정치와 지식의 긍정성이 그 효과를 보상합니다.

　진실의 부재 상태에서 내적인 확신을 모색하는 사람에게 **힘**이 **독창성**과 맺는 관계가 남아 있습니다. 저주가 의지의 형식하에 그 외재성을 유지시키면서 신의 이성 밖으로 쫓겨난 존재의 한 방법, **절대적 잠재성**의 실존적인 장면넣기인 것과 마찬가지로 존재를 '치료하는' 에로틱하고 독특한 지식은 수랭에게 있어서는 그곳으로부터 최후의 결과들을 끌어낸 체계가 그에게 남겨 준 출구입니다. 그것이 '기상천외' 할수록 더욱 설득적인 것이 됩니다. 이성이 알아낼 수 없는 힘을 인쇄시키는 '터치'의 한도 내에서 말입니다. 에로틱한 지식만이 있을 수 있습니다. 육체 자체를 이루는 끔찍하고도 맛있는 전환을 통해 이방인의 개입으로 읽을 수 없는 것이 되어 버린, 알아볼 수 없는 것이 되어 버린 영토, 이같은 광적인 경험에 우리는 바르코스로부터 사시까지의 포르 루아얄의 현학적 이념을 가져가 볼 수 있습니다. 이 이념은 《성서》 텍스트에서 영의 표시를 위해 또 독자를 감동시키며 담론을 교란시키는 시적인 동력의 색인으로서 '불투명함'과 '무질서'를 주장합니다.[32] '접촉'을 통해 질리고 유혹당한 이 터무니없는 어떤 것 때문에 포르 루아얄에서 장소는 텍스트이고 수랭에게서 장소는 육체입니다.

저주나 미각의 특징하에 수랭의 광기는 결국 그에게는 이점으로 돌아왔다는 사실을 덧붙여야 합니다. (의미의) 적게 또는 많게 그는 그 이상의 것을 만들어 냅니다. 쫓겨나거나 애무받으며 그는 절대적인 의지와의 관계에서 예외적인 위치를 점합니다. 그를 타자와 그 자신으로부터 차례로 쫓아낸 미움과 사랑의 과잉은 고유성을 엷게 하거나 파괴시키면서 관계가 넘쳐나도록 합니다. 황홀경은 자아의 상실을 통해 '나'를 형성합니다——열광, 무한에 실린 '나.' 왜냐하면 타자는 특별한 어떤 것이 아니라 단지 절대 자리잡을 수 없는 무-한한 외재성의 시니피앙이기 때문입니다. 다시 말해서 제한된 의미의 불가능성이나 상황에의 적절성으로부터의 파기는 배제된 존재나 타자에 의해 변형된 존재, 끊임없이 너도 아니고 나도 아닌 존재라는 확신이 태어나는 빈 공간에 가치를 부여합니다. '나'는 그의 소외감 자체로 인해 스스로를 확신하는 것입니다.

줄리아 크리스테바——그것이 이번에 우리가 살펴본 교회 수사학 내부의 역사적인 문제보다 더 일반적인 한 문제로 우리를 이끌지 않을까요? 예를 들면 나는 당신이 제기한 의미를 덜 갖는다는 것이 의미를 더 가지는 것이 되지는 않을까 생각해 보았습니다. 예를 들어서 저주의 개념을 가지고 다음과 같이 생각해 볼 수 없습니까? 즉 가톨릭 교회가 하나의 수립된 도그마와 관계에서 의미를 적게 가지는 것이 많은 수의 상태를 의미할 수 있는 방법을 창안했다고 말입니다. 그러므로 저주의 개념은 그것이 이미 저주된 것으로 여겨지기 때문에 의미 생산화 과정의 구조 속에서 한 장소, 이를테면 지옥에 놓여질 수 있고, 그럼으로써 하나의 의미화 작용을 지닐 수 있는 일이 가능하지 않을까요? 그래서 그가 저주당했다고 선언했을 때 수렴은 정확히는 범주에 대한 이러한 방법, 광기와 정상성의 범주에 대한 바로 이와 같은 반복성의 방법으로부터 벗어나려고 했던 것이 아닐까요?

　　미셸 드 세르토——저주는 또한 언술과 언술화 과정 사이의 구별이라는 개념 속에서도 해석될 수 있습니다. 그것은 화자의 진실임직함과 참 (또는 거짓)으로서 받아들여진 언술 체계 밖으로의 유배인 것입니다. 절대적인 의지 이외의 다른 이유 없이, 그러니까 정당한 칙령과는 관계 없이 저주는 말하는 주체의 자리를 언어 밖에 놓습니다. 저주는 이같은 괄호 속에 넣어진 것, 음란한 구멍, 또 탈의사 소통으로부터 신비교적 담론을 구축하는 것의 한 축 자체에 속해 있는 것입니다. 사실상 필연적으로 신비교에 있어(그리고 그것은 영감받은 이들이나 예언자들에게도 똑같이 적용된다) 받아들여진 언술이 진실인지 거짓인지, 그러니까 나열하고 거절하고 수정하거나 간직하는 판단에 종속되어 있는지가 중요한 일이 아닙니다. 중요한 것은 누군가가 누구에게 말하는 것과 **누가 말하는가**를 아는 데 있습니다. 이같은 문학에 의해 다루어진 두 가지의 전략적 문제들은 커다란 명증 가능성을 지닙니다. 즉 묵도(기도)와 '영적인 지도'(스승과 제자 사이의 보다 넓게는 신들 사이의 대화, 다시 말해서 신은 인간에게 말하는가), 아니면 그 둘은 상호간에 의사 소통하는가? 신도 사이에는 언술적인 계약이 존재하는가? 이 문제들은 말하기 행위의 주변을 맴돕니다. 십자가의 장에 대해 성령은 'el que habla,' 화자[33]입니다. 언어 속에서 아니면 밖에서 어쨌든 그것과 구별되는 것은 언술화 과정입니다. 이같은 신비교적인 영역에서는 'd'invocatio, d'auditio, de conversar, de tratar con Dios' 등등만이 문제가 됩니다.[34]

　　저주는 언술과 언술화 과정 사이의 구별에 있어서 수립된 단절을 과장합니다. 그것은 변별력이 없는 것처럼 모든 언술의 몸통을 괄호에 넣고 두 화자 사이의 (끊겨진) 관계만을 간직합니다. 납득 불가능하게 대립하고 있는 두 주체의 맞대면만이 남아 있습니다. 아니면 그 둘 사이에 사라져 버린 언어의 흔적이 머무르는 불투명한 분노를 통해 연결된 두 주체만이 남아 있다고 말해도 마찬가지겠지요. 그에게 있어 '가장 편애받던' 예수에 대면한 타자의 '증오,' 맞대면한 예수의 '분노'로 그 둘을 가르는 바로 이 분리 자체로 지탱되는 둘만이 있는 것입니다.[35] 강자(신)가 약자(수랭)를 쳐부수고, 제삼자(예수)가 자의적으로 특권을 장악하는 목숨을 건 싸움. 같은 시기에 자코브 뵘(1575-1624)은 그 자신이 희생자가 되지 않으면서 이 전쟁의 자리에 신을 대치시킵니다. 태초에 죽음의 순환(정신) 속에 신의 의지-욕망이 있었고, 불복종하는 아들을 벌주기 위한 아버지의 검은 분노가 있었습니다.[36] 신은 분노와 순수한 차이로 절대성으로부터 나왔습니다. 그는 마치 주체가 타자와의 말없는 싸움 속에서 태어나듯이 나타나는 것입니다.

아버지의 분노에 대항하여 싸우는 대신, 만약 아들이 승리할 수 있다면 그것은 그가 이 저주의 상태에 있을 때입니다. 그것이 바로 수랭입니다. 뵘에게서처럼 '그로부터' 또 '지극히 자연스럽게' 나온 '증오들'과 '끔찍한 질투,' 아들의 맹목적이고도 본능적인 저항으로 인한 다른 사람들과 그와의 구별됨으로 특징지어지는 수랭의 경우에 매우 가까운 것입니다. 그러나 그의 투쟁은 절대자의 납득할 수 없는 명령에의 복종을 강요하는 이성 담론에는 정반대인 이상한 투쟁입니다.

줄리아 크리스테바——사실 언술의 계약은 바로 거기에, 아버지의 이름 아니면 적어도 수랭에게 있어서는 성령과의 계약에 있습니다. 그러므로 나는 성령과 대화하고 성령은 내게 말합니다. 내가 어떤 특정 개인에게 말하지 않듯이 그는 나를 이해할 수 없습니다. 바로 이렇게 말입니다. 그러니까 아버지 이름의 배제가 있습니다. 그러나 의미를 지닐 수 있는 담론 속에서 밝혀질 수 있는 전략적인 약속 또한 거기에는 존재하고 있습니다. 왜냐하면 아버지의 이름, 즉 이번에는 수신자의 자리에 놓여진 아버지 이름과의 언술적인 계약이 유지되기 때문입니다.

이름으로부터 글쓰기까지

장 미셸 리베트——결국 신학적인 독단론에 있어 나의 언술들이 항구적이거나 받아들일 수 있는지 아닌지는 중요한 문제가 아닙니다. 나의 담론은 대타자가 말하는 바에 대해서 내가 말하고 증언하는 것은 바로 대타자에게라는 사실에 대한 증언의 방법을 통해 내 경험의 진실 가치를 근거하고 있을 뿐이기 때문입니다. 왜냐하면 그것들은 선언문이나 독단론에 우세하기 때문이고, 그것이 존재케 하는 이 진실과의 경험을 유지시키는 관계들은 그곳에서 당대의 진실임직함 견지에서 언술의 가장자리와 단절이 나타나는 언술화 과정의 작업 속에서만 그 역할을 하고 또 역일 수 있기 때문이기도 합니다. 그런데 이 계약의 대가는 마치 이 파국들이 그 언술화 과정의 독특성 속에서 주체의 소멸이 실제로 활성화된 듯이 육체의 파기·분출·전환입니다. 이렇듯 현실계에 참여하면서 이같은 고통의 장면 속에 육체를 놓는 일은 존재의 전환적이고 혼란적이며 비합법적인 특징을 띠게 됩니다. 그렇지만 특히 이같은 언술적인 자리매김의 작업은 틀림없이 이 담론이 그 위상과 **글쓰기**의 질을 부여하는 사실을 정의합니다. 종교의 **시학**과의 주름을 재현하는 글쓰기 속에서 주요한 것은 형언할 수 없는 독창적 경험을 말하는 것만이 아니라 **명명할 수 없는** 이름에 대한 불가능한 명명화 과정을 근저에서 이해하는 데 있습니다. 당신이 '비-장소'라 부른 바를 스스로 지탱하면서 그리고 그 속에 머무르면서 신비교적인 글쓰기는 총체적으로 글쓰기에 그 출발점을 부여한 언어의 전략이라는 문제 제기를 하게 됩니다. 즉 어디서부터 쓸 것인가(비-장소), 어떻게 명명할 것인가(명명할 수 없는 이름), 어떠한 몸체로 어떤 대타자를 위해? (결국 신비교는 대타자가 자신의 글쓰기에 적합하다는 사실을 신용하지 않는다.) 내가 읽은 바대로 이렇게 말하기를 그치지 않는 "나는 내가 그것에 대해 말할 수 없는 것만을 쓴다." 글쓰기는 필연적으로 시적인 위상 속에 자리잡습니다.

미셸 드 세르토——사실 이름은 모든 경험을 이루고, 신비교적 글쓰기 또한 그렇게 결론지어집니다. 우선 이 이름의 위상과 그 다음에 기능에 접근해 보도록 합시다. 저주에 의해 페늘롱[37]에 이르기까지 '순수한 사랑'과 이해 관계 없는 '사랑'의 원동력으로("비록 저주당한다 하더라도 사랑하기를 멈추지 않을 것이다") 묘사된 '불가능한 가정'에서 신의 이름은 부조리한 동시에 권위 있는 존재의 위치에 자리잡습니다. 특히 어떤 다른 사상이나 다른 이성으로부터 용인받지 않았기 때문에 그는 더욱더 권위 없는 존재입니다. 경험도 신의 보장이라고는 할 수 없습니다. 왜냐하면 신이야말로 경험의 보장이기 때문입니다.[38] 이 이름은 아무도 인가한 바 없는 이름입니다. 이것을 통해 그는 시적인 위상을 가집니다. 에드몬드 자베스가 말한 바가 사실이라면 시란 아무것도 인가한 바 없는 것입니다.

그러나 이 위상은 인가된 한 자리를 보호하고, 종교적인 제도의 권위를 위치시키며, 보다 근본적으로는 그것이 생각되어질 수 있기를 멈출 때조차 의미의 정의할 수 없는 보유고를 저장합니다. 이 이름을 통해 미친 사람은 항상 한계를 넘을 수 있는 인간이 됩니다. 왜냐하면 우리가 그곳으로부터 배제되고 또는 우리를 피해 달아난 의미의 어떤 부분(신)이 그곳에 있고, 있어야만 하기 때문입니다. 바로 거기에 줄리아 크리스테바가 말한 깜짝 비결이 암시됩니다. 문제가 되는 것은 아마도 언어 속에 자리잡고 있는 속이지 않는(비록 그 자체가 글쓰기에 대한 이 역할에 영향을 준다 해도 그것을 필연적으로 가정하지 않는 담론이나 사상은 존재하지 않는다) 어떤 색인이 아닙니다. 그것은 차라리 하나의 질서에 대한 생각이 분절되는 그 자체에 대한 색인('신'이라는 단어)의 국지화 과정인 것입니다. 그것은 허가하는 이름이 그 자리, 바로 생각이 있는 그 자리에서 지탱된다는 사실을 의미합니다. 그 이름은 그 자리, 담론 질서의 폐허 위에 새겨진 채로 있게 됩니다. 결과적으로 하나의 생각에 대한 이처럼 가당치 않은 유물은 하나의 상실과/또는 하나의 부재 대체물로 물신화될 위험에 처합니다. "잘 알고 있어, 그렇지만 어쨌든."[39]

신비교적(신비적) 경험과의 관계에서 볼 때 이름은 두 가지 기능을 갖습니다. 그것들을 구별하기 위해 매우 간략한 방법으로 나는 요한네스와 수랭에게서 예를 들어 보기로 하겠습니다. 비록 그 글쓰기에서 두 조작 과정들의 얽힘이 드러나고 있다고 할지라도 말입니다. 요한네스에게서 신의 이름은 각각의 앎과 희열의 가장자리에서 정의내릴 수 없게 타자를 재도입하고 있습니다. 그것은 모든 인지적이고 정서적인 상태와의 관계에서 볼 때, 안팎의 의미 속에서 유희 '열려라, 참깨야' 외재성의 도약입니다. 하나의 여행 원칙에 다름 아닌 바입니다. 〈아가서〉에서 연인으로부터 술라미트에까지 이르는 단어의 반복과 같은 어떤 것 말입니다. '사라져라'——나가라. 이같은 **낙타 등에 오르기**는 '저 너머 이상' '그것이 아냐, 또 다른 것이 있다'라는 유일한 작업을 통해 끊임없는 앎과 희열의 서열을 여행으로 조직합니다. '신'은 각각의 위치에서 억제의 수단, 즉 **통과 암호**입니다. 그는 통과시킵니다. 그는 자리-바꿈을 합니다. 짧은 단어, 간단한 음절로 '가능한 한 가장 짧게'(신 또는 사랑, '네가 원하는 자, 아니면 네 마음에 드는 다른 이') 《무지의 구름》이 영적인 경험의 열쇠가 되는[40] 말실수처럼 기능하는 조각, 조작자인 시니피앙 말입니다.

수랭에게 있어서도 우선 '신'은 역시 암호입니다. 수랭도 마찬가지로 이 암호의 또 다른 기능을 보다 구분되는 과장된 방법으로 보여 줍니다.

이름은 육체를 형성할 수 있는 것입니다. 그것은 **몸을 이루는** 것입니다. 이 기능은 틀림없이 그 기원으로부터 그리스도교의 전통을 이루는 것이라 볼 수 있습니다. 유대교와는 다르게 그리스도교는 육체의 상실을 '위로하는' 담론(복음의 말)을 이룩해 왔습니다. 이름은 육체로 대체됩니다. 한 장소와 끊겨진 전언의 탄생인 성신강림절은 예수의 사라진 존재 그 위에서 분절됩니다. 성신강림절은 잃어버린 육체 위에 담론을 구축합니다. 그러나 바야흐로 이름, 하나의 세상을 구축해야만 합니다. 그것이 《성서》(자료체와 전체화 과정), 교회(의미의 사회적인 육체), 존재론(존재의 우주론적인 암시)을 이룹니다. 우리는 육체가 된 무의 결과인 **이름**으로부터 글쓰기까지 지나갑니다. 글쓰기 자체는 **역사를 재정의**하고 구성하도록 운명지어졌습니다. 그리스도교적 계열체 위의 그 일반성들이 어떻다고 할지라도 16, 17세기의 신비교들, 그 중에서도 특히 수렁은 비록 개인적으로 그 역할을 하고 있다고 할지라도 그것에 대한 하나의 변이체를 낳고 있습니다. 받아들인 이름은 구축해야 할 육체의 증명체입니다. 잃어버린 아이에 대한 시에서처럼 이름이 이처럼 텅 빈 자리를 차지하고 고유의 육체를 스스로 생산해 내기 위해서는 잇달은 제거 작용 그곳의 존재로부터 모든 것을 제거해 내야만 합니다. 그러니까 이 도식은 세 가지의 단계가 특징을 짓습니다. **넘쳐나는 육체**(통과할 수밖에 없는 죽음), **이름**(말하게 하는 '약체,' 허가하는 '무'), **넘쳐나는 담론**(생산하는 육체, 글쓰기).

하나의 이름으로 귀결된 이 육체는 슈레버가 받아들인 이름 'Luder,' 잡것 그리고 오물찌꺼기와 일치시킨 육체를 상기시킵니다. 법원장은 스스로의 육체를 여성적인 분산된 육체로 여깁니다. 세상에까지 이르는 끝없이 번식하는 산모의 글쓰기, 그는 그가 명명한 바대로 스스로를 생산합니다. 그는 자신의 이름 Luder의 살아 있는 화신입니다.[41] 명명화 과정은 '세상의 종말'이라는 재앙을 재도입시킬 이름으로부터 지어진 여성적인 우주론 가운데 최소한의 균열만큼이나 완고하고 전체적인 동일성에 이 육체와 동일화시킵니다. 수랭도 마찬가지로 창조의 '저주받은' 이름에 스스로를 동일시하고(말이 육체를 취한다). 이같은 명명화에 적합한 힘을 부여하며(말은 그가 명명하는 것을 이룬다), 그래서 그 자신에 다름 아닌 상실된 대상을 창 밖으로 내던집니다. 그러나 수랭에게는 언제나 타자(신)의 이름에 의한 외재성의 모습이 존재합니다. 그런데 그것은 구멍을 찾고 절대 동화되지 않습니다. 어떤 때는 '절망'이거나 어떤 때는 '그의 기쁨을 위한' 것인 '상실' 때문에 그는 차례로 **불려진 자** '저주받은' 자(버려진 아들)로부터 **불려진 자** '선택된 자'(예수)가 될 만합니다. 그같은 것은 지시하고 겨냥하는 지시소나 지시 대명사(모든 고유 대명사처럼)적인 시니피앙을 통해서 아주 잘 부각됩니다. 바로 거기에 통과 암호로서의 이름이 기능하는 바입니다.

줄리아 크리스테바——예를 들어 그가 자살 충동을 지녔다는 사실은 여러 부분에서 잘 보여집니다. 바로 거기서 우리는 그가 과잉의 육체를 가지고 있다는 인상을 받게 됩니다. 따라서 의미를 넘쳐나는 육체는 그를 '몸을 내던지게' 하든지, 아니면 타자 육체의 소여로써 수사학을 생산해 내거나 하든지 하는 것입니다. 게다가 이 새로운 육체는 그를 고양시킵니다. 왜냐하면 그가 말하거나 글을 쓰는 순간 수랭은 날아갈 듯 그의 육체 기능을 회복하기 때문이지요. 일종의 말을 이루는 살과 살을 이루는 말처럼 말입니다. 그것은 바로 당신이 분석한 바 수랭이 그리스도의 이름을 상기시키는 《찬가》 V에서 나타나지요. 내가 보기에 그곳이야말로 내가 시니피앙과 동시에 육체로 재발견되는 장소인 듯합니다. 왜냐하면 만약 그렇지 않다면 그는 신에게 버려진 상태, 파기와 뺄셈 속에 있기 때문이고 모든 것이 부정의 개념으로서 기능하기 때문입니다. 다시 말해서 시는 추락하는 폐기된 주체가 떠오르게 놓아두는 뺄셈(어휘적으로나 통사론적인)의 가중인 바입니다……

미셸 드 세르토——나는 여기서 시에 대한 장 미셸 리베트가 제기한 문제를 다루려고 합니다. 우리는 신비교적 글쓰기 속에서 이름의 이 두 가지 기능의 교차 효과를 재인식할 수 있습니다. 통과자로서 이름은 언어 속에 그 유배 원칙의 흔적을 남기고, 이 '저 너머 이상'의 작업은 언어만큼이나 끝이 없습니다. 우리는 힘이 모자랄 때가지 통과하기를 그치지 않습니다. 내가 인용했던 시처럼 글쓰기는 어떤 단계도 **그것이 아닌** 한에서 '상실'에 다름 아닌 이 '경주'의 결과입니다. 만약 우리가 그 단계들을 A_1, A_2, A_3,……로 이름짓고 연속의 개념이 아닌 것은 오메가(Ω)라 지칭한다면, 어떤 이름으로 우리는 A_i로부터 A_{i+1}을 지나가고, 연속과는 다른 것의 통과를 허용하는 것으로 각각에 대한 다음과 같은 공식을 설정합니다.

$$A_i = \Omega \text{가 아님}$$

A_i에도 A_{i+1}에도 A_{i+2}에도 가능한 정지는 없습니다. 매번 '그건 그것이 아니야.' 그것이 의미하는 바는:

$$A_i = A_i \text{가 아니다.}$$

그 자신과 더불어서 이 상태의 비-동일성이 존재합니다. 그 상태는 자기도 모르는 사이 자신의 타자에의 전송으로 좀먹습니다. 포르 루아얄의 **논리적** 범주 속에서 모든 '실체적이거나 절대적인 것'은 그것이 유일한 '절대'와 맺는 관계에 의해 '존재 방식' 또는 '변모된 사물'로 변형되며, 그러므로 어떤 의미에서 '수식된 것'[42]이라고 말할 수 있을 터입니다. 이 '절대'는 '그 자체로 존재'[43]하는 바가 아닌 장면 밖의 것입니다. 그것은 '존재'(실체처럼)하거나 '함께 존재하는'(상징처럼) 바가 아니라 떠나가게 하는 것입니다. 신비교적인 글쓰기는 이같은 언어의 수식화 과정입니다. 글쓰기는 담론의 무한한 탈출기를 서사화하는 것입니다. 그것은 문체(은유, 모순 형용어법[44] 등등)의 과정을 통한 샛길의 담론인 바입니다. 그 같은 담론에서 주요 수식법은 …도 아니고 …도 아닌(ni… ni…)입니다. 수

랭의 '노래' 속에서처럼:

> 은총도 자연도 보지 못하고
> 오로지 그가 떨어질 구멍만을 볼 수 있을 뿐인
> 이 사랑에 열중한 연인의
> 행복한 죽음, 행복한 무덤
> 죽건 살건 내겐 매한가지…….

언어는 그것이 '말하는 방법'(신비교가 말하는 것처럼 'modus loquendi')으로 바뀔 때 '신비교'가 됩니다. 그것이 우리가 포르 루아얄의 **논리적** 전망 속에서 들을 수 있는 바입니다. 그것은 '형용사들'처럼 '방법들'을 의미하도록 운명지어진 말들을 지시합니다. 그것은 유일한 실체에 대해 증식하는 끊임없는 형용사입니다. 그것은 《무지의 구름》 속에서 글쓰기/경험을 들이마시고 뱉어내는 '작은 낱말'의 조작자입니다. 하나의 통과 암호이자 '지시'하는 시니피앙입니다.

그러나 이같은 사실로써 이름은 육체를 품고 글쓰기를 삼습니다. 그것은 그 속에서 상실의 작업이 하나의 고유성을 만들어 내고 그곳의 존재로 생성되어지는 그러한 장소를 발견합니다. 그것은 더 이상은 부름받은 박멸도 자살도 아닌, 우선은 시이고 다음에는 구술된 법전, 그후에는 종이 위에서 탈출하는 써내려가는 손인 담론의 긍정성입니다. 그것이야말로 수랭이 말한 '해결책'으로, 더 이상은 창 밖으로 몸을 던지는 데 있는 것이 아닌 공간과 도정의 가능성에로 열려진 탈출구인 것입니다. 이렇게 해서 이름에 대한 작품, 하나의 육체와 주체의 문제에 대한 상징적인 장소가 씌어집니다. 바로 이 순간부터 수랭은 실제로 스스로 일어나 걸을 수 있게 되었습니다. 마을들은 그에게 있어 **이름의 작품**이 씌어지는 곳, 이동의 작업이 일어나는 곳——즉 이 독단론이 지배하는 곳에서 은유화 과정과 이동 작업이 일어나는 곳이며, 이 실체화된 언어의 형용사 수식화 과정이 일어나는 페이지들이 될 것입니다. 이런 관점에서 볼 때 글쓰기는 통로의 열개인 동시에 육체의 형성입니다.

광적인 사랑과 무관심에 대해

줄리아 크리스테바──바로 조금 전 당신은 이같은 신비교적 경험의 유형 속에서 수사학은 텍스트 언술의 층위에서보다 언술화 과정의 층위에서 결정된다고 말한 바 있습니다. 왜냐하면 비-의미 이상의 것에는 대타자, 즉 아버지 이름과의 언술적인 계약이 있기 때문입니다. 사실 수랭이 관심을 가졌던 《찬가》의 서문을 읽으면서 내게 수사학을 한다는 사실이 그다지 중요한 일이 아니라는 생각이 들었습니다. 그는 그의 텍스트는 문체에 있어서 '세련된' 것은 아니라고 말합니다. 결국 이 겸허한 '고백'으로부터 그는 일종의 우월감 같은 것을 꺼내는데, 왜냐하면 그것은 대중들에게 접하기 용이한 매우 읽기 쉬운 '그리스도교'적인 찬가를 쓰는 일에 관한 것이기 때문입니다. 그러니까 그에게 걱정거리가 되었던 일은 합치성과 의사 소통의 문제였던 바입니다. 따라서 본질로 들어가면 **요한네스** 또는 성녀 테레사조차 언어의 창조자들이었다고 가정한다면 사실상 그것은 문체의 발견은 아닌 것입니다. 반대로 수랭에게는 의미와 시니피앙의 체계가 존재합니다. 바로 이곳에서 나와 대타자 사이의 수수께끼적인 관계가 이루어지며 그는 그것을 '사랑'이라 부릅니다. 시에서 바로 위와 같은 사랑의 위상을 정의해 보는 일은 흥미로운 듯보입니다. 왜냐하면 그것은 부정적인 낱말들의 축적에도 불구하고 무관심이나 부정성에 관한 것이 아니기 때문입니다. 그것은 차라리 일종의 부정적인 어휘소 과잉에 이르는 뺄셈, 결국은 중성성이라 할 수 있는 바입니다. 이를테면 '그건 내겐 모두 매한가지……' 또는 '깊은 물 속도 아니고 물가도 아닌' 같은 것들처럼 말입니다. 그러므로 죽음과 혼동되는 이상한 상태는 나로 하여금 또 다른 유형의 신비교적인 경험을 상기시킵니다. 어떤 영적 신비교 이론에서는 신성성에 대한 삼분법이 문제가 됩니다.[45] 제일 상층부에는 신이 존재하는데 그는 창조자도 아니고 능동적이지도 않습니다. 그저 선이나 휴식 같은 단계와 동등한 상태로 어쨌든 그 어떤 속사도 술어도 존재하지 않습니다. 나는 신, 즉 모든 술어가 제거되고 수랭의 모든 시가 중성화하려 한 이 신이야말로 이같은 정열에 대한 동등화 과정의 상태, 보다 정확히 말하면 사랑에 합류한다는 인상을 받았습니다.

미셸 드 세르토——비록 우리가 《찬가》의 서문 역할을 하고 수랭이 쓴 것이 아닌 〈독자에게 부침〉을 한쪽으로 밀어 놓는다고 할지라도 그 이후 1731년판 《찬가》에서 교회에 '영적인 곡조'를 가져오는 동시에 '연민의 감정'의 제목으로 곡조를 구성하는 작업으로 인해 사랑은 정말로 시의 중심을 차지하고 있습니다. 첫번째 단계에서 사랑하는 일은 견딜 수 없는 기쁨, 즉 '상실'과 '기쁨' 사이의 '광적'인 관계인 것입니다. 다음의 노래의 예수가 그렇듯이 말입니다.

  기쁨을 위해 명예와 삶을 잃어버렸던
  사랑을 건지기 위해 모든 것을 버린 채.

그러나 이 '원초적인' 사랑은 당신이 지적하고 '이도저도 아닌' 형태를 취합니다. '은총도 자연도 아닌' '깊은 물 속도 아니고 물가도 아닌,' 천국의 '심오함'도 지옥의 '공허'도 아닌 것들 말입니다. 그런데 이 '이도저도 아닌 것'은 논리적으로는 '서로서로'의 이면입니다. 그 속에서 그것은 은밀하게 뒤집힙니다. 긍정성이 배제되는 한 자리가 그 위에서 스스로 지탱되는 것은 어쨌든 바로 이 부정적인 방법을 통해서입니다. ……도 아니고 ……아닌 중간부, 하나의 공간을 구축합니다. 그것은 하나('그것은 매한가지')로의 회귀, 신비교적인 움직임입니다. 그러나 하나는 더 이상 총체적이거나 실체의 것이 아닙니다. 그것은 넘치는 것(과잉) 또는 초과의 것(통과) 같은 비켜 나간 방법 속에서 나타납니다. 그것은 경험 속에 ('구멍')을 만들고 가능한 긍정적 형식화 과정처럼 이제는 ……아니고 ……도 아닌 형식, 다시 말해서 중성적이거나 **무관심**의 형식만을 취할 뿐입니다.

> 이런 모든 악에 대해서 이제는 웃어제낄 수밖에 없다.
> 나는 두려움과 욕망으로부터 제외된 인간
> 만약 내 인생에 최상과 최악의 순간이 필연적인 것이라면
> 내 대신 선택할 사람의 뜻에 맡기겠소.
> 죽건 살건 내겐 매한가지
> 사랑만 내게 머문다면 충분한 것.

장 미셸 리베트──당신이 끌어올린 바로 이 '무관심'의 공식이 그 항구성으로 내게 많은 영감을 주는군요. 이 항구성으로 말미암아 '무관심'의 공식은 수렁의 담론, 특히 그 속에서 '버려짐'이 이중의 가치를 취하는 이 시 속에서 정리하고 정돈합니다. 한편으로는 내 자신을 완전히 대타자에게 맡기는 것, 그의 욕망에 내 모든 것을 맡기는 것, 내 육체까지 그에게 모두 맡기는 것입니다. "담보로 내 뼈까지 내놓을 것이다." 다른 한편으로 나는 대타자로부터 완전히 버림받았습니다. 사랑받지 못한 '미아'처럼 말입니다. 왜냐하면 예수는 선택된 아들이기 때문입니다. 수렁에게 있어 저주받은 그의 처지와 그의 신에 대한 사랑 사이의 접합 관계보다 더욱 모순적이지 않은 이 이분법적인 방향은 매우 정확하게 울적한

우울증과 거식증적인 한 위치를 제시해 주는 듯합니다. (이같은 욕망에 대한 무감각은 그가 내부로부터 느끼는 무관심: '가난하지만 만족하는' '나는 두려움과 욕망으로부터 제외된 인간이다'의 기분 좋은 승리감과 좋은 일관성을 보여 준다.) 왜냐하면 대타자는 그로 하여금 아무것도 욕망하지 못하게 하기 때문입니다. 그래서 나는 **아무것도** 욕망하지 않습니다. 그와 동시에 나는 대타자 욕망의 순수한 대상이 되기를, 이 무에 나를 동일시하기를 욕망합니다. 나는 '네가 되는 것만을 유일한 즐거움으로' 삼습니다. 결국 나는 대타자가 내게서 그리고 나를 위해 욕망하는 것 이외의 아무것도 욕망하지 않습니다. 이렇게 말입니다.

미셸 드 세르토——아마도 여기서 **웃음**은 '네가 되는 것만을 유일한 즐거움으로'와 등가일 것입니다. 이 움직임은 어떻게 보면 약간은 그리스도교에서 벗어난 듯합니다. 그리스도교에서 웃는 사람들은 '나쁜 사람들'로서 《성서》는 마지막에 웃는 자가 진실로 웃는 자라고 합니다. 웃는 신들은 그리스 신들의 이미지에 보다 가깝습니다. 그러나 여기서 웃음은 긍정성의 언어에서 타자 아니면 내가 말한 바 이름의 작업입니다. 웃음은 모든 '선'과 '악' 타자의 지울 수 없는 거리를 재건합니다. 그것은 상실의 움직임인 동시에 사랑의 움직임인 것입니다.

줄리아 크리스테바——그것이 바로 내가 제기하려한 문제입니다. 그것은 리비도의 **소멸**('이도저도 아닌'과 또 다른 중성화 과정의 변형들)과 원초적인 대상 상실인 시니피앙이 **환희**와 **정신적 고양**(대상과의 상상적인 재회)을 동반하기 때문이 아닙니다. 여기서 우울증 문제를 제기하는 일은 어려운 듯합니다. 우리는 우울증의 소위 과대 망상증적 단계에 대해 이미 알고 있습니다. 여기서 소멸과 고양이라는 두 경험을 근본적으로 구별하는 것은 차라리 상징적인 부채에 대한, 또 타자와의 상징적인 계약의 재건자적인 가치에 대한 **의식**이 아닐까요? 매우 특별한 틀림없이 종교적인 약호에서 영감을 얻은 듯한, 주체로 하여금 그의 수사학적 능력을 개발시키도록 돕는 '의식' 말입니다. 주체가 만약 이미 또 항상 변환된 육체(언제나 삼분된 동일성, 결국 황홀경인)로서만 다시 창조되기 위해 이 기능들을 소유한다면요. 나는 우울증(그 찌꺼기로서의 육체) 및 신경증(과 구멍난 그의 육체)과는 반대로 신비교적 육체를 **넘쳐나는 육체**라고 말할 수 있겠습니다. 그러나 대타자와의 철회할 수 없는 계약 속에서 (진실임직한) 의미가 넘쳐나는 육체는 신비교로 하여금 **넘쳐나는 담론**을 생산하도록 지탱합니다. 수사학적 곁가지는 자살의 해독제입니다. 반대로 자살에의 호소는 글쓰기의 파산입니다. 글쓰기의 파산이 말씀으로 이루어진 살집이라는 의미에서 말입니다……

장 미셸 리베트——비록 한 곳에서 제자리걸음하는 듯한 인상이 들긴 하지만 구조의 문제를 다시 짚고 넘어가기로 하겠습니다. 내가 보기에 우울증은 그것의 광기로의 전환 또는 광기로의 연계와 결정적인 시련, 이 신비교적인 경험에 강요되는 통과를 구축하는 듯합니다. 말하자면 동시에 잃어버린 대상에 대한 동일화 과정, 다소간의 성공과 더불어 이 상실을 상징화하는 애도의 작업, 절망 속의 환희나 열광 속에 얹혀 있는 비탄, 즐거움 가득한 환희나 희열의 섬광이 있는 것입니다. 이처럼 많은 부분들이 헛되이 서로 대치되는 것이 아닙니다. 그것들은 서로를 보완해 줍니다. 왜냐하면 우울증과/또는 광증적 구조 속에서 그 모든 것들은 이 조울증의 피상적이고 혼합된 상태에 대한 접근을 야기하는 곳을 향하기 때문입니다. 번갈아 가며 미치광이의 비탄이나 우울증 환자의 고양을 일으키는 이 유희를 관찰하는 일이 그리 드물지 않습니다. 우리는 한편은 그의 텍스트에서 그것을 봅니다. '행복한 죽음'의 은밀한 영광으로 열려지는 그러나 역설적으로 신으로부터의 완전한 버림받음의 근저로부터 광적 조증의 흥분 상태의 충일한 주체가 이루어집니다. 이 주체는 '이제 웃게만' 할 뿐이고, '아무것도 두려워하지 않으며' '왕의 면전에서 말하려' 합니다. '이 예수의 광기를 흉내냄'으로써 최후의 동일화 과정까지 스스로를 끌고 가려 하는 것입니다. 그것은 다중 지형적인 이상야릇한 도정의 개념으로, 이 개념의 도정에서 주체는 연달아 그리고 동시에 모든 지형학적 위치들을 점합니다. 전원, 해양, 수령(아마도 전형적 문법을 지시할 문법의 삭제라는 형식하에 《실험과학》에서 찾아볼 수 있는)을 말입니다.

다른 한편은 걸쇠풀기를 통해 완전히 모든 항목들을 바꾸면서 만약 우리가 수령의 전기를 검사해 본다면, 다음과 같은 사실을 발견할 수 있을 터입니다. '그에게 가장 힘들고 절망스러웠던 시절,' 그의 '비참과 수난'의 밑바닥에서 갑자기 "영혼은 이 영광의 상태에 사로잡혔고 지고한 섬광을 보고 느꼈던 것이다. 그 느낌은 너무도 웅장해서 어떤 말로도 표현할 수 없었다. [⋯] 영혼은 한 상태로부터 타자에게로 커다란 다양성으로 인해 이끌리고, 그것은 때로는 어떤 상태에서 때로는 타자에게서 나온다." 가장 놀라운 일은 그가 오랜 실어증으로부터 벗어나서 아무런 준비도 없이 훌륭한 언변으로 설교하는 순간에 있습니다. 그러므로 그가 군중에게 말할 때는 아마 광적인 흥분 상태 속에 있었던 것으로 보입니다. 보르도에서처럼 말입니다. 어느 날 그는 '불안에 가득하고 완전히 지친 상태'에 있었는데 교단에 올라가려는 순간 "정신 속에 갑자기 어떤 불꽃, 그의 가슴에 일종의 활력을 느낀다. 그렇게 굉장한 활력으로 3시간 동안 계속했는데 그것은 자신을 매우 감동시켰을 뿐 아니라 청중들까지도 몹시 감동시켰다."

여기 수령이 말하고 있는 그의 경험은 나에게는 그의 시들 속에 씌어진 바와 동일한 성질의 것으로 보입니다.

줄리아 크리스테바——매우 흥미로운 것은 이처럼 이분법적인 구조를 가지고서 또 그의 저주에도 불구하고 그리스도교적 이름의 매우 특수한 위상을 이 저주 속에 유지하면서(결정적으로 수렝으로 하여금 여성성의 상태와 슈레버적인 구멍의 상태로 빠지는 것을 막으면서), 그의 시는 우리가 상기시킨 바 있는 '술어의 뺄셈'의 논리 덕분에 서사성과 시간성을 무시하고 있다는 점입니다. 그리스도교적인 이름과 함께 동일화 과정에 의해 엄습하는 이 어김없는 환희 속에서 주체는 이야기와 약속의 시간성으로부터 도망친 시간성 속에 있게 됩니다.

우리는 아마도 우리가 한계라 부른 현대 문학의 경험들을 통해 신비교적인 형식으로 회귀하고 있는 것은 아닐까요? 예를 들어 나는 먼저 서사적이 아닌 그렇지만 다른 한편 문장의 층위에서 서술어들의 생략에 다다르는 말라르메의 텍스트에 대해 생각합니다. 《주사위 던지기는 결코 우연을 배제하지 않을 것이다》 같은 텍스트에서 어떤 통사론이 한 문장의 내부에서 주체나 서술어의 역할을 하는지를 분별하기란 어려운 일입니다. 깨어진 것은 통사론적인 구조 그 자체인 바입니다. 단지 부족한 것은 아니면 아마도 암시적으로 제거된 것은 반대로 신비교적인 텍스트 속에서 말해지는 바로 이 그리스도교적인 이름입니다. 우리는 문학의 '서명'이나 '가명' 같은 것이 그와 비슷한 체계를 겨냥하고 있는 것은 아닌가 자문해 봅니다…….

다른 글에서 당신이 지적하고 있듯이[46] 신비교적 경험 속에는 한편으로 나의 오물과의 동일화 과정이, 다른 한편으로 대타자와의 언술적인 계약의 확고한 유지가 있습니다. 말하자면 만약 '내'가 오물이라면 '나'는 대타자와 보다 가깝습니다. 왜냐하면 대타자의 자리에서 말을 하기 때문에 오물의 재인식 같은 명목에서 신비교적인 경험과 분리될 수 없는 유지되어 온 긍정성은 담론의 질서인 것입니다. 반대로 모든 긍정성의 동일화 과정 제도와 권력과 단체에 대한 동일화 과정은 전체주의로 인도됩니다. 그러니까 이 오물에 대한 의식은 이차적인 긍정적 시간 속에서 제도와는 부딪히지 않지만 오로지 담론과 부딪힙니다. 그것은 반대로 극단적인 명철성을 부여합니다. 예를 들어 그가 신비교적이었기 때문에 비난당하거나 가치 절상되었던 조르주 바타유에 대해 생각해 봅니다. 모든 사람들은 사르트르의 글 〈새로운 신비교〉를 알고 있습니다. 그런데 바타유는 파시즘의 내재적인 동기에 있어서는 굉장한 선견지명을 가지고 있었던 동시에 러시아나 중국의 그것을 포함한 전체주의에는 반기를 들었던 선구자들 중의 한 사람입니다.

장 미셸 리베트——신비교는 국지화되기와 대타자 명명하기의 불가능성에 부딪힙니다. 또 거기에 그 경험의 어찌할 수 없는 요구가 있기도 합니다. 세대를 통해 신비교가 현저히 맞닥뜨린 다가갈 수 없는 명명화 과정, 글쓰기 속에서의 '문체'의 작업 말입니다. 틀림없이 아마도 그 때문에 경험이 글쓰기, 시학 속에 녹아 있는 것 같습니다. 그렇지만 때로는 신성모독인 언어로 말입니다. '이 예수의 광기' 같은 몇몇 수랭의 표현이 그것을 증명합니다. 금지된 이름의 발성으로가 아닌 네가 그것을 한다와 같은 신[47]에 대한 붙이기 불가능한 이름에 항거하여 생겨난 무신론으로 신성모독을 간주하면서, 우리는 신비교란 그 바탕으로부터 무신론을 가로지르는 경험 아니면 적어도 제도와 독단론에의 불복종에 대한 하나의 경험을 구축한다는 느낌을 지울 수 없습니다.

다른 한편 당신이 사라지는 한 세상과 시작하는 다른 세상의 매개자적 증후로 분석한 바 신비교의 인식론적·정치적 역사적인 위상에서 볼 때, 적어도 17세기 신비교의 기능은 종교 시대의 종말과 그 문화적인 명증성과의 분리를 고하는 것입니다. 그리고 또 다른 시대, 즉 현대 국가의 새로운 과학과 일반화된 정치 시대로 여는 그런 기능을 갖기도 합니다. (이같은 상황은 정보통신의 영향하에 더욱 가속화될 것이다.) 당신이 다음과 같이 분석한 것은 (루뎅의 신들림 속에서) 그 예를 보여 줍니다. 즉 위기에 처한 사회의 귀신을 쫓는 자로서 수랭은 이 경우를 빌려 시대의 전복에 대한 일종의 수수께끼적이고 추문적인 대답으로 시적이고 '경험적인' 또 다른 언어를 구축합니다. 그러나 당신은 또한 결국 그 전복이 그것 자체로 전복되고 만다는 사실을 지적하고 있습니다. 왜냐하면 한 담론은 새로운 위상을 부여하면서 새로운 질서를 도입하기 때문입니다. 그리고 또한 정치과학적인 명증성이 점차 그 빛을 잃어 가는 우리 시대에 담론은 더 이상 경험의 축적을 견뎌내지 못합니다. (마르크스주의적 그것처럼 자본주의적 언어의 가속화된 노화 현상.) 우리 시대에는 문명의 위태로움과 불확실한 미래에 대한 퇴행적인 해답처럼 파시즘이 전세계적으로 전파되고 있는 상황에서 전체주의 국가들이 속속들이 생겨나고 있습니다. 여기서 나는 전세계에는 겨우 30여 개의 민주주의 국가만이 존재한다는 사실을 밝혀둡니다. 그런데 현대판 파시스트적 독재 국가는 변함없이 그 신비교적 깃발을 휘둘러댑니다. 패러디풍의 불순한 그렇지만 적어도 신성화된 여성, 전능한 어머니의 치명적인 신비교 말입니다. 그것은 인종, 민족, 서구, 프롤레타리아들의 성격으로 국가·정당·경제·역사 속에서 점차 그 모습을 드러내는(그 속에 패러디가 있는) 커다란 권능에 참여한다는 바를 의미합니다. 그런데 이 사회 관계의 수축에 마주하여 또 변형되기에 이르지 못하는 언어의 이 경화 과정에 대항한 또 다른 언어의 실천으로 열리려 노력하는 현대적 부수적인 답변은 정치와 예술의 전위 운동의 그것이라 할 수 있습니다. 다시 말해서 전위주의는 현대의 정통주의에 맞닥뜨려서 모순적이게도 17세기 신비교적 담론의 그것과 유사한 자리를 차지합니다. (비록 사실상 담론의 위상상 신비교라 할 만한 것은 아니라는 사실이 명백하다 할지라도.) 반면 우리는 모든 다른 기능과 함께 나약해지고 억압되고 흩어진 종교성의 전파된 나머지들을 집중시키고 재분배시키는 차라리 나약하다 할 수 있는(예를 들어 미국 젊은이들 사이에 퍼지고 있는) 신비교적인 이념의 전파를 눈여겨보고 있습니다.

창 밖으로 투신하기[1]

내가 지금 여기서 쓰고 있는 곳, 생 마케르에 그가 몸담는다. 사실 나는 나를 삼인칭으로 말하면서 쓰기 시작했고, 앞으로도 계속 그렇게 할 것이다.

그는 강가에 자리잡은 여러 방들 중의 하나에 기숙했다. 이 방들은 지극히 높았는데, 그것은 이 건물 자체가 아래로 가론 강이 흐르는 암벽가에 세워져 있었기 때문이다. 이 방은 살롱 위쪽 삼층에 자리잡은 병동 중의 하나였다. 그는 이 집에서 며칠간을 묵는다. 그동안 그는 평생 다시 없을 커다란 절망 속에 사로잡혀 있었는데, 그것은 자기가 이미 신으로부터 버려지도록 심판을 받았다는 생각 때문이었다.

이같은 상상은 다른 사람들에게는 그저 한낱 몽상에 지나지 않는 공허한 생각에 불과할 터이다. 왜냐하면 우리는 우리의 믿음이 세워진 천성의 상식으로 이같은 또 다른 삶의 대상들에 대해 자신의 성벽을 단단히 둘러치기 때문이다. 그래서 일단 한 사람이 자기가 저주받았다고 하면 다른 사람들은 그를 미치광이로 취급하기 일쑤이다. 그렇지만 보통 광기란 우리가 품고 있는 생각 속에 있다. 아니 보다 자연스럽게는 침울증 같은 것에 있다. 그 모든 것이 여기 있다. 어떤 사람은 그를 바보라고 한다. 또 다른 사람은 그를 추기경이라 한다. 그런데 이런 생각들은 합법적으로 낭비로 포착된다. 그러나 하느님 아버지가 말한 바는 그렇지가 않다. 이같은 생각들 속에는 우리가 침울증 환자에게 관찰할 수 있는 것은 없다. 그러니까 저주받았다고 믿는 일은 몇 갑절 강한 그 어떤…….

그렇게 하는 것은 미친 사람 취급받는 비난으로부터 스스로를 합리화시키려 하는 일만은 아니다. 그는 너무도 진정한 방법으로 이러한 불편 속에 떨어졌기 때문이다. 그것이 아니라고 말하는 공동 상식은 거의 경악에까지 이르게 한다. 그에게 일어난 또 그를 그와 같이 기숙하는 거의 대부분의 사람들에게서까지 미친 사람 취급을 받게 한, 그 재차 말하지만 그것은 이 비난을 피하려는 것이 아니다. 왜냐하면 그는 역할에 대해서는 그다지 두려워하지 않는다는 사실을 고백할 수 있기 때문이다. 게다가 아무도 가지려 하지 않는 그의 모자 위의 이 멋진 꽃장식을 갖기 위해 그는 자신을 신께 바친 지 이미 오래였기 때문이다. 적어도 나의 하느님은 그의 섭리로 이미 그를 그렇게 되도록 운명지었던 것이다. 그에게 여러 차례 욕망, 즉 우리의 규칙들 중 하나에 대한 명상의 욕망을 지니게 해주신 것이다. 이 신의 섭리로 이그나티우스는 우리가 그것에 어떤 동기도 부여하지 않고서 스스로를 미치게 하기까지 이르기를 원했던 것이다.[2] 하느님 아버지는 이 욕망을 가지고 있었고, 이 행운을 훌륭한 모험으로 상징했었다. 그래서 이 몰약을 충분히 향유할 만큼 지니고 있었던 것이다. [⋯]

이렇게 생 마케르에 주거하면서 그는 틀림없이 하느님이 그를 내쫓고 저주했다고 믿었다. 그것에는 이미 매우 강하고 커다란 동기가 있었고, 그는 더 이상 이 세상의 어떤 사람도 그것에 저항할 수 없다고 믿었다. 이 같은 상태에서 그는 생 마케르의 바로 이 장소를 바라보고 있었다. 그는 이미 그해[3] 수 차례 묵었던 바로 그 자리에 묵고 있었다. 마침 그의 영혼이 이 생각으로 가득 차 있었던 만큼 또 다른 강한 신념에 사로잡히기 시작했다. 바로 그가 묵고 있던 방의 창 밖으로 투신하는 일이었다. 그는 너무나 끔찍스런 방법으로 그를 사로잡기 시작한 이 생각에 계속해서 매달려 있었다. 밤새도록 이 생각과 씨름하다가 아침이 오자 커다란 제단에 마

주한 작은 성단에 있는 성체 앞에 가서는 그곳에서 아침 나절 한동안을
보낸 후 점심 식사 시간에 조금 못미처 자기 방으로 되돌아왔다.

세상 가운데를 향해 달리고 싶다[4)]

길 잃은 한 아이처럼 살아갈
그런 세상에서 달려가고 싶어라.
내 가진 모든 선 훌훌 베풀어 버리고
나그네의 영혼 같은 그런 기분을 가져야지.
죽건 살건 그건 매한가지
사랑만 내게 머문다면 충분한 것.

친구도 명예도 돈도 다 잃고
사랑, 결국 네게 감사를 돌린다.
아무런 근심 걱정 없이 네가 되는
유일한 기쁨 이외에 이젠 아무데도 내 희망을 놓을 곳이 없구나.
죽건 살건 그건 매한가지
사랑만 내게 머문다면 충분한 것.

가난하지만 만족하여 알지 못하는 길을 따라
행운을 잡으러 떠나련다.
언제나 나를 환영해 줄 시골 마을에
내가 묵을 곳이 있겠지.
죽건 살건 그건 매한가지

사랑만 내게 머문다면 충분한 것.

가자, 사랑이여, 모험을 찾아 떠나자.
너와 함께라면 두려울 것 하나 없으리
자연이 고통스러워할 몇 가지 작업을 제외하고
너를 가질 때 난 언제나 행복한 것
죽건 살건 그건 매한가지
사랑만 내게 머문다면 충분한 것.

한 조각의 빵부스러기도 발견하지 못하고
땅 밑을 걸어 걷고 걸을 테지.
전쟁 때 하는 것처럼 말야.
그래도 없으면 굶어죽으면 또 어떻겠어.
죽건 살건 그건 매한가지
사랑만 내게 머문다면 충분한 것.

나는 더 이상 문자도 과학도 원치 않는다.
무지한 채로 그냥 머물기를 택할 것이다.
나는 모든 걸 내 의식에 맡겼다.
사랑이 그 모든 것을 책임지길 원하므로.
죽건 살건 그건 매한가지
사랑만 내게 머문다면 충분한 것.

만약 강도들이 내 여행중에
내 가진 모든 것들을 빼앗으려 한다면,
내 보따리에 내 심장 한 조각만 내놓고는

겁도 없이 무서워 떨지도 않고 그렇게 떠날 테다.
죽건 살건 그건 매한가지
사랑만 내게 머문다면 충분한 것.

만약 때로 해가 지면
동떨어진 요양원에 있지는 않을 터
나무 밑동 옆 오두막에 들어가야지.
길가에서 헤매지 않는 것에 그저 감사하면서
죽건 살건 그건 매한가지
사랑만 내게 머문다면 충분한 것.

내 몸을 쉬고 있는 덤불 속에서
갑자기 병든 나를 발견하는 날
그리고 그렇게 내 인생을 마감해야 한다면
내 뼈를 남겨 놓을 거야. 증표로서 내 뼈를 남겨 놓을 거야.
죽건 살건 그건 매한가지
사랑만 내게 머문다면 충분한 것.

어느 날 내 가장 친한 친구들이 나를 버리고
내 부모들조차 나를 미친 놈 취급하면
사랑만 내게 남아 있다면
그들이 내게 줄 모든 행복을 노래해야지.
죽건 살건 그건 매한가지
사랑만 내게 머문다면 충분한 것.

그들이 나를 재판소에 끌고 가 판사 앞에 앉혀 놓더라도

4ㅁ 미친 진실

내 변호할 권리를 주장하는 대신
지고 만 법정에 안녕을 고하면서
어딘가로 피신할 기쁨이 있으면 좋겠다.
죽건 살건 그건 매한가지
사랑만 내게 머문다면 충분한 것.

오 내가 쉴 곳인 극진한 사랑이여,
네가 얼마나 나의 근심 걱정을 덜어 주는지
이기건 지건 그건 매한가지
사랑이 나를 바꾸어 놓은 이후부터 말이야.
죽건 살건 그건 매한가지
사랑만 내게 머문다면 충분한 것.

이런 모든 악에 대해 이제는 웃어제낄 수밖에 없다.
난 두려움과 욕망으로부터 제외된 인간
만약 내 인생에 최상과 최악의 순간이 필연적인 것이라면
내 대신 선택할 사람의 뜻에 맡기겠다.
죽건 살건 그건 매한가지
사랑만 내게 머문다면 충분한 것.

만약 바다에서 연안에 닿는다면
그곳에 넘실대는 사랑이 네게 원한다면
돛대도 없고 닻줄도 없는 조각배에서
모든 적들에도 불구하고 도처로 갈 테야.
죽건 살건 그건 매한가지
사랑만 내게 머문다면 충분한 것.

너무도 소중한 내 영혼을 고이 간직한 채
아무것도 잃지 않고 얻지도 못하는 것보다는
스러져 가는 것을 두려워하는 이 신중한 사람들의
정당치 못한 비난으로 고통받는 것이 백배 천배 낫다.
죽건 살건 그건 매한가지
사랑만 내게 머문다면 충분한 것.

욕설의 파도 속에 몸을 맡기면서
그 어느것도 쟁취한 체하려는 것은 아니다.
폭풍에도 불구하고 사람 속에 사는 편안한 안식의 힘만이
죽건 살건 그건 매한가지
사랑만 내게 머문다면 충분한 것.

대양이 나를 향해 덮쳐 온다 해도
그 거센 비바람을 무릅쓰고 가자 사랑이여
너 없이 구원받기보다는 너를 따르며
용기 있게 죽어 가는 길을 택하리.
죽건 살건 그건 매한가지
사랑만 내게 머문다면 충분한 것

배반이 나를 바다 밑의
저 파도 깊은 암초에다가 던져 놓는다면,
그 어느것도 물 표면 위로 나를 올려다 줄 것이 없을 때,
아마도 사랑 속에서 그 심연 속으로 밀려 나갈 수밖에 없을 테지.
죽건 살건 그건 매한가지
사랑만 내게 머문다면 충분한 것.

은총도 자연도 보지 못하고
오로지 그가 떨어질 구멍만을 볼 수 있을 뿐인
이 사랑의 연인의
행복한 죽음, 행복한 무덤
죽건 살건 그건 매한가지
사랑만 내게 머문다면 충분한 것.

이 설명 불가능한 사랑의 심오함 속에서
내 가슴속에 수만 가지의 비밀이 열린다.
가장 끔찍한 지옥의 구렁텅이로부터
온갖 괴물들이 네게로 엄습한다.
죽건 살건 그건 매한가지
사랑만 내게 머문다면 충분한 것.

그런데 정녕 내가 내려온 커다란 심연은
내 입이 읊어야만 하는 것인가?
그것은 밑바닥도 가장자리도 아닌
거의 들어 본 적도 없는 그런 상태
죽건 살건 그건 매한가지
사랑만 내게 머문다면 충분한 것.

이 행복한 난파로부터 돌아오면서
나는 임금님 면전에 대고 말하련다.
나는 이 세상에서 한 미개인처럼 살아가리라.
그리고 가장 근엄한 법도들을 무시할 테다.
죽건 살건 그건 매한가지

사랑만 내게 머문다면 충분한 것.

나는 더 이상 그 광기를 흉내내고 싶지 않다.
이 예수의 광기를 어느 날 십자가 위에서
기쁨을 위해 영예와 삶을 잃어버렸던
사랑을 건지기 위해 모든 것을 버린 채
죽건 살건 그건 매한가지
사랑만 내게 머문다면 충분한 것.

원주 / 역주

■ 줄리아 크리스테바 — 현실적 진실

1) 현진실(Vréel). 크리스테바의 신조어로 참+그녀(어머니)의 합성어일 수도 있고, 참과 현실의 합성어일 수도 있다. 전자는 진실의 모성적인 측면을 강조한 것이고, 후자는 진실과 현실과의 관계를 강조한 것이다. 〔역주〕

2) 에라스무스(1466?-1536). 네덜란드의 인문주의자. 풍자적이고 독립적인 정신의 소유자로《우신 예찬》·《대화집》가톨릭과 신교의 조화와 그의《신약》비판 연구를 통해 그리스도교적 인본주의를 정의하려 힘썼다. 〔역주〕

3) 아버지 이름의 배제. 아버지의 이름이란 법칙(Loi)의 이름과 같은 것이기 때문에 이것을 배척한다는 것은, 오이디푸스 상황에 대한 접근을 통해 상징화되어야만 하는 아버지의 기능이 주변의 제반 의미 작용이 시니피에로 상징화되지 않고 소멸되는 것을 의미한다. 즉 상징계에 접근할 수 있는 신경증 환자에 비해 정신병 환자는 상징계로의 접근이 불가능해지는 것이다. 결국 아버지의 생성적 권리의 실추는 정신병의 원인이 된다. 〔역주〕

4) 상징계(Le symbolique). 라캉에 따르면, 인간이 상징 질서를 생각하게 되는 것은 이미 그 존재의 틀 속에 갇혀 있기 때문이다. 자신의 의식에 따라 상징적 차원을 구성하고 있다고 믿는 것은 착각이며, 인간이 한 주체로서 이 단계에 이를 수 있는 것은 인간과 동류인 상상적 관계라는 심연을 통해서이다. 라캉, *op. cit*, p.53. 그렇다면 라캉의 구조 도식을 살펴보자. 그는 인간의 심적 현상을 상상계·상징계·현실계의 세 범주들이 서로 혼동된 상태로 얽혀 있다고 가정한다. 인간은 시각적·상상적인 자기 파악의 거울 단계(Stade du Miroir)를 거친 후, 언어 습득과 더불어 말하는 주체의 단계에 들어감과 동시에 언어로 대표되는 상징성의 지배 속으로 들어간다. 이 단계는 개인이 사회의 일원으로 자기 정립을 하는 데 필수적인 과정이다. 크리스테바에게 이 상징성은 기호적 코라의 실현 조건이자 의미 작용의 근거가 된다. 〔역주〕

5) 조응소. 원래는 '한 조각'이라는 의미지만, 언어학상 대명사가 앞의 명사를 받는 것을 뜻한다. 〔역주〕

6) 아르토(1896-1948). 프랑스의 시인·연극이론가·연출가·배우. 어린 시절 앓았던 뇌막염의 후유증으로 성인이 된 후에도 통증에 시달리며 평생을 정신병원을 전전하며 보냈다. 초기에는 인간 사고의 근원을 그린 시를 쓰다가 이후 연극에 전념, 인간 삶의 비참을 연극화하려 했다. 잔혹극의 창시자이다. 〔역주〕

7) 대타자(Autre)와 소문자 타자. 소문자 a. 라캉이 주체의 구조에서 주체의 욕망을 나타낸 아래의 도식에서 소문자 a(autre)는 단절된 부분 대상으로 젖가슴·눈짓·귓속

말·검열 등을 나타내는, 궁극적으로는 어머니의 자리이다. 이하 크리스테바의 본문 기술에는 오이디푸스의 삼각형과 중복되는 이 라캉의 도식이 깔려 있으므로 좀더 자세히 살펴보도록 하자. 이 도식의 대문자 A(Autre, 이하 본문에서 '타자'로 표기)는 인간 개개인을 지칭하는 것이 아니라 법칙의 장으로서, 이 법칙에 고유한 형태를 부여하는 문화적 질서, '아버지'와 '신'의 심급이며, 정신분석 치료에서는 '분석가'의 자리를 의미한다. S는 주체로서 그가 의식과 무의식의 분열 상태에 놓여 있기 때문에 빗금과 함께 표현된다. a′는 주체가 자기 자신에 대해 갖는 상 속에 욕망을 비춰 보는 것으로, 소문자 a의 투사를 통한 반영이다. 오이디푸스 삼각형에서의 어린아이 위치에 자리잡는다. A, a, a′는 프로이트의 초자아·이드·자아에 대응하는 것으로, 라캉은 이것을 상징계·현실계·상상계라 부른다. a와 a′를 잇는 상상적 관계, 즉 미분화된 모자의

프로이트	라 캉	
sur-moi	A	상징
a	a-a′	상상
moi	Sa	현실

본능적 관계는 거세 공포로 인해 A의 금지를 넘어 문화적 단계(분리와 차이가 지배하는 법칙과 질서의 세계인 상징계)로 향한다. 라캉의 이 도식보다도 더욱 심층적인 전(前)오이디푸스 단계에서 대상 이전의 '대상'인 어머니를 표시해, 오이디푸스 단계의 a로 이끄는 '상상계'가 크리스테바가 말하는 아브젝트이다. 정신분석적으로는 이 아브젝트를 아브젝시옹(투척·기각)함으로써 오이디푸스기로 들어가는 것이 가능하게 된다. J. Lacan, *Ecrits*, Éd. du Seuil, Paris, p.554. 〔역주〕

8) 비교. 우리의 〈대상 또는 보완〉, 《복수적 진실》에서, 쇠이유, 1977.

9) 내가 다른 곳에서 지적했을 수 있을 진실임직함에 대해 여기서는 굳이 다시 취급하지 않겠다. 비교. 〈의미와 법〉과 〈텍스트라 불리는 생산성〉 《세미오티케》에서 쇠이유, 1968.

10) 《현상학》, 오비에 몽테뉴, 1권 40. 강조한 것은 우리다.

11) 의미 작용. 줄리아 크리스테바, 《*Sémanalyse et production du sens*》 in Essais de sémiotique poétique, Larousse, p.210. 크리스테바에 의하면, 의미 작용의 개념은 프로이트·라캉의 정신분석과 벤베니스트의 언어학적 방법이 혼합되어 성립된 개념이다. 즉 프로이트 이후의 정신분석학에서 중요시된 시니피앙으로부터 파생된 것으로 '언술 내에서의 시니피앙의 분절'을 의미한다. 한편 벤베니스트에게 언어는 나름의 의미 작용이 있다. 즉 랑그의 언어 기호에 있는 고유의 기호론과 수신자의 활동에 따라 랑그를 변화시키고, 사회와 세계를 향해 위치하는 의미론이 그것이다. 크리스테바는 이것으로부터 의미 작용의 개념을 변별화·중층화·대조화라 규정하고, 문법에 의해 구조화되고 의사 소통으로 향하여 의미의 연쇄와 말하는 주체의 단계에 위치하는 것으로 정의한다. 즉 의미 작용이란 기호성의 의미 작업이지만, 그것은 실제로 상징성의 언어 위에서만 실현 가능하다. 다시 말해서 발생론적으로 보면 기호 과정은 상징 과정(언

어)의 전조건이지만, 그 실현의 측면에서는 상징성이 곧 기호성의 조건이 되는 서로 불가분의 관계를 이루는 것이다. 따라서 의미 작용은 정신병의 경우와는 달리 상징 과정이 완성된, 그러면서도 기호 과정이 완전히 억압되지 않은 주체의 기호적 코라가 상징 언어 속으로 침투하여 분산·중층화·대조의 작업을 하는 전과정을 포괄한다. 이처럼 의미 작용은 비개인적이고 유물론적 성격과 그 자체에 있어 언어가 핵을 이루는 기존의 상징 질서에 대한 부정성의 변증법적 실현이라는 실천적 측면이 강조됨으로써 마르크스의 노동·생산 이론과 결합되며, 텍스트의 실천이라는 크리스테바의 개념으로 이어진다. 〔역주〕

12) 우리는 《세미오티케》의 〈시와 부정성〉에서 문학 담론의 지시 관계라는 미해결 문제에 접근해 보았다.

13) 《모세와 유일 신앙》, Idées, 갈리마르, p.173

14) 같은 책 p.173. 비교. 루이 베이르나에르의 글, 〈'모세와 유일 신앙,' 나치의 학대에 대한 대답으로서〉, *SIC*, 《정신분석학을 위한 교재》, 6호 1976년 9월, pp.14-20.

15) 같은 책, p.115.

16) 같은 책, p.174.

17) 부정성. 크리스테바에게 부정성은 헤겔에서 상당 부분 도용한 개념이다. 헤겔의 변증법적 논리에서는 반(反)명제, 또한 명제 속에서 부정의 부정에 의해 높은 차원의 자기로의 복귀를 실현하게 된다. 이같은 의미에서 볼 때, 부정이란 단순한 거부나 배척이 아니라 보다 적극적인 운동, 발전의 추진력이다. 크리스테바가 사용하는 부정성의 개념은 이와 같은 맥락에서 나온 것이고, 특히 형용사에서 전용된 명사형인 부정적인 것 (le négatif)은 추상적인 성격을, 부정은 행위와 현상을, 반면 부정성은 부정의 총체적인 포괄적 속성을 의미한다. 줄리아 크리스테바, 《*Recherches pour une sémanalyse*》, 쇠이유, pp.245-250. 〔역주〕

18) 《부인》, GW, 14장, p.11-15; 《부인》, 번역본, B. This et P. Theves, 《르 코크 에 롱》, 52호, 1975.

19) 〈정식분석 개요〉, *SE*. t. 23, p.204.

20) 〈방어 과정의 자아 분리〉, *SE*. t. 23, p.275 *sq*. 번역본, R. Lewinter et J. -B. Pontalis, NRP 2호, 1970, 갈리마르.

21) 〈아크로폴리스에 대한 기억의 혼란〉, *SE*, t. 22, p.245.

22) 〈정신병과 신경증에서의 현실감의 상실〉, *SE*, t. 14, p.184.

23) 같은 책.

24) 투사. 주체가 환상적으로 대상과 그것의 특질을 밖에서 안으로 옮기는 과정이며, 투자와 대칭을 이룬다. 〔역주〕

25) 신경증과 정신병. 신경증(노이로제)은 욕망 충족에 실패한 상태의 상징적 표현을 증상으로 하는 심인성 질환이다. 이때 심적 갈등의 원인은 환자의 유아기에 있으며, 증

상은 욕망과 방어 사이의 타협 과정, 즉 억압, 전치, 격리, 반동 형성, 취소, 대리 형성, 전환으로 나타난다. 반면 정신병은 현실과 리비도 에너지 사이의 장애에서 나타난다. 이때 표면에 드러나는 증상은 대상 관계를 회복하기 위한 2차 과정이다. 즉 부정·퇴행·함입·투사나 병적 동일시를 그 증상으로 한다. 이렇듯 이 둘은 명료하게 구별되는데, 신경증에서 자아는 스스로 초자아의 희생물이 되어 충동을 억압하지만, 정신병에서 자아는 이드에 굴복한다. 라캉, *op. cit.*, 신경증(p.610-611), 정신병(p.531-583). 〔역주〕

26) 비교 환각에 대해서는 W. R. 비옹의 작업과 특히 《주의와 해석 l'*Attention et l'Interprétation*》 프랑스어 번역, 페이요, 1970. 환각적인 기호론이 도상으로 회귀되듯이 우리의 기호계/상징계의 구별은 유명한 O점과 그 변형들을 정확히 묘사해 주는 듯하다.

27) 나르시시즘. 발전 단계로 보자면 성적 에너지, 즉 리비도(초기 이론에서 성적 에너지는 곧 리비도이지만, 후기로 가면 생명의 본능이 된다)를 자신의 신체로 향하게 해서 쾌감을 얻으려는 자위와 자기 자신 이외의 대상, 혹은 그 대상을 대신하는 관념에 성적 에너지를 쏟는 대상애(對象愛) 사이에 위치하며, 자신의 신체를 사랑의 대상으로 하는 성충동을 통합시키는 것이다.

구조론적으로 보면, 유아에서처럼 리비도가 신체의 일부 또는 표상이나 대상에 결부된 1차적 나르시시즘과, 이드와 미분화로부터 빠져 나간 리비도가 자아에 재투사된 경우인 2차적 나르시시즘으로 구별된다. 〔역주〕

28) 어린아이가 최초의 자신을 구분하지 못하는 혼돈의 단계를 지나 거울 속의 스스로를 인식하는 단계·과정이다. 〔역주〕

29) C. S. 퍼스에게 있어서 '지표'는 '상징'과 대립한다.

30) "이것은 너희를 위하여 주는 내 몸이라."(《누가복음》 22장 19절) 〔역주〕

31) 아르노와 니콜, 《논리학》, PUF, p.101.

32) A. J. 가드너의 《고유 명사의 이론》, 1940.

33) 〈논리적 원자론의 철학〉, *The Monist*, 1918.

34) 《철학적 탐구》, 갈리마르, 1961, §79, p.153.

35) 《정신분석 사전》, Fayard, pp.954-956. 슈레버(1842-1911). 독일의 평판 높은 법관이었으나 선거에서 패한 후 정신질환 증세를 보였다. 병상에서 《신경증에 대한 기록》(1903)을 펴냄으로써 병원으로부터 빼앗긴 재산권을 되찾는다. 이 책은 신으로부터 버림받고 박해당한 한 인간에 대한 기억으로, 프로이트는 이 기록으로부터 아버지에 대한 반항과 착란의 원천으로서의 억압된 동성애를 끌어낸다. 〔역주〕

36) 《한 신경증 환자의 기억》, 쇠이유, 1977, p.89.

37) 성찬식(聖餐式). 그리스도교의 의식으로 빵과 포도주를 그리스도의 육체와 피로 변모시키는 것이다. 〔역주〕

38) 경계례(limites, borderlines). 신경증과 정신병 사이에 위치하는 정신질환. 통상적으로 신경증 증세를 보이는 잠재적 정신병을 말하는데, 이때 신경증은 정신병에 대한

방어 기능을 한다. 자기의 이미지나 대상의 이미지(구조적으로 자아·이드·초자아)가 통합되어 있지 않은 상태, 부인(否認)·투사(投射), 투사를 통한 동일화 등 억압이 형성되기 이전의 원시적 방어 기제를 갖는다. 그러나 정신병과 구별되어야 할 점은 자아의 경계가 형성되어 있으며, 현실 인식이 있고, 자타의 구별도 가능하여 정신병에서처럼 환각이나 망상 증세를 보이지 않는다는 점이다. 크리스테바에게 경계례 환자는 오이디푸스 삼각형 이전의 원초적 나르시시즘의 구조에서 충동의 대표적 구조를 충분히 받아들이는 데 실패한 결과이다. 사실상 언어 표현으로 가충동 운동을 표상 단계에 전환시켜 언어를 풍만한 것으로 만들어 주는 오이디푸스적인 상상적 아버지의 자리를 대신한 '상상적 아버지'라는 제삼자적 위치가 충동의 공격을 억압하고, 어머니를 기각(ab-jection)하며 상징 언어를 가능케 한다. 그러나 '상상적인 아버지'가 부재할 때, 언어 표상은 충동의 뒷받침이 결핍된 '순수한 시니피앙'으로 이루어진 경계례의 언어가 된다. 결국 크리스테바에게 있어 모든 예술 실현의 장은 오이디푸스 단계의 상징적 아버지의 위치가 아닌 이같은 원초적이며 상상적인 아버지의 자리인 것이다. 〔역주〕

■ 실라 콩솔리 — 정신병적인 서사

1) J. 오스틴, 《말하는 것은 실행하는 것이다 How to do things with words》, 쇠이유, 1970.

2) J. 설, 《언어 행위》, Hermann coll, *Savoir*, 1962.

3) O. Ducrot, 《말하기와 말하지 않기 Dire et ne pas dire》, Hermann coll, *Savoir*, 1972.

4) 롤랑 바르트, S/Z, 쇠이유, 《텔 켈》, 1970.

5) 우리는 다른 장소, 즉 '꼭 닮은 사람들에 대한 환상'의 경우에 맞추어 그것을 분석했다.(실라 콩솔리, 〈클레어를 빼어박은 사람들〉, 《토픽지》 16호, pp.81-114) 즉 그것은 특별히 조직되고 안정된 환몽적인 가공을 가로질러 정신병 환자와 기호의 관계, 어머니가 제공한 동일화 과정의 모델들의 무게, 독창적인 사상의 창조 속에서 상징적 계보의 역할들에 대한 문제가 제기되었다. 클레어는 특히 우리가 사제들과 군인들의 유형에서 발견할 수 있는 일련의 사랑의 대상들에 대한 색광적인 관계에 사로잡혀 있었다. 또한 그녀에게 적대적인 인물들을 분류해 놓고 있었고, 그녀로 하여금 체계적으로 나르키소스적이고 정서적인 현실화 과정을 가로막게끔 한 피해 망상적 관계 사이에 놓여 있었다. 클레어를 사로잡고 있던 확신은 그녀 자신이 절대로 자기 사랑의 대상이나 자기 학대자에게 직접적으로 다다를 수 없고, 오로지 각각 그녀의 분신을 통해서만 도달할 수 있다는 사실이었다. 불가능한 만남의 신화적인 계획으로서의 욕망의 영원성 같은 재현 활동과 기호 기능을 잠재하면서 이상적인 모성적 모델이나 사물의 편에서 그것들을 정돈했던 하나의 불변성이 아니라면, 이 고유의 인성을 지니지 못한 분신들은 그들의 모델들에게 특권(면역성)을 보장했었다. 클레어의 과거 전기적인 특이성·

협잡과 아무도 속지 않았던 공모로만 자기 역할을 했던 부계적인 인물과의 관계의 특이성은, 환자를 자기 어머니와는 분리된 주체의 위상에 다다르게 하는 동시에 작가로 하여금 독자적인 담론 주체의 위치에 도달하는 것을 불가능하게 만들었다. 효과적인 부성적 기능의 결여로 그녀가 그녀의 리비도적인 대상에 대한 분신으로서만 자신의 정서적인 삶을 가질 수 있었던 것과 마찬가지로 모성적인 성상(成像, 어릴 때 이성인 아버지 또는 어머니를 이상화한 이미지)의 분신으로만 자신의 상상적인 삶을 계속할 수밖에 없도록 제약되었다.

6) 츠베탕 토도로프, 〈진실임직함〉, *Communications*, 11호, 쇠이유, 1968, pp.1-4, 145-147.

7) 이 이론 전개의 수많은 요소들에서처럼, 이 지적은 정신병에 대한 생트 안의 세미나에서 피에라 카스토리아디스 오라니에의 강의에 빚진 바 크다. 그의 책 《해석의 폭력 그림 기호로부터 언술까지》, PUF, coll. 〈Fil Rouge〉, 1975 참조.

8) 비교. 앞의 주.

9) 지그문트 프로이트, 《부인 *Die Verneinung*》 B. V This et P. Theves 번역, *Le Coq Héron*, 52호, 1975.

10) 츠베탕 토도로프, 《환상 문학 개론》, 쇠이유, coll. 〈푸맹〉, 1970.

11) 카스토리아디스 올라니에, 위의 책 참조.

12) 오스왈드 뒤크로, 위의 책(다음의 전개 과정은 이 책의 중심 생각을 재포착한다).

13) 이러한 유형의 참여에 관한 육성의 증언은 **모순**의 개념을 둘러싼 정신병 주체의 그룹과 비정신병 주체 그룹 사이의 비교 연구를 통해 제공되었다. 우리는 여러 모델 중에서 모순 사항을 가장 많이 품고 있는 문장을 고를 것을 각 주체에게 요구하였다. (예를 들면 '그가 올 것이라고 생각한다'라는 문장과 모순되는 문장의 가능성으로는 '그가 오지 않을 것이라 생각한다' '그가 올 것이라고 생각지 않는다' 와 '그가 올 것을 확신한다' 이다.)

주절에서 나온 부정과 **종속절**에서 나온 부정들간의 분배에 대해서는 이 두 가능성들이 언어에서 통용되고 있을 때, 증인들의 선호 경향과 마찬가지로 정신병 그룹의 선호 경향은 문장에 있어 종속절은 부정하고 주절은 긍정하는 특성을 보인다. 그 점에서 시범 대상이 된 두 그룹들은 의미상으로는 별다른 차이를 보이지 않았다. (예를 들면 '그가 오지 않을 것이라 생각한다' 또는 '그것을 하지 말아 줄 것을 요구한다' 또는 '그에게 그 얘기를 하지 않을 것을 약속한다.')

이 두 변이체 중의 하나가(종속절을 부정하는 경우) 언어로 **표현**될 때, 이 변이체는 대다수보다 평범한 변이체를 선택한 두 그룹에서 훨씬 덜 빈번히 선택되었다. 그러나 이 두 그룹간의 차이는 의미심장한 것이 되는데, 즉 정신병 그룹들은 일반 증인들보다 다음과 같은 종류의 문장을 선호하는 경향을 보인다. '내 생각에는 그것을 보지 않았던 것 같다' '떠나지 말아야 한다' '그가 말하지 않은 것을 알고 있다' '반응을 보이

지 않기 원한다.' '쓰지 않고 있는 중이다.'

주절의 긍정이 보존된 모든 문장들(어떤 경우에 수행의 가치와 더불어)은 반대의 변이체들보다도 그 언표 속에서 보다 덜 언술되면서 깊이 **관여하는** 특이성을 지닌다. 즉 자료 문장(어떤 경우 타자에게 전가된)과의 대비는 보다 총체적이고 그 가치에 있어 기술적이라기보다는 논의의 여지를 지닌다. 항변과 동시에 모순은 언술화 그 자체에서 나온다. 현실적이거나 상상적인 대화 상대자와는 보다 잘 구분되면서, 또 자기 본질적인 위치를 입증하면서 이같은 말은 동시에 훨씬 많이 생생한 위험을 안게 된다. 〔역주〕

14) 기호론적 단계의 차이화 과정은 여기서 의미의 기술만큼이나 중요한 위치를 차지할 것이다.

15) 실라 콩솔리: 〈언어 연상 작용과 정신분열증〉, 《정신과의 진보》에 실림, 1978, n° 2.

16) 원초적. 프로이트는 억압을 원초적 억압과 2차(본래) 억압의 두 종류로 나눈다. 원초적 억압은 의식화된 적이 있지만 선천적으로 결정된 억압으로, 이러한 장벽 때문에 이드의 대부분은 영원히 무의식적인 것으로 남아 있다. 그에 반해 2차 억압은 주체의 위험한 기억이나 지각을 의식으로부터 강제로 몰아내고, 어떠한 형태의 운동에 의한 방출도 저지하는 장벽을 세우는 것을 의미한다. 〔역주〕

■ 피에르 마리 / 장 마리 프리외르 — 작은 프로이트 이야기들

1) '말'과 '그림' 모임은 1975년부터 1976년까지 1주일 간격으로 회합했다. 그들은 대략 15명으로 구성되었고, 그 중 두 작가가 모임을 이끌었다. 또한 자기 구역에서 이 모임을 받아들였던 정신과 과장이 임원들을 임명했다. 그들은 상호 교환과 언어 순환의 공간을 구축했다. 우리의 역할은 경직된 관찰과 녹음에만 제한되어 있지 않고, 이러한 순환이 일어났을 때 그것을 받아들이고 용이케 하는 데도 있었다. 어떤 주제나 동기도 미리 강요되지 않았고, 각 구성원들이 임의에 따라 발화한 말이 동기가 되며 '그림' 모임이 회화적인 표현의 가능성을 제공하였다.

가상의 주체로서 리제트와 미셸에게 놓여진 성향은 우리로 하여금 그들의 의견을 이 작업의 지주로 삼고 있다는 것을 시사한다.

2) 말하자면 '언어 생성 이전의 충동과 기호계적 작용의 과정.' (줄리아 크리스테바, 《시적 언어의 혁명》 쇠이유, pp.14-15)

3) '사방에서 휘저어대는 살아서 펄떡 뛰는 물의 찰랑거림.' (에드거 앨런 포, 《마에스트롬으로의 추락》, pp.222-223, 플라마리옹)

4) 라캉, 세미나, IV권(미간행).

5) 라캉, RTB.

6) 라캉, 《세미나》, XI권, p.192.

7) 혼성어. 어떤 특정한 사실을 강조하기 위해 두 단어의 복합을 통해 임의로 단

어를 변형시키는 것. 예를 들어 프로스트(챔피언)가 또 승리하자 프랑스 신문에서 머리말 기사로 'Prostigieux'(Prost + Prestigieux(국위 선양의))라고 쓴 바 있다. 〔역주〕

8) 츠베탕 토도로프, 〈언술화 과정에서의 프로이트〉 《상징의 이론》에서, 쇠이유, 1977.

9) 라캉, 《세미나》, XI권, p.98.

10) 일치성은 J. V 라캉에 의하면 상징적 동일화 과정의 순간처럼 간주되는 것이다.

11) 신(Dieu). 〔역주〕

12) 뿌리(racine)로부터 나온 말. 〔역주〕

13) Larousse. 특히 백과사전을 중심으로 한 출판사로, 그 이름은 창립자에서 따왔다. 현학적인 글쓰기를 Larousserie라고 한다. 〔역주〕

14) 센 강과 더불어 프랑스의 양대 강 중의 하나인 루아르 강으로부터 유래된 단어들. 〔역주〕

15) 형용사에 명사형 어미 -lité를 붙여 명사로 전환시킨 경우. 〔역주〕

16) 말+단절. 〔역주〕

17) "모든 시작하는 말은 대답으로 시작한다. 아직은 들려지지 않은 대답, 미지에 대한 참을 수 없는 초조한 기다림, 현존에 대한 열렬한 희망을 확신시키는 기대에 찬 대답 자체 말이다." 모리스 블랑쇼, 《무한의 답변》, 갈리마르, p.69.

18) "동물들은 다음과 같이 분류될 수 있다. a) 지배자에 속하는 것, b) 냄새나는 것들, c) 길들여지는 것들, d) 젖먹이 돼지, e) 인어족, f) 전설적인 동물들, g) 야생 들개들, h) 현재의 분류 방법 속에 포함되는 것들, i) 미친 것들처럼 행동하는 것들, j) 끔찍한 것들, k) 낙타털로 만든 아주 섬세한 붓으로 그려지는 것들, l) 기타 등등 m) 이제 막 항아리를 깬 것들, n) 파리하고는 거리가 먼 것들." J. L. 보르헤스, 〈환상동물학 개요〉, 미셸 푸코가 인용, in 《말과 사물들》의 서문, 갈리마르.

19) 장 프랑수아 리오타르, 《마르크스와 프로이트로부터의 선회》, p.59.

20) 에밀 벤베니스트, 〈언술화 과정의 형식적 기재〉, 《일반언어학의 제문제》 2권, 갈리마르.

21) 니체, 《우리의 교육 기관의 미래에 대해》.

22) "질문은 대답을 기다린다. 그러나 대답은 질문을 진정시키지 않는다. 그리고 비록 대답이 종결지어진다 해도 그것이 질문의 질문이라고 할 수 있는 기대를 종결짓지는 못한다." 모리스 블랑쇼, 위의 책, p.16.

23) Aufhebung의 번역, 솟아오르기 P. J 라 바리에르가 자신의 박사 학위 논문에서 제안한 것, 헤겔의 정신현상학에 나타난 변증법적 구조와 그 운동에 대해서, 오비에, 1968. 〔역주〕

24) "사물(chose)은 'Thing'의 행동을 갖는다. 'Thing'처럼 행동한다는 의미는 모은다는 것이다……. 로마인들은 문제가 되는 것, 인간과 관련된 것은 'res'라고 불렀다. 즉

사건·분쟁·소동에 다름 아닌 것으로 말이다." 마르틴 하이데거, 〈사물〉, 《에세이와
학회들》에서, 갈리마르, 1958.

"사물(Das Ding) 또한 원초적인 사물로서 주체가 그것에 최소한의 거리를 두어야
하는 것처럼 단숨에 나타난다. 대상 'a'의 명명화 이후로 욕망의 원인을 취하는 것, 프
로이트에게서는 'Das Ding' 처럼 그곳에서 고립되었다." 기 르 고피, 〈우울증의 고통,
불가능한 죽음과 현실계〉, 《EFP의 편지》에서, 13호.

25) 코라 세미오티크. 플라톤 만년의 대화편 《티마이오스》(장인·창조자·신이란 뜻)
에 따르면, 세계의 형성자인 신이 세상을 창조할 때 우리 이전에 존재하던 우주가 파
멸할 때 생긴 파편(4원소를 구성하는 삼각형)을 재료로 세상을 만들었는데, 그 재료는
'〈수용체〉(réceptacle, 모성적인 것, 장소)' 등 11종의 다양한 물질이었다. 그것은 그 다
양성 자체로 인해 설명할 수 없고 알 수 없는 성질을 지닌다. 즉 논리적 사고 밖에 위
치하며, 추측이나 지각의 대상도 아니므로 그것을 추측하는 행위 자체는 하나의 몽상
이다. 즉 모성처럼 모든 생성을 받아들이는 수용체를 플라톤은 '코라'라 지칭한다. 크
리스테바는 《시적 언어의 혁명》에서 플라톤의 코라를 프로이트의 이드나 자신의 상상
계에 위치하는 충동의 장소로 간주한다. 〔역주〕

26) 《부정》(1925), 지그문트 프로이트.

27) 츠베탕 토도로프, 〈상징성 입문〉《시학》에서, 11호, p.290.

28) 그리스어의 지시 대명사, 그것. celui-ci, celui-là. 〔역주〕

29) 시적 기능의 함축성(야콥슨)이나 약호의 전언(라캉) 같은 유음어의 언술.

30) 지그문트 프로이트, 《재치 있는 말》〈사상집〉, 갈리마르, p.164-165 참조. 토도로
프가 〈언술화 과정에 있어서의 프로이트〉에서 인용, 《상징의 이론》에서, 쇠이유, 1977.
참조.

31) 은유의 형성에 앞서는 이동과 압축. 라캉은 야콥슨의 영향으로 무의식의 작용
과 수사법을 연결시킨다. 이를테면 압축은 곧 은유이며 주체의 억압된 욕망이 펼쳐진
다. 반면 환유는 이동이다. 결국 은유나 환유는 압축과 이동을 통해 주체의 결핍된 욕
망을 펼쳐 보인다. 〔역주〕

32) estrangée, 라틴어나 고대 프랑스어에서 현대 프랑스어로 발달하는 과정에서 é와
t 사이의 s가 생략되는 경향이 있는데, 예) fenestre —fenêtre; espousum —épouse. 여기
서는 그 성질을 보존하여 신조어 효과를 낸다. 〔역주〕

■ 베아트리스 폴라티니/니케 다스토르그 — 그림으로부터 글자까지: 기호, 육체의
진실

1) 이 작업은 줄리아 크리스테바의 세미나 틀 속에서 한 발표의 대상일 뿐이다. 나
는 역시 계보상 앙투안을 따르는 니케 다스토르그에게 제안하면서 그의 관찰을 가로
질러 앙투안의 육체 자체에 기입된 비상징화 과정의 흔적을 이해해 나가려 노력했다.

그가 내게 선임했던 일과적 습득의 강의중에 나타났던 기재-그림, 글쓰기와 독서의 분석을 풍부히 하면서 말이다. 또한 '사건 이야기'와 '놀이의 시적 기능,' 또 그의 견해들을 통한 지지에 감사한다.(B, 폴라티니)

2) 《움직임들》, coll. 〈Le Point du jour〉, NRF.

3) 같은 책.

4) A. 위로, 〈육체와 언어〉, in 《정신 운동 요법》, 16호.

5) 드니 바스, in 《배꼽과 목소리》, 쇠이유, 1974.

6) 프랑수아즈 돌토, 〈개인학과 육체의 이미지〉, 《정신분석학》 6호.

7) A. Hurant, art. cit.

8) 드니 바스, 위의 책.

9) 드니 바스, 위의 책 참고.

10) 자크 라캉, 〈글쓰기의 효과〉 《세미나》 20권, 쇠이유.

11) P. 카스토리아디스 올라니에, 《해석의 폭력》, coll. 〈Fil Rouge〉, PUF.

■ 장 미셸 리베트 — 거짓 남근성

1) 거짓 남근. 남근성과 라틴어의 거짓(faux)의 합성어. 여기서 남근 상징(phalsus)은 실제 남성 성기인 페니스와 달리 아이가 어머니에게 있을 것이라 상상하는, 실제로는 존재하지 않는 남근. 〔역주〕

2) 프로이트, 〈쥐 사나이〉 《다섯 개의 정신분석》에서, PUF, p.205. 레르 박사는 "신경증이라 판정될 만한 완벽한 증상들을 보였다. 거기에 몇 가지 더할 것이 있다면 일종의 **착란의 형성……**" 좀더 올라가서(p.251) 레르 박사가 자기 사고에 부여했던 전능성에 대해서는 "**강박신경증의 한계를 넘어서는 착란과 관련되었음을** 표명하지 않을 수 없을 것이다."

3) 사실 프로이트는 "강박신경증이 이해하기에 상당히 어렵고 히스테리 경우보다도 훨씬 어렵다는 사실"을 인식하고 있었다.(위의 책, p.200) 그에 따라서 '강박적 사고'의 분석 연구는 "극단적인 만큼 값진 결과를 제공해 줄 것이며, 히스테리 연구보다도 더 의식의 특성에 대한 우리의 지식을 해명하는 데 보다 도움을 줄 것"이다.(p.247)

4) 프로이트, 《메타심리학》, coll. 〈사상서〉, 갈리마르, p.63.

5) 같은 책, p.62.

6) 자크 라캉, 〈라디오 방송〉 《실리셋 2/3》에서, 쇠이유, p.99.

7) *infra*, p.143 비교.

8) 마르틴 하이데거, 〈로고스와 진실〉, in 《수상록과 학회들》, 갈리마르 비교. 〈진실에 대한 플라톤의 학설〉, 《문제들 Ⅱ》에서, 갈리마르, **알-레데이아**——말에 의해 폭로된 것, 언행의 폭로, 그리고 이 폭로의 과정, 결국 과정이라는 의미에서 진실은 '내'가 일어나도록 내버려둔 것이 될 터이다.

9) 줄리아 크리스테바, 〈텍스트라 불리는 생산성〉, 《세미오티케》, 쇠이유, p, 211.

10) 프로이트, 《부인》, GW, XIV, pp.11-15 프랑스어 번역. B. 디스와 P. 티브스, *Le Coq Héron*, 52호, 1975.

11) **레테**: 망각, 불투명하게 하기, 무지: 억압, 그것은 **진실의 과정**으로 해체하는 것에 있다.

12) 비교. 롤랑 바르트, 〈현실의 효과〉 in *Communications*, 11호, 1968, 쇠이유, p.88.

13) 모든 담론은 담론 속에서만 그 해석을 찾아볼 수 있다. 내부. p.139 비교.

14) 자크 라캉, 〈예일대학의 학회, 캔저 세미나〉, 1975년 11월 24일, in 《실리셋》 6/7, 쇠이유, p.9.

15) 루트비히 비트겐슈타인, 《강의와 대화》, 갈리마르, 1971, p.111 비교.

16) 프로이트, 〈우주의 개념에 대해〉, 《새로운 학회》에서, 〈사상지〉, 갈리마르, p.221.

17) 자크 라캉, 《그 인성과의 관계 속에서의 편집증적 정신병에 대해》, 쇠이유, p.161. (내가 강조했다.)

18) 비교. 헤겔, 《정신현상학》, 오비에-몽테뉴, t. II, pp.302-303, '현상학' 이라는 용어에 대한 출발점, 과학은 현상학에 **차기 자신을 인식하는 자기**(Soi)로서 대변한다. 그리고 결과적으로 과학은 절대적 앎을 완벽하게 확신할 수 있는 진실과 같은 위치에 놓으면서 스스로를 인식하는 것으로 정의한다. 또한 '확신'으로서의 종교에 대한 헤겔의 개념(t. II. p.118) 참조.

19) 정신병적 진실(과 그 양태화 과정, 확신/확실함)과 신경증적 진실임직함(그것의 이중 영역과 더불어, 즉 독단론적이거나 종교적인 진실임직함의 과정/강박증적인 과잉의 진실임직함, 믿음/의심) 사이에서 그럼직함의 상징적 기능은, 한편 진실이 사실로부터 (속에) 왔다는 전제하에 진실의 편집증적(또는 광적·열광증적) 존재 양식과 다른 한편 세상이나 현실 담론의 상상적인 유착으로서의 진실임직함과의 믿음(과 그것의 애수, 의심)과의 공모를 분절하는 차이를 정의한다. 그것은 다음과 같이 도표화될 수 있다.

그럼직함

확신/확실함	믿음/의심
진실	진실임직함/과잉의 진실임직함
현실	상상계

상징계

20) 문체 개념의 개작에 대해서는 장 미셸 리베트, 《문체란 무엇인가?》, 《르 코크 에롱》, 에티엔 마르셀 센터의 정신분석지, 72호. 참조.

21) 자크 라캉, 〈치료의 방향〉, 《작품집》에서, 쇠이유, p.616.

22) 장 미셸 리베트, 《원초적 시간과 시간의 기원, 무의식 속의 시간성》, 34/44 STD의 연구 노트, 1호, pp.124-147.

23) 사뮈엘 베케트, 《끔찍한 작자》, 10/18, UGE, p.89.

24) 같은 책, p.180.

25) 사뮈엘 베케트, 《무를 위한 이야기와 주제들》, 미뉘, p.199.

26) 사뮈엘 베케트, 《몰로이》, 10/18, UGE, p.41.

27) 사뮈엘 베케트, 《몰로이》, 위의 책, p.40.

28) 그것이 프로이트가 《쥐 사나이》, 《정신분석신문》, PUF. p.90에서 인용한 표현이다. 필사본의 편집자가 호기심에 차서 의심해 보는 이 표현은 틀림없이 그의 성공 지향적 성격에 따른 프로이트의 오류에서 비롯된 바라는 것이다.

29) 사뮈엘 베케트, 《끔찍한 작자》, 위의 책, p.55.

30) 같은 책, p.249.

31) 비톨트 곰브로비치, 《대서양 횡단》, Denoel, pp.30-31.

32) Pitres와 Régis의 《관찰》 28에서 세르주 르클레르가 인용. 《강박적 신경증 속에서 나타나는 상상적인 것의 기능》에서, 《정신과 대담》, 4호, 1955.

33) 사뮈엘 베케트, 《몰로이》, 위의 책, p.23.

34) 같은 책, p.117.

35) 사뮈엘 베케트, 《끔찍한 작자》, 위의 책, p.37.

36) 사뮈엘 베케트, 《몰로이》, 위의 책, p.35.

37) 프로이트로부터 나온 말이다. 〈쥐 사나이〉, 《다섯 개의 정신분석》에서, 위의 책, p.224 참조.

38) 비교. 프로이트, 《쥐 사나이》, 《분석 일기》, 위의 책, p.33.

39) 사뮈엘 베케트, 《첫사랑》, 미뉘, p.27-29.

40) 사뮈엘 베케트, 〈축출된 자〉, 《몰로이》에서, 위의 책, p.252.

41) 프로이트, 《일기》, PUF, p.14(《다섯 개의 정신분석》, 위의 책, p.209).

42) 프로이트, 《다섯 개의 정신분석》, 위의 책, p.206(《일기》, 위의 책, p.6).

43) 《에크리》, 같은 책., p.256 참조.

44) 롤랑 바르트, 《비평과 진실》, 쇠이유, 비교.

45) 사뮈엘 베케트, 《첫사랑》, 위의 책, p.74. (내가 강조했다.)

46) 이 글쓰기에 대한 전제는 아직 이론적으로 지형학적으로 논리적으로 등등 해명해야 할 것이 남아 있었다. 그런데 이 전제에 대해 나는 줄리아 크리스테바가 지도한 내 박사 논문 〈강박적 신경증의 구조에 대해서〉의 한 장을 할애했다.

47) 도착성이란 명확히 표현될 수 있고 해석과 분석이 가능하다. 말하자면 도착성은 신경증 같은 차원의 것이다. 주체와 존재의 관계가 환상으로 결정되고 지속되는 조건에서 도착증에서는 욕망의 대상 α가 강조되는 반면, 신경증에서는 환상을 나타내는 분열된 주체 S가 강조된다. 자크 라캉, 〈욕망, 그리고 햄릿에 나타난 욕망의 해석〉, 《비평 이론》, p.142. 〔역주〕

48) 비톨트 곰브로비치, 《포르노그라피》, 10/18, UGE, pp.90-93. (내가 강조했다.)

49) 마르셀 프루스트, 《잃어버린 시간을 찾아서》, 갈리마르, 플레야드판, II, p.222.

50) E. -M. 시오랑, 《해체의 정확성》, 〈사상서〉, 갈리마르, p.87.

51) 〈진실임직함과 동기화 과정〉, *Figures* II에서, p.71 *sq.*

52) 《세미오티케》, 위의 책, p.208 *sq.*

53) 《비평과 진실》, 위의 책.

54) 예는 사물 그 자체이다(Die Sache selbst). 프로이트. 《분석 저널》, 위의 책, p.5. 괄호 안에 들어가 있고 밑줄이 그어진 이 지적은 이같은 관찰에 대한 결정적인 탈고 본에서는 채택되어지지 않을 것이다.(《다섯 개의 정신분석》에서)

55) 《성적인 삶》에서.

56) 같은 책.

57) 나르시시즘. 발전 단계로 보자면 성적 에너지, 즉 리비도(초기 이론에서는 성적 에너지가 곧 리비도이지만, 후기로 가면 생명의 본능이 된다)를 자신의 신체로 향하게 해서 쾌감을 얻으려는 자위와 자기 자신 이외의 대상 혹은 그 대상을 대신하는 관념에 성적 에너지를 쏟는 대상애(對象愛) 사이에 위치하며, 자신의 신체를 사랑의 대상으로 하는 성충동을 통합시키는 것이다. 구조론적으로 보면, 유아에게서처럼 리비도가 신체의 일부 또는 표상이나 대상에 결부된 1차적 나르시시즘과, 이드와 미분화로부터 빠져 나간 리비도가 자아에 재투사된 경우인 2차적 나르시시즘으로 구분된다. 〔역주〕

58) 《정신분석론》에서.

59) 프로이트, 《다섯 개의 정신분석》, 위의 책, p.256. (내가 강조했다.) 비교. 몇 줄 밑에 가서 "자기의 사랑을 의심하는 사람은 그것에 대해 의심할 권리가 있다. 그리고 사람보다는 작은 가치를 가진 다른 모든 것들에 대해 의심을 **해야만 한다.**"

60) 프로이트, 《옌센의 '그라디바'의 착란과 몽상》, 〈사상서〉, 갈리마르, p.239-240.

61) 비교. 장 미셸 리베트, 〈연서의 지나간 의미〉, 프레데릭 베르테의 세미나에서 발췌(고등사범학교), 《서한문》에서 다룸, 오루주아에서 공저, 언술지.

62) 빌헬름 슈테켈, 《불감증의 여인》, 〈사상서〉, 갈리마르, p.218, 내가 이 작품을 인용하고는 있지만 그의 유치한 심리주의의 조잡성과 정신분석에 대해 그가 보여 주는 무능함은 제쳐놓고서라도 슈테켈은 자기 작품에서 여성들·무정부주의자들·노동자들과 또 다른 열등한 계급들에 대한 터무니없는 경멸을 펼치고 있는데, 그것은 증오에 의해 드러나지만 그 증오는 그것을 표현하는 엉뚱함이 걱정과 이 기회를 빌려 개인적 자질의 부족을 불러일으킨 바 제어 능력의 결핍으로 더욱 가중되어 있다는 것을 밝히는 바이다.

63) 비교. 《전술》, p.152.

64) 자크 라캉, 〈경솔한 사람〉, 《실리셋 4》에서, 쇠이유, p.23.

65) 자크 라캉, 〈Encore〉, 《세미나》, 20권, 쇠이유, pp.80-81.

66) 프랑스어의 철자상의 même(같은)과 발음상의 m'aimer(나를 사랑하다)를 합성

한 신조어. 〔역주〕

67) 자크 라캉, 《분석의 행위》, 미간행, 세미나 1968년 3월 26일. "모든 남자들은 여자가 아니라 어머니를 사랑한다. 그것은 물론 모든 종류의 결과를 가져온다. 그 결과 극단적인 경우에는 그들이 사랑하는 여인과는 성관계를 맺을 수 없는 일이 있을 수도 있는데, 왜냐하면 그녀는 그들의 어머니이기 때문이다. 반면 그들은 한 여인이 삼켜진 어머니, 즉 창녀라는 조건하에만 그는 그 여인과 성관계를 가질 수 있다. 나는 그래서 다음과 같은 질문을 해보고자 한다. "한 남자가 그가 사랑하는 여인과 성관계를 맺을 수 있는 경우——그런 경우도 또한 있을 수 있다. 남자들은 우리가 사랑하는 여인들과의 관계에서 항상 성적으로 무력한 것만은 아니다. 다시 말해서 그들의 손이 미치는 범위에 있는 대상일 경우에 그녀를 욕망한다는 것이 사실일까…? 노골적으로 이것들을 이야기해 보자. (소설가들은 이 상황들을 만들어 내기 위해 스스로 모든 종류의 나쁜 것들을 부여해야만 한다.) 다시 말해서 원한다면 산중 오두막의 상황에서 정상적으로 묘사된 한 여인과 자연 속에 고립된 한 남자(자연을 개입시켜야만 한다)라는 그들이 입맞춤하는 것은 자연스러운 일인가! 자 이것이 질문이다. 그것은 욕망할 만한 것에 대한 자연화에 관련된 것이라 할 수 있다. 이것이 내가 꺼내 올린 질문이다. 그렇다면 왜? 파리 전체에 떠들어대려고 라캉이 가르친 것들을 여러분들에게 제기하려는 것은 전혀 아니다. 그러니까 남자와 여자란 함께는 별볼일이란 없는 것이다. 난 그걸 가르치지 않는다. 그건 사실이다. 왜냐면 그들은 함께는 별볼일이 없으니까, 스캔들을 내지 않고 강의할 수 없다는 사실은 거북스런 일이다. 난 강의하지 않는다. 난 그걸 끌어내는 것이다. 정확히 말하면 그들은 별볼일 없으니까 정신분석가라면 그런 종류의 일들에서 뭔가 뒤질 게 있긴 하겠지만…… 자연주의자적 공명을 개입시킬 필요는 없다. 다시 말해서 남자와 여자는 함께 가도록 되어 있는 것이다 그 반대라고는 말하지 않았다. 나는 그 둘이란 함께 나아갈 수 있는 것이다 […]. 분석가, 그가 만약 허용한다면——그는 다음과 같이 생각할 몇 가지 이유가 있다——즉 이 여자는 전혀 자동적으로는 수컷의 욕망 대상이 되지 않는다는 사실에 대해 말이다. 만약 이 여자가 자신이 남자의 욕망을 자극한다고 믿는다면 그건 참, 어떤 곤경에 처해서 뭔가 더 잘 해낼 것이라는 뜻이다. 그건 한층 멀리 일을 끌고 간다. 우리는 상대방을 이 여자가 사랑하고 있다는 걸 알고 있다. 지배적인 것은 바로 그것이다. 그건 왜 그것의 특성이라 불리는 것 속에서 왜 그것이 지배적인지를 아는가에 상관된다. 실제적으로 지배적인 것은 **그녀가 그를 욕망하는 것**이고 바로 그 사실 자체로 **그녀가 그를 사랑하고 있다고 믿는 일**이다. 남자에 있어서도 물론 우리는 음악을 알고 있다. **그가 그녀를 사랑하게 될 때, 그는 그녀를 욕망하고 있다고 믿는다.** 그러나 그는 이 기회에 그녀의 어머니와 볼일이 있는 것이다. 그러니까 그는 그녀를 사랑한다. 그런데 그가 그녀에게 무얼 제공할까? 이 인간 드라마에 연결된 거세의 열매, 그는 그녀가 더 이상은 가지고 있지 않은 것을 준다. […] 이렇게 다 말을 하는 이유는 소설가는 완전히 그것이 더 이상은 산중 오두막의

수평선 너머에 있지 않도록 이 모든 일을 하기 때문이다." (내가 강조했다.)

68) 양성 사이의 '관계'는 그것이 어떤 방법으로도 차이 —— 그 차이가 합 · 더함, 부가 가능한 것이라는 의미에서 —— 를 삭감하게 하지도 그러길 허용하지도 않을 때의 관계이다. 이런 의미에서 성적인 차이가 계산 가능한 것으로 환원시키는 어떠한 관계로 고려될 수 없다. (예를 들어 다음과 같은 방법, 즉 산술적인 차이, 기하학적인 몫, 수학적 균형이나 화학적인 조화, 건축적인 배열, 음악적인 공명 또는 증언의 또는 법적인 권한 같은 것으로 계산되고 조합되는 것들 말이다.)

69) 다른 곳에서 개진된 논문, 〈권력과 권위〉.

70) 마르틴 하이데거, 〈진실에 대한 플라톤의 이론〉, 《문제지 II》, 갈리마르.

71) 파르메니데스의 《시》, 단상 VI, p.168, 그 문학적인 형식에 의거한 해석에 따라 번역에서는 불멸의 인간들을 '미친 인종' 또는 '판단력 없는 종족'으로 해석할 것이다.

72) 그럼직함. 여기서는 진실에 반대되는 의미 · 왜곡 · 거짓의 뜻으로 사용되었다. 〔역주〕

73) 폴리쉬넬(Polichinelle), 인형극의 희극적인 인물, 메부리코와 곱사등이 특징인 꼭두각시 인형, 이탈리아어 Pulcinella로부터 유래된 이름으로 풀시넬라는 백의에 기형이 아니었다. 〔역주〕

■ 앙투안 콩파뇽 — 신경증과 궤변론

1) 아리스토텔레스, 《형이상학》, J. 트리코 역. 파리, 1974, E, 4, 1027 b25. 비교. 《해석론》: "그것은 참과 거짓에 존재하는 구성 관계와 분열 관계 속에서이다." J. 트리코 역. 파리, 1969, 1, 16 a12.

2) 같은 책, 2권.

3) 같은 책, Θ10, 1051 b7.

4) 같은 책, Θ10, 1051 b24.

5) 하이데거, 〈진실의 정수에 대해〉, 《문제 I》, A. de Waelhens과 W. Biemel 역, 파리, 1968, p.172, 비교. 〈로고스〉와 〈진실〉, 《수상록과 학회》, 파리, 1958.

6) 하이데거, 〈로고스〉, 위의 책, A. 프레오 역. p.267.

7) 아이스토텔레스, 《형이상학》, Θ10, 1051 b22.

8) 같은 책, △, 29.

9) P. 오벵크, 《아리스토텔레스에게서의 존재의 문제》, 파리, 1962, p.165.

10) 같은 책, p.168.

11) 안티스테네스, 그리스의 철학자(아테네 BC 444-365). 견유학파의 창시자이다. 〔역주〕

12) 아리스토텔레스, 《형이상학》, △, 29, 1024 b28.

13) 비교. A. -J. Festugière, 〈Antisthenica〉, 철학과 신학과학지, t. XXI, 3호, 1932,

p.358, 7호, 여기서의 해석은 우리의 해석과 약간의 차이를 보인다.

14) 오벵크, 위의 책, p.169.

15) 프로이트, 〈부인〉(1925), 《전집 Gesammelte Werke》, XIV, S. 11-15, 장 프랑수아 리오타르 역. 《담론》, 《문체》, 파리, 1971, pp.131-134.

16) 아리스토텔레스, 《형이상학》, Δ, 29, 1024, b19.

17) 하이데거, 〈진실의 정수에 대해〉, 위의 책, p.164.

18) 아리스토텔레스, 《해석론》, 1, 16 α3. 아리스토텔레스의 용어들과 프랑스어에서 사용되는 용어들 사이의 교착 어법을 상기시켜야만 한다. 아리스토텔레스는 'sumbolon' 을 언어학적으로 협약된 기호로, 'sémeion'을 동기화되고 닮은꼴의 자연스러운 이미지 로 지칭한다.

19) 아리스토텔레스, 《궤변론》, J. 트리코 역. 파리, 1969, 1, 165 α11.

20) 아리스토텔레스, 《해석론》, 4, 17 α2.

21) 아리스토텔레스, 《분석론 전서》, J. 트리코 역. 파리, 1971, II, 27, 70 α3. 두 종류 의 기호(sémeion), 필연성(tekmérion), 우연성은 특별한 이름을 가지지 않는다.

22) "진실임직함은 다른 몇몇이 정의하듯 절대적으로 말해서가 아니라 가장 빈번히 일어나는 것; 그러나 또 다른 형식으로 존재 가능한 사물들의 영역에서는 비교적 어 떠한 사물과의 관계에서 진실임직함이다. 이때는 특히 우주론적 관계에서이다." 《수사 학에 관하여》, I, 2, 1357 α 34, M. Dufour 역, 파리, 1960.

23) 아리스토텔레스, 《토피카》, J. 브룅스빅 역. 파리, 1967, I, 1, 100α 18.

24) 같은 책, I, 1, 100b 21.

25) J. 브룅스빅, 위의 책, p.113, n.3.

26) 아리스토텔레스, 《토피카》, I, 1, 100b 1.

27) 아리스토텔레스, 같은 책, I, 10, 104α 10.

28) 아리스토텔레스, 《수사학에 관하여》, II, 21, 1394 α 21.

29) 아리스토텔레스, 《시학》, 24, 1460 α 26.

30) 정신병의 두 시기(현실의 상실과 그것의 재주조)의 구별에 관해서는 프로이트, 〈신경증과 정신병에서의 현실의 상실〉(1924) D. 게리노 역. 《신경증》《정신병과 도착 증》, 파리, 1973, pp.299-303 참조.

31) 칸트, 《사상은 무엇을 향하는가?》, A. 필로넹코 역. 파리, 1959(1972), p.87.

32) 비교. F. 루스탕, 〈정신병에 대한 이론적 접근 방법을 위해〉, 《지극히 암울한 운 명》, 파리, 1976, pp.175-201.

33) 자크 라캉, 〈프로이트의 〈부인〉에 대한 장 이폴리트의 주석에 대한 답변〉, 《작품 집》, 파리, 1966, p.394.

34) 자크 라캉, 〈치료의 방향〉, 《작품집》, p.600.

35) Fr, 93, Diels.

36) 정신병의 기호는 세메이옹일 뿐 아니라 필연적 세메이옹인 테크메리옹(tekmé-rion)일 것이다.(비교. p.178, n. 1)

37) 섹스토스 엠피리쿠스, *Adversus Mathematicos*, I, 86, J. Voilquin 역. 《소크라테스 이전의 그리스 사상가들》, 파리, 1964, pp.221-222.

38) 같은 책, I, 87, J. P. Dumont 역, 《궤변론자》, 파리, 1969, p.76.

39) 비교. H. Searles, 〈다른 사람을 미치게 하려는 노력〉, 《새정신분석지》, 12, 1975, pp.23-47.

40) 플라톤, 《에우티데모스》, L. 메리디에 역, 파리, 1949, 283 e-284 a.

41) 같은 책, 285 d-286 c.

42) 같은 책, 283 d.

43) 안티스데네스의 주장에 대해서는, A. -J. 페스투지에르의 글을 참고.(비교. p.175, n 2)

44) 아리스토텔레스, 《형이상학》, △, 29, 1024 b 32.

45) P. 오벵크, 위의 책, p.105.

46) 프로클로스, in *Cratylum*, 429 d, 37장, 파스칼리, A. -J. 페스투지에르 역.

47) 플라톤, 《에우티데모스》, 286 c, 비교. 《테아이테토스》, 151 e-152 c.

48) 디오게네스, 《삶》, IX, 53, J. -P. 뒤몽 역. 위의 책, p.25.

49) 프로이트, 〈신경증과 정신병에서의 현실의 상실〉, 위의 책, p.300.

50) 같은 책, p.300.

51) L. 볼프슨, 《분열증과 언어》, 파리, 1970.

52) M. 데티엔느, 《고대 그리스에서 진실의 주인들》, 파리, 1967.

53) 같은 책, p.30, n. 6.

54) 플라톤, 《크라틸로스》, 408 c.

55) 플라톤, 《테아이테토스》, 194 b.

56) 하이데거, 〈로고스〉, 위의 책, p.267. 이 텍스트 최초의 프랑스어 번역을 자크 라캉이 제안했다는 사실을 짚고 넘어가자. 《정신분석학지》, I, 1956, 이 잡지의 같은 호에서 이폴리트의 프로이트 〈부인〉에 대한 주석이 함께 했다는 것도 주지할 사실이다. 그것에 자크 라캉이 서문을 쓰고, 그 주석에 응답하고 있다는 것도 함께 확인하자. 이를 통해 라캉의 진실 개념을 이해하는 데 도움을 얻을 수 있을 터이다.

57) 프로이트, 〈쾌락 원칙의 저 너머에서〉, 《정신분석 강의》, 파리, 1971, pp.15-20 비교.

58) 프로이트, 〈부인〉, 장 프랑수아 리오타르 역. 위의 책, p.132.

59) 같은 책, pp.132-133.

60) 같은 책, p.132,

61) J. 이폴리트, 〈프로이트의 〈부인〉에 대한 주석〉, 자크 라캉, 《작품집》에서, p.880.

62) A. -J. 페스투지에르, 위의 책, p.357.

63) 같은 책, p.358.

64) 메가라학파. 메가라는 그리스의 도시이다. 기원전 6-7세기에 번성하였고 비잔틴 같은 제국을 갖는다. 아테네와 연루되어 펠로폰네소스 전쟁의 씨앗이 된다. 메가라학파는 아리스토텔레스를 이은 학파로 논리의 전개 과정에 기여한 바 있다. [역주]

65) 1차 과정(processus primaires). 프로이트는 심적 장치가 그 기능을 할 때 두 과정이 기능한다고 한다. 1차 과정은 무의식 단계에서 일어나고, 2차 과정은 전의식이나 의식 단계의 특징이다. 에너지의 경제론적 측면에서 2차 과정의 경우 에너지는 먼저 통제된 후 흘러간다. 즉 1차 과정에서는 쾌락 원리가, 2차 과정에서는 현실 원리가 지배한다. J. Laplanche et. J. B. Pontalis, *op. cit.*, pp.341-342. [역주]

66) 자크 라캉, 〈장 이폴리트의 주석에 대한 답변〉, 《작품집》, pp.387-388.

67) 자크 라캉, 〈정신병의 가능한 처치〉, 《작품집》, p.558.

68) 섹스토스 엠피리쿠스, 위의 책, I, 85. 역, J. P. 뒤몽, p.76.

69) 자크 라캉은 이와 같은 프로이트와 아리스토텔레스의 만남의 가능한 상황들을 암시한다. "우리가 알고 있는 [⋯] 브렌타노의 가르침은 빈에서 후광을 입었고, 프로이트조차 그와 빈번히 왕래했다."(〈다니엘 라가쉬의 논문에 대한 논평〉 《작품집》, p.662) 브렌타노의 중재로 인해서 진실과 논리 또는 존재론적인 아리스토텔레스의 두 의미는 최초의 것으로 여겨졌다(진실의 장소로서의 명제). 프로이트야말로 진실의 주체에 이르기 위해 합법성과 술어 기능의 필연성을 확신하는 데 있어 아리스토텔레스의 공모자일 것이다.(비교. P. 오벵크, 위의 책, p.166)

70) E. 레비나스, 《총체성과 무한성》, La Haye, 1974, p.32.

71) 같은 책, p.33.

72) 하이데거, 〈로고스〉, 위의 책, p.267.

73) 도구주의. 철학 용어. 지성과 이론들을 하나의 행위에 딸린 도구로만 간주하는 것. [역주]

74) 성 아우구스티누스. 축일은 8월 28일(354-430) 성 모니카의 아들. 파란 많은 젊은 시절을 거친 후 밀라노에서 개종하여 히포의 주교가 된다.(396) 마니교와 펠라기우스(원죄설을 부인하고 인간의 자유 의지를 강조한 펠라기우스의 설), 도나투스(4세기 카르타고의 주교)의 이교설에 반대했다. 주요 저서로 《신국》《고백록》 등이 있다. 신학자·철학자·도덕론자로서 서구 신학에 지대한 영향을 주었고, 작가로서는 로마 가톨릭 문예에 기족성을 부여했다. [역주]

75) Lysenko(Trofin Denisovich). 구소련의 생물학자·농학자, 춘화처리(가을밀을 봄밀로 만들기)를 연구했다. 하나의 특성을 다른 것으로 이전하는 그의 연구는 구소련의 지배 권력 유지에 이용된 바 있다. [역주]

76) 《다섯 개의 정신분석》. 프로이트의 계승자들이 주석을 붙이고 정리한 다섯 개의

커다란 임상례이다 바우어(도라 케이스), 헤르베르트 그라프(꼬마 한스), 에른스트 란체르(쥐 사나이), 다니엘 폴 슈레버(슈레버 케이스), 세르게이 콘스탄티노비치 판케제프(늑대 사나이) 1. 도라 케이스 1905. 《꿈의 해석》과 성이론에 대한 세 개의 에세이 사이에 씌어진 것으로 〈꿈과 히스테리〉라는 제목하에 그의 히스테리성 신경증에 대한 논문을 명증하기 위해 시작하였다. 분석 과정중 프로이트는 예상 외로 동성애와 양가 감정을 동반한 복잡함에 직면하게 되고 명쾌한 해답을 내리지 못한다. 이후 프로이트의 가부장적 현실에 입각한 분석은 여성학자들의 비판 대상이 된다. 2. 꼬마 한스 1907. 프로이트의 어린아이 성욕 이론을 명증하기 위해 출판되었다. 공포증에서의 소아 성욕과 오이디푸스 콤플렉스의 병인적 역할을 해명한 최초의 아동 분석 실례이다. 프로이트에 따르면, 이 증상은 어머니와의 성애적 결합으로부터 아버지로 향한 증오가 거세 불안이 되어 말〔馬〕과 바뀐, 말에 대한 공포로 형상화된 것이다. 3. 쥐 사나이 1908. 아버지와 아들 사이의 관계로부터 기인된 강박신경증의 경우, 자위행위와 그것에 대한 징벌에 대한 두려움으로 해석되었다. 4. 슈레버 케이스. 슈레버 박사는 프로이트의 환자는 아니었지만 그의 책을 읽고 프로이트가 그의 경우에 관심을 가지게 되면서 정신분석학회에서의 활발한 토의 주제가 된다. 슈레버에게서 나타나는 신으로부터 박해당한다는 피해 망상은 프로이트에 이어 라캉에 이르러 또 클라인과는 정반대로(모성적 결핍) 부성적 실패로 간주된다. 이로부터 배제와 아버지 이름의 개념이 출발한다. 5. 늑대 사나이 1910. 프로이트는 아버지 그리고 연정을 느꼈던 여동생의 죽음 이후로 10세의 나이에 신경증을 앓은 세르게이에게서 유아성 신경증(항문고착), (늑대에게 잡아 먹힌다는) 강박신경증을 끌어낸다. 〔역주〕

■ 줄리아 크리스테바 — 문학의 악마
  1) 《악령》. 무정부주의자 네차예프의 비밀 결사가 행한 멤버의 린치 살인 사건에서 실마리를 얻어, 도스토예프스키가 해외에서 집필한 장편 소설. 〔역주〕
  2) 이 문제에 대해서는 우리의 〈철자 오류의 기호론을 위하여〉와 〈시와 부정성〉 《세미오티케》에서, 《기호의미론을 위한 연구》에서, 쇠이유, 1968 비교.

■ 지슬렌 메프르 — 셀린의 진실임직한 파시즘
  1) 〈니체에 대해서〉, 《작품집》, 갈리마르, VI, p.22.
  2) 보미 바우만, *Tupamaros Berlin-ouest*, 오늘출판사, 1976, 서독에서 출판 금지되었던 책. 비교.
  3) 아브젝시옹. 라틴어의 abjectio에서 유래하여 공간적 간격, 분리·제거를 의미하는 접두사 ab-와 내던져 버리는 행위를 나타내는 jectio로 이루어진다. 크리스테바는 이 용어를 공포의 힘에서 어린아이가 상징계에 편입되면서 원초적 모성을 버리는 행위로 설명하고 있다. 〔역주〕

4) 부르제(Paul Bourget). 프랑스 작가(1852-1935). 과학과 자연주의 미학에 반대하고 심리 소설 《제자 *Le Disciple*》(1889)에서 전통적 미학의 가치를 고양시켰다. 〔역주〕

5) 《학살해 마땅한 것들》, Éd. Denoël, 1937, p.111.

6) *Les Beaux Draps*, Nouvelles Éditions, Françaises, 1941, p.92.

7) 모라스(C. Maurras, 1868-1952). 프랑스의 시인·사상가. 드레퓌스 사건을 계기로 정치에 관심을 가지게 되어 정치 단체인 악시옹프랑세즈를 창설(1899)하고, 왕정 복고와 국수주의·반유대·반민주주의를 주장했다. 〔역주〕

8) 《루이 페르디낭 셀린과의 친밀한 대담》, R. 폴레, Plon, 1958.

9) 비교. 다니엘 시보니, 〈인종주의적 정서〉, 《욕망의 증오》에서, 부르주아.

10) 셀린, 《시체파》, p.32. 강조한 것은 나이다.

11) 패탱(필리프). 프랑스의 정치가·제독(1856-1951). 제1차 세계대전중 장군, 전후 국방 장관 이후 비시 정부의 통령이 되어 독일에 협력한다. 제2차 세계대전 후 종신형을 선고받고 여 섬에서 일생을 마쳤다. 〔역주〕

12) 롤랑 바르트, 《글쓰기의 영도》, 쇠이유, 1972, p.60.

13) 조르주 바타유, 《작품집》, VIII, 갈리마르, p.94.

14) 《문학 잡지》, 116호.

15) 마니교. 서기 3세기에 페르시아의 마니에 의해 창시되었다. 이원론적 특징을 가진 종교. 마니교의 신화에 따르면 과거에는 정신과 물질, 선과 악, 빛과 어둠 등 적대적인 두 요소들이 근본적으로 분리되어 완벽하게 이원론적 질서를 구현하고 있었다. 그러나 현재는 두 요소들이 혼합되어, 인간은 근본적으로 악한 상황을 견디지 못하며 그 속에서 소외감을 느낀다. 미래에 구현될 최종적 구원은 원초적 분리가 재확립됨으로써 가능해진다. 그러므로 마니교를 수용한다는 것은 서로 양립할 수 없는 두 요소가 존재하고, 이것들이 세 단계를 거쳐 다시 원래의 분리 상태에 이르고자 한다는 사실을 믿는 바와 같다. 라캉, 《프로이트 이후로 무의식, 또는 이성에서의 문자의 심급》, 《비평 이론》, p.87. 〔역주〕

16) 위니코트의 잠재적 공간. D. W. 위니코트는 소아의학과 정신분석의 접목을 시도하면서, 특히 어머니와 젖먹이의 관계, 유아의 정서 발달 혹은 자아 형성 문제를 연구했다. 여기서 '잠재적 공간'이란 젖먹이 어린아이에게 특히 중요한 곳으로, 구강 대상과 '진정한 대상 관계' 사이에 위치한다. 특히 수면중에 효력이 나타나는 것으로 구체적으로는 손가락이나 이불 모서리 등이 있다. 즉 주관적 환상 세계와 현실 세계의 다리 역할을 하는 공간을 말한다. 이후 어린아이는 이 잠재적 대상의 과도적인 대상을 매개로 하여 외부 세계로 나아간다. 〔역주〕

17) 프리메이슨 비밀결사대. 영국에서 일어난 자유주의적 우애 조직. 원래 건축 기술자들의 우애 조직이었으나, 18세기 계몽주의에 기초한 정신 운동으로 급속히 확대되어 가톨릭 교회의 경계 대상이 된다. 이후 음모를 꾸미는 비밀 결사의 대명사격으로

간주된다. 〔역주〕

18) 조르주 바타유, 《문학과 악》, 《작품집》, VI. 참조.

19) 베르나르 페이르, 필리프 알메라스가 인용, 《문학 잡지》에서, p.116.

20) 롤랑 바르트, 《비평과 진실》, 쇠이유, p.14.

21) 셀린, 《진퇴양난》, p.120.

22) 줄리아 크리스테바, 《세미나》 〈텍스트와 정치 ── 문학적 전위성과 파시즘 ──
셀린〉, 1976년 3월.

23) 셀린, 《축제는 나중에 열리리 *Féerie pour une autre fois*》, 갈리마르, p.217.

24) 셀린, 《소설들 II》, 갈리마르, 《플레야드》, p.934.

25) 《피네건의 경야》. 제임스 조이스(1882-1941)의 1922년 작품으로 과정중의 작품
(Work in progress)이라는 가제목을 가지고 있다. 한 남성의 수면중 무의식 세계를 꿈
의 언어로 그렸다. 〔역주〕

26) 호르헤 루이스 보르헤스(J. L. Borges, 1899-1986). 아르헨티나의 시인·소설가.
《부에노스아이레스의 열정》(1923)으로 시인으로 데뷔했고, 《작품집》(1944)·《알레프》
(1949) 등 유명한 단편 소설들을 많이 썼다. 〔역주〕

■ 장 프티토 코코르다 ─ 정신병으로 회귀하는 것에 대해

1) 이 정신병의 시니피앙의 경우(mot valise)는 내게 J. -J. Gorog가 알려 준 것이다.

2) 《작품집》, 쇠이유, p.574.

3) 나는 메타심리학과 정신분석학을 동일시하지 않는다. 나는 여기서 메타심리학
을 시니피앙의 '외재적' 이론이라 부를 것이다. 정신분석학에 대해서는 이러한 기본에
서 볼 때 전이의 행위로 놓기이다.

4) 메타심리학의 '체계화 과정'은 분석 과정중 현실과 분리된 상태임에도 불구하
고 그러하다.

5) 이 문제에 대해서는 우리는 로요몽 센터에서 주관한 촘스키와 피아제 사이의
토론을 읽게 될 것이다.

6) 나는 D. 쇼블로의 '정신병에 놓기'라는 표현을 빌리고 있다.

7) Cf. *Lettes de l'École freudienne* n°13, décembre, 1974.

8) 기원+발생의, 부인과의 합성을 통한 신조어. 모성적이고 무의식적인 근원의 상
태를 의미한다. 〔역주〕

9) 탈보로메오적인. 보로메오(San Carlo Borromeo) 밀라노의 주교(1538-1584). 규칙
적인 주교의 성도 방문과 교리 문답 교육과 세미나 개최 등 여러 교회 규칙의 개정을
통해 가톨릭교회 개혁에 크게 기여한 바 있다. 여기서 탈보로메오적이라고 하면 이같
은 규칙으로부터 벗어나 그 기원으로 돌아가는 움직임을 의미한다. 〔역주〕

10) 데카르트에게 있어 광기의 배제는 코기토의 **텍스트적인** 생산을 안심시키는 기

호학적 조작소이다. 그러나 역사적인 생산 과정으로서 코기토는 정신병으로 회귀한다. 데리다가 다음과 같이 말하고 있듯 말이다. "코기토는 그것이 그 말하는 것 속에 머무를 때는 작품이다. 그렇지만 코기토는 작품이기 이전에 광기이다."

11) 비교. J. F. 보르드롱, 〈철학과 기호학〉, 철학에 대한 《문학 잡지》의 글, 127/128, 〈구조적인 기능〉, 1977년 9월.

12) 구성화 과정의 문제는 객관성의 방법적 선재성과 조작 과정과는 커다란 관련이 없다.

13) 나는 균형성을 말하는 것이지 의미론적 유추의 파장을 말하는 것은 아니다.

14) 우리는 항상 구조적 안정성을 자명한 것으로 여겨 왔다. 톰은 최초로 우리가 그 제약 해결책(기본적인)을 나열할 수 있는 것 같은, 또 우리가 그 제약에 이성 원칙의 대체물을 가져다 놓을 수조차 있을 듯한 제약에 상관될 것이라는 사실을 보여 주었다.

15) 이 결론을 소개하기 위해 톰의 저서를 보거나 《구조적 안정성과 형태 발생론》과 《형태 발생론의 수학적인 유형》 또는 《수학과 인문학》에 실린 바 자연 파국 이론에 대한 나의 머리말을 참조.

16) 하나의 구조를 형성하는 현실 사상의 출현이라는(들뢰즈가 그의 《의미의 논리》에서 다룬 바 있는) 논리적 궁지.

17) 《구조적 안정성과 형태 발생론》(제2판) 참조.

18) 그것은 따라서 상상적인 포착으로 귀결지어진다. 거기에는 우리가 보로메오적 구조에 대한 라캉의 문제에서 발견한 것과 유사한 문제가 발견된다. 문제는 RSI지형학과 밀접한 조직화적인 우주적인 것을 밝혀내는 데 있다. 필연적인 이유들로 해서 기하학적인 이 우주적인 것이 보로메오적 구조라는 사실을 받아들이자, 우리는 주변의 공간 속에 잠긴 구체적인 대상들로서의 원형태, 그리고 그 원형태의 '펼쳐지기'를 지나면서 보여지는 이 원형태의 재현이라는 이미지로만 그 현상을 제시할 수 있다. 이같은 구체적인 현실화 과정은 언어에 존재하는 모든 '통사론적' 구조로서 보로메오의 원형태에 대한 모든 직관을 방해한다. 때문에 우리는 필연적으로 이것들을 하나의 은유로 취할 수밖에 없는 입장에 처한다. 그래서 그것들은 현실의 글쓰기 편에 위치한다.

19) 예를 들어 단계의 전이·화선·충격파나 탄성 화염들의 물리적 현상의 경우에서 볼 수 있다.

20) 수학자 Boole이 발견한 수학 용어. 하나의 복잡한 대수학 공식을 그것이 참인지 거짓인지 또는 0인지 1인지를 간단한 논리 가치로 변형시키는 것. 예를 들어 $(A(T))＝T$. 〔역주〕

21) 그 두 방법의 관계에 대해서는 《구조적 안정성》과 《형태발생론》 참조.

22) 보다 정확한 것을 원한다면, 나의 글 〈기호학적 사각형의 위상학〉 참조.

23) 우리가 라캉의 〈내부의 8〉과 비교할 현상.

24) 내 글 〈동일성과 파국〉.

25) 영국 태생의 미국 인류학자(1904-1980). 어빙 고프먼, 에드워드 홀, 폴 왈츠레빅 같은 일련의 미국인 학자들과 더불어 심리학 이론과 접목시킨 새로운 의사 소통 이론을 전개한다. 이중 제약(Double bind, double contrainte)은 사회 속에서 한 개체가 모든 통로(몸짓·시선·침묵·부재 등)를 통한 마치 지휘자 없는 오케스트라에 참여한 듯이 만들어 나가는 의사 소통의 상황을 의미하는 용어이다. 〔역주〕

26) 이력 현상. 물리학 용어로 반복성을 나타낸다. 예를 들어 비전도체에 전류를 흐르게 한 후 전류를 비전도체로부터 제거하려 할 때 완전히 제거되지 않는다. 이같은 실험의 반복을 통해 얻어지는 그래프를 '이력 현상의 사이클'이라 부른다. 〔역주〕

27) 원시적 '논리'와 소설적 진실임직함.

28) 1973년 봄호, 7호.

29) 오비디우스의 변신(BC 43-AD 17) 제국주의 초기의 상류 사회에서 사랑받던 시인, 가벼운 터치와 신화를 주로 주제로 삼은 시들로 유명하다.(《사랑의 기술》《변형담》) 알려지지 않은 이유로 추방당하여 최후의 탄원시(《슬픔》〈흑해에서 보낸 편지〉)를 지은 후 죽는다. 변신(AD 1-2)은 그의 15권 가운데 신화지적인 시이다. 〔역주〕

30) 그 때문에 나는 '지시소처럼 구조화되어 있다'고 말한다. 사실 차이로서의(구조적인 의미에서) '나' / '그'의 개념상 구별은 언어학적(약호의 층위에서) 비-의미인 것은 명백한 사실이다.

31) 일반적으로 조응소적 지시소에 대한 정확한 언어학적인 조사가 구조 분석에 있어서 선결 문제라는 점을 생각해 볼 수가 있다.

32) J. -F. 보르드롱, 〈(철학적) 전설의 제목〉.

33) **연동소가 조응소로서 안정되고 범주 전환될 때 동일화 과정의 파국은 상상적인** 포착이다.

34) 현실적 행위소의 층위에서 해석된, 부각된 순환은 결국 아들→아버지라는 통시적인 자리바꿈, 다시 말해서 자기 차례로 아버지가 된 한 새로운 주체에게 있어서 조응소적(상상적 아버지) '그'의 지시 대상이 되는 통시론적 자리바꿈을 유형화시킬 뿐이다. 통시성은 동일화 과정의 모순을 '해결한다.' (더욱이 그것 때문에 분석가의 '강한 자아'에 대한 상상적인 동일화 과정에 놓여진 정신분석학이 개념적으로 볼 때 일관적이고 쉽게 전이 가능한 이유이다.) 그러나 여기서 초안을 잡은 구조는 상징적 동일화 과정을 지배하는 지시소들 사이의 **통시적인** 차이 구조이다. 이 층위에서는 모순뿐 아니라 **구조화하는** 모순이 존재하게 된다.

35) 그것은 '이중적 첨각'적 파국 속에 '잠긴' 것으로 간주되는 '나비'의 파국에 관한 것이다. 나는 다른 곳에서 **'이중적 첨각'**을 레비 스트로스가 제안한 바 우주적 공식을 만족시키는 신화들을 분류하는 **위상학**으로 해석할 것을 제안한 바 있다. 그것은 고전적인 이념과 그에 따라 무의식이 하나의 연극(하나의 장면)의 고전적인 개념을 다시 취하는 것일 뿐이다. 〈기호학적 사각형의 위상학〉과 〈성 조르주〉 참조.

36) 《구조적 안정성과 형태 발생론》 참조.

37) 비교. 〈상징성의 생물학적 뿌리〉, 이 글 속에서 파국적인 계열체로부터 톰은 질베르 뒤랑의 《상상적인 것의 인류학적 구조》에 대해 언급한다.

38) 순전히 언어학적인 층위에서 지시소적인 것과 참고적인 것 사이에는 정수의 공모가 존재한다. 이 문제에 대해서는 J. -P. 데클레의 작업을 참고할 터이다.

39) 정신병의 가능한 모든 처치에 선결된 문제, 《작품집》, pp.554-555.

40) 'Identité et Catastrophes' 참조.

41) 보다 비관적인 것은 언어의 경우이나 신경망의 모델과 통사론적 모델 사이의 형식적 중재를 확립하는 일이 불가능한 상황에서, 이러저러한 방법으로 문법들의 특이한 계층에 대한 생성론적 선택의 촘스키의 생득론적 가정을 취할 수밖에 없게 된다. 물리학에서 두 가지 층위 사이의 명확한 중재에 대한 표준적인 예는 정태적 열역학이다(단계의 이동, 분산적 구조 등).

42) 파국 이론. 르네 톰의 연구 결과에 따른 수학 이론, 단순 연속 모델의 도움을 얻어 불연속 현상을 기술하려는 이론이다. 〔역주〕

43) 제만이 바야흐로 유명해진 거식증에 대한 글에서 따른 전략이다.(《미국 과학지》) 거식증의 파국 유형을 자리매김한 후에 서사적으로 해석된 이 유형은 거식증에 의해 자발적으로 생산된 삼킴의 신화에 부합한다는 데 주목한다. 그것은 그로 하여금 이 신화는 그 행위소들로 현상을 지배하면서 혼돈적인 역동성 유인자들의 인류 형태학적 재현자들을 지닌다는 가정을 세우게끔 한다. 여기서 중요한 것은 환상(상상계로부터 길어 올려진 서사적 구조)과 생물학 사이의 이미 알려진(비유추적인) **최초의 동위성**이다.

44) 태아발생론에서 내배엽은 소화기와 호흡기를 형성하고, 중배엽은 골격과 근육, 그리고 내장을 형성하며 외배엽으로부터 뇌가 형성된다. 〔역주〕

45) 그 때문에 분석적으로 상상계는 육체의 상상계인 것이다.

46) 상징적이지도 상상적이지도 않은 표준 의미.

47) 철학 용어. 한 대상에서 경험론적으로 포착된 것들을 그 정수를 포착하기 위해 의도적으로 제거하는 것. 〔역주〕

48) 여기서 이 부분은 논리적 기술성의 이유로 인해 그 주요 결과들의 윤곽을 잡는 데 그칠 것이다. 보다 자세한 설명을 위해서는 내 글 〈힐버트의 양화 과정과 조작자〉를 참고해 볼 수 있을 것이다.

49) 《작품집》, pp.53-54.

50) 같은 책, p.550.

51) 같은 책, p.549.

52) 같은 책.

53) 비교. 《작품집》, p.673, J. -A. 밀러가 요약하고 있듯이 pp.904-905.

54) 덧붙여 우리는 (I)로써 기술된 원시적인 단계로의 '회귀'(II)가 보호대를 만들

지 않자마자(A의 결핍이지 중화 작용의 제어된 조작 과정은 아닌) 심리적인 질서가 아닌지에 대해 자문해 볼 수 있다.

55) 그 때문에 성적 특성 부여 과정의 공식이 논리적으로 모순적이고 이 개념이 일관성이 없다.

56) 힐베르트(다비드). 독일의 수학자(1862-1943) 형식주의학파의 우두머리이자 공리론 창시자 중의 하나, 1900년 풀어야 할 23문제를 제시하면서 20세기 수학의 연구 방향을 제시했다.〔역주〕

57) 논리-현실적인 불변성의 상호 층위적인 불변성.

58) 라캉에 따르면 후기 프로이트적이고 전기 라캉적인(인용의 자가 참고) 술어들.

59) 나는 여기서 아는 바로 추정된 것을 조응소적인 지시소 같은 상징적 아버지의 '사후'에의 유희로 부른다. 바로 "그가 거기에 있다는 것을 말하려고, 또 그것은 끊임없이 계속될 수 있다"의 유희 말이다.(비교. IV, 7-2-I)

60) 역사에 관한 효과로서 무의식은 초월적인 원칙, 조절자의 이념, 분석적인 이유에 대한 선험성이다. 존재론적인 것, 그것은 그 개념과 분리된 것이다. 그것은 그것의 비논리성의 한도 내에서만 현실이다. 그로부터 도식주의의 필연성이 존재한다.

■ 미셸 드 세르토 — 이름의 광기와 주체의 비의성: 수랭

1) 이 책이 나온 우리 세미나실에서 다시 다루게 된 앞서 대학 기숙사 병원에서 발표된 바 있던 이 토론은 다음의 문제가 도입된 미셸 드 세르토의 연구 결과이다.《종교 과학 연구》에서〈비의적 언술화 과정〉, t. 64, 1976, pp.183-215.

2) 장 조제프 수랭,《실험과학》, 2권, 4장, 이 텍스트의 두 부분이 J. -J. 수랭 서신들, 미셸 드 세르토, 유럽 도서관, 1966에서 발췌된 것들로 출판되었다. 나는 1928년의 출판은 간략하게《편지》로,《서한집》또한《서한집》으로 페이지수를 옆에 곧바로 붙여 표시할 것이다. 여기서는《편지》, 14.

3)《서한집》, 1084.

4) 비교. 미셸 드 세르토,《루동의 귀신들림》, 쥘리아르-갈리마르, Archives, 1970.

5) S. 키에르케고르,《일기》, 1849, XI A, 272. "나는 성인도 그렇다고 고통당하는 것에서 기술할 수 없는 이득을 끌어내는 고행자도 아니다."

6)《편지》, 28.

7)《편지》, 13.

8) 그것은 P. Zacchias로부터 I. Diemerbroeck에까지 맞아들어간다. 예를 들면 미셸 푸코,《광기의 역사》, 플롱, 1961, pp.282-285와 289-295.

9)《편지》, 14.

10)《편지》, 17-18.

11)《서한집》, 472-473,《편지》, 15.

12) J. -J. 수랭, 《영적인 찬가》, 보르도, 1660, 찬가 V.

13) 같은 책.

14) 《서한집》, 515-516

15) 비교. 1658년, 4월의 편지, 《서한집》, 604.

16) 《서한집》, 502.

17) 《서한집》, 514.

18) 《서한집》, 1561.

19) 《서한집》, 713.

20) 《서한집》, 1098.

21) 《서한집》, 1675.

22) 《편지》, 33.

23) 비교. 자크 라캉, 《세미나, 책 XI》, 《정신분석의 네 가지 중요한 개념》, 쇠이유, 1973, p.71, 메를로 퐁티에 대해, 《보이는 것과 보이지 않는 것》.

24) 같은 책, p.69.

25) 《편지》, 96, 비교. 1661년 7월 10일의 편지에서 주어진 정확성, 《서한집》, 1172-1174.

26) 성찬식. 그리스도교의 의식으로 빵과 포도주를 그리스도의 육체와 피로 변모시키는 것. 〔역주〕

27) 계피나 정향 등을 섞어 만드는 달작지근한 포도주, 의학에서 매우 널리 쓰이는 취하게 하는 약재.

28) 실비 로마노프스키, 《데카르트의 착각》, Klincksieck, 1974, pp.83-95. 또한 보다 광범위하게는 뤼스 이리가라이의 성찰, 《하나이지 않은 성》, 미뉘, 1977, pp.103-116: 〈유동성의 '메커니즘'〉.

29) 그로덱(월터 지오르그), 독일의 의사(1866-1934). 그는 신체 기관의 질병에 지대한 영향을 끼치는 심리적인 요인들의 중요성을 보여 준 바 있다. 〔역주〕

30) 조금 후에 수랭은 고통 이후 그에게 와준 '평화'에 대해 같은 방법으로 말할 것이다. 신은 '한계선'에서 '평화를 확신시켜' 주었다. "그는 이 영혼의 입 속에 넘쳐나는 평화를 넣었다." '매우 커다란 열광'으로 '신이 그에게 부여했던 침대의 공간을 채우러' 온 마치 바다와 같은 평화 말이다. "이 바다는 아무리 그것이 잔잔하다 할지라도 울부짖으며 사납게 다가왔다. […] 그 충만함으로 바다는 땅을 방문하러 와서는 신이 그것에 한계로 부여한 바닷가에 입맞춘다."(J. -J. 수랭, 《신의 사랑에 대해 영적 생활에서 중요한 문제들》, III, II, Téqui, 1930, pp.116-117)

31) 오캄(기욤). 영국의 철학자(1285-1349) 프란체스코파, 사유의 대상을 지식의 범주와 구별짓는 논리에 대해 대학과 작가들 사이에 벌어진 논쟁에서 명목론에 가담했다. 그의 사상은 중세 논리학에 영향을 미쳤고, 중세 신학의 기반을 흔들면서 루터 등

장의 기반을 닦았다. 〔역주〕

32) 미셸 드 세르토, 〈17세기 성경 번역의 이념: Sacy와 Simon〉 《종교 과학 연구》, t. 66, 1978, pp.73-92.

33) *Subida del Monte Carmelo*, Prologo, in *Vida y obras de San Juan de la Cruz*, 마드리드, BAC, 1955, p.508.

34) 미셸 드 세르토, 〈비교적 언술화 과정〉, 인용글 비교.

35) 《편지》, 20-21.

36) J. 뵘, 《위대한 신비》, 3장, 11; 《인간의 세 가지 삶》, 1장, 31; 등등. 피에르 드게, 〈자코브 뵘, 또는 신의 담론에 대한 어려움〉, in 《종교과학연구지》, 1979 참조.

37) 페늘롱(프랑수아) 프랑스의 대주교·신학자·작가(1651-1715). 운문으로 된 우화, 《죽은 자의 대화》(1712) 《텔레마크의 모험》(1699) 이 작품은, 특히 루이 14세에 대한 간접 비판으로 가득 차 있다. 동시에 정적주의의 편에서 집필한 《내면 생활에 관한 성인들의 말씀 해설》(1697)은 교회에서 유죄 판결을 받는다. 만년에 이르기까지 18세기 정신을 예고하는 미학적 사색 《아카데미 프랑세즈의 업무에 관한 편지》(1761)을 중단하지 않는다. 〔역주〕

38) 슈레버에 대해 자크 라캉, 《정신병에 대한 세미나》, 1955-1956, 미출간, 2월 1일 회의 비교.

39) O. 마노니, 《상상적인 것을 위한 열쇠 또는 다른 장면》, 쇠이유, 1969, pp.9-33 비교.

40) 《무지의 구름》, 7장, A. 게른 역. 쇠이유, 〈Points〉, 1977, p.39.

41) 미셸 드 세르토, 〈오염의 제도〉, 《시적인 행위》에서 72호, 1977년 12월, pp.177-188 비교.

42) A. 아르토와 P. 니콜, 《생각하는 방식의 논리》, P. Clair et F. Girbal PUF, pp.46-47(I, II장) 등, 〈실체나 절대성〉과 형용사 비교.

43) 같은 책.

44) 수사학, 양립할 수 없는 말을 서로 짝을 맞추어 수사학적 효과를 올리려 하는 어법, 예를 들어 웅변적 침묵(silence éloquent). 〔역주〕

45) Marie-Charles Puech, 《그노시스를 향한 탐색》, 갈리마르, 1978.

46) 〈오염의 제도〉, 《시적 행위》에서, 72호.

47) 〈전-광자의 육체〉, 《정신분석학에서의 광기》, 파이요, 1977

■ 부록

1) 《실험과학》에서 발췌(II책, IV권), J. -J. 수랭, 《영적 편지》에서, 툴루즈, t, II, pp.12-15.

2) 《성상 세미나》의 여섯 규칙.

3) 1663년.

4) 1660년 보르도에서 나왔다. J. -J. 수랭의 《영적 영가》에서 발췌한 시, 파리, 1731 (영가V).

저자 소개

NIKÉ D'ASTORG 니케 다스토르그, 주르 병원의 교육심리학자.

MICHEL DE CERTEAU 미셸 드 세르토, 역사학자, EFP의 회원, 파리7대학과 샌디에이고대학에서 강의한다. 《이방인 또는 차이의 결합 *Étranger ou l'Union dans la différence*》(Desclée de Brouwer, 1969) 《역사가 부재하는 *Absent de l'histoire*》(Mame, 1973), 《복수성의 문화 *la Culture au pluriel*》(10/18, 1974), 《공중분해된 그리스도교 *le Christianisme éclaté*》(쇠이유, 1974), 《역사의 글쓰기 *Écriture de l'histoire*》(갈리마르, 1975), 《일상의 실천과 행동의 방법 *Pratiques quotidiennes et Manières de faire*》(10/18, en préparation).

ANTOINE COMPAGNON 앙투안 콩파뇽, 공과학자, 퐁드 쇼세의 엔지니어, 문학박사, 파리7대학, 사회과학고등사범학교와 공과고등사범학교에서 강의, 《비평 잡지》와 《텔 켈》지에 참여. 《제이의 손 또는 인용의 작업 *la Seconde Main ou le Travail de la citation*》(쇠이유, 1979) 《앞선 애도 *le Deuil antérieur*》(쇠이유, 1979).

SILLA CONSOLI 실라 콩솔리, 정신과 의사, VI그룹의 회원, 정신병 담론에 대한 연구를 주선했다. 《토픽 *Topiques*》《정신병의 발달 과정 *l'Évolution psychiatrique*》.

JULIA KRISTEVA 줄리아 크리스테바, 《텍스트와 기록의 과학》의 연구강의학부의 부교수(파리7대학): 정신분석학자. 기호론과 담론 분석 이론에 관한 몇 권의 저서를 냈다. 그 중에서 《세미오티케 *Sémeiotikè*》. 《기호분석론 연구 *Recherches pour une sémanalyse*》(쇠이유, 1968) 《시적 언어의 혁명 *la Révolution du langage poétique*》(쇠이유, 1974) 《다중 언어 *Polylogue*》(쇠이유, 1977)가 있다.

PIERRE MARIE 피에르 마리, 몽펠리에의 CHU의 정신과 의사, 정신분석가.

GISLHAINE MEFFRE 지슬렌 메프르, UER의 박사과정의 학생 〈텍스트와 다큐멘터리의 과학 *Science des textes et documents*〉, 문학과 주관적이거나 정치적인 경험의 관계를 연구했다. 텍스트와 다큐멘터리의 과학지 34/44에 글을 썼다.

JEAN PETITOT 장 프티토, 공과학자, 인간과학소수학센터의 연구원. 뱅센의 정신분석 파트의 강사. 파국 이론과 기호론 사이의 관계에 대해 연구, 수학과 분석 담론 사이의 관계에 대해 여러 글을 낸 바 있다.

BÉATRICE POLATTINI 베아트리스 폴라티니, '텍스트와 다큐멘터리 과학'의 교육 연구소에서 박사과정을 밟고 있고, 또한 병원에서 일하고 있다. 이곳에서 언어 습득 과정과 정신병의 치료 과정에서 글쓰기의 역할에 대한 연구가 이루어지고 있다.

JEAN-MARIE PRIEUR 장 마리 프리외르는 담론의 분석 이론을 연구하고 있다. 언어학 박사이며, 몽펠리에의 폴발레리대학에서 가르치고 있다.

JEAN-MICHEL RIBETTES 장 미셸 리베트는 정신분석과 기호론 분야에서 연구중이다. 〈강박적 신경증 구조에 대한 연구〉로 박사 논문을 썼다. 《서한문》과 《문체 이론》(크리스티안 부르주아출판사에서 곧 출간될 예정)의 공저자이다. 현재 고등사범학교에서 기술 교육을 가르치고 있다.

역자 후기

《미친 진실》은 크리스테바와 정신과 의사·공과학자·역사가 등이 함께 가진 세미나 내용을 묶어 놓은 책이다. 당초 이 세미나의 주제는 정신병 환자의 말과 진실의 관계였다. 따라서 그 성격상 다분히 실험적인 시도가 돋보이는 작품이다. 이 책이 1979년에 출간되었으므로 벌써 20년 이상의 세월이 흘렀지만, 다루고 있는 내용은 여전히 우리에게는 접근하기 어려운 이론들처럼 느껴진다. 물론 이 책에는 그 사실의 확인을 위해 정신분석학·기호학·논리학과 그리스 철학, 수학·문학·신학 등의 분야가 총망라되어 있다. 그것은 크리스테바의 상호 텍스트적인 입장을 공저자들도 함께 하고 있다는 사실을 보여 준다. 그러나 무엇보다도 우리가 이 책에서 건져내야 할 정수는 정신병 환자의 담론을 삶의 또 다른 진실로 간주하는 일일 것이다. 그것은 더 이상 현실도 언어도 진실 그 자체일 수 없다는 사실에 대한 현실 인식이기도 하다. 제정신이 아닌 미친 사람도 자신의 논리 안에서 진실을 추구하려는 모습은 마치 작가가 작품을 창작하는 모습을 연상케 한다. 즉 정신병 환자의 말과 문학 창작, 소피스트의 궤변론, 신앙과 인간의 관계 이 모든 것들 속에서는 진실과 진실임직함, 진실과 거짓이라는 문제가 끊임없이 제기된다.

그렇다면 이 광기가 어떻게 이해할 수 없는 담론을 만들어 내기 위해 이성을 활용하고, 따라서 거짓된 현실 속에서 새로운 진실을 창조해 낼 수 있는 것인가? 우리가 누군가와 이야기를 나눌 때 이 이야기의 도구로 사용되는 말은 서로의 공통적인 앎의 공유 부분을 전제로 한다. 다시 말해서 나와 나의 대화 상대자는 서로 유사한 기호들을 이용하여 말하는 것이다. 엄밀히 말하면 이 유사 기호는 말보다도 이전에 존재하는 것으로 그것이 우리의 원활한 상호 이해를 가능케 하는 도구인 것이다. 그것들은 감정이나 정서 또는 문화적인 것이 될 수도 있다. 그러므로 이해할 수 있는 담론이란 이같은 상호간에 공통된 기호를 사용한 담론이 될 것이라고 할 수 있겠다. 그런데 비록 그 담론이 이해 가능한 것이라 할지라도 증명된 사실을 말하고 있지 않을 경우가 있다. 이때 이 담론을 구별하는 열쇠는 화자의 심리적인 태도가 될 수 있다. 이같은 정상적인 방법의 언술과 그가 말하려 하는 상황의 단절은 한편으로는 광기, 다른 한편으로는 농담으로 귀결될 수 있다. 이것을 구분하는 것이 바로 정신분석가의 임무가 될 테지만 말이다. 이같은 이성적인 논리로, 즉 정상적인 방법으로 언술된 왜곡된 현실의 원인은 환자 자체가 타인의 생각이나 세상의 규범과 일탈되었기 때문이다. 그러나 동시에 환자의 광기는 끊임없이 환자의 주변, 가족이나 의료진의 담론과 상호 간섭을 하며 발전한다. 이같은 모순이 정신병 환자의 담론을 결정짓는 요인인 것이다. 즉 정신병 환자는 자신이 전개시키는, 또 자신이 진실이라고 굳건히 믿는 현실을 진실임직한 것으로 보이기 위해 주변 환경을 응용하는 것이다. 이같은 시도는 엄청난 지적인 능력과 에너지를 필요로 한다. 이 책의 본문에서 볼 수 있듯이 정신병 환자들이 묘사하는 주변 상황들은 상당히 정확하다. 이같은 현실 왜곡의 병인적 원인을 대타자(Autre, 신 또는 아버지)와의 관계에서 찾는 학자도 있고, 원초적 어머니(autre)와의 관계로부터 찾는 경우도 있으며, 아예 그 둘을 하나의 범주에 넣어 원초적 어머니를 대타자의 범주에 넣는 경우도 있다. 그러나 그 원인이 어찌되었든간에 이 책에서는 정신병자의 담론을 문학 담론의 위상으로, 소피스트의 담론을 위대한 고전철학의 위상으로 끌어올리려는 실험정신이 돋보인다. 6,70년대 문학기호계에 전위 바람을 일으킨 크리스테바의 이론이 실천되기 전부터 이미 독단론으로 서서히 자리를 잡아가고 있는 지금, 그것이 인문과학의 한 흐름으로써 더 이상 경화되기 이전에 서툰 번역이나마 어서 독자에게 소개하고 싶은 바람이 역자로 하여금 보람을 가지고 번역에 임하게 하였다. 어려운 책에 서툰 번역이 한 조가 되어 또 한 번 편집장님 외 편집부 식구들에게 큰 고생을 안겨 준 죄책감이 앞선다. 물론 그 수고에 대한 감사의 염도 함께 하지만 말이다. 그리고 오랜 기간 변함없는 신뢰와 끈기로 격려해 주시는 신성대 사장님께 다시 한 번 깊은 감사를 드린다.

2002년 1월 브장송에서　서 민 원

색 인

가디너 Gardiner, A. J.　37
갈릴레오 Galileo Galilei　310
고다르 Godard, Henri　290
고르기아스 Gorgias　252,253,254,255,272
골렘 Golem　23
나시오 Nassio, J. -D.　310,363
《논리학 방법론 Méthodes de logique》　181
〈누가복음 Gaspel According to Luke〉　278,279
니콜 Nicole, Pierre　35,44
다무레트 Damourette　310,368
다비드(중위) David　193
데카르트 Descartes, René　13,35
돈 키호테 Don Quixote　370
돌토 Dolto, Françoise　138
뒤크로 Ducrot, O.　50,93
드골 de Gaulle, Charles -Andre -Marie
　-Joseph　71,73
디오게네스 Diogenes Laertios　255
디오니소도로스 Dionysodoros　253,254
디오니소스 Dionysos　20,41
라블레 Rabelais, François　285
라이프니츠 Leibniz, Gottfried Wilhelm　19
라캉 Lacan, Jacques Marie Emile　13,30,
　32,42,47,119,121,127,129,150,165,170,173,175,
　178,184,194,195,196,203,206,219,220,221,222,
　223,228,229,231,233,234,248,252,264,265,273,
　274,299,305,309,311,312,313,314,339,351,352,
　354,355,356,358,361,362,362,364,367
러셀 Russell, Bertrand　37
레르(박사) Lehrs(Dr)　164,191,193,202,
　210,273
레비나스 Lévinas, Emmanuel　267
레비 스트로스 Lévi-strauss, Claude　231
로브 그리예 Robbe-Grillet, Alain　102
로트레아몽 Lautréamont, comte de　300
《리고동 무용 Rigodon》　286

리베트 Ribettes, Jean-Michel　41
리센코 Lysenko, Trofim Denisovich　273
리제트 Lisette　109,111,112,113,114,115,116,
　117,118,119,120,121,122,123,124,125,126,127
마리 Marie, Pierre　120
말라르메 Mallarmé, stéphane　296
메를로 퐁티 Merleau-Ponty, Maurice　339
모라스 Maurras, Charles-Marie-Photius　285,287
모세 Moses　22,37,38,299
《모세와 유일 신앙 Der Mann Moses und
　die monotheistische Religion》　21,23
무솔리니 Mussolini, Bentio Amilcare Andrea
　294
《무지의 구름 Nuage de l'inconnnaissance》
　390,394
뮈세 Musset, Louis-Charles-Alfred de　207
미셸 Michèle　41,109,111,113,114,115,116,
　117,118,120,121,122,123,124,125,126,127,
　271,298,366,371,380,386,388,389,393,396,
　397,398,399,402
미쇼 Michaux, Henri　131
밀 Mill, John Stuart　36
바우만 Baumann, Bammi　283
바타유 Bataille, George　277
발레스 Vallès, J. -L. -J.　287
발자크 Balzac, H. de　554
《밤의 끝으로의 여행 Voyage au bout de la
　nuit》　286,296
버로스 Burroughs, W.　289
베르나노스 Bernanos, Georges　287
베른 Verne, Jules　383
베케트 Beckett, Samuel Barclay　36,185,190
벤베니스트 Benveniste, Émile　39
《변신 Métamorphoses》　335
보로메오 Borromeo, San Carlo　310,367
보르드롱 Bordron, J. -F.　339,363

뷜러 Bühler, K.   50

뵘 Boehme, Jacob   387

〈부인 *Die Verneinung*〉   45,236,240,261

《분석론 전서 *Analytica Priora*》   243

비온 Bion, W. R.   270

비트겐슈타인 Wittgenstein, Ludwig Josef
  Johann   37

《사라진 *Sarrazine*》   54

상드 Sand, George   207

《새로운 확회 *Nouvelles Conférences*》   21

《새 정신분석학회지 *Nouvelle Revue
  de Psychanalyse*》   334

《성서 *La Bible*》

섹스토스 Sextos Empiricus   253

셀랭 Sellin   22

셀린 Céline, Louis-Ferdinand   277,280,
  281,283,284,285,286,287,288,289,290,291,292,
  293,294,295,296,297,300,301

셰에라자드 Scheherazade   54

소쉬르 Saussure, Ferdinand de   114,116

솔레르스 Sollers   110,117

수랭 Surin, Jean -Joseph   371,372,374,
  376,377,378,379,380,381,382,383,384,385,
  386,387,392,391,392,393,394,395,396,397,
  400,401,402,403

《수사학에 관하여 *Rhetorica*》   243

슈레버 Schreber   38,39,127,260,346,391,401

《소피스테스 *Sophistse*》   264

《시적 언어의 혁명 *La Révolution du langage
  poétique*》   369

《시체파 *L'École des cadavre*》   285

《시학 *Poétique*》   246

《신학 대전 *Summa Theologiae*》   44

《신학 사전 *le vocabulaire de la théologie*》   44

《실험 과학 *la Science expérimentale*》   371,
  380,400

〈아가서 *Cantique des Cantiques*〉   390

아르노 Arnaud, Antoine   34

아르토 Artaud, Antonin   16,38,277

아리스토텔레스 Aristoteles   18,44,45,
  235,236,237,238,239,240,241,242,243,245,

246,247,249,250,251,252,254,257,258,259,
  262,265,266,267,268,271,272,274,275

《아리스토텔레스에서의 존재의 문제
  le Problème de l'Être chez Aristote》   239

아벨라르 Abelard, Pierre   19

아스 Haase, Bernard,   39

아스 Hasse, Julius Émile   39

아스 Hasse, Pauline   39

아이 Ailly, Pierre d'   19

《악령 *Besy*》   278

안티스테네스 Antisthenes   239,254

알레 Allais, Alphonse   186

야콥슨 Jakobson, R.   50

《양화 과정과 조작자 *Quantification
  et Opérateur de Hilbert*》   357

《어린 왕자 *Petit Prince*》   159

에라스무데스 Erasmus, Desiderius   13

《에우티데모스 *Euthydemos*》   253,255

에피메니데스 Épiménides   44

엘라가발루스 Elagabalus   40

〈연애 생활에 있어서 가장 일반적인 비하에
  관해 *Sur le plus général rabissement de la
  vie amoureuse*〉   208

《영적 교리문답 *Catéchisme spirituel*》   378

《영적인 대화 *Dialogues spirtuels*》   378

오벵크 Aubenque, Pierre   239,240

오비디우스 Ovidius, P.   335

오스틴 Austin, J.   50

오이디푸스 Œdipe   33

요한 John the Baptist   43

요한네스 Johannes (Saint John of the Cross)
  390,395

우리 Oury, Jean   36

위니코트 Winnicott, D. W.   34,106,291

이폴리트 Hyppolite, Jean   262

《인형악단 *Guignol's Band*》   286

자베스 Jabes, Edmond   389

《저당잡힌 죽음 *Mort à Crédit*》   296

제만 Zeeman, P.   347,364

《제일철학에 관한 성찰 *Première Méditation*》
  186

조이스 Joyce, James Augustine Aloysius
  195,277,301
졸라 Zola, Émile   300
주네트 Genette, Gérard   201
《주사위 던지기는 결코 우연을 배제하지 않을
  것이다. Un coup de dés jamais n'abolira
  le hasard, poème》   401
지로두 Giraudoux, Hyppilyte-Jean   283
《지저 탐험 Le Voyage au centre de la Terre》
  383
《진퇴양난 Les Beaux Draps》   285
《찬가 Cantiques spirituels》   371,392,395,396
《철학적 탐구 Philosophische Untersuchungen》
  36
칸트 Kant, I.   307
콩솔리 Consoli, Silla   14
콩파뇽 Compagnon, Antoine   43,235
콰인 Quine, Willard Van Orman   181
크라테스 Crates of Thebes   18
크리스 Kris, E.
크리스테바 Kristeva, Julia   7,11,40,45,47,
  49,104,119,127,167,171,202,231,364,369,371,
  379,385,387,389,392,395,398,
클라인 Klein, Melanie   352
클로델 Claudel, Paul-Louis-Charles-Marie 285
키에르케고르 Kierkegaard, Soren Aabye   372
테레사 sainte Thérèse   395
《텍스트 얽힘, 반복 어법 l' Entrelacs, le
  Chiasme》   339
토도로프 Todoroov, T.   112
토마스 아퀴나스 Thomas Aquinas   44
《통솔에 대하여 De magistra》   271
파르메니데스 Parmenides   263
《파르메니데스 Parmenides》   163

판코프 Pankow, G.   129
퍼스 Peirce, C. S.   45
페늘롱 Fénelon, François   389
포 Poe, Edgar Allan   65,112
《포르노그라피 la Pornographie》   198
푸코 Foucault, Michel Paul   117
프레게 Frege, F. L. G.   20
프레데릭 Frédéric   73,75,76,77,78,80,82,
  197,198,200,202
프로이트 Freud, Sigmund   13,20,21,22,
  23,24,25,42,43,45,46,79,109,112,120,127,
  129,164,175,176,181,183,187,193,204,208,
  209,210,211,213,216,220,221,277,279,299,
  300,312,324,335,336,349,361,369
프로클로스 Proclos   255
프로타고라스 Protagoras   255
프티토 Petitot, Jean   45
플라톤 Platon   16,18,167,241,252,255,258,
  259,264,268,271
《피네건의 경야(經夜) Finnegans Wake》   303
피노체트 Pinochet, Augusto Ugarte   86
피아제 Piaget, Jean   305
하놀드 Hanold, Norbert   200
하이데거 Heidegger, Matin   18,121,230,238,
  242,260,275
하이젠베르크 Heisenberg, W. K.   21
《해석론 De I' interprétation》   18
헤겔 Hegel, Georg Whilhelm Friedrich   19,40,
  171,184
헤라클레이토스 Heracleitos   17,250,260,362
《형이상학 Metaphysica》   18,44
후설 Husserl, Edmund   305
힐베르트 Hilbert, David   354

서민원

성신여대 불문과 졸업
한국외국어대 불어과 석사
한국외국어대 불어과 박사 과정 수료
프랑스 프랑슈콩테대학 DEA 과정 수료
역서:《여성의 상태》《공포의 권력》《욕망에 대하여》

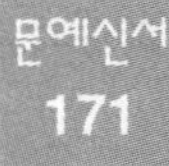

미친 진실

초판발행 : 2002년 1월 25일

지은이 : 줄리아 크리스테바
옮긴이 : 서민원
펴낸이 : 辛成大
펴낸곳 : 東文選
제10-64호, 78. 12. 16 등록
110-300 서울 종로구 관훈동 74번지
전화 : 737-2795

편집설계 : 韓智硯 李惠允 李尙恩 李娸旻 劉泫兒

ISBN 89-8038-168-9 94330
ISBN 89-8038-000-3(문예신서)

【東文選 現代新書】

1 21세기를 위한 새로운 엘리트	FORESEEN 연구소 / 김경현	7,000원
2 의지, 의무, 자유 — 주제별 논술	L. 밀러 / 이대희	6,000원
3 사유의 패배	A. 핑켈크로트 / 주태환	7,000원
4 문학이론	J. 컬러 / 이은경 · 임옥희	7,000원
5 불교란 무엇인가	D. 키언 / 고길환	6,000원
6 유대교란 무엇인가	N. 솔로몬 / 최창모	6,000원
7 20세기 프랑스철학	E. 매슈스 / 김종갑	8,000원
8 강의에 대한 강의	P. 부르디외 / 현택수	6,000원
9 텔레비전에 대하여	P. 부르디외 / 현택수	7,000원
10 고고학이란 무엇인가	P. 반 / 박범수	근간
11 우리는 무엇을 아는가	T. 나겔 / 오영미	5,000원
12 에쁘롱 — 니체의 문체들	J. 데리다 / 김다은	7,000원
13 히스테리 사례분석	S. 프로이트 / 태혜숙	7,000원
14 사랑의 지혜	A. 핑켈크로트 / 권유현	6,000원
15 일반미학	R. 카이유와 / 이경자	6,000원
16 본다는 것의 의미	J. 버거 / 박범수	10,000원
17 일본영화사	M. 테시에 / 최은미	7,000원
18 청소년을 위한 철학교실	A. 자카르 / 장혜영	7,000원
19 미술사학 입문	M. 포인턴 / 박범수	8,000원
20 클래식	M. 비어드 · J. 헨더슨 / 박범수	6,000원
21 정치란 무엇인가	K. 미노그 / 이정철	6,000원
22 이미지의 폭력	O. 몽젱 / 이은민	8,000원
23 청소년을 위한 경제학교실	J. C. 드루엥 / 조은미	6,000원
24 순진함의 유혹 〔메디시스賞 수상작〕	P. 브뤼크네르 / 김웅권	9,000원
25 청소년을 위한 이야기 경제학	A. 푸르상 / 이은민	8,000원
26 부르디외 사회학 입문	P. 보네위츠 / 문경자	7,000원
27 돈은 하늘에서 떨어지지 않는다	K. 아른트 / 유영미	6,000원
28 상상력의 세계사	R. 보이아 / 김웅권	9,000원
29 지식을 교환하는 새로운 기술	A. 벵토릴라 外 / 김혜경	6,000원
30 니체 읽기	R. 비어즈워스 / 김웅권	6,000원
31 노동, 교환, 기술 — 주제별 논술	B. 데코사 / 신은영	6,000원
32 미국만들기	R. 로티 / 임옥희	근간
33 연극의 이해	A. 쿠프리 / 장혜영	8,000원
34 라틴문학의 이해	J. 가야르 / 김교신	8,000원
35 여성적 가치의 선택	FORESEEN연구소 / 문신원	7,000원
36 동양과 서양 사이	L. 이리가라이 / 이은민	7,000원
37 영화와 문학	R. 리처드슨 / 이형식	8,000원
38 분류하기의 유혹 — 생각하기와 조직하기	G. 비뇨 / 임기대	7,000원
39 사실주의 문학의 이해	G. 라루 / 조성애	8,000원
40 윤리학 — 악에 대한 의식에 관하여	A. 바디우 / 이종영	7,000원
41 흙과 재 〔소설〕	A. 라히미 / 김주경	6,000원

42	진보의 미래	D. 르쿠르 / 김영선	6,000원
43	중세에 살기	J. 르 고프 外 / 최애리	8,000원
44	쾌락의 횡포·상	J. C. 기유보 / 김웅권	10,000원
45	쾌락의 횡포·하	J. C. 기유보 / 김웅권	10,000원
46	지식의 불	B. 데스파냐 / 김웅권	근간
47	이성의 한가운데에서 — 이성과 신앙	A. 퀴노 / 최은영	6,000원
48	도덕적 명령	FORESEEN 연구소 / 우강택	6,000원
49	망각의 형태	M. 오제 / 김수경	근간
50	느리게 산다는 것의 의미·1	P. 쌍소 / 김주경	7,000원
51	나만의 자유를 찾아서	C. 토마스 / 문신원	6,000원
52	음악적 삶의 의미	M. 존스 / 송인영	근간
53	나의 철학 유언	J. 기통 / 권유현	8,000원
54	타르튀프 / 서민귀족	몰리에르 / 덕성여대극예술비교연구회	8,000원
55	판타지 공장	A. 플라워즈 / 박범수	10,000원
56	홍수·상 〔완역판〕	J. M. G. 르 클레지오 / 신미경	8,000원
57	홍수·하 〔완역판〕	J. M. G. 르 클레지오 / 신미경	8,000원
58	일신교 — 성경과 철학자들	E. 오르티그 / 전광호	6,000원
59	프랑스 시의 이해	A. 바이양 / 김다은·이혜지	8,000원
60	종교철학	J. P. 힉 / 김희수	10,000원
61	고요함의 폭력	V. 포레스테 / 박은영	8,000원
62	소녀, 선생님 그리고 신 〔소설〕	E. 노르트호펜 / 안상원	근간
63	미학개론 — 예술철학입문	A. 셰퍼드 / 유호전	10,000원
64	논증 — 담화에서 사고까지	G. 비뇨 / 임기대	6,000원
65	역사 — 성찰된 시간	F. 도스 / 김미겸	7,000원
66	비교문학개요	F. 클로동·K. 아다-보트링 / 김정란	8,000원
67	남성지배	P. 부르디외 / 김용숙·주경미	9,000원
68	호모사피언스에서 인터렉티브인간으로	FORESEEN 연구소 / 공나리	8,000원
69	상투어 — 언어·담론·사회	R. 아모시·A. H. 피에로 / 조성애	9,000원
70	촛불의 미학	G. 바슐라르 / 이가림	근간
71	푸코 읽기	P. 빌루에 / 나길래	근간
72	문학논술	J. 파프·D. 로쉬 / 권종분	8,000원
73	한국전통예술개론	沈雨晟	10,000원
74	시학 — 문학 형식 일반론 입문	D. 퐁텐느 / 이용주	8,000원
75	자유의 순간	P. M. 코헨 / 최하영	근간
76	동물성 — 인간의 위상에 관하여	D. 르스텔 / 김승철	6,000원
77	랑가쥬 이론 서설	L. 옐름슬레우 / 김용숙·김혜련	10,000원
78	잔혹성의 미학	F. 토넬리 / 박형섭	9,000원
79	문학 텍스트의 정신분석	M. J. 벨멩-노엘 / 심재중·최애영	9,000원
80	무관심의 절정	J. 보드리야르 / 이은민	8,000원
81	영원한 황홀	P. 브뤼크네르 / 김웅권	9,000원
82	노동의 종말에 반하여	D. 슈나페르 / 김교신	6,000원
83	프랑스영화사	J. -P. 장콜 / 김혜련	근간

84 조와(弔蛙)	金敎臣 / 노치준·민혜숙	8,000원
85 역사적 관점에서 본 시네마	J.-L. 뢰트라 / 곽노경	근간
86 욕망에 대하여	M. 슈벨 / 서민원	8,000원
87 산다는 것의 의미·1—여분의 행복	P. 쌍소 / 김주경	7,000원
88 철학 연습	M. 아롱델-로오 / 최은영	8,000원
89 삶의 기쁨들	D. 노게 / 이은민	6,000원
90 이탈리아영화사	L. 스키파노 / 이주현	8,000원
91 한국문화론	趙興胤	10,000원
92 현대연극미학	M.-A. 샤르보니에 / 홍지화	8,000원
93 느리게 산다는 것의 의미·2	P. 쌍소 / 김주경	7,000원
94 진정한 모럴은 모럴을 비웃는다	A. 에슈고엔 / 김웅권	8,000원
95 한국종교문화론	趙興胤	10,000원
96 근원적 열정	L. 이리가라이 / 박정오	9,000원
97 라캉, 주체 개념의 형성	B. 오질비 / 김 석	근간
98 미국식 사회 모델	J. 바이스 / 김종명	근간
99 소쉬르와 언어과학	P. 가데 / 김용숙·임정혜	10,000원
100 철학자들의 동물원·상	A. L. 브라-쇼파르 / 문신원	근간
101 철학자들의 동물원·하	A. L. 브라-쇼파르 / 문신원	근간

【東文選 文藝新書】

1 저주받은 詩人들	A. 뻬이르 / 최수철·김종호	개정근간
2 민속문화론서설	沈雨晟	40,000원
3 인형극의 기술	A. 훼도토프 / 沈雨晟	8,000원
4 전위연극론	J. 로스 에반스 / 沈雨晟	12,000원
5 남사당패연구	沈雨晟	16,000원
6 현대영미희곡선(전4권)	N. 코워드 外 / 李辰洙	절판
7 행위예술	L. 골드버그 / 沈雨晟	절판
8 문예미학	蔡 儀 / 姜慶鎬	절판
9 神의 起源	何 新 / 洪 熹	16,000원
10 중국예술정신	徐復觀 / 權德周	24,000원
11 中國古代書史	錢存訓 / 金允子	14,000원
12 이미지—시각과 미디어	J. 버거 / 편집부	12,000원
13 연극의 역사	P. 하트놀 / 沈雨晟	절판
14 詩 論	朱光潛 / 鄭相泓	9,000원
15 탄트라	A. 무케르지 / 金龜山	10,000원
16 조선민족무용기본	최승희	15,000원
17 몽고문화사	D. 마이달 / 金龜山	8,000원
18 신화 미술 제사	張光直 / 李 徹	10,000원
19 아시아 무용의 인류학	宮尾慈良 / 沈雨晟	절판
20 아시아 민족음악순례	藤井知昭 / 沈雨晟	5,000원
21 華夏美學	李澤厚 / 權 瑚	15,000원
22 道	張立文 / 權 瑚	18,000원

23 朝鮮의 占卜과 豫言	村山智順 / 金禧慶	15,000원
24 원시미술	L. 아담 / 金仁煥	16,000원
25 朝鮮民俗誌	秋葉隆 / 沈雨晟	12,000원
26 神話의 이미지	J. 캠벨 / 扈承喜	근간
27 原始佛教	中村元 / 鄭泰爀	8,000원
28 朝鮮女俗考	李能和 / 金尙憶	24,000원
29 朝鮮解語花史(조선기생사)	李能和 / 李在崑	25,000원
30 조선창극사	鄭魯湜	7,000원
31 동양회화미학	崔炳植	9,000원
32 性과 결혼의 민족학	和田正平 / 沈雨晟	9,000원
33 農漁俗談辭典	宋在璇	12,000원
34 朝鮮의 鬼神	村山智順 / 金禧慶	12,000원
35 道教와 中國文化	葛兆光 / 沈揆昊	15,000원
36 禪宗과 中國文化	葛兆光 / 鄭相泓·任炳權	8,000원
37 오페라의 역사	L. 오레이 / 류연희	절판
38 인도종교미술	A. 무케르지 / 崔炳植	14,000원
39 힌두교의 그림언어	안넬리제 外 / 全在星	9,000원
40 중국고대사회	許進雄 / 洪 熹	22,000원
41 중국문화개론	李宗桂 / 李宰碩	15,000원
42 龍鳳文化源流	王大有 / 林東錫	17,000원
43 甲骨學通論	王宇信 / 李宰錫	근간
44 朝鮮巫俗考	李能和 / 李在崑	20,000원
45 미술과 페미니즘	N. 부루드 外 / 扈承喜	9,000원
46 아프리카미술	P. 윌레뜨 / 崔炳植	절판
47 美의 歷程	李澤厚 / 尹壽榮	22,000원
48 曼茶羅의 神들	立川武藏 / 金龜山	19,000원
49 朝鮮歲時記	洪錫謨 外/李錫浩	30,000원
50 하 상	蘇曉康 外 / 洪 熹	절판
51 武藝圖譜通志 實技解題	正 祖 / 沈雨晟·金光錫	15,000원
52 古文字學첫걸음	李學勤 / 河永三	14,000원
53 體育美學	胡小明 / 閔永淑	10,000원
54 아시아 美術의 再發見	崔炳植	9,000원
55 曆과 占의 科學	永田久 / 沈雨晟	8,000원
56 中國小學史	胡奇光 / 李宰碩	20,000원
57 中國甲骨學史	吳浩坤 外 / 梁東淑	근간
58 꿈의 철학	劉文英 / 河永三	22,000원
59 女神들의 인도	立川武藏 / 金龜山	19,000원
60 性의 역사	J. L. 플랑드렝 / 편집부	18,000원
61 쉬르섹슈얼리티	W. 챠드윅 / 편집부	10,000원
62 여성속담사전	宋在璇	18,000원
63 박재서희곡선	朴栽緖	10,000원
64 東北民族源流	孫進己 / 林東錫	13,000원

65	朝鮮巫俗의 硏究(상·하)	赤松智城·秋葉隆 / 沈雨晟	28,000원
66	中國文學 속의 孤獨感	斯波六郎 / 尹壽榮	8,000원
67	한국사회주의 연극운동사	李康列	8,000원
68	스포츠인류학	K. 블랑챠드 外 / 박기동 外	12,000원
69	리조복식도감	리팔찬	절판
70	娼 婦	A. 꼬르벵 / 李宗旼	22,000원
71	조선민요연구	高晶玉	30,000원
72	楚文化史	張正明	근간
73	시간, 욕망 그리고 공포	A. 꼬르벵	근간
74	本國劍	金光錫	40,000원
75	노트와 반노트	E. 이오네스코 / 박형섭	절판
76	朝鮮美術史硏究	尹喜淳	7,000원
77	拳法要訣	金光錫	10,000원
78	艸衣選集	艸衣意恂 / 林鍾旭	14,000원
79	漢語音韻學講義	董少文 / 林東錫	10,000원
80	이오네스코 연극미학	C. 위베르 / 박형섭	9,000원
81	중국문자훈고학사전	全廣鎭 편역	15,000원
82	상말속담사전	宋在璇	10,000원
83	書法論叢	沈尹默 / 郭魯鳳	8,000원
84	침실의 문화사	P. 디비 / 편집부	9,000원
85	禮의 精神	柳 肅 / 洪 熹	20,000원
86	조선공예개관	日本民芸協會 편 / 沈雨晟	30,000원
87	性愛의 社會史	J. 솔레 / 李宗旼	18,000원
88	러시아미술사	A. I 조토프 / 이건수	16,000원
89	中國書藝論文選	郭魯鳳 選譯	25,000원
90	朝鮮美術史	關野貞 / 沈雨晟	근간
91	美術版 탄트라	P. 로슨 / 편집부	8,000원
92	군달리니	A. 무케르지 / 편집부	9,000원
93	카마수트라	바짜야나 / 鄭泰爀	10,000원
94	중국언어학총론	J. 노먼 / 全廣鎭	18,000원
95	運氣學說	任應秋 / 李宰碩	8,000원
96	동물속담사전	宋在璇	20,000원
97	자본주의의 아비투스	P. 부르디외 / 최종철	6,000원
98	宗敎學入門	F. 막스 뮐러 / 金龜山	10,000원
99	변 화	P. 바츨라빅크 外 / 박인철	10,000원
100	우리나라 민속놀이	沈雨晟	15,000원
101	歌訣(중국역대명언경구집)	李宰碩 편역	20,000원
102	아니마와 아니무스	A. 융 / 박해순	8,000원
103	나, 너, 우리	L. 이리가라이 / 박정오	10,000원
104	베케트연극론	M. 푸크레 / 박형섭	8,000원
105	포르노그래피	A. 드워킨 / 유혜련	12,000원
106	셸 링	M. 하이데거 / 최상욱	12,000원

107	프랑수아 비용	宋 勉	18,000원
108	중국서예 80제	郭魯鳳 편역	16,000원
109	性과 미디어	W. B. 키 / 박해순	12,000원
110	中國正史朝鮮列國傳(전2권)	金聲九 편역	120,000원
111	질병의 기원	T. 매큐언 / 서 일·박종연	12,000원
112	과학과 젠더	E. F. 켈러 / 민경숙·이현주	10,000원
113	물질문명·경제·자본주의	F. 브로델 / 이문숙 外	절판
114	이탈리아인 태고의 지혜	G. 비코 / 李源斗	8,000원
115	中國武俠史	陳 山 / 姜鳳求	18,000원
116	공포의 권력	J. 크리스테바 / 서민원	23,000원
117	주색잡기속담사전	宋在璇	15,000원
118	죽음 앞에 선 인간(상·하)	P. 아리에스 / 劉仙子	각권 8,000원
119	철학에 대하여	L. 알튀세르 / 서관모·백승욱	12,000원
120	다른 곳	J. 데리다 / 김다은·이혜지	10,000원
121	문학비평방법론	D. 베르제 外 / 민혜숙	12,000원
122	자기의 테크놀로지	M. 푸코 / 이희원	16,000원
123	새로운 학문	G. 비코 / 李源斗	22,000원
124	천재와 광기	P. 브르노 / 김웅권	13,000원
125	중국은사문화	馬 華·陳正宏 / 강경범·천현경	12,000원
126	푸코와 페미니즘	C. 라마자노글루 外 / 최 영 外	16,000원
127	역사주의	P. 해밀턴 / 임옥희	12,000원
128	中國書藝美學	宋 民 / 郭魯鳳	16,000원
129	죽음의 역사	P. 아리에스 / 이종민	13,000원
130	돈속담사전	宋在璇 편	15,000원
131	동양극장과 연극인들	김영무	15,000원
132	生育神과 性巫術	宋兆麟 / 洪 熹	20,000원
133	미학의 핵심	M. M. 이턴 / 유호전	14,000원
134	전사와 농민	J. 뒤비 / 최생열	18,000원
135	여성의 상태	N. 에니크 / 서민원	22,000원
136	중세의 지식인들	J. 르 고프 / 최애리	18,000원
137	구조주의의 역사(전4권)	F. 도스 / 이봉지 外	각권 13,000원
138	글쓰기의 문제해결전략	L. 플라워 / 원진숙·황정현	20,000원
139	음식속담사전	宋在璇 편	16,000원
140	고전수필개론	權 瑚	16,000원
141	예술의 규칙	P. 부르디외 / 하태환	23,000원
142	"사회를 보호해야 한다"	M. 푸코 / 박정자	20,000원
143	페미니즘사전	L. 터틀 / 호승희·유혜련	26,000원
144	여성심벌사전	B. G. 워커 / 정소영	근간
145	모데르니테 모데르니테	H. 메쇼닉 / 김다은	20,000원
146	눈물의 역사	A. 벵상뷔포 / 김자경	18,000원
147	모더니티입문	H. 르페브르 / 이종민	24,000원
148	재생산	P. 부르디외 / 이상호	18,000원

149	종교철학의 핵심	W. J. 웨인라이트 / 김희수	18,000원
150	기호와 몽상	A. 시몽 / 박형섭	22,000원
151	융분석비평사전	A. 새뮤얼 外 / 민혜숙	16,000원
152	운보 김기창 예술론연구	최병식	14,000원
153	시적 언어의 혁명	J. 크리스테바 / 김인환	20,000원
154	예술의 위기	Y. 미쇼 / 하태환	15,000원
155	프랑스사회사	G. 뒤프 / 박 단	16,000원
156	중국문예심리학사	劉偉林 / 沈揆昊	30,000원
157	무지카 프라티카	M. 캐넌 / 김혜중	25,000원
158	불교산책	鄭泰爀	20,000원
159	인간과 죽음	E. 모랭 / 김명숙	23,000원
160	地中海(전5권)	F. 브로델 / 李宗旼	근간
161	漢語文字學史	黃德實·陳秉新 / 河永三	24,000원
162	글쓰기와 차이	J. 데리다 / 남수인	28,000원
163	朝鮮神事誌	李能和 / 李在崑	근간
164	영국제국주의	S. C. 스미스 / 이태숙·김종원	16,000원
165	영화서술학	A. 고드로·F. 조스트 / 송지연	17,000원
166	미학사전	사사키 겐이치 / 민주식	근간
167	하나이지 않은 성	L. 이리가라이 / 이은민	18,000원
168	中國歷代書論	郭魯鳳 譯註	8,000원
169	요가수트라	鄭泰爀	15,000원
170	비정상인들	M. 푸코 / 박정자	25,000원
171	미친 진실	J. 크리스테바 外 / 서민원	25,000원
172	디스탱숑(상·하)	P. 부르디외 / 이종민	근간
173	세계의 비참(전3권)	P. 부르디외 外 / 김주경	각권 26,000원
174	수묵의 사상과 역사	崔炳植	근간
175	파스칼적 명상	P. 부르디외 / 김웅권	22,000원
176	지방의 계몽주의(전2권)	D. 로슈 / 주명철	근간
177	이혼의 역사	R. 필립스 / 박범수	25,000원
178	사랑의 단상	R. 바르트 / 김희영	근간
179	中國書藝理論體系	熊秉明 / 郭魯鳳	근간
180	미술시장과 경영	崔炳植	16,000원
181	카프카 — 소수적인 문학을 위하여	G. 들뢰즈·F. 가타리 / 이진경	13,000원
182	이미지의 힘 — 영상과 섹슈얼리티	A. 쿤 / 이형식	13,000원
183	공간의 시학	G. 바슐라르 / 곽광수	근간
184	랑데부 — 이미지와의 만남	J. 버거 / 임옥희·이은경	근간
185	푸코와 문학 — 글쓰기의 계보학을 향하여	S. 듀링 / 오경심·홍유미	근간
186	연극에서 영화로의 각색	A. 엘보 / 이선형	근간
187	폭력과 여성들	C. 도펭 外 / 이은민	근간
188	하드 바디	S. 제퍼드 / 이형식	근간
190	번역과 제국	D. 로빈슨	근간
192	보건 유토피아	R. 브로만 外 / 서민원	근간

193 현대의 신화　　　　　　　　　R. 바르트 / 이화여대기호학연구소　　　20,000원

【기 타】

▨ 모드의 체계　　　　　　　　　　R. 바르트 / 이화여대기호학연구소　　　18,000원
▨ 텍스트의 즐거움　　　　　　　　R. 바르트 / 김희영　　　　　　　　15,000원
▨ 라신에 관하여　　　　　　　　　R. 바르트 / 남수인　　　　　　　　10,000원
▨ 說　苑 (上·下)　　　　　　　　林東錫 譯註　　　　　　　　　　각권 30,000원
▨ 晏子春秋　　　　　　　　　　　林東錫 譯註　　　　　　　　　　　30,000원
▨ 西京雜記　　　　　　　　　　　林東錫 譯註　　　　　　　　　　　20,000원
▨ 搜神記 (上·下)　　　　　　　　林東錫 譯註　　　　　　　　　　각권 30,000원
■ 경제적 공포〔메디시스賞 수상작〕　V. 포레스테 / 김주경　　　　　　　7,000원
■ 古陶文字徵　　　　　　　　　　高　明·葛英會　　　　　　　　　　20,000원
■ 古文字類編　　　　　　　　　　高　明　　　　　　　　　　　　　　　절판
■ 金文編　　　　　　　　　　　　容　庚　　　　　　　　　　　　　36,000원
■ 고독하지 않은 홀로되기　　　　P. 들레름·M. 들레름 / 박정오　　　　8,000원
■ 그리하여 어느날 사랑이여　　　이외수 편　　　　　　　　　　　　6,500원
■ 딸에게 들려 주는 작은 지혜　　N. 레흐레이트너 / 양영란　　　　　6,500원
■ 딸에게 들려 주는 작은 철학　　R. 시몬 셰퍼 / 안상원　　　　　　　7,000원
■ 노력을 대신하는 것은 없다　　R. 쉬이 / 유혜련　　　　　　　　　5,000원
■ 미래를 원한다　　　　　　　　J. D. 로스네 / 문 선·김덕희　　　　8,500원
■ 사랑의 존재　　　　　　　　　한용운　　　　　　　　　　　　　3,000원
■ 산이 높으면 마땅히 우러러볼 일이다　　　　유　향 / 임동석　　　　5,000원
■ 서기 1000년과 서기 2000년 그 두려움의 흔적들　J. 뒤비 / 양영란　　8,000원
■ 서비스는 유행을 타지 않는다　B. 바게트 / 정소영　　　　　　　　5,000원
■ 선종이야기　　　　　　　　　홍　희 편저　　　　　　　　　　　8,000원
■ 섬으로 흐르는 역사　　　　　김영희　　　　　　　　　　　　　10,000원
■ 세계사상　　　　　　　　창간호~3호: 각권 10,000원 / 4호: 14,000원
■ 십이속상도안집　　　　　　　편집부　　　　　　　　　　　　　8,000원
■ 어린이 수묵화의 첫걸음(전6권)　趙　陽　　　　　　　　　　　　42,000원
■ 오늘 다 못다한 말은　　　　이외수 편　　　　　　　　　　　　7,000원
■ 오블라디 오블라다, 인생은 브래지어 위를 흐른다　무라카미 하루키 / 김난주　7,000원
■ 인생은 앞유리를 통해서 보라　B. 바게트 / 박해순　　　　　　　　5,000원
■ 잠수복과 나비　　　　　　　　J. D. 보비 / 양영란　　　　　　　　6,000원
■ 천연기념물이 된 바보　　　　최병식　　　　　　　　　　　　　7,800원
■ 原本 武藝圖譜通志　　　　　　正祖 命撰　　　　　　　　　　　60,000원
■ 隷字編　　　　　　　　　　　洪鈞陶　　　　　　　　　　　　　40,000원
■ 테오의 여행 (전5권)　　　　　C. 클레망 / 양영란　　　　　　　各권 6,000원
■ 한글 설원 (상·중·하)　　　　임동석 옮김　　　　　　　　　　각권 7,000원
■ 한글 안자춘추　　　　　　　　임동석 옮김　　　　　　　　　　　8,000원
■ 한글 수신기 (상·하)　　　　　임동석 옮김　　　　　　　　　　각권 8,000원

東文選 現代新書 96

근원적 열정

뤼스 이리가라이

박정오 옮김

　뤼스 이리가라이의 《근원적 열정》은 여성이 남성 연인을 향한 열정을 노래하는 독백 형식의 산문시로 이루어져 있다. 이 글에서는 여성이 담화의 주체로 등장하지만, 남성 중심으로 이루어진 현존하는 언어의 상징 체계와 사회 구조 안에서 여성의 열정과 그 표현은 용이하지도 자유로울 수도 없다.

　따라서 이리가라이는 연애 편지 형식을 빌려 와, 그 안에 달콤한 사랑 노래 대신 가부장제 안에서 남녀간의 진정한 결합이 왜 가능할 수 없는지를 역설적으로 보여 주려 애쓴다. 연애 편지 형식의 패러디는 기존의 남녀 관계에 의문을 제기하고 교란시키는 적절한 하나의 전략이 되고 있는 것이다.

　서구의 도덕적 코드가 성경 위에 세워지고, 신학이 확립되면서 여신 숭배와 주술은 주변으로 밀려났다. 이리가라이는 그 뒤 남성신이 홀로 그의 말과 의지대로 우주를 창조하고, 그의 아들에게 자연과 모든 피조물을 통치하게 하는 사고 체계가 형성되면서 여성성은 억압되었다고 지적한다. 또한 그녀는 남성신에서 출발한 부자 관계의 혈통처럼, 신성한 여신에게서 정체성을 발견하고 면면히 이어지는 모녀 관계의 확립이 비로소 동등한 남녀간의 사랑과 결합을 가능케 해준다고 주장한다.

　이리가라이는 정신과 육체의 이분법적인 서구 철학의 분류에서 항상 하위 개념인 몸이나 촉각이 여성적인 것과 연관되어 있다는 점을 인식하고 타자로 밀려난 몸에 일찍부터 주목해 왔다. 따라서 《근원적 열정》은 여성 문화를 확립하는 일환으로 여성의 몸이 부르는 새로운 노래를 찾아나선 여정이자, 여성적 글쓰기의 실천 공간인 것이다.

東文選 文藝新書 173

세계의 비참 (전3권)

피에르 부르디외 外
김주경 옮김

사회적 불행의 형태에 대한 사회학적 투시——피에르 부르디외와 22명의 사회학자들의 3년 작업. 사회적 조건의 불행, 사회적 위치의 불행, 그리고 개인적 고통에 대한 그들의 성찰적 지식 공개.

우리의 삶 한편에는 국민들의 일상적인 삶에 대해 무지한 정치 책임자들이 있고, 그 다른 한편에는 힘겹고 버거운 삶에 지쳐서 하고 싶은 말조차 할 수 없는 사람들이 있다. 이들을 바라보면서 어떤 사람들은 여론에 눈을 고정시키기도 하고, 또 어떤 사람들은 그들의 불행에 대해 항의를 표하기도 한다. 물론 이들이 항의를 할 수 있는 것은 자신들이 그 불행에서 벗어나 있기에 가능한 것이다.

여기 한 팀의 사회학자들이 피에르 부르디외의 지휘 아래 3년에 걸쳐서 몰두한 작업이 있다. 그들은 대규모 공영주택 단지·학교·사회복지회 직원, 노동자, 하층 무산계급, 사무직원, 농부, 그리고 가정이라는 세계 속에 비참한 사회적 산물이 어떠한 현대적인 형태를 띠고 나타나는지를 이해하고자 했다. 그들이 본 각각의 세계에는 저마다 고유한 갈등 구조들이 형성되어 있었고, 그 안에서 발생하는 고통을 직접 몸으로 체험한 자들만이 말할 수 있는 진실들이 있었다.

이 책은 버려진 채 병원에 누워 있는 전직 사회복지 가정방문원이라든가, 노동자 계층의 고아 출신인 금속기계공, 정당한 권리를 찾지 못하고 떠돌아다닐 수밖에 없는 집 없는 사람들, 도시 폭력의 희생자가 된 고등학교 교장과 교사들, 빈민 교외 지역의 하급 경찰관, 그리고 이들과 함께 살아가는 수많은 사람들의 만성적이면서도 새로운 삶의 고통을 이야기한다.

東文選 文藝新書 170

비정상인들

1974-1975, 콜레주 드 프랑스에서의 강의

미셸 푸코

박정자 옮김

비정상이란 도대체 무엇일까? 하나의 사회는 자신의 구성원 중에서 밀쳐내고, 무시하고, 잊어버리고 싶은 부분이 있다. 그것이 어느 때는 나환자나 페스트 환자였고, 또 어느 때는 광인이나 부랑자였다.

《비정상인들》은 역사 속에서 모습을 보인 모든 비정상인들에 대한 고고학적 작업이며, 또 이들을 이용해 의학 권력이 된 정신의학의 계보학이다.

콜레주 드 프랑스에서 1975년 1월부터 3월까지 행해진 강의 《비정상인들》은 미셸 푸코가 1970년 이래, 특히 《사회를 보호해야 한다》에서 앎과 권력의 문제에 바쳤던 분석들을 집중적으로 추구하고 있다. 앎과 권력의 문제란 규율 권력, 규격화 권력, 그리고 생체-권력이다. 푸코가 소위 19세기에 '비정상인들'로 불리었던 '위험한' 개인들의 문제에 접근한 것은 수많은 신학적·법률적·의학적 자료들에서부터였다. 이 자료들에서 그는 중요한 세 인물을 끌어냈는데, 그것은 괴물, 교정(矯正) 불가능자, 자위 행위자였다. 괴물은 사회적 규범과 자연의 법칙에 대한 참조에서 나왔고, 교정 불가능자는 새로운 육체 훈련 장치가 떠맡았으며, 자위 행위자는 18세기 이래 근대 가정의 규율화를 겨냥한 대대적인 캠페인의 근거가 되었다. 푸코의 분석들은 1950년대까지 시행되던 법-의학감정서를 출발점으로 삼고 있다. 이어서 그는 고백 성사와 양심 지도 기술(技術)에서부터 욕망과 충동의 고고학을 시작했다. 이렇게 해서 그는 그후의 콜레주 드 프랑스 강의 또는 저서에서 다시 선택되고, 수정되고, 다듬어질 작업의 이론적·역사적 전제들을 마련했다. 이 강의는 그러니까 푸코의 연구가 형성되고, 확장되고, 전개되는 과정을 추적하는 데 있어서 결코 빼놓을 수 없는 필수 불가결의 자료이다.

東文選 文藝新書 153

시적 언어의 혁명

줄리아 크리스테바

김인환 옮김

미셸 푸코는 《말과 사물》에서 19세기 이후 문학은 언어를 자기 존재 안에서 조명하기 시작하였고, 그런 맥락에서 횔덜린·말라르메·로트레아몽·아르토 등은 시를 자율적 존재로 확립하면서 일종의 '반담론'을 형성하였다고 지적한다. 그러한 작가들의 시적 언어는 통상적인 언어 표상이나 기호화의 기능을 초월하기 때문에 다각적이고 종합적인 연구를 필요로 한다. 본서는 바로 그러한 연구를 구체적으로 보여 주는 시도이다.

20세기 후반의 인문과학 분야를 대표하는 저작 중의 하나로 꼽히는 《시적 언어의 혁명》은 크게 시적 언어에 대한 일반적인 특징을 종합한 제1부, 말라르메와 로트레아몽의 텍스트를 분석한 제2부, 그리고 그 두 시인의 작품을 국가·사회·가족과의 관계를 토대로 연구한 제3부로 구성된다. 이번에 번역 소개된 부분은 이론적인 연구가 망라된 제1부이다. 제1부 〈이론적 전제〉에서 저자는 형상학·해석학·정신분석학·인류학·언어학·기호학 등 현대의 주요 학문 분야의 성과를 수렴하면서 폭넓은 지식과 통찰력을 바탕으로 시적 언어의 특성을 다각적으로 조명 분석하고 있다.

크리스테바는 텍스트의 언어를 쌩볼릭과 세미오틱 두 가지 층위로 구분하고, 쌩볼릭은 일상적인 구성 언어로, 세미오틱은 원초적이고 본능적인 언어라고 규정한다. 그리하여 시적 언어로 된 텍스트의 최종적인 의미는 그 두 가지 언어 층위의 상호 작용에 의해서 결정된다고 본다. 그리고 시적 언어는 표면적으로 보기에 사회적 격동과 관계가 별로 없어 보이지만, 실상은 사회와 시대 위에 군림하는 논리와 이데올로기를 파괴하는 힘이 있다는 것을 말라르메와 로트레아몽의 《말도로르의 노래》에 대한 연구를 통하여 증명한다.

東文選 文藝新書 159

인간과 죽음

에드가 모랭

김명숙 옮김

인문과학은 항상 죽음을 소홀히 한다. 그런데 인류학이란 무엇인가? 죽음에 대한 기본 테마들이 생의 기본적 과정의 신화적인 전이와 은유라면, 그것은 그 테마들이 개체와 종 사이의 인류학적인 틈을 메우기 때문이고, 또 죽음의 거부에 응하기 때문이며, 죽음의 괴로움을 진정시키기 때문이다. 여기에서 우리는 인류학적인 연결점을 뛰어넘는다.

죽음은 인간을 동물과 동일시시켜 주는 것이기도 하고, 또한 동물로부터 인간을 구분지어 주는 것이기도 하다. 모든 생명체처럼 인간도 죽음을 피할 수는 없다. 그러나 인간만이 예외적으로 '저세상'에 대한 믿음으로 죽음을 부정한다.

에드가 모랭은 인간들과 여러 문화로부터 죽음에 대한 기본 태도들을 끄집어 낸다. 즉 그는 죽음에 대한 공포, 죽음의 무릅씀, 살해를 살피는데, 특히 죽음으로부터 생겨난 인류의 커다란 두 신화인 사후생에 대한 신화와 다시 태어남에 대한 신화를 살핀다. 또한 저자는 인류 역사의 여러 대문명 속에 있는 죽음에 관한 믿음들을 고찰하면서 죽음에 대한 현대적 위기에 도달하고, 생과 죽음의 관계에 대한 생물학적인 새로운 발상에 도달한다.

에드가 모랭은 소르본대학교에서 역사·사회학·경제학·철학·법학을 공부한 프랑스의 대표적인 사회학자이자 문명비평가이다. 그는 위의 연구 분야 외에 인류학·생물학·물리학·생태학·환경학에 이르기까지 다양한 학문 분야를 넘나들며, 현대의 인간·사회·문화에 대한 조사·연구를 하여 수많은 저서를 내고 있다. 그의 대표작이자 이 방면의 고전으로 자리한 《인간과 죽음》은 30세라는 젊은 나이에 죽음에 대한 다원적이고 종합적인 연구 성과를 내놓은 것이다.